KB123452

근대 건강담론과 신체 자료집 (2)

이 저서는 2018년 대한민국 교육부와 한국연구재단의 지원을 받아 수행된 연구임
(NRF-2018S1A5B8068518)

신체정치 자료총서 2

# 근대 건강담론과 신체 자료집 (2)

초판 1쇄 발행   2021년 2월 28일

엮은이 ｜ 청암대학교 재일코리안연구소
발행인 ｜ 윤관백
발행처 ｜ 도서출판 선인

등  록 ｜ 제5-77호(1998.11.4)
주  소 ｜ 서울시 마포구 마포대로 4다길 4 곳마루 B/D 1층
전  화 ｜ 02)718-6252 / 6257      팩  스 ｜ 02)718-6253
E-mail ｜ sunin72@chol.com

정가   38,000원

ISBN   979-11-6068-461-2  94900
       979-11-6068-319-6  (세트)

· 잘못된 책은 바꿔 드립니다.

# 근대 건강담론과 신체 자료집 (2)

청암대학교 재일코리안연구소 편

 도서출판 선인

# ▌자료집을 내면서 ▌

　　청암대 재일코리안연구소는 『근대 건강담론과 신체 자료집』 총 6권을 구상하면서 "총서와 짝을 이루면서도 일반 독자를 겨냥한다."라는 원칙을 세웠었다. 핵심 자료를 추려 주제의식을 명료하게 제시하고 일반 독자에게 '가독성'이 높은 자료집을 만드는 것이 목표였다. 또한, 전체 자료집의 체계를 일관되게 유지하기 위해 1부, 2부, 3부의 기본틀을 설정하고 시기별·분야별로 자료를 체계화하려고 했다. 이번 자료집(2)도 그 원칙에 따라 오랫동안 정성을 기울인 결과물이다. 1부, 2부, 3부 모두 1920년에서 1925년까지 잡지 신문 교과서 등에 실린 건강담론과 관련 이미지를 대상으로 삼았다.

　　1부에서는 신문과 잡지에 실린 수많은 관련 기사 가운데 중복을 피하면서 (1) 의료와 신체관 (2) 위생과 청결 (3) 건강·체육으로 그 내용을 범주화했다. 1920년대 초반 '개조의 시대'와 맞물리면서 위생과 건강 담론도 풍성했다. 그 가운데 눈길을 끄는 글을 고르고 문장을 현대어로 바꾸어 일반 독자가 읽기 편하게 했다. 또한 일본어로 쓴 『수신 교과서』와 『국어독본』을 한글로 번역했다. 이미지 자료도 함께 제시하여 시원하게 편집한 것은 '가독성'을 위해 바람직하다고 생각한다.

　　2부에서는 『조선급만주』(朝鮮及滿洲)에 나타난 신체관과 의료 관련 기사를 번역했다. 자료집(1)에서도 소개한 바와 같이, 『조선급만주』는 1912년 1월부터 1941년 1월까지 월간으로 발행한 잡지이다. 그 전신인 『조선』까지 포함하면 무려 34년 동안 발행한 조선에서 가장 긴 시간 출간한 종합잡지다. 『조선급만주』는 제국의 권력과 지식이 결합하여 식민지 통치를 위한 '조선 이미지'를 만들어냈다. 그만큼 종주국의 제국의식이 짙게 드리워진 잡지였다. 그러나 『조선급만주』는 일제 강점기의 전체상을 파악하는 데 매우 중요 잡지이다. 옛 일본 문장을 읽기 힘들어 이제야 그 잡지를 이용한 연구성과가 나오기 시작한다. 이번 자료집(2)에서는 지면을 크게 늘리고 더욱 촘촘하게 번역했다. 전임 연구진이 많은 시간과 힘을 기울였다. 기사 제목만 훑어보더라도 1920년대 초·중반의 위생 상황과 의학의 관심 분야를 짐작할 수 있다. 관련 연구에 큰 보탬이 되기를 기대한다.

3부에서는 의약품 광고에 담긴 신체정치를 제시한다. 비교적 쉽게 접근할 수 있는『동아일보』,『조선일보』,『매일신보』,『부산일보』등 만이 아니라, 전문 연구자조차 아직 접근하기 어려운『경성일보』광고 전체를 대상으로 했다는 점에서 의의가 크다. 게다가 여러 잡지에 실린 광고도 모두 조사했다고 하니, 적어도 그 정성만큼은 높이 평가받을 만하다고 생각한다. 기존의 광고사 연구나 의학사 연구에서도 제시한 적이 없는 여러 광고를 우리 자료집에서 새롭게 발굴했다는 점에서 가슴 뿌듯하다. 우리 전임 연구진이 이 자료에 근거해서 관련 저술을 집필하고 있다는 것도 하나의 자랑거리다. 자료집 시리즈를 마칠 때면 핵심 의약품 광고를 범주별로 모두 정리하게 될 것이다.

코로나 형국에서 오히려 더욱 세심하게 자료집을 준비한 최재성, 황익구, 최규진 연구원의 노고에 감사드린다. 건강과 위생 담론이 그 어느 때보다 중요해진 오늘날의 '코로나 국면'에서 우리 자료집이 '인문학적 사유'를 촉진하는 계기가 되었으면 좋겠다.


청암대학교 재일코리안연구소 소장
김인덕

# ▌목차 ▌

1부
매체 속의 신체 담론

# Ⅰ. 의료와 신체관

## 1. 교과서

조선총독부, 『보통학교 수신서』 권1(아동용), 1922년.

　8 몸을 소중하게 합시다〈8쪽〉.

<그림 1> 몸을 소중하게 합시다.

조선총독부, 『보통학교 수신서』 권2(아동용), 1922년.

　6 몸을 튼튼하게 합시다.

　이 아이는 몸이 튼튼하지 않으면 훌륭한 사람이 될 수 없다고 학교에서 배웠습니다. 그래서 먹는 것이나 마실 것에 주의하고, 아침에도 빨리 일어나기로 했습니다. 또 심호흡이 몸에 좋다고 배웠기 때문에 그것을 시작하였습니다 〈7~8쪽〉.

〈그림 2〉 몸을 튼튼하게 합시다

**조선총독부, 『보통학교 조선어독본』 권5, 1924.**

제18과 신선한 공기

아침에 일찍이 문밖에 행보하면 심신이 상쾌한 것은 신선한 공기를 호흡하는 소이요.

대저 이 세상에 공기가 없으면 우리들은 순식간이라도 생존할 수 없소. 사람이 공기 중에서 생활하는 것이 어족이 수중에서 생활함과 같아서 고기가 물밖에 나면 살지 못할 것이요, 사람이 공기를 떠나면 호흡 동작을 부득(不得)하오. 사람이 수중에 빠져 죽는 것은 공기를 호흡지 못하는 소이(所以)오.

물에 청수(淸水)와 탁수(濁水)가 있는 것과 같이 공기에도 청결한 공기와 오예(汚穢)한 공기가 있어서 청결한 것은 위생에 유익하고 오예한 것은 유해하오. 여러 사람이 모인 협실(夾室) 중에 들어가면 악취가 있고 얼마 아니 되어 두통이 나는 것은 공기가 오탁한 증거요.

그런 고로 실내에 공기의 유통을 잘 되게 하고 조석으로 쇄소(灑掃)를 정히 하며 때때로 창호를 개방하여 신선한 공기를 주입하며 또 때때로 교외에 산보하여 신선한 공기를 호흡하여야 하오〈68~71쪽〉.

**조선총독부, 『보통학교 국어독본』 권5, 조선서적인쇄주식회사, 1923.1 발행, 1923.5 번각발행.**

10. 병

나는 오랫동안 병으로 학교를 쉬었습니다. 처음에는 병에 걸린 것을 모르고 그냥 있었는데 점점 병이 심해졌습니다. 조금 옆구리가 아파서 의사 선생님께 진찰을 받아보니 신장이 나쁘다고 하셨습니다. 어머니도 오래전부터 신장이 나빴기 때문에 나도 같은 병에 걸린 것인가 하고 걱정했습니다. 의사 선생님께서 "식사는 하루에 우유를 5홉과 빵으로 하고 그 외의 음식은 아무것도 먹지 마세요"라고 하셨습니다. 약을 받아서 집으로 돌아왔습니다.

그 후 나는 매일 누워 있었습니다. 빨리 병이 나으면 좋겠다고 생각했습니다. 보름 정도 지나자 겨우 감자죽을 먹어도 좋다는 허락이 있었습니다. 아침저녁은 빵으로 점심은 감자죽을 먹었습니다. 나는 아주 기뻤습니다. 평상시에는 밥을 먹어도 그다지 맛있다고 생각하지 않았습니다만 오랫동안 밥을 먹지 못했기 때문에 눈물이 날 정도로 맛있었습니다. 40여 일간이나 염분이 들어간 음식은 먹지 않았습니다. 어머니께서 "나도 그렇게 참지는 못했을 거야, 정말로 안타까웠어"라고 말씀하셨습니다. 참고 견딘 보람이 있어서 마침내 병이 나았습니다. 의사 선생님께서 "이제 나쁜 곳은 없어요"라고 하셨습니다. 나는 학교에 가는 일만 기대하고 있었습니다. 오늘 학교에 와서 친구들과 만났습니다. 나는 너무나 기뻤습니다〈32~36쪽〉.


## 조선총독부, 『보통학교 조선어독본』 권6, 1924.

제6과 종두

종두라 하는 것은 두역(痘疫) 들린 우체(牛體)의 두창의 농액을 취하여 이 액을 세첨(細尖)한 침단(針端)에 발라가지고 인체의 피부 유연한 팔 부위에 이종(移種)하는 것이니, 그리하면 그 농액의 주입한 당처(當處)가 성창(成瘡)하는데 천연두와 같은 고통을 받지 않고 약 10일간을 거치면 자연히 완합(完合)하여 능히 천연두를 예방하느니라.

옛날에는 어느 나라에든지 두역이 유행하여 사망한 자와 면상에 두창이 가득하여 용모의 추악한 자가 적지 않았더니 지금으로부터 약 120여 년 전에 잉글랜드 사람 쩨너[1]씨가 정밀히 연구하여 종두의 묘술을 발명한 후로 세인이 천연두에 걸려 불행에 빠지는 폐해를 예방케 되었느니라.

쩨너씨가 처음으로 종두의 묘술을 발명한 당시에는 세인이 "쩨너는 요술로써 사람을 속이는 자라"고 비방하는 자도 많았으나 쩨너씨는 먼저 자기의 자녀와 친척의 아동에게 종두를 시행하며 열성으로 선전한 결과, 신종하는 자가 일증 월가하여 금일과 같이 동서양을 물론하고 종두를 실시하지 않는 나라가 거의 없게 되니라.

우리 조선에도 이 종두술을 수입한 당시에는 사람마다 반신반의하여 혹은 종두를 하면 신체에 쇠털이 난다, 소 소리를 낸다 하며 반대한 자가 많았으나 최근에는 우매한 향곡 부녀라도 그 이익을 크게 깨닫게 되어 유치한 자녀가 있으면 서로 다투어 종두를 시행하는 고로 근래에는 종두에 사망하는 자와 면부에 두흔있는 자가 거의 없으니 쩨너씨의 끼친바 공적은 실로 위대하다 아니치 못할지니라〈22~25쪽〉.

---

1) 제너(JENNER, Edward; 1749~1823)는 영국의 의사로, 1775년 우두와 두창의 길항 작용에 주목하여 종두법을 발명, 예방 접종의 창시자가 되었다.

# 2. 신문

「자주 자립과 심신의 건전」, 『동아일보』, 1920년 5월 17일.

광애(光愛) 김승극

개미와 꿀벌이 집합, 조직하여 사회 생활함을 보니 그 모양이 우리의 생활하는 바와 자못 비슷하니 개미 나라, 꿀벌 나라라 함은 실로 이와 같은 이유일 것이다. 그들 사회에는 여왕도 있고, 귀족과 군대 노동자가 있도다. 그뿐 아니라 개미 나라에는 따로 척후(斥候)가 있고, 포로가 있으며 병원 같은 설비가 있는데, 간호자인 개미 무리가 수호(守護)하도다. …… (중략) …… 각기 한 마리의 개미와 한 마리의 벌에게 자주 자립의 사상 관념이 하나도 없는 까닭이니 즉 자기가 자립 자행의 가능적 일개 생물인 의식이 그들에게 없고, 다만 유전과 습관에 몰념(沒念) 구치(驅馳)하고 하등의 자각 변별의 힘이 없어 불과 기계로 만드는 바의 본능적으로 노동할 따름이요, 각기 한 마리에 특색이라든지 특장(特長) 또는 초월의 의지 행위가 없다. 고로 비록 수천수만 마리가 집합하였으나 그 수량만 증가할 따름이요, 노동의 본질에는 하등의 변천이 없는 것이다. 그러나 우리 인생에게는 각기 특질이 있나니 즉 천부의 상이한 자질로 집합되어 상호 보조하여야 사회도 일취(日就) 발달되고, 국가도 월진(月進) 문명할 것이다.

…… (중략) ……

시험 삼아 묻노니 자주 자립이란 무엇이오. 우리가 보통 사회에 처하여 생활상 의미로 자주 자립의 3조 계급이 있을 것이라. 제1에는 의식주에 관하여 타인에게 의뢰 아니 부모에게까지라도 의뢰의 사상이 없어야 자주 자립일 것이다. 실로 이것이 자주 자립의 제일보니 혹은 이를 자립 자영이라고도 말하는 것이다.

제2에는 자기가 선량 정의로 확신치 아니하는 이상에는 무슨 일이든지 타인의 뜻한바, 보는 바에 경종(輕從)하여 그의 행위와 행동을 모방치 말 것이니, 즉 상세히 말하면 다른 사람의 압박하에 있으면서 그 무리한 명령에나 행동에 무단히 복종할 것이 아니다. 이것이 자주 자립의 대요건이니 그 중간 단계에 자리할 것이다.

제3에는 각기 천품의 초재(超才) 즉 자기의 특색을 발휘할 것이니, 그 특장으로써 천명에 응하여 사회에 공헌함으로 인생의 인생다운 천직을 완전케 하여 경쟁 활(活)무대에 우승자가 되어야 할 것이니 이것이 자주 자립의 정점(頂點)에 설 것이라. 이상 조건을 구비한 연후라야 공명정대한 자주 자립의 생활을 거둘 것이라.

그러나 만약 그 자주 자립의 완전한 생활의 실을 얻고, 타인의 조력을 받지 않아 조금도 의뢰의 일이 없으려면 그 유지방책이 여하오.

　나는 이것의 요결(要訣)로 심신의 건전을 창(唱)하노니 이하 서론(敍論)하리라.

　만약 우리가 신체가 허약하여 질병의 고통을 받는다 하면, 이것이 작아도 불가불 의사·약사의 의뢰를 입을 것이니 비록 어떠한 연구자, 인내자, 분발자일지라도 병마에는 패배의 누(累)를 면치 못하니 이 또한 자주 자립의 뜻과 힘이 파괴되는 것이 아니냐. 무슨 까닭이오. 즉 이로 인하여 나중에 의식주가 부족하고 빈궁에 빠져 이로 말미암아 인연 있는 사람이나 타인에게 하등의 조력을 바람에 이르는 까닭이로다. 그러므로 생활의 자주 자립에 대하여 제일 요건은 신체의 건강을 보(保)함이 필요하니 이 신체 건강을 지지하는 방법은 우리가 생리위생학에서 읽음에 따라 섭생에 주의하여야 될 것이다.

　즉 섭생이라 함은 음식에서 자양물을 적취(適取)하며, 유해물을 배척(排斥)하고 한서(寒暑)에 응하여 청결한 의복을 입으며, 사지 오체(四肢五體)의 운동과 뇌수(腦髓)의 활용을 단련시켜 무리한 근로를 그치고, 휴식과 수면에 적당케 함이 근본일 것이나 그밖에 유희와 오락이라도 정도(程度) 있게 향수(享受)하여 정신의 수양에 심력(心力)을 써서 건전하고 활발한 지기(志氣)를 기름이 즉 이것일 것이다. 건전한 정신은 건전한 신체에 머물 것이나, 신체가 불건강할 것이면 건전한 인격의 정신이 정중(正中)을 보(保)하기 어려울 것이다. 혹은 원기가 박약하고 혹은 기억력이 쇠약하여 사소한 사건에 희로애락이 과민(過敏)하며, 보통 행용(行用)의 도리도 변별키 어려울 일도 많아 혹은 박지약행(薄志弱行)의 미물(微物)이 되며, 혹은 완고불손(頑固不遜)의 우물(愚物)이 되며, 사회에 출각(出脚)하여도 외인(外人)에게 모시(侮視)와 혐증(嫌憎)을 받아 기인(奇人)이니 광인(狂人)이니 하는 시비를 당하여 심하면 일생에 하등 업무도 할 수 없고, 녹록(碌碌)히[2] 퇴로(頹老)하니 타인에게 누예(累穢)를 끼치고, 사회의 기생물로 부패의 풍기(風氣)를 전염케 할 것이다. 이와 같은 인격의 실패하는 원인은 주로 상식의 실력이 부족한 까닭일까 방황 의혹하는 것이다. ······ (중략) ······ 어렸을 때로부터 사회 풍조에 접촉지 못하여 기교 편벽(奇矯偏僻)으로 횡행(橫行) 망동(妄動)의 성벽(性癖)이 있는 자는 비록 신체는 건전하고 또 다수의 서권(書卷)을 독파하였을지라도 자기의 성의(性意)에 장애 되어 상식의 실력을 얻을 수 없어 소지(所持)한 지혜의 보경(寶鏡)도 갈수록 어두워질 것이니 만약 그 실력을 배양하려면 널리 외인과 교제하며 경험을 쌓아 세상 물정에 통할 것이다.

　······ (중략) ······

　이와 같이 다소의 취미성을 수양한 자는 비록 어떠한 실망에 당하였을지라도 화월산수(花月山水)의 청결한 자연미에 비감(悲感)을 위(慰)할 수 있고, 서화(書畵)를 상(賞)하며 음악을

---

　2) 평범하고 하잘것없이.

연(演)하여 울회(鬱懷)를 해(解)할 수 있으니 정(情)을 화(和)하며 심(心)을 창(暢)하여 심신의 건전을 보(保)하기 어렵지 않음은 풍아(風雅)를 상(尚)하는 자가 능히 번민에 위로하며 절망에 성취함을 얻음일 새니라.

신체가 건강하고 심지가 건전하여 실력이 풍부한 자는 자주 자립의 완전한 생활의 수공(收功)이 다대(多大)할 것이다.


「자주독립과 심신의 양전(兩全)」, 『조선일보』, 1920년 8일 17일.

의봉류(蟻蜂類) (2)[3]

3. 신체의 건강

신체가 잔약하여 질병가가 되면 항상 의사의 방해가 되지 않을 수 없다. 면학·인내·분발 등도 질병에는 무가내하(無可奈何)[4]라. 장구히 계속하지는 못할 지로다. 또 이로 인하여 빈(貧)하여 지고 의식(衣食)을 안심치 못하게 되고, 연자(緣者) 또는 타인에게 장해(障害)를 일으키는 데 이른다. 고로 자주독립의 제일 요건은 신체의 강건(强健)을 보(保)함에 있다. 이를 위해 평소에 섭생의 주의가 필요하다.

섭 ■[5]이라 함은 자양물을 적당히 취하여 유해한 음식물을 척(斥)하고, 한서에 응하여 청결한 의복을 입어 사지 오체의 운동과 뇌수의 활용을 적도(適度)히 하고 부적(不適)한 근로를 그치고 휴식·수면·유희·오락 등을 상당히 하고, 정신의 보양(保養)에 주의하여 건전 활발한 지기(志氣)를 양성함을 말한다. …… (후략) ……


「식물(食物)과 건강」, 『조선일보』, 1921년 7월 15일.

영양불량의 자는 유럽에는 매우 많으나 우리나라에서는 이것이 아주 적으니 중등학 이하의 생활을 하는 자에도 영양 불량자는 보기 어렵다. 원래 암종(癌腫)이나 결핵 같은 중증에 걸리기 때문에 여하(如何)히 식물(食物)을 주어도 중독성의 영양불량이 생기는 것은 자주 보는 바이라. 이 경우에는 여하히 식물을 주어도 영양을 회복하기 곤란하여 식물 부족으로 오

---

3) 앞날(8월 16일) 기사에 필자는 개성의 전용순으로 되어 있는데, 앞의 김승극의 글과 논리, 차례가 같고, 내용이 유사함.

4) 굳게 고집하여 어찌할 수가 없음.

5) 원문에는 '섭 '으로 표기되어 '섭' 뒤의 글자가 누락되어 공백이 있음. 앞 문장과 연결시켜 보면, 섭생을 가리키는 것임. 글자가 식자되지 않아 공백으로 있거나, 심하게 뭉개져서 판독하기 어려운 경우는 ■으로 표시했으며, 이하 동일함.

는 영양불량이라고 말하지 못할지니, 건강자로서 진실로 식물 부족으로 하는 영양불량은 우리가 거의 목견(目見)치 못한 자이라. 섭식(攝食)이 불완전한 빈민굴에는 영양물의 부분 결핍으로 영양불량에 빠지는 자 있으니 즉 백미 잔반(殘飯)과 또 설(屑)⁶⁾등으로 그날그날의 생활을 하여서는 도저히 완전한 영양은 얻지 못할 것이라. 이들 식물에도 야채를 가(加)하면 완전한 식료가 되어 소식(少食)할지라도 결코 영양불량이 되지 않으니 예를 들면, 세 번 식사를 두 번으로 하고 또는 1일 1식을 하여 식량을 2분의 1이나 혹은 3분의 1씩이라도 점차 연습하여 상시 습관으로 행하면 결코 영양불량이 일어나지 않느니라. 자고로 소식은 건강의 기(基)라 하고, 대식은 단명의 본(本)이라 하였음은 오늘 진보된 학리(學理)로 보아도 틀림없는 사실이라. 유럽에서는 영양 불량자가 적지 않으나 이는 식료 결핍이 아니요, 불완전 식(食)을 하는 때문이니 저 서양인이 면포(麵麭)⁷⁾와 감자와 오이 등을 상식(常食)으로 할 뿐으로는 도저히 부분 결핍을 면치 못할지라. 요지컨대 복(腹) 8푼의 완전식을 장려할지니, 완전식이라 함은 우리나라에서는 곡물을 주식으로, 야채를 부식으로 하고 적도(適度)의 어육(魚肉) 혹은 계란 등을 교식(交食)하되 항상 과식지 아니하고 분량을 적의(適宜)히 함이라.

미(米), 염(鹽), 수(水) 등도 너무 정제한 것은 식용에 불완전하나니 증류수와 정염(精鹽)과 백미 등은 불완전식됨을 면하지 못하나 이에 반하여 반도미(半搗米)와 현미 등은 완전식이 되느니라. 원래 쌀만으로는 완전하다 말하기 어려우나 이에 야채를 더함에 따라 완전무결의 식물이 되는 것이니라. 일본인이 순 야채식물로 생활하는 것은 조금도 곤란하지 않음은 이미 증명한 사실이나, 이에 다소간 동물성 식료 특히 경미(輕味)의 어육 등을 혼용함은 적의(適宜) 무해한 것이니라. 우리나라에서 224인의 100세 이상의 장수자를 조사하여 본 사람이 있는데 그 식물 여하를 들으니, 육류·어육 등을 중한 부식물로 식용하는 사람은 그중 겨우 5인뿐이요, 야채를 중한 부식물로 생활하는 사람은 그 반수 이상이 된다 한다. 그런즉 조식(粗食)과 소식이 장수의 한 원인됨이 명료한 사실이니, 이는 동양뿐 아니라 유럽의 장수를 연구하는 학자의 의견도 다 이에 일치하느니라. 선술(先述) 노자(老子)의 "도가도(道可道)면 비상도(非常道)"라 함과 같이 양생에 구니(拘泥)할 것이 아니요, 사람의 신체에 적부적(適不適)을 가림이 곧 완전한 위생법이라 할지라. 대개 위생법이라 하여 일정불변의 원칙은 아니니 각기 경우에 따라 대식주의(大食主義)든지 감식주의(減食主義)든지 취하는 것이 가장 필요하니라. 각인(各人) 음식의 차이는 작업과 연령에 따라 변화가 생기나니, 노동자는 비교적 다량의 식물을 요하고, 뇌수 작업의 사람은 소량을 요하며, 노인과 소년도 다소 차이가 있느니라. (완)

---

6) 부스러기.

7) 면과 빵.

「현대부인의 인격관, 신체의 개조와 철저적 교육이 필요」, 『매일신보』, 1921년 10월 8일.

　우리 조선이 10여 년 이래로 신교육제도에 의해 이미 수천 명의 신 여자를 양성하였도다. ······ (중략) ······ 어떻게 사회 개조를 꾀한다 할지라도 먼저 부인문제를 해결치 않으면 도저히 그 목적을 달성하지 못할 것이라 하노라.

　부인은 사회의 반쪽을 담당할 세력이 있는 자이니 그 지량(智量)과 체량(體量)이 오늘의 현상을 벗지 않으면 그 앞길은 실로 한심하지 않을 수 없는 것이라. 적어도 부인의 남자의 도움이 없이 독립할 만한 정도에 도달하지 않아서는 불가한 것인데, 이와 같은 부인이 과연 얼마나 있을 것인가 함에 대하여는 우리 조선 민족의 앞길은 심히 요원하다 말하지 않을 수 없을 것이로다.

　신체의 개조는 물론 필요한 일이지만, 현재 급무는 이제 적어도 부인의 사회에 대한 지견(智見)을 확대할 필요를 절실히 느끼는 바이니 이에는 철저한 교육의 힘에 의할 것은 물론인즉 이후 여자 교육도 남자와 동일한 정도, 동일한 규모로써 이를 행하여 지식이나 학문이나에 실제 남녀 동급의 실을 거둠에 이르기를 기대하는 바이로다.


「신문화건설과 인종 개조 문제(8)」, 『매일신보』, 1922년 10월 27일.

　7. 신체 개조

　인종 개조의 의의를 명료하게 논정(論定)하는 것은 인격 개조학상 가장 중요한 것이므로 신체 개조 및 정신 개조를 일관(一觀)하여 인종 개조의 의의를 한정할지로다. ······ (중략) ······

　인류는 물적 자연적 환경을 변개하며 지배하며 구사하는 자이니 자연환경은 인류를 지배하지 못하지마는 인류는 능히 자연환경을 지배하며 이를 사용하여 인류 진보와 발전을 수성(遂成)하는 것이라. 신체로써 인류 생존과 인류 생존 경쟁에 중요하다고 하는 것은 환경과 인류와의 관계에 명철하지 못함으로부터 일어나는 유견(謬見)이니 동물은 그 신체적 형질의 배열 변화에 의해 물적 자연적 환경에 적응하는 것이지만 인류는 언어와 문자에 의해 양에 든지 질에든지 변화를 다 하여 복잡 무한한 외위(外圍)를 포착하여 융통 자재하게 외위에 적합하는 자라. 인류 하 유통 변동하여 그치지 않는 외위에 융통 자재하게 적합하는 요구(要具)는 신경이며 정신이니 이 직능을 수성(遂成)하기 위하여 고등동물에 이르러 신경의 발달은 갈수록 현저하게 되느니라.

「조혼(早婚)과 성적 관계(性的關係)」, 『동아일보』, 1922년 12월 24일.

유상묵(柳尙黙) 기(寄)

…… (전략) ……

금년 여름에 한가(閑暇)를 얻어 나의 사는 곳의 부근 여러 집에 대하여 실사한 결과의 일단(一段)을 들건대 이하와 같다. 그러나 나는 성적 문제에 대하여 아무 연구한 바도 없고 또 생리학상에 대하여 하등의 소양이 결핍한 자이지만, 대개 신체는 연령에 따라서 쇠퇴와 왕성을 부르나니 생식의 율(率)도 각자 그 성(性)의 왕건(旺健)을 따라 동성(同性) 왕건케 하려는 것은 생리적으로나 심리상으로나 이를 현증(現證)하는 것이다.

결혼 후 몇 해가 되지 못한 자의 남유 여장(男幼女壯)[8]한 것의 생산율을 조사한즉, 여자를 분만한 것이 6할 3보이고, 남자의 산율 중에는 발육 불완전한 자가 많다. 이 경우 여자의 체질을 검사한즉 다혈질(多血質) 또는 점액질(粘液質)이고, 또 담액질(膽液質)을 가진 여자가 많고, 남장 여유한[9] 자에 취하여본즉 전자와 반대로 여자를 낳은 것이 4할이고 다수는 남아를 낳았다. 그중 발육 불완전한 아이가 많고, 남녀의 연령이 상등한 자에 대하여 조사한즉 부부 누구이든지 체질 또는 기질의 우세한 편을 따라서 남자 쪽에 승(勝)할 때는 남아를 많이 낳고, 여자 쪽에 승할 때는 여아를 다산하는 것 같다. 산아(産兒)의 용모와 그 성질도 역시 이에 따른다. 고로 남아라도 얼굴이 여아와 같고 심지(心志)도 여아와 같은 자도 있고, 여아라도 얼굴이 남아와 같고 기질이 남아와 같은 자도 있다. 어느 집에라도 이르러서 먼저 그 집 산아의 용모와 기질을 보면 그 집 부부의 체질과 성질의 대략을 측정하겠도다. 또 남녀 공히 노년에 낳은 아이는 많이 발육 불완전자와 저능아이다. 또 그 사망률을 말하면 소아의 사망률이 조선처럼 많은 데는 아마 세계에 드물 것이다. 그런데 조혼자 간에서 낳은 소아의 사망이 거의 반수나 점하나니 …… (중략) ……

문제가 너무 탈선된 혐(嫌)이 없지 않으나 조혼의 결과로 일찍 생식함에 따라서 또 불완전한 산아(産兒)도 많지만, 어찌하였든지 사람의 수명을 단축함은 무의(無疑)한 것이다. 일거리 많은 우리 사회에서는 100세를 산다 하더라도 할 일의 끝은 보이지 않는데, 더구나 수명을 단축케 하는 조혼을 행하여 인종을 쇠패(衰敗)케 하는 일을 차마 행할까? 가위(可謂) 장태식(長太息)할 자 이것이로다. …… (중략) ……

그러니까 이상 말한바 조혼이 인생에 대하여 그 같은 해독을 줌도 불구하고 공연히 감행하는 것은 우리로서는 좌관(坐觀)하기 불감(不堪)이다. 그의 여독(餘毒)은 필경 가(家)를 망하며, 국(國)을 패(敗)하고, 인류의 멸망을 부르는 통곡할 일이다. 다시 말하면 인생을 없애

---

8) 남편이 어리고, 아내가 장성한 경우.

9) 남편이 장성하고, 아내가 어린 경우.

는 처음 징조이다. 인류가 절멸되는 날에야 무엇 무엇이 있겠느냐? 이 조혼의 폐를 방지하기 위하여 과거 융희 연간에 허혼 연령을 정하였으되, 남자는 만 17세, 여자는 만 15세로 되었으나 이것도 고식적 방어책에 불과하다. 추근추근한 오래된 악습을 일조에 근본적으로 개혁하려 함은 사실상 어려운 일이기에 이와 같은 허혼 연령을 정하였으나 그 세력이 축칩(縮蟄)되고, 민간 악폐(惡弊)는 의연히 존재한다. 그 후 민적 법규의 갱신에 의하여 허혼 연령에 미달한 자 혼인은 법규상 인정치 않을 뿐 아니라 그간의 산아는 사생자 또는 서자의 취급을 하게 되었다. 사생자와 서자와의 신위(身位)가 그 사람의 인격에야 하등의 손색을 부르겠는가만 사회의 면목에 어찌 차마 보리오. 자식 되는 자 그 부모를 택할 수 없는 이상에 그 자식 된 자의 신위에 인도상 최악행의 산물인 관사(冠詞)를 붙이게 되는 것은 과연 억울치 아니할까. 깨시오. 속히 깨시오. 우리 형제자매들아!

이 문제에 대하여 붓을 들어 쓰려 하니 가슴이 터지는 것 같아 기가 막혀서 두어 말로써 우리 지식 둔 자의 명념(銘念)할 것으로 하려는 충정에서 끝을 맺노라.


「신체의 중량(重量)」, 『동아일보』, 1923년 1월 4일.

평거(平居)에는 심상히 생각하여 모르지마는, 등산을 하여 보면 우리 몸을 들어 올리는 것을 깨닫는다. 그래서 비대한 사람은 심한 고통을 당한다. 미국인 잭 윌리엄스는 수십 층 건물에 기어 올라가는 일이 그의 직업이다. 수십 층 집을 막론하고 창승(蒼蠅)[10) 기어오르듯하여 인승(人蠅)이라는 별명을 얻었다. 이 인승은 그간 높은 층 집 총 5천을 올라간 이수(里數)를 합하면 475마일[11]) 이상에 달한다. 최근에는 샌프란시스코에서 410피트[12])나 되는 건물에 기어 올라갔는데 평균 2분간 1층씩 올라갔다. 모(某) 기자 커닝함 씨의 계산에 인승이 이번에 자기 신체를 약 150번 들어 올렸으니 자기 중량이 132근이므로 도합 1만 9천 8백 근, 즉 석탄을 실은 열차 1량의 중량을 운전한 셈이라 한다.


「우유와 체격의 관계」, 『조선일보』, 1923년 1월 11일.

일상 우유를 마시는 민족은 대개 체격이 장대한 사실은 학리 상과 실지 상에 증명되는 바이다. 남아프리카의 '쓰루' 민족은 아프리카 대륙 중에도 체격이 최대하니, 그들은 우유를

---

10) 쉬파릿과에 속한 곤충을 통틀어 이르는 말.
11) 원문 리(哩).
12) 원문 척(呎).

상음(常飮)하는 자요, 또 남아메리카의 파타고니아인 등도 체구가 강대하니 이 또한 우유를 상음하는 자이다. 이에 반하여 우유를 불음(不飮)하는 인종은 체격이 왜소하니 열대 지방에서는 우유의 품질이 좋지 않아 식용에 맞지 않은 고로 열대 지방 주민의 체격이 비교적 왜소하다. 중국에서도 남방의 주민이 북방의 주민에 비하여 신장이 왜소하니 이 또한 우유 음용(飮用) 여부에 따라 대소의 차이가 생기는 것이다. 그 이유는 체격의 대소는 즉 골격의 대소니 골격을 형성하는 자는 주로 칼슘이요, 칼슘은 식물(食物) 중 우유에 최다(最多)한 까닭이다. 우유는 타 식물과 유이(有異)하여 매일 3홉씩 음용하면 우리 신체에 필요한 분량의 칼슘을 공급하는 것이다.

「신장(身丈)」, 『동아일보』, 1923년 1월 15일.

역사(力士)나 혹은 장사(壯士)가 아니면 위인(偉人) 걸사(傑士)의 신장을 우리는 일지 못한다. 인물 약전(略傳)에도 고대 모(某) 장군의 신장은 8척이니 9척이니 하는 구절을 제하고는 들어보지 못한다. 우리는 우리의 경애하는 정치가·문호 및 시인의 신장은 망연(茫然)히 모르고 있다.

영국에는 인체 측정회가 있어서 인류발달을 전공(專攻)하지마는, 일반이 당대 명사를 사진으로써 그 용모를 숙지하나 면대하기 전에는 신장의 고저를 모르는 현상(現狀)이다.

그러면 신체의 장단에 의하여 두뇌의 총명 여부를 측정하는지 조선에는 단소한 사람이 명인(名人)이라는 전설도 있거니와, 나폴레옹도 이를 믿어 가장 중요한 지위에 가장 작은 사람을 맡겼는데, 세인(世人)이 공지(共知)하는 바와 같이 나폴레옹의 신장은 5피트 2인치[13]이니 ■피트[14] 6인치이니 하였으나, 나폴레옹이 항복하던 배 뻴레로폰호 선장의 조사로는 나폴레옹의 신장이 5피트 7인치이셨다. 현대의 제왕으로 말하면 이탈리아 황제가 5피트 2인치요, 벨기에 왕이 6피트 2인치이다.

「인종 개량론」, 『조선일보』, 1923년 1월 28일.

박재하(朴載廈) (2)
······ (전략) ······ 인류적 진화는 또한 인류적 운동이 있어야 할 것이다. 이는 곧 시대가 절실히 요구하는 가장 근본적 개조사업이니, 그리하여 장차 세계개조 대회의 선결문제는 실

---

13) 원문은 촌(吋).
14) 원문에는 피트 앞의 숫자가 공백으로 되어 있음. 앞 뒤 문맥으로 보면, 5가 맞을 듯함.

로 인종 개량이 최대제안일 것이다.

　3. 물질적 유전 개량론과 정신적 유전 개량론

　아리스토텔레스는 일찍이 인생의 3대 결점을 지적하여 교육적 개량 방법을 실시코자 하였나니, 대개 인생의 결점은 유전적 결점이 1이요, 습관적 결점이 1이요, 이상적 결점이 1이라. 이상·습관의 양대 결점은 덕·지 양육으로써 개량하고, 유전적 결점은 오직 체육으로써 개량코자 하였나니, '금 조혼, 택 가우, 중 체조, 습 음악'이 그 주의(注意) 조건이다. 조혼을 금하며 가우(佳偶)를 택하여 인생의 선천적 결점 즉 피융(疲癃) 잔질(殘疾)과 촉법(觸法) 저금(抵金)의 유래 원인을 예방하며, 체육에 힘써서 신체의 발달을 꾀하며 음악을 숭상하여 지기(志氣)의 도창(陶暢)을 필요로 하였다. …… (후략) ……

「위장병과 조선 음식」, 『동아일보』, 1924년 3월 31일.

　백림(伯林)에서 이갑수(李甲秀)

　우리 조선 사람의 의식주에 관하여 물론 개량할 것이 많이 있겠으나, 그중에도 제일 급속히 개량하지 않을 수 없는 것은 음식물이라 하겠습니다. 우리 조선 일반 음식물은 자극성을 과다히 함유하였을 뿐 아니라 우리는 보통 자극성의 향료를 많이 상용하는 습관이 있으므로 이것이 원인이 되어 각종의 위장병이 다수히 발생합니다. …… (후략) …… (계속)

「위장병과 조선 음식」, 『동아일보』, 1924년 4월 7일.

　백림(伯林)에서 이갑수(李甲秀)

　…… (전략) ……

　이상에 설명한 모든 위장병은 특히 우리에게 많이 발생하던 것인바 그 원인에는 원래 위장병을 일으키는 다른 의학상 원인도 물론 많이 있겠으나, 우리 조선 음식물의 관계가 더욱 중대하다 하겠습니다. 그러므로 지금까지 우리가 그 많은 위장병을 근본적 예방 또는 치료하려면 우리의 대부분 음식물을 개량하며, 따라서 음식물을 섭취함에 주의하지 않을 수 없을 것입니다.

　이상에 논한 바를 전부 총괄한즉 이하와 같습니다.

　1. 우리가 비로소 알게 된 것

　가. 우리 조선 사람의 위장액 산도는 비교적 많음.

　나. 우리에게 비교적 위장병이 많음.

다. 우리 조선 음식물은 비교적 위장병을 발생키 용이함.

라. 우리가 상용(常用)하는 당초(唐椒)15)는 위액의 산(酸)을 증가하게 하는 작용이 있으며,
   또는 위장 점막에 대하여 병적 현상을 일으키기 용이함.

2. 음식물에 관하여 주의할 것

가. 우리의 음식물은 될 수 있는 데까지 자극성이 적도록 할 일.

나. 일반 음식물은 적량(適量)한 자양분(함수탄소, 지방 단백질 등 3대 요소품)을 함유하
   며 소화하기 용이토록 할 일.

다. 나무 섬유가 많이 함유된 야채류는 될 수 있는 대로 섭취하지 말 일.

라. 혹은 식물(食物) 그 자체를 없이 할 것이 있음(예 깍두기).

마. 우리는 자극성 향료(고추, 후추)를 과도히 상용치 말 일.

바. 식물을 섭취할 때 과도하게 음수(飮水)치 말 일.

사. 식물을 섭취할 때 충분히 저작할 일. (끝)


「공자님의 음식 위생」, 『조선일보』, 1925년 2월 5일.

사람의 정신수양 하는 것은 그 몸을 닦는 것과 같이 볼 수 있습니다. 사람의 몸을 마음과
떼어볼 수 없으니까 수신이란 말에는 정신수양도 들었습니다. 석가여래나 공자 같은 양반이
한 말 중에는 정신수양에 대한 말도 적지 않습니다. 전례로 공자의 언행을 기록한 책을 보더
라도 공자도 위생을 대단히 한 듯합니다. 공자가 한 위생담 중 논어에 난 것을 보면,

食不厭精, 膾不厭細, 食饐而餲不食, 魚餒而肉敗不食, 色惡不食, 臭惡不食, 失飪不食, 不時
不食, 割不正不食, 不得其醬不食, 肉雖多不使勝食氣, 有酒無量不及亂, 沽酒市脯不食, 不撤薑
食不多食, 祭於公不宿肉, 祭肉不出三日, 出三日不食之矣, 食不語16)

첫째는 밥은 정한 것을 싫어하시지 않는다는 말입니다. 즉 아무쪼록 쌀도 잘 씻고 돌 없고
   뉘17)없는 것을 골라서 정하게 지어서 먹는다는 말입니다.

둘째는 회는 어회든지 육회든지 되도록 가늘게 썰어 먹는다는 말입니다.

셋째는 밥이 쉬었거나 냄새가 나면 먹지 않는다 하였습니다. 쉰 밥이나 냄새나는 밥을 먹

---

15) 고추.

16) 논어, 제10편 향당(鄉黨).

17) 찧지 않아서 겉껍질이 벗겨지지 않은 채, 쌀 속에 섞여 있는 벼 알갱이.

으면 사람에게 대단히 해롭습니다.

넷째는 빛이 좋지 않으면 먹지 않는다 하였습니다.

다섯째는 냄새가 좋지 않으면 먹지 않는다 하였습니다. 모든 음식은 거의 자양분이 있어 그 자양분 때문에 먹는 것입니다. 그러나 대개는 눈으로 보고 코로 맡아보아 마음에 보기에 좋고 코에 냄새가 좋아야 먹는 것이 살로 가지, 우선 보기부터 빛깔이 좋지 못하든지 냄새가 좋지 못하면 맘에도 그리 탐탁스럽지 못하고 또 맘에 탐탁스럽지가 못하면 먹어야 살로 안 갈 것입니다. 그리고 빛이 고약하고 냄새가 고약하면 또 실상 그 음식이 좋지 못할 것입니다.

여섯째는 잘 익지 않았으면 먹지 않는다는 말입니다. 고기나 생선이나 푸성귀 같은 것을 반쯤 익혀 먹는 일이 있으나 이렇게 먹으면 자연 뱃속에 촌백충[18]이나 회충이 생기기 쉽습니다. 그러므로 공자는 잘 익어야 먹는다 하였습니다.

일곱째는 때 아닌 것은 먹지 않는다 하였습니다. 가령 무슨 과일이든지 그 당철[19] 것을 먹어야 한다는 말입니다. 철도 아닌 것을 먹으면 잘 익지도 못하여 자연 병이 날 뿐만 아니라 뛰어나게 일찍 익었다든지 늦게 익었다든지 하는 과일이나 나물은 거기 무슨 그렇게 안 되면 안 될만한 병적 상태가 있는 까닭입니다.

여덟째는 무슨 고기나 생선이나 김치 쪽 같은 것이라도 똑바르게 썰어야 먹는다는 말입니다. 그러나 이 말은 너무 심한 듯합니다.

아홉째는 간이 맞지 않으면 먹지 않는다는 말입니다.

열째는 고기가 많이 있어도 밥보다 더 먹지 않는다는 말입니다. 원래 사람은 동물보다 식물에 대한 것을 많이 먹어야 몸에 이롭습니다. 대개 식물을 동물보다 7~8배는 더 먹어야 됩니다.

열한째로 술을 한 잔이나 두 잔이나 정해놓고 먹지는 않으나 술주정하게 먹지는 않는다는 말입니다. 술을 먹지 말자는 말은 지금 세계 각 문명국에서 다 부르짖는 바이나 이왕 먹는다 해도 주정하도록 먹지는 말아야 한다는 말입니다.

열둘째는 장에서 사 온 술이나 장에서 말려 파는 포를 먹지 않는다는 말입니다. 시장에서 파는 술이나 말린 포에서 혹시 전염병의 균 같은 것이 붙어 오지나 않았나 하여 경계한 것입니다.

열셋째로 생강을 먹는다는 것은 식후 소화를 돕는 데 대단히 유익합니다. 그러나 너무 먹으면 해로우니까 많이 먹지는 않는다 하였습니다.

열넷째, 열다섯째 말은 고기를 묵혀 먹지 않는다 함이니 이것도 고기를 묵히면 부패하거

---

18) '조충'의 이전 말. 조충(絛蟲)은 편형동물 촌충강에 속한 기생충을 통틀어 이르는 말.

19) 꼭 알맞은 시절(계절).

나 맛이 변하든지 하는 까닭입니다.

열여섯째는 밥 먹으면서 말하지 않는다는 것인데, 밥을 먹으며 말을 하면 씹기를 충분히 하지 못하여 소화에 해가 많이 되는 까닭입니다.

수천 년 전 위생 사상이 발달하지 못한 그때 이와 같이 위생에 힘을 쓴 것을 보면 참 그는 성인이었던 것입니다.


「임신 십 개월의 양생(養生)」, 『동아일보』, 1925년 3월 30일.

해산은 생리적이요, 병은 아니다. 우연이 임신 중의 양생을 태만히 하여 유산하거나 또는 난산으로 집안사람을 놀라게 하며, 다행히 안산(安産) 하더라도 그 아이는 약하여 장래가 염려되는 때가 왕왕 있으므로, 임신 중의 양생은 깊이 주의하여야 합니다.

제1월

임신하였다고 급히 생활법을 달리할 필요는 없나니, 신체에 이상이 없게 되면 그대로 있을 것입니다.

제2월

식물(食物)은 될수록 자양이 있고 소화되기 쉬운 것을 취할지며, 신체를 냉하게 하지 않도록 배, 허리, 발 등을 따뜻하게 해야 하나니, 이런 때에 보온(保溫) 보혈(補血)에 효력 있는 중장탕(中將湯)을 복용할 것이외다.

제3월

유산이 제일 많기는 이달이나, 충분히 주의할 것이외다. 제일 여행은 금물(禁物)인데 전차를 타는 것까지 피하여야 하며, 기타 무서운 물건을 가지거나, 무리하게 장롱을 열거나, 높은 곳에 손을 드는 것도 좋지 않습니다. 임신한 지 2, 3개월부터 악조(惡阻)[20]라 하여 가슴이 답답하여 음식물을 토하며, 중하면 영양부족으로 쇠약하게 되나니, 임신 중 악조처럼 위험한 것은 없습니다. 반드시 중장탕을 음복하여 신체를 안정(安靜)히 할 것입니다.

제4월

이달도 전과 같이 먼 길 여행은 금할 것이지마는, 날씨가 좋은 날이나 기분이 좋을 때는 피로하지 않은 정도에서 야외 산책과 단거리를 왕복하는 것은 괜찮으나 너무 자극받지 않고, 감정의 흥분이 심하지 않도록 주의하지 않으면 안 됩니다.

제5월

이달에 이르면 유산은 비교적 적게 되는 고로, 신체에 이상이 없게 되면, 소소한 여행은

---

20) 입덧.

주의만 하면 괜찮습니다. 복대(腹帶)는 이달부터 시작하여 복부를 따뜻하게 하며 신체의 조화를 좋게 할 것이외다. 산전(産前)에 없어서 안 될 것은 중장탕인데, 상용할 적마다 체조(體調)가 좋게 되어 해산이 용이할 것이니, 태만히 마시오, 장탕을.

### 제6월

이달은 유산의 위험이 제일 적을 때이니 피치 못할 여행은 이달에 할 것이오. 신체를 안정히, 청결히 하는 것이 임신에는 필요한 일인 고로 임신 애초부터 고려하여야 합니다. 대개 임신 중은 자극받기 쉽고 감동이 예민하여지나니 비상히 주의할 것이며, 또한 임신 중은 국부에서 분비물이 많고, 음문염(陰門炎)이나 질(膣) 가답아(加答兒)[21] 등에 걸리기 쉬운 것이니, 적어도 격일로 입욕하든지 미온탕으로 허리 부위를 따뜻이 하는 등 적당한 방법으로 국부를 청결히 하여야 합니다.

### 제7월

이달에 이르러서는 여행은 하지 않는 것이 안전하나, 한 시간, 두 시간의 산책은 도리어 신체를 위하여 유익한 것이외다. 식물은 소화되기 쉬운 것을 선택하고, 전신 특히 국부는 청결히 하여 변비 되지 않도록 주의하여 중장을 상용하기를 태만히 말 것입니다.

### 제8월

이달부터 임부에 왕왕 부종(浮腫)이 생기나니 세인은 산전의 부종이면 심려치 않아도 좋다 하며, 산전의 부종은 임부에 부수(附隨)하는 것이라 하고 간과하는 사람이 많지마는, 부종을 그대로 두면 출산 시에 아이도 생산치 못하고 죽는 사람이 흔히 있습니다. 부종이 하지(下肢)에 이름은 태아가 내려가 혈관을 압박하여 혈액 순환이 지장을 받아 수기(水氣)가 되는 것이니, 이런 경우에는 혈액 순환을 좋게 하는 것이 제일입니다. 이러한 때에는 중장탕을 부지런히 사용하면 자연 수기도 내리고, 요부 이상에 오른 부종은 대저 각기 · 심장병 · 신장병 등에서 생기는 것인 고로, 실로 위험성을 띤 것이라 이에 더 중대한 것은 없습니다.

### 제9월

이달에는 임부가 대개 운동이 부족하므로, 사람이 많은 전차 등은 별문제요, 약간의 운동은 권할 것입니다. 그리고 이달에는 임부의 신체가 권태(倦怠)된다는 것은 혈액 순환이 좋지 못한 까닭이니, 중장탕을 상용하여 운동의 부족을 보충하며, 혈액의 순환을 좋게 하여야 합니다. 이달은 입욕과 정신의 안정과 식물의 주의가 심히 필요하며, 또한 대소변을 잘 통하지 않으면 방광과 장이 팽창하여, 태아의 위치가 변하는 일이 있으므로 중장탕의 상용은 이들 증상을 완화케 하며 치료함에 없지 못할 것입니다.

---

21) 가답아(加答兒): 점막 세포에 염증이 생겨 다량의 점액이 분비되는 상태.

제10월

이달이 되면 임부의 호흡곤란이 완화되어 신체가 편하게 되나 변비가 생기며 혹은 요수(尿水)가 빈번한 것은 이달이 제일이외다. 양생은 전 달과 같이할 것인데, 임신 10개월간 적당한 양생법을 지켜 산전의 양생으로 중장탕을 복용한 사람은 안산할 수 있을 뿐만 아니라, 생산된 아이도 건장하여 일가의 환희, 부부의 화합은 중장탕의 상용으로 원인이 됩니다. (후략 내용은 중장탕 광고)


「육식과 채식」, 『동아일보』, 1925년 4월 22일.

······ (전략) ······

채식주의자는 첫째에 채식은 암만 많이 먹어도 육식같이 위험치 않은 것이요, 둘째에 식물은 장벽을 자극하여 연동운동을 일으키는 셀로스가 많으니 변통이 잘될 것이요, 셋째에 육식하면 육식동물과 같이 성질이 거칠어져서 성욕이 격발하여 수적(獸的) 행위를 할 것이요, 넷째에는 육식은 과하면 소화되지 않는 결과로 자가 중독되어 조직이 약하게 되니 질병이 생길 것이요, 다섯째에 필요 이상의 단백질은 분해되어 요소와 요산이 되어 혈액에 들어가니 배설 때문에 신장이 과로할 염려가 있고, 여섯째에 육류에는 칼슘이 결핍하여 1만분의 1이나 이하밖에 없으나 야채류에는 1만분의 15 내지 20이 있는 것이요, 그다음에는 인생 신체는 항상 알칼리성 반응으로 생활기능이 영위되니 야채의 소화로 이것을 얻을 것이라 하는 탁언(卓言)이 부지기수이다.

다시 육식주의자의 말을 들으면, 인생의 육체를 위하여는 인생의 육체에 제일 가까운 물질을 취하여야 할 것이다. 그리고 무엇보다 능률을 올리려면 육식하지 않고는 아니 되어 첫째에 기력이 육식자에게 많고, 둘째에 피부가 염염(艶艶)한 것도 육식자가 많은 것이다. 유감이나 육식론에 대한 과학적 탁설은 채식론과 같이 많이 얻어들을 수가 없으니 사람에게는 육식보다 채식이 유리한 지위를 잡은 듯하다.

아무리 이론을 벌여놓고 요러니조러니 해도 육식주의자라도 식물을 먹을 것이고 과실도 잡수실 것이니, 몸에 이(利)니 무어니 해도 채식주의자라도 이따금은 마른고기 조각을 씹을 것이다. 식물(食物)의 적부적(適不適)은 개인의 체질, 연령, 절기, 작업 정도, 건강 여하, 남녀 성별에 따라 다른 것이다. 이론보다 증거를 들자. 낚시꾼의 미끼에도 고기와 곳과 때에 따라 이런 것 저런 것을 물리니, 요것은 무엇보다 물에 계신 고기 생원(生員)이 밥반찬을 가르시는 증거이다. 이론만으로는 요 세상을 뒤집을 수가 없으니, 요것도 인생의 설움이라면 설움 아닌 것은 아니다.

100을 못사는 인생이니 고기가 먹고 싶으면 낚시질도 하며 살생을 즐거워하고, 나물이 먹고 싶으면 돋아나오는 풀 움도 뜯는 수밖에 별 도리가 없게 되니 딱하다.


「금식 상(上)」, 『동아일보』, 1925년 5월 4일.

먹지 아니하고 살 수가 있다 하면 이에서 더 고마운 일은 없을 것이며, 나날이 복잡한 세상은 얼마나 순일(純一)하게 될까. 먹기 위하여 뜻에도 없고 맘에도 없는 일을 하게 되니 불로장수법의 비결보다도 50년 동안일망정 금식 생활을 할 수 있다면 인류에게는 이상 행복은 없을 것이다.

여러 천재의 출현보다도 인류를 위하여는 금식하고 살 수 있는 비결을 발명해주는 것이 훨씬 나을 것이다.

…… (중략) ……

금식하면 몸에는 어떠한 변화가 생길까. 먼저 이것을 알아두고야 금식이든 음수든 할 것이다. 아무것도 먹지 아니하면 오장육부는 물론이고 근육까지 고형물(固形物)이 적어지며 수분이 대개 많게 되어 자체의 실질(實質)이 함빡 줄어진다. 이때 무엇보다 먼저 줄어지는 것은 체육(體肉)의 지방(脂肪)이고, 그다음에는 육(肉)과 혈액이 감해지는데, 이것들이 3분의 1이나 줄어지면 사람은 죽는다. 지방과 육과 혈이 감해져도 뇌와 척수의 중수는 그렇게 줄어지지 않는다니, 이것에 대하여는 과학도 무어라고 설명치 못하는 것을 보면 소위 빵으로 사는 것은 아니요, 하느님의 말로 산다는 영혼이란 것이 있는 듯싶다. 병인(病人) 같은 것은 먹지 아니하여 몸이 극히 약해져도 정신만은 분명하다니, 이것은 무엇보다도 뇌와 척수가 분명하다는 증거가 아닌가.


「금식 하(下)」, 『동아일보』, 1925년 5월 5일.

…… (전략) ……

40일 동안은 금식할 수 있어 39년 전 탄넬이란 미국 의사가 40일 동안 금식하여 성공하였다. …… (중략) …… 이렇게 하루 이틀 하여 40일 기한을 채워 금식 구경을 싫도록 시켰는데, 40일 뒤에 체중은 500목(目)[22] 줄어 14관 900목이었다. 시험이 끝난 후 2, 3일간은 야채만 먹었는데, 그중에도 수박은 좋아하였고 그다음에 육류도 먹고 음주도 하여 40일간 금식 때

---

22) 일본의 무게 단위로 'め'는 1돈쭝(3.75g)을 뜻함. 500돈쭝은 1.875kg.

문에 감소한 체중을 8일간에 회복시켰다. 이 탄넬씨의 실험만을 보아도 물만 먹으면 40일간은 살 수 있으니 생활난이 나날이 심해 오는 이때 이러한 것은 일대 복음으로 실행해 봄도 무익은 아닐 것이다. 한 가지 주의할 것은 죽지 않겠거니 하는 맘을 먹지 않아서 큰일이니, 이만한 자신이 없이는 아니 된다. 생명 장단 법에도 신(信)이란 큰 힘이 있다.


「수면」, 『동아일보』, 1925년 5월 8일.

…… (전략) ……

수면의 원인에 대하여 두 가지 학설이 있어 하나는 화학 설로 각성 시에 심신이 활동한 결과 체내에 발생한 일종 노폐물이 혈액에 흡수되어 신경세포의 활동이 약해져서 직접 또는 반사적으로 혈액순환 계통을 침범하기 때문에 뇌수와 더욱 대뇌피질에 대한 혈액 공급을 방애(妨碍)하게 된다. 이리하여 자격(刺激)에 대한 반응이 곤란케 되므로 의식이 몽롱해지며 수면 상태에 빠지는 것이라 하는 것과 또 하나는 연수(延髓)의 혈관 운동 중추가 각성 시에 항상 활동하였기 때문에 피로하여 대뇌로 보낼 혈액 공급이 감소하여 수면 현상을 정하는 것이라 하여도 빈혈성을 주장하는데, 이 설 외에도 뇌 중에 유산(乳酸)이 생기기 때문이라는 사람도 있고 혹은 뇌에 가는 혈액이 많아지기 때문이라고도 한다만 신용할 것이 못 되고, 심신이 활동한 결과로 노폐물이 생겨 뇌의 활동을 방애한다는 것만은 분명하다.

…… (중략) ……

잠을 자지 아니하면 어떤가 하면, 체온이 내리고 반사운동이 약하여 동공(瞳孔)은 광선을 느끼는 힘이 줄고, 적혈구와 백혈구의 수도 감소한다. 그리고 혈액은 농후하고 신체는 크게 피로하여 기억력과 주의력은 현저히 지둔(遲鈍)하여지나 체량만은 무거워진다니 잠은 이 점에서 필요한 것인가 보다.

…… (후략) ……

# 3. 잡지

동경 치과의학사 한동찬(東京 齒科醫學士 韓東燦), 「구강과 전신의 영향 및 그 위생」, 『개벽』 제35호, 1923년 5월.

　과거로부터 30년 즉 문화발달은 오늘날 사회적 시설을 망라하여 몇 해 전부터 최근까지 막대한 공적을 산출함에 우리의 인류상 행복을 증진하는 그중 현저한 공적을 완수·달성하는 것은 오직 위생적 사업이라. 그 결과 치과학의 사회적 시설도 날로 갑자기 세력을 증진케 되어 오늘날 선진국 위생사업 중 가장 선명한 색채를 발휘케 됨도 이 역시 자연 추세라 할지로다.

　이로부터 우리의 사회를 회고하면 사회적 시설은 논외로 하고 그에 대한 지중한 관계도 널리 참고하지 못함은 한 유감으로 시인하는바 여러 사람들도 그러할 줄로 이에 대략 기록으로 표함은 사소한 유익이라도 될까 하는 바이라.

　대저 구강은 우리 신체의 문호(門戶)라. 그중에도 치아는 저작(咀嚼) 기능, 기타 언어조절, 외모 보전 등의 필요함만 아니라 구강과 전신의 관계도 지중하여 구강으로부터 전신의 발병이 관계됨은 이미 학자 간의 고창하는 바가 되어 오늘날에는 위생학상 일대 중요한 지위를 가짐도 이러한 소이라. 구강이 전신의 영향됨을 논하건대

　구강은 음식물 섭취하는 제일의 경로가 되므로 건강하고 그렇지 않고를 물론 하고, 외래 병균은 항상 그에 보관되어 음식 기타 호흡으로 인하여 그 내부(內腑)에 침입 되므로 발병의 한 원인이 될지라. 고로 보건상 심중히 고려할 것이 구강이 됨이로다. …… (후략) …… 〈48쪽〉

　…… (전략) ……

　어떤 사람이 단정하기를 치아는 몸 밖의 한 단순한 골질(骨質)에 지나지 못하는 것으로 인식키 쉬워 치병(齒病)이라 함은 발작적 고통으로 비로소 의사를 심방하고, 그밖에는 별로 고려하지 않으면 우리 보건상, 아니 「개인 보건상의 양부(良否)는 한 나라 존망의〈49쪽〉 분기점이라.」 그러므로 사회의 일대 문제라 하여도 과언이 되지 않을지로다.

　우리는 건강을 요구한다. 그러므로 신선한 공기를 흡수하며 또는 자양의 음식도 섭취한다. 그러나 저작이 불충분하면 그 자양의 가치가 없을 것이며 또는 아무리 신선한 공기라도 부패한 구강을 통과하여서는 부패한 공기와 차이가 없을 것은 판단하는 데 과히 고심하지 않을 것이다.

　이러한 관계 있음을 물론 하고 아직 우리 사회에는 인명 보존의 제반 위생적 시설이 불완(不完)한 그중에도 치과학적 사회사업은 전혀 없는 상태인 것은 크게 유감으로 인정할 수밖에 없음이라. 저 선진 여러 나라는 그에 전력한 지 벌써 장구한 역사를 가졌으며 그중에도

미국의 주력이 막대한바 대략 그의 사회적 시설을 소개하면 …… (후략) ……

〈50~55쪽〉

…… (전략) ……

이상 위생법의 기사를 종합 표시하면,

1. 치아 청소는 매일 1회 내지 2회로 할 것이오.

1. 저작은 충분히 할 것이오.

1. 매년 1, 2차는 치석을 제거할 것이오.

1. 우식치는 동통(疼痛) 전에 치료 충전(充塡)할 것이오.

1. 치아 배열 부정을 교정할 것이오.

1. 정기 진료 검사를 실행할 것이오.

이로써 그 주의법은 약기(略記)되었으며 기타 서양인의 아동 등의 양생훈(養生訓)을 소개하면 로에-마-씨는 말하기를

1. 치아의 양생 즉 치아를 청결히 함에는 3세부터 시작할 것.

2. 우식 유치나 혹은 영구치는 치료 충전하지 않으면 안 될 것.

3. 치아는 매년 정규적으로 치과의에게 진료를 받되 4세부터 할 것.

4. 매일 치아를 청소함은 장래의 우식을 경감할 것.

엣센씨가 말하기를

1. 아이는 만 2세 반 되면 치아 20개가 출생하오.

2. 만 6세에는 제1 영구 대구치(大臼齒)[23]가 나오.

3. 7세로부터 14세까지 치아가 교환하오.

4. 12세가 되면 제2 영구 대구치가 나고, 18세로부터 40세까지의 지치(智齒)[24]가 나오.

5. 건강한 치아는 음식물의 소화와 전신의 건강을 보존함에 필요한 것이오.

6. 유치는 영구치와 같이 소아에 대하여는 지중한 것이오.

7. 치아는 소아로부터 매일 2회 연마하여야 할 것이오.

8. 치아는 매년 치과의의 정규적 검사를 받을 것이오.

9. 치아가 우식을 야기하면 동통 전에 치료 충전할 것이오.

10. 유치가 건강하면 영구치가 건강하게 나오.

11. 구강을 청결하게 보존함에는 충전치 못할 잔근(殘根)은 전부 뽑을 것이오.

12. 치아는 전부 지중하게 보전하되 의치(義齒)라는 것은 본치(本齒)의 잠간의 대물(代物)일 것이오〈56쪽〉.

---

23) 대구치(大臼齒)는 앞어금니의 안쪽에 있는 이.

24) 어금니가 다 난 뒤, 성년기에 새로 맨 안쪽 끝에 나는 작은 어금니. 사랑니.

# II. 위생과 청결

## 1. 교과서

조선총독부, 『보통학교 수신서』 권1(아동용), 1922년.

9 청결

<그림 3> 청결

〈9쪽〉

조선총독부, 『보통학교 수신서』 권2(아동용), 1922년.

7 청결

정희는 매일 아침 일어나 곧바로 세수합니다. 그리고 나서 집 안팎을 청소하고 나중에 손발을 깨끗이 씻습니다. 어머니가 세탁하실 때는 잘 도와드립니다〈8~9쪽〉.

<그림 4> 청결

조선총독부, 『보통학교 조선어독본』 권4, 1924년.

제7 하절 위생

여름은 심히 더운 고로 다른 때보다 더욱 위생에 잘 주의하지 않으면 안 되오.

실과는 잘 익은 것을 먹으면 맛도 좋고 또 소화에도 이로우나 만일 익지 않은 것이나 혹은 부패한 것을 먹으면 맛도 좋지 못할 뿐 아니라 소화도 잘되지 않아 복통이 나며 설사도 하고 구토를 하는 일이 많고 심하면 생명에도 큰 관계가 있소.

또는 덥고 목마른 것을 참지 못하여 냉수나 빙수를 많이 먹는 사람도 있으나 그것은 신체에 큰 해가 되는 것이오. 그러한즉 아무리 덥고 목이 마를지라도 잘 끓인 물을 먹어야 하오.

아침저녁 서늘한 때에 산이나 들에 나가서 운동하는 것은 매우 좋은 일이오. 그러나 정낮 심히 염열(炎熱)할 때에 너무 과히 운동하는 것도 신체에 극히 해가 되는 것이오.

파리 · 모기 · 벼룩 · 빈대 같은 버러지들은 흔히 병독을 매개하여 악병을 전염시키는 일이 많은데, 그러한 충류는 모두 더러운 곳에서 발생하는 것이요. 그러한 즉 누구든지 반드시 집의 내외를 청결하게 소제하고 또는 파리 · 모기 · 벼룩 · 빈대를 잡아서 항상 위생상에 해되는 일을 예방하기에 주의하지 않으면 안 되오〈22~25쪽〉.

조선총독부, 『보통학교 조선어독본』 권5, 1924년.

제7과 청결

생(生)을 호(好)하고 사(死)를 오(惡)함은 오인의 상정(常情)이라. 노소를 물론 하고 건강함을 그 누가 싫어하리오. 신체를 건전히 하고 정신을 쾌활히 하려면 먼저 청결에 주의할지로다. 불결은 만병의 근본이라. 저 가외(可畏)할 콜레라 같은 전염병 등도 모두 이것으로 인하여 유행되는도다. 우리가 만일 전염병에 걸리면 자기 일신의 불행뿐 아니라 부자 형제에게도 화를 미치며 심하면 일가가 전멸하며 인리(隣里) 향당에까지 전염시켜서 일대 소동을 일으키는 일도 있나니 어찌 참 한심한 일은 아니리오.

청결에는 여러 가지가 있으나 신체·의복·음식·기구·가옥 등을 오예(汚穢)케 하지 않음이 가장 중요한 일이니라.

신체를 청결히 하려면 때때로 목욕할지니 목욕은 심신을 상쾌히 할 뿐 아니라 피부병의 예방이 되느니라. 또 매조(每朝)에 냉수마찰을 하면 진구(塵垢)도 없어지고 피부도 강해져서 감모(感冒)를 예방함에는 제일이로다. 모발도 가끔 씻고 양치질도 자주 할지며 손톱도 항상 짧게 벨지니라.

의복이 불결하면, 자기의 품격을 손상할뿐더러 타인의 감정까지 불쾌하게 하는지라. 아무리 해진 석새베옷[25]이라도 잘 세탁한 것이면 때 묻은 비단옷보다 배나 나으리라. 신체나 의복의 불결함은 위생상으로 보든지 체면상으로 보든지 불가불 자계(自戒)치 않을 수 없는 일이니라.

음식은 고량진미를 취할 것이 아니라 부패한 것과 생랭(生冷)한 것을 먹지 말지니 "질병은 입으로 들어간다"는 말을 잠시라도 잊지 말지니라. 기구 등도 항상 정결하게 하며 침구 등도 때때로 일광에 쪼일지니라.

주가(住家)는 삼칸 초옥이라도 정결하게 소제하고 순서 있게 정돈할지니 "주위는 기질을 변화한다"는 고어와 같이 거처가 불결하면 심지까지 부정(不精)하여지기 쉬우니라.

상술한 바와 같이 청결 두 자는 우리 생활에 수유(須臾)라도 소홀히 하지 못할 요건이니라 〈29~33쪽〉.


**조선총독부, 『보통학교 수신서』 권5(아동용), 1924년.**

제5과 위생 (1)

우리들이 아프면 부모들은 매우 걱정하십니다. 우리들이 신체를 건강하게 하는 것은 부모님의 마음을 안심시키는 첫걸음입니다. 신체가 약하면 공부를 할 수 없어 쓸모 있는 사람이 될 수 없다. 신체가 좋은 사람은 원기가 있어 즐겁게 일할 수 있다. 세상 사람들이 모두 건강하여 원기로 일을 잘하면 국민이 행복하고 국가는 융성한다. 신체가 약해 병이 나면 자신의

---

25) 석새삼베: 이백사십 올의 날실로 짜서 올이 굵고 질이 낮은 삼베.

불행이고 일가의 곤란이며 국가의 손실이다. 건강을 증진하는 것은 늘 위생에 주의하는 생활이 제일이다. 신체, 의복, 주거를 청결하게 하고, 음식물에 주의하여 식사와 기상 시각을 바르게 해야 한다. 음주와 끽연은 건강에 해로우므로 이 습관을 들이지 않아야 한다. 또 소풍 기타 방법으로 신체를 튼튼히 하는 것도 건강에 도움이 된다〈13~15쪽〉.

제6과 위생 (2)

전염병이 유행하는 것은 대다수 사람들이 위생에 관한 주의가 부족한 데에서 생긴 것입니다. 전염병에 대해서는 국가도 단속을 하고 있지만, 사람들이 공중도덕을 생각해 스스로 주의를 하지 않으면 아무리 해도 그 전염을 막을 수 없습니다.

전염병에는 급성과 만성이 있다. 전염병 외에는 기생충병이 있다. 전염병에 걸리지 않으려면 늘 신체를 강장하게 하는 것이 제일이다. 또 음식물에 주의하여 신체 · 의복 · 주거 등을 청결하게 해야 한다. 전염병이 유행할 때는 의사와 위생계(衛生係)의 주의를 지키는 것이 중요하다. 만일 전염병에 걸렸을 때는 의사의 치료를 받아 다른 사람에게 전염시키지 않도록 주의해야 한다. 숨기고 신고하지 않거나 미신으로써 의사의 진찰을 받지 않거나 또는 완치되지 않은 채로 사람들에게 나가는 것은 크게 위험하다. 전염병에 걸리는 것은 자신의 화이고 공중에 크게 미혹을 끼친다〈15~18쪽〉.

**조선총독부, 『보통학교 국어독본』 권3, 조선서적인쇄주식회사, 1923.5 발행, 1924.5 번각발행.**

20. 파리

초여름이 되면 파리가 많이 나타난다. 파리는 시끄러운 벌레입니다. 얼굴에도 손에도 발에도 어디에나 앉는다. 그리고 곳곳을 핥고 다닙니다.

파리는 더러운 벌레입니다. 아무리 더러운 곳이라도 있습니다. 변소 안에도, 쓰레기장 안에도 아무렇지 않게 걸어 다닙니다.

파리는 무서운 벌레입니다. 더러운 곳을 걸어 다닌 채로 음식물 위에 앉습니다. 우리는 그 더러운 것을 모르고 먹고 나쁜 병에 걸리는 경우가 있습니다〈61~62쪽〉.

**조선총독부, 『보통학교 국어독본』 권7, 조선서적인쇄주식회사, 1924.1 발행, 1924.1 번각발행.**

제19 약수(藥水)와 온천(溫泉)

약수 주변에는 많은 사람들이 모여 있다. 큰 바위틈에서 스며 나오는 맑은 물은 순서대로 길러서 마시고 있다. 정동(貞童)은 동생과 함께 어머니를 따라서 이곳에 왔다. 정동이 길러 온 약수를 동생은 한 모금 마시고 나서 "뭐야 형, 그냥 물이잖아". 이때 어머니는 "약이 들어 있으니까 많이 마셔라". 이 말을 들은 동생은 "약을 누가 넣는 거예요?"라고 물었다. 어머니 는 단지 웃기만 했다. 정동은 "그건 누가 넣은 것이 아니야. 바위틈이나 땅속에는 저절로 약이 되는 것이 포함되어 있다. 물이 그곳을 지나면 그것이 녹아서 약수가 되어 솟아 나오는 거야". "그러면 우물물도 약수야?". "우물물도 바위틈이나 땅속을 지나서 솟아나는 것이지만 대개 약이 되는 것이 녹아 있지는 않아. 우물에 따라서 「음수 불가」라고 씌어 있는 푯말이

<그림 5> 약수터

붙어 있지. 그것은 독이 되는 것이 녹아 있기 때문이 야. 눈으로는 깨끗한 물처럼 보이지만 녹아 있는 것 에 따라서 약이 되기도 하고 독이 되기도 하는 거 야". 동생은 뭔가 깨달은 듯이 "땅속에서 뜨거운 물 이 솟아난다고 하지 않아?".

형은 "지구는 겉면만 차가운 불덩어리라는 거야. 그래서 일 년 내내 연기를 뿜고 있는 산도 있고 뜨거 운 물이 솟아나는 곳도 있어. 즉 땅속에 깊이 스며든 물이 지열로 데워져서 솟아나는 것이 온천이다. 온 천에는 약이 되는 것이 녹아 있는 경우가 많기 때문 에 그래서 사람들은 온천 치료를 가는 거야"라고 말 했다〈64~69쪽〉.

조선총독부, 『신편 고등국어독본』 권1, 조선서적인쇄주식회사, 1924.1 발행, 1924.1 번각발행.

제27과 청결

신체를 건전하게 하고 정신을 쾌활하게 하기 위해서는 청결에 주의해야 한다. 불결은 병 의 근원으로 종종 심각한 전염병을 유행시키는 경우도 있다. 만약 사람이 하나의 전염병에 걸리면 자기 혼자만의 불행뿐만 아니라 부모, 형제에게도 화를 입히게 되고 심하게 되면 이 웃을 비롯해서 전 마을에도 전염되어 일대 공황을 초래하는 경우도 있다. 한심하기 짝이 없 는 일이다. 의복이 불결해서 보기 싫은 것은 다른 사람에 대해서 불쾌감을 줄 뿐만 아니라 자신의 품위를 손상시키는 일이다. 의복은 아무리 낡은 것이라도 세탁을 하면 먼지투성이 면 옷감보다 나은 경우가 많다. 조선의 일반 부인이 세탁을 여성의 중요한 임무라고 생각하 는 것은 청결을 사랑하는 일종의 좋은 습관이라고 할 만하다.

하지만 의복의 청결과 함께 신체의 청결을 등한시해서는 안 된다. 신체의 청결을 위해서는 목욕을 해야 한다. 목욕은 정신과 기분을 상쾌하게 한다. 정신과 기분이 상쾌해지면 일이 잘 진척되고 결국 자기 몸에 이익이 된다. 냉수마찰은 먼지를 씻어내고 피부를 강하게 하며 감기를 예방하는 효과가 있다. 또 우리는 주거의 청결을 등한시해서는 안 된다. 그것은 위생상 필요할 뿐만 아니라 정신과 기분을 상쾌하게 한다. 옛사람도 '사는 곳에 따라 사람의 성질이 달라진다'고 하지 않았는가. 그래서 거실의 청소를 게을리해서는 안 될 필요가 있다. 또 '햇볕이 잘 드는 집에는 의사가 올 일이 없다'라는 속담도 있는데 우리는 될 수 있는 한 햇볕이 집에 들어오게 해야 한다. 침구 등은 때때로 햇볕에 쬐어서 소위 일광소독을 할 필요가 있다. 자신의 의복, 신체, 주거를 청소할 뿐만 아니라 많은 사람이 집합하는 곳 또는 통행하는 곳은 각자가 청소하도록 염두에 두어야 한다. 학교는 내가 매일 다니며 지덕을 수양하는 곳으로 제2의 가정이라고도 할 수 있는 곳인데 결코 기구를 함부로 하지 않고 낙서 등을 해서 더럽혀서는 안 된다. 장소를 막론하고 가래와 침을 뱉고 휴지나 연필을 깎은 조각 등을 어지럽히고 음식물이나 먹 등을 엎지르는 것 같은 일은 부주의한 행동이라고 할 수 있다 〈123~126쪽〉.

# 2. 신문

「여하히 하면 오인(吾人)의 생활을 개선할까: 거처의 개량이 요점, 실내공기를 습윤케 하고 위생상 채광법을 쓸 일, 경성여자고등보통학교 교유 현헌씨담」, 『매일신보』, 1920년 2월 13일.

우리가 집 지을 때 방향을 구하여 공기의 유통이 잘되도록 하여야 하겠습니다. 일반으로 조선사람의 집은 광선을 붙잡아 들이는 것, 채광법이 매우 불완전합니다. 그러한즉 우리가 이후로부터는 집을 짓는 데에 대하여 환기법에 대하여 주의하여야 하겠고, 또는 채영법에 대하여 충분히 생각하여야겠습니다. 이것이 우리가 집을 지을 때 생각하여야 할 문제올시다. 이것이 귀착하는 점이 경제문제올시다만, 먼저 방 안에 요강을 놓는 것이 참 더러운 일이올시다. 그러한 즉 아무쪼록 요강 같은 것에 대하여 뚜껑을 하여 덮었으면 좋겠어요. 물론 변소를 개량함에는 이것이 경제 문제가 되는 까닭에 어찌할 수 없지마는 당장 얼마라도 요강을 좀 잘 처치하는 방법을 연구하여야 하겠어요. 그리한 후 우리 조선사람은 일반으로 방 안에 공기를 바꾸어 들이는 것을 모릅니다. 창문에다 갑창[26]을 닫고 또 그 위에 덧문을 닫고 방장을 내리는 집이 많습니다. 이는 물론 돈이 있는 사람들이 이렇게 하지만 참 무서운 일이올시다. 이러한, 즉 공기를 교환할 수가 없게 됩니다. 혹 내가 병자와 같은 데를 찾아가면 이와 같이 무서운 현상이 있습니다. 방에다 너무 불을 때는 까닭에 방안이 몹시 건조합니다. 아무쪼록은 침구를 두껍게 만들어 덮을 필요가 있습니다. 이는 왜 그러냐 하면 먼저 방에 몹시 불을 때지 않겠으니 경제가 되겠고, 또 그다음으로 실내가 얼마만큼 습윤해지겠소. 침구를 두껍게 해두면 다섯 해, 여섯 해는 무려[27]하게 덮고 지내겠은 즉 처음 돈이 많이 드는 것이 손해가 아닙니다. 그 대신에 불을 조금 때니까 말이올시다. 또 그리하고 내가 가장 우리 조선집으로 결점이 되는 것은 집을 지을 때 복도를 만들지 않는 까닭에 아무리 큰 집이라도 이것이 없습니다. 이 때문에 비가 오면 비를 맞고서 집안을 다니게 됨이니 복도가 있기만 하면 비를 맞고 돌아다니지 않겠는데, 이것이 없기 때문에 변소에만 가려 해도 비를 맞고 다닙니다. 안에서 비를 맞는 집 제도는 우리 조선 밖에는 없을 듯합니다. 또 그리하고 실내를 장식할 줄을 모르는 까닭에 큰 병통이올시다. 이는 집안의 부녀자로서 미술품에 대한 취미가 없음에서 생긴 일이올시다. 우리 가정의 부인네로서 실내를 장식함에 대한 노력이 발달되지 못함은 귀착하는 지식[28]이 없음에서 기인한 것이올시다. 기껏 장식하는 것이란 무엇

---

26) 갑창(甲窓): 찬바람이나 밝은 빛을 막기 위하여, 안팎으로 두껍게 종이를 발라 미닫이 안쪽에 덧끼우는 창문.
27) '무려(無慮)'인 듯함.

이냐 하면 탁자에다 사기 항아리 등속이나 또는 맥주병 같은 것을 벌여놓는 것밖에는 다른 장식법이 없습니다. 우리 부녀자의 장식대에는 탁자에 있고 또 그 위에 기특 물건을 벌여놓기에만 골몰무가[29] 합니다. 참 아이들의 장난 같습니다. 그러한 즉 우리 부인네는 실내 장식법을 좀 연구하여 미술 화하게 하였으면 좋겠습니다. 또 그리하고 수채를 좀 정하게 하여야 하겠고, 또는 물이 잘 통하도록 하여야 하겠습니다. 또 하나는 굴뚝을 좀 개량하여 연기가 땅에서 엉기도록 하지 않았으면 좋겠습니다. 이것이 모두 경제 문제 같지만 하려고 하면 그리 큰 관계가 없겠습니다.

## 「의학과 조선 및 조선인, 위생 사상 보급의 급무」, 『동아일보』, 1920년 4월 21일.

김기영

1. 의학과 조선

대개 사회는 한 유기체로 봄이 마땅하니 사회는 개인으로 성립되었으며, 개인을 사회의 일 분자라. 따라서 개인의 불행은 사회의 불행이 될 것은 불필 경언이로다. 고로 허약한 개인으로 성립된 사회는 또한 허약한 사회가 될지라. 사회의 발랄한 원기와 융륭(隆隆)한 발전을 어찌 얻을 수 있겠는가. 세상의 철인(哲人)이 말하되

"건전한 정신은 건전한 신체에 숙(宿)한다"하니 천고(千古)의 금언으로 믿노라. 의학의 발달은 오늘 조선 초미의 급무라 하노니

(1) 의학은 10의 7, 8할은 아직도 암흑면이라. 고로 이를 연구하여 암흑면을 개척할 여지가 많나니 아무것도 자긍할 것이 없는 오늘의 우리는 조선인의 특수한 재질을 발휘하여 소(小)로는 단 사람과 사회에, 대(大)로는 세계 인류의 행복을 증진할 수 있으며 또한 현대문화에 공헌함이 다대할지며

(2) 조선인으로 건전 우수한 신체의 소유자가 되게 할지며

(3) 전염병으로 인하여 다수한 사망, 위생기관의 불비, 위생 사상 결핍으로 인한 천수(天壽)가 아닌 사망을 방지 또는 감소케 하여 민족의 감소를 방지하고 발전증식을 꾀할지며

(4) 위생 사상보급으로 생활의 향상, 생활비의 절약을 얻을지라. 의학이 조선에 대한 사명은 전술한 바와 같거니와 이 직무를 가진 의사의 책임을 약술하노라. 의사의 직무를 2종에 나눌 수 있나니

一. 교실 기타 위생기관에 있어 심원한 학리의 온오(蘊奧)[30]를 연구하며 또 사회 위생의

---

28) 지식의 오기로 보임.
29) 골몰무가(汨沒無暇): 어떤 한 가지 일에 파묻혀 조금도 쉴 겨를이 없음.

발달 보급을 꾀하는 자

一. 직접 사명의 직에 있어 개인의 진료 및 개인의 위생을 보급 발달케 하는 자라

후자는 점차 오늘 조선에 보급되며 위생기관도 상당히 있다 할지나, 조선인의 연구기관으로 자못 불만할 자 없으니 어찌 통탄을 금하리오. 전전(戰前)까지의 독일의 융성과 일본의 문화적 발전 및 강성이 의학의 발달이 그 일인(一因) 됨은 사실이라. 의학의 사명이 또한 중대하도다. 아! 저 급성 전염병과 같은 것은 - 천연두, 유행성 감기, 성홍열, 장티푸스와 같은 것- 어언간 수억 명의 생명을 뺏으며, 만성 전염병과 같은 것은(결핵, 화류병, 나병) 모르는 사이에 수만 명의 생명을 소모하나니 어찌 두려워하지 않으리오. 요컨대 이를 미연에 막고 현재에 박멸하여 민족 백 년의 대계를 확립함은 완전히 의학의 발달, 위생기관의 보급에 기대할 수밖에 없나니 오늘 조선인 된 자 홀저(忽諸)31)에 부치지 못할 중대한 문제로다.

바라건대 지사 인인(志士仁人)은 분기하여 의학의 연구 및 위생기관의 설치 및 발전에 노력하여 조선인의 특수한 재질을 발휘하며 민족의 발전에 노력하여 최후의 영광이 우리의 머리 위에 이르게 하기를 바라며 또한 오늘 조선인 의사 된 자는 다만 영업적으로 금전 모으기에만 몰두치 말고 착착 연구의 보(步)를 진(進)하여 우수한 업적(Albiet)을 발표함으로 신조선의 신의학을 건설하기에 노력할진저. (미완)


「의학과 조선 및 조선인, 위생 사상보급의 급무」, 『동아일보』, 1920년 4월 22일.

김기영

2. 조선인 위생 사상보급의 급무

······ (전략) ······

우리 조선 인구 감소의 원인은 많이 있을지나 그 중요한 것을 들건대 (1) 임진란의 대참해, (2) 연래의 기근, (3) 전염병의 창궐 및 개인 위생 사상 결핍으로 인한 요사(夭死). 이 3자 중 1, 2는 내 문제 밖이거니와 제3문제에 이르러는 심히 중대하며 또한 우리가 일상 저축될 문제며 민족의 성쇠에 관계함이 심히 중대하도다. 고로 나는 이제 이에 관하여 상론(詳論)할 여가가 없거니와 다음에 개괄적으로 개인의 위생 사상보급에 대한 소견을 토로하고자 하노라.

1. 의사를 절대로 신뢰할 것
2. 신체에 이상이 있을 때는 준순(逡巡)32)치 말고, 의사의 진료를 받을 것

---

30) 학문이나 기예가 깊고 오묘함.
31) 홀저(忽諸): 급작스럽고 소홀함.
32) 어떤 일을 딱 잘라서 하지 못하고 자꾸 우물쭈물하다.

3. 모든 미신적 행위를 타파하고 일신(日新) 의학을 신뢰할 것

4. 평소에 위생에 주의하여 질병을 미연에 막고, 또 신체의 저항력을 증진케 하여 병마 침입의 틈을 주지 말 것

5. 운동생리에 합당한 체육을 장려하여 신체를 근본적으로 개조할 것

6. 음식·거주·의복을 될수록 위생학 원칙에 합당토록 개량하여 위생과 생활의 향상에 이바지할지며

7. 황당한 광고에 미혹하여 소위 매약(賣藥)으로 후회를 사지 말 것

8. 조혼 금지, 금주·금연이 여하히 필요함을 지실(知悉)할 것

모든 것이 개조와 건설을 요함이 오늘보다 더 간절함이 없도다. 신조선의 건설에 의학의 사명이 중차대함을 우리는 확신하고 요원(遙遠)한 앞길의 제일보를 시(試)하고자 하여 동포의 분기를 간절히 바라고 각필(閣筆)하노라. (1920.4.12)


「하계의 위생, 대주의(大注意)함이 가(可)함」, 『조선일보』, 1920년 6월 24일.

······ (전략) ······

위생상 부주의로 인연(因緣)하여 병균이 유행 만연하는 동시에는 위생상 주의자도 위험함에 이르니, 위생으로 말할진대 가령 10구 생활하는 1호에 1개인이 부주의하면 해가 9개인에게 미치고, 100호가 거생(居生)하는 1동(洞)에 1호가 부주의하면 해가 99호에 미쳐 함께 위험할지니, 개인 개인이 위생에 주의하여 신체를 건강케 할지어다.

보통 빈민동포는 기아 곤궁하든지 거주 오예(汚穢)하든지 사실상 위생에 주의키는 불능이라 함도 역시 사정이 그러하나, 오예나 소제(掃除)하고 생랭(生冷)이나 단절하고 의금(衣衾)은 일광(日光)을 쐬고 야간에 노숙을 금할지어다. 수인사대천명이니라.


「호역(虎疫) 발생에 임하여, 조선민중의 건강을 논함」, 『동아일보』, 1920년 7월 30일.

······ (전략) ······

호군(虎軍)[33]이 오도다. 각기 무기를 잡고 일어나라. 각자의 생명을 방어하며 자제의 생명을 애호하여 민족의 존재를 태산 같은 안정에 둘지어다. 제군의 무기는 무엇인고.

(1) 음식을 조심할지어다. 난잡히 하지 말며 또한 숙식(熟食)할지어다.

---

33) 콜레라.

(2) 청결히 하여 전염의 매개물을 소멸할지어다. 가옥을 청결히 하며 식기를 정결히 하며 승예(蠅蚋) 등 오예물의 공격 중으로부터 인생을 완전히 보호하라.

(3) 처신에 조심할지어다. 여름 해가 염열(炎熱) 한지라. 인체가 해이하여 생명의 긴축이 어려울 뿐 아니라 기와(起臥) 동작에 혹 온도의 조화를 파괴하기 쉬우니 처신에 스스로 조심할지어다.

(4) 방역관의 주의를 준수하며 보통 의학적 준비 상식을 양성할지어다.

(5) 각 개인이 각자 조심할 뿐 아니라 또한 공통 대적(大敵)을 위하여 협력하며 단결하여 일촌(一村)의 안전을 기하며, 일군(一郡) 일도(一道) 나아가 조선 전부를 보호하는 각오를 품을지어다.

(6) 예방은 만전을 기하지 못하는 것이라. 혹 호군의 침범을 당하는 경우에는 각자 경계를 엄중히 하며 소독을 민속히 하여 전파를 방어하는 동시에 또한 단결하며 부조하여 인정(人情)의 미를 발휘할지어다. 이기적 심사(心思)만 발휘하여 방관하지 말지어다.

······ (중략) ······

활발한 생명의 충분한 발달에는 각종 병마가 감히 범접하지 못하는지라. 그러니 인생을 병중으로부터 건전히 보호함에는 요컨대 적극적으로 신체의 건강을 촉진하는 외에 다른 길이 없으니 이를 촉진하는 방법은 전 사회의 생활 상태와 밀접한 관계가 있을지라. 용이하지 아니하나 그러나 이 생명의 길이면 우리는 반드시 힘을 다하여 그를 취하여야 하리로다.

(1) 제반 운동을 장려하며

(2) 조혼을 폐지하며

(3) 태타(怠惰)의 기풍을 일소하며

(4) 음람(淫婪), 방탕, 안일을 금지하며

(5) 자연을 친접(親接) 하며

(6) 환경의 청결을 여행(勵行)하되, 가옥을 개량하여 신선한 공기와 광명을 충분히 흡수하도록 하며 하수도·상수도의 완전을 기하여 음식의 정결을 보장하며, 오예물의 처지를 완전히 할지며

(7) 의학적 보통 지식을 보급하며

(8) 병원 등의 설비를 유감없이 하여야 가히 민족의 건강을 촉진할지니, 이로 말미암아 보면 실로 건강의 일 문제는 부의 증진과 지식의 발달과 도덕의 향상 즉 문화의 진보로서만 능히 해결할 것이로다. 어려운 때에 처하여 총명한 자는 스스로 고요히 조심하며, 또한 명철히 앞길을 달관하여 준비를 게을리하지 않느니라.

「임부(姙婦)의 동절(冬節) 위생, 항상 청결하고 배를 덥게 하며 복대를 사용할 것이다, 허영숙 여사담」, 『매일신보』, 1920년 12월 25일.

임부는 생리적 현상이므로 특별한 처치를 할 필요는 없으나 그 초기와 말기에는 항상 다소의 고통과 이상이 생기기 쉬운 고로 이러한 때에는 곧 의원의 진찰을 받아 복약을 하지 않으면 안되지만, 임부가 임신에 적당한 위생을 할진댄 이러한 고통과 이상이 없을 것인즉 임신 중에는 더욱 위생을 지킬 것이요, 또 음식으로 말해도 평소 습관된 음식을 특별히 변하게 할 필요는 없지만, 아무쪼록 소화 잘되고 자양이 많은 것을 적당한 분량을 정하여 먹는 것이 가장 좋으며, 고추장과 같이 자극이 심한 자극물 또는 술 같은 흥분료는 절대로 먹지 않는 것이 좋으며, 임부는 항상 변비증이 많으니 될 수 있는 대로 정당한 운동을 하고, 음식을 적당히 취하고 혹 변비증이 생기거든 매일 아침 공복에 냉수 혹은 찬 우유를 한 컵씩 먹거나 또는 과일 같은 것을 먹는 것이 좋을 듯하며, 또 그뿐 아니라 임부는 소변이 불통되기 쉽고 또는 하반부가 붇기 쉬운고로 이러한 때에는 지체하지 말고 의원의 진찰을 받는 것이 제일 좋고, 의복은 항상 청결하고 따뜻하게 입고 더욱 복대 같은 것을 사용하여 아무쪼록 복부를 덥게 하는 것이 좋겠어요. 더욱 임부는 할 수 있는 대로 정신을 안정(安靜)히 갖는 것이 대단히 필요한 즉 주위에 있는 사람은 임신 중과 해산 시에 쓸데없는 이야기를 한다든지 무서운 이야기를 하여 임부를 놀라게 하는 것은 대단 임부에 대하여 해가 많은 즉 극히 주의할 것이올시다.


「춘계 위생에 대하여」, 『조선일보』, 1921년 3월 24일.

…… (전략) ……

그러므로 장티푸스이니 성홍열이니 하는 유행병이 지난겨울부터 지금까지 지식(止息)치 아니하는데, 연일 기후가 나쁘므로 유행성 감모가 치성(熾盛)하는 상태인지라. 노상에서 본 바로 말하더라도 속죽(粟粥) 백반(白飯)의 미신적 살기(撒棄) 함도 이에 말미암음이요, 약을 휴대함도 이에 말미암음이요, 표■의 발견함도 이로 말미암음이라. 미성년자의 침식 부주의로 더욱 병에 걸린 자 다수한 현상이니 어찌 가공(可恐) 가신(可愼)할 시기가 아니리오. 우리 동포 형제자매는 귀중한 생명을 애고(愛顧)하며 복잡한 사위(事爲)를 각념(刻念)하여 신체의 건강을 필기(必期)하되 극히 신섭(愼攝)하여 기거(起居)와 음식을 반드시 가리고, 반드시 정(精)하게 하고 상당한 운동을 좋(操)아야 혈맥을 융화케 할지어다. 또 신학기가 멀지 않은데 이와 같은 괴후(乖候)와 전염병이 있음은 실로 학생 제군을 위하여 심히 두려운지라. 아무쪼록 위생에 주의하여 신체를 충건(充健)케 하고, 침흥(寢興)을 절(節)하며 정신을 수(修)

하여 대유위(大有爲)의 재(材)를 성취케 하며, 사람마다 재해가 없게 하기를 기축(祈祝)하는 동시에 우리 사회의 체육 발달이 선무(先務) 됨을 일언(一言)으로 경성(警醒)하노라.


## 제중원 의사 홍석후(洪錫厚)씨 담(談), 「가정생활의 개조 긴급한 위생 문제」, 『동아일보』, 1921년 4월 3일.

가정 위생이라 하면 가정 안에서 의복을 정결히 한다든지 또는 음식을 잘 해 먹는다든지 하여 그 범위가 가정에 한하는듯하나 가정이 모여 사회가 되고 사회가 모여 국가가 되는 이상에 이 가정 위생은 그 민족에게 중대한 관계가 있다고 하겠습니다. 그런데 이 위생이라는 것은 그 나라의 기후, 풍속, 인민의 정도를 따라서 다를 것이요, 더욱 나아가 말하면 같은 조선 사람 중에도 빈부의 정도를 따라서 다르겠습니다. 조선 사람이 일반적으로 개량할 가정 위생 몇 가지를 들어 말하겠습니다. 첫째로 조선 사람이 고칠 것은 조선의 가옥제도이외다. 이것은 무슨 경제가 허락지 않는 처지에 있는 우리로서 외국 사람들과 같이 양옥을 짓고 살라 함이 아니라 같은 돈을 들이고도 위치를 변경하라는 말이외다. 제일로 폐지할 것은 조선의 행랑방이니 손이 찾아오더라도 그 불결한 행랑방이 있는 것이 비상히 불쾌할지며 행랑방을 지나서 들어서면 안마당에서 안 부엌이 보이고 또는 수채가 보이며 뒷간도 보입니다. 이것도 위생에 좋지 못하고 또 조선 부엌은 매양 안방에 딸려서 있으므로 안방 뒷문 밖이 부엌이 됩니다. 그리하여 내버린 더러운 것이 그곳에서 썩어 악취를 발할 뿐 아니라 겨울이 되면 그것이 얼어붙었다가 봄이 되면 그것이 풀려서 그 습기는 전부 방으로 들어오기 때문에 조선 사람들은 이 습기로 인하여 '류마티스' 같은 병에 걸리는 일이 많습니다. 그런데 저 서양 사람들의 집을 보건대 문간에는 화초를 심고 마당도 정결하며 변소와 부엌 같은 보기에 불결한 곳은 모두 뒤로 두되 더욱 변소는 멀리 떼어 짓는 것이외다. 그러므로 우리네의 집도 같은 제도로라도 위치만 변경하여 문간은 정결하게 하고 안방과 건넌방을 대문 안에 두고 부엌과 행랑방은 집 뒤로 붙이고 변소는 보이지 않는 뒤편에 떼어지었으면 좋겠습니다. 또 조선 사람의 온돌제도도 위생에 해롭사외다. 온돌이라는 것은 방바닥만 덥고 공기가 평균히 덥지도 못하외다. 서양 사람의 집의 증기난로는 바닥은 뜨겁지 아니하되 평균으로 덥기 때문에 매우 위생에 좋고 또 경제상에도 온돌제도는 좋지 못하니 내 실험을 보건대 우리 집 여덟 칸 방을 덥게 하는 데 한겨울에 백여원이 들었는바 어떠한 서양 사람이 40여 칸의 집의 1개월간 증기난로비가 겨우 70원밖에 되지 아니한다 하오. 이것은 왜 그러냐 하면 온돌은 아궁이에 불을 때는 것이 그 열기를 모두 잃어버리는 것이요, 난로에 때는 것은 석탄 한 덩어리를 넣으면 반드시 석탄 한 덩어리의 열기는 그곳에 있는 까닭이요. 그러나 난로

설비에는 처음에 돈이 좀 많이 들지마는 한번 설비만 하면 비상히 유익합니다. 또 조선 음식도 개량하여야 하겠습니다. 원료를 그대로 먹지 말고 그곳의 자양분만 취하여 먹을 연구를 해야 하겠고 의복은 조선 옷이 일할 때 끄나풀이 걸릴 때도 있으나 동작이 매우 편리하고 외양이 아름다워서 세계에 자랑할 만하오. 또 한 가지 말할 것은 조선 사람의 어린 아이 기르는 데 대한 개량이오. 어린 아이의 두뇌는 마치 사진 기계와 같으니 사진 기계가 무엇이든지 지나가는 대로 박이는 것과 같이 어린애는 무엇이든지 보는 대로 하게 됩니다. 그런데 조선 가정의 무식한 부인들은 어린애를 귀여워한다고 그 놀려주는 품과 웃기는 품과 울리는 품이 여간이 아니고 모든 것을 불규칙하게 시켜 그 폐해가 평생에 미쳐서 학교에서 규칙적으로 무엇을 가르쳐주어도 그것을 그대로 받지 못하고, 가정에서 배운 질서 없는 생각이 나게 됩니다. 이외의 여러 가지는 후일을 기다리겠습니다.


「위생법에 취(就)하여 하(下)」, 『조선일보』, 1921년 5월 23일.

…… (전략) ……

위생의 개선에는 관청 또는 단체에 대한 각종 시설도 물론 필요하나 위생법은 원래 각각 자신에 대하여 최선 공구(攻究) 개선할 개인의 위생법을 근본으로 하고, 여하히 상수 하수가 완비하여 여하히 시가 촌락 청결을 보한다고 할지라도 이질 또는 콜레라 등 전염병이 유행하는 때에 폭음·폭식과 같은 불(不) 양생의 위사(危事)를 행하여도 무방하다는 도리는 절무(絶無)한 것이오. 가급적 각각 자신부터 위생법을 먼저 강구하여 그 이상의 부족한 바를 타의 힘 예컨대 이는 관청 단체 등에 의뢰한다고 함이 원칙이라. 고로 이 위생에만 한함이 아니라 모두 생물은 자위가 원칙이 되어 타에 의뢰심을 일으킴은 큰 잘못이라 하노라. 또 개인의 위생법은 그 방법이 2종이 있는데, 1은 적극적 위생법이라, 우리의 신체가 외습(外襲)을 만나도 능히 이를 저항할만한 체력을 양성하는 것이오. 1은 소극적 위생법이라, 우리에 대하여 불건강의 영향을 미치게 하는 제반의 사항을 구제(驅除) 배척하는 것이라. 적극적 위생법은 검도, 유도, 정좌(靜坐), 체조, 각희(角戱), 유영(遊泳), 승마, 요곡(謠曲), 정유리(淨琉璃), 빙활(氷滑), 경주(競走) 기타 방법의 여하를 불문하고, 정신 및 근육 내장 기타 신체 제 기관의 단련법이오. 소극적 위생법은 완전히 의식주에 대한 섭생법인데, 공기, 토양수, 음식물, 작업, 피복, 기생생물 등에 기인하는 불량한 영향을 개선하는 것이라. 또 특히 논하고자 하는 바는 요컨대 위생법은 단지 근육의 단련에만 전력을 다하는 사람도 적지 않은 모양이나 이 또한 큰 잘못이라. 이제 우리는 이와 반대로 정신의 단련 본위로 하여야 할지라. 세인은 건강한 신체에 건강한 정신이 있다 하나 나는 결코 불능하여 건강한 정신이 있은 후에야

비로소 건강한 신체를 조성한다고 하노라.

…… (후략) ……


「불철저한 위생기관」, 『조선일보』, 1921년 7월 22일.

…… (전략) ……

조선에서도 수부(首府) 되는 경성 즉 6만의 호수로 계(計)하고, 삼십만의 인구를 산(算)하는 대도회에서 민중의 위생 관념을 양성치 않을 수 없는 사명을 띠고, 민중의 위생시설을 완비하게 하지 못할 책무를 가진 위생 당국에서 도리어 민중의 위생에 대한 관념을 점점 박약하게 하고, 민중을 위하는 위생시설을 점점 태만히 하여 경성으로 하여금 기뇨화(糞尿化) 오예물화(汚穢物化)하게 하고, 민중으로 하여금 위생 불가능의 원성을 발하게 한다. 그러나 우리는 일찍 경성에서 민중에게 위생 사상을 고취하고 민중에 대한 위생의 시설을 완전히 하는 관설 위생기관의 존재를 의심하는 동시 위생 당국이라 지칭함을 주저하지 않을 수 없고 또한 이를 제구(除咎)치 않고자 하노라.

…… (중략) ……

과다(夥多)한 경비를 요하고 완전한 시설을 요하는 대 경성의 위생으로 하여금 유야무야의 부위생계에 일임함은 실로 도시정책의 대결함이라 말하지 않을 수 없을지라. 어떠한 구실로든지 현재 완전한 위생기관의 설치가 불가능이라 할 것 같으면, 경성에 거주하는 시민이 일치 노력하여 자위상의 대방침으로 혹종의 설비, 완전한 철저한 위생기관의 출현을 기대하지 않을 수 없게 되었다.


「모루히네 주사에 대하여」, 『동아일보』, 1922년 4월 5일.

…… (전략) ……

그러니 우리는 어찌 할꼬. 청년회 연합회가 개최된 이때 우리가 특별히 희망하는 바는 첫째 건전한 청년이 분기하여 이 사회적 병균을 소제하기로 전 조선에 여론과 운동을 야기하는 동시에 민간의 격리소를 설치하고 자치적으로 치료의 도를 강구할지며, 둘째 법률의 개정을 요구하되 모르핀 판매에 대한 단속을 엄중히 하고 모르핀 주사에 대한 형벌을 혹독히 하여 그 근본을 맑게 할 것이다.

…… (후략) ……

「하계와 위생, 일반가정의 주의(注意) 국민도덕의 일보(一步)」, 『조선일보』, 1923년 7월 19일.

인천 각 의사의 담(談)

위생에 주의하여 병을 막으라(인천 일기자)

대저 위생은 국민 일반의 편시(片時)라도 소홀히 함이 불가하니, 위생의 사상을 일반 보급하지 못하면 실로 건전한 국가와 사회를 형성키 불능함은 다언을 불비(不費)하여도 공지(共知)하는 바이라. …… (중략) …… 다소라도 여기에 한 도움이 될까 하여 그 일부를 소개코자 할 뿐 아니라 더욱 방금 시기로 말하면 심히 더위가 내습하는 여름철이라. 여름철로 말하면 여러 가지 원인으로 말미암아 병이 발생하기 용이하며 전염성을 가진 환병(患病)이 치성(熾盛)할 시기이다. 일반 가정에서는 충분 참작하기를 희망하노라.


하계와 부인 위생(순천의원 임재하 씨 담)

부인의 체질은 남자와 특이하여 극히 유약함으로 여러 질병에 전염되기 용이하며, 침노받기도 역시 용이할 뿐 아니라 남자와 같이 각반 사무나 운동을 하지 않음으로 매일 가내에만 칩거하여 그 신체가 극도로 유약하여 말할 수 없는 정도까지 그 피부가 박연(薄軟)하므로 병에 대하여는 침범하기가 극히 적당하다. 이와 같은 폐단이 있으므로 일반 부인은 종래와 같이 가내에만 칩거 말고 질병 기타 부득이한 사정이 있기 전에는 건강을 위하여 상당한 운동을 면려(勉勵)함이 가하니라. …… (중략) ……

부인과 아동 일반주의

…… (중략) …… 아동 감독에 대한 것이니 여름철로 말하면 아이들은 왕왕 의류를 벗는 폐단이 있으나 이것은 절대로 금하지 않으면 불가하도다. 만일 의류를 벗으면 햇빛의 직사를 받아 해독(害毒)이 있으며 일사병 등이 발생하기 용이하며, 또 익지 않은 과일 등을 먹게 하여 장과 위를 상하게 하여 하리(下痢) 위장 가답아를 발생케 하나니, 만일 위장이 상하면 전염병에 걸리기 용이하며 또 음식물은 포만케 하지 않을 것을 주의하여 적당히 공급하지 않으면 불가하며 생 냉수 등을 마시는 것도 불가하니 모든 것을 적당히 하여 병을 미리 방어함이 가한 것이니 이 점에 주의하기를 희망하는 바이며 이상 말한 외 아동에 대하여 주의할 조건을 들건대 다음과 같더라.

1. 아동 거처를 청결케 할 것

2. 피부의 청결을 주의할 것(자주 목욕하게 하여 항상 신체를 청결케 할 일)

3. 의복을 착용케 하고 잠잘 때 나체로 자지 못 하게 하고 고기 등속이 침범치 못 하게 할 것(말라리아 병은 모기류가 전염시킴)

4. 해수욕 등에 주의하여 전염병이 유행될 때 절대로 해수유를 금할 일

5. 기타 여러 가지로 위생에 대하여 용심(用心)하고 부패한 음식물과 부패할 염려가 있는 식물(食物)을 공급하지 말 일. (미완)


「하계와 위생, 일반가정의 주의 국민도덕의 일보」, 『조선일보』, 1923년 7월 22일.

인천 각 의사의 담(談)

위생에 주의하여 병을 막으라(인천 일기자)

기자는 다음 발을 옮겨 부내 용리에 있는 평화의원을 심방하여 전염병에 대한 일반주의를 물었다.

전염병에 대하여(평화의원 나시극씨 담)

…… (중략) …… 위생이라 하는 것은 우리의 건강을 보존하는 목적이라. 이를 구별하여 공중위생과 개인위생의 2종의 구별이 있으나 특히 필요한 개인적 위생의 대요만 들건대

1. 음식에 대하여

폭음·폭식·과냉(過冷)·과열·미숙한 과일류, 기타 부패성에 가까운 식물(食物)은 될수록 주의하여 위장의 건강을 보존하게 하여 병마의 침입하는 문호를 완실(完實)히 봉쇄하게 하며

2. 전염성 질병에 대하여

…… (후략) ……


「하계와 위생, 일반가정의 주의 국민도덕의 일보」, 『조선일보』, 1923년 7월 23일.

인천 각 의사의 담(談)

위생에 주의하여 병을 막으라(인천 일기자)

…… (중략) ……

이외에도 수십 종의 전염성 질병이 있지만, 이상만 약술하노니 특히 예방에 주의하기를 바랍니다. 만약 불행히 발병되거든 조금도 은닉지 말고 의사에게 말하여 1분이라도 속히 방어하여 공중에 대한 해독물이 되지 않게 하기를 바라고 말 따름이라고 말을 그치더라. (완)

「수해 후의 보건 문제」, 『매일신보』, 1923년 8월 28일.

매년 홍수 시기에 들어가면 우리는 거의 연중행사의 하나로서 위생 문제에 대해 본란에서 논술하여 주의를 촉구해왔도다. …… (중략) ……

조선인의 위생에 대한 관념이 아직도 유치한 역(域)에 있다 함은 위의 서술과 같도다. 그리고 이 위생 관념의 유치는 직접으로 보건상 시설에 영향하여 그 결과 매년 다대한 인명을 빼앗기며 비록 다행히 생명을 지키나 신체가 허약하여 언제든지 병균의 사독(肆毒)이 가능할 어지가 있으므로 해마다 그 참화를 반복하는 것은 명백한 사실이라. 그러나 병마가 창궐하는 당시에는 다소 계외 각성(戒畏覺醒)하다가도 일차 병역이 퇴식(退息)하면 다시 재차 망역(忘域)에 붙어 고념(顧念)치 않던 것이 오늘까지의 예가 되었다. 이것은 우리 민중의 장래에 나아가 전율할 일종의 망상(亡狀)이라 하지 않을 수 없는 것이며 식자의 우려에 불감(不堪)할 바이라. 혹자는 위생의 본의를 오해 혹 곡해하여 보건의 설(說)을 창(唱)하면 일종의 오론시(迂論視)[34]하는 경향이 있으며 그렇지 않을지라도 냉소에 부쳐 고려하지 않은 것은 폐풍이 있었다. 그러나 우리는 보건 그것이 결코 오해자의 오해하는 것과 같이 거창한 것으로 생각하지 않는다. 누구든지 진실로 그 자각만 있으면 능히 실행할 수 있는 것이니, 즉 소극적으로 그 음식 기거를 계신(戒愼)할 것은 물론이거니와 다시 적극 방면으로 신체를 단련하여 저항력을 충분히 함양하는 것으로써 원칙을 삼으며 또 일반 공덕(公德)을 각수(恪守)하여 범하지 않으면 족하다는 것이다. …… (후략) ……

「감기 예방에는 비공(鼻孔) 호흡이 제일, 약보다 더 좋은 코털이 있다고, 가등(加藤) 부위생과장 담」, 『매일신보』, 1923년 11월 18일.

겨울에 제일 주의할 것은 목의 보호요, 또는 호흡을 반드시 코로 할 것이외다. 그러나 일반이 호흡하는 버릇은 흔히 입으로 하는고로 찬 기운과 병독이 직접으로 심장이 혈관으로 들어가서 여러 가지 병을 일으키지만, 코로 호흡을 하게 되면 찬 기운과 건조한 기운이라든지 병독이 직접으로 들어가지 않고 대부분 코털에 걸리고 마는 고로 몸에 아무 해가 없습니다. 또 겨울이 되면 마스크를 사용하여 전염병을 예방코자 하지만, 그 사용하는 방법이 좋지 못하여 아무 효력이 없는 일이 적지 않은데, 마스크는 공기 중의 깨끗하지 못한 것이 들어오지 못하게 하는 것인데, 공기 중에는 어느 곳에든지 병독을 가져 있으므로 반드시 밖에만 있고, 집 안에는 없는 것이 아닌데, 흔히 보면 집안에 들어와서는 마스크를 떼어놓는 것은

---

34) 오론(迂論): 잘못된 주장 또는 거짓 주장.

마스크를 사용하는 취지를 알지 못하는 것이라고 할 수밖에 없는데 불편한 마스크를 사용함보다도 호흡하는 버릇을 고쳐 코로 하도록 하고 또 가끔 수건을 따뜻한 물에 적셔 목에 걸고 있으면 겨울에 흔히 있는 유행성 감기는 완전히 예방할 수가 있습니다.

「일반 위생의 비결」, 『동아일보』, 1924년 4월 7일.

적극적으로 단련하라. 김영수(金榮壽)

우리 사회의 위생 사상과 그 사회적 시설의 유치함에 대하여 누가 개탄치 않을 이 있으리오. 우리도 또한 그중의 1인으로 자임하나 그 원인 근저가 심히 심원함으로 일정한 노정과 시기를 밟아 가는 외에 다른 길이 없는 줄로 매양 기대 갈망하던바 과반 본보 사설의 시급한 보건 문제 1난은 진실로 우리로 하여금 붉어진 얼굴을 가리지 못 하게 하였도다.

…… (중략) ……

생리 관능의 적응 작용

…… (중략) ……

1. 한열(寒熱)에 대한 위생법

삼동(三冬)의 감기와 복염(伏炎)의 중서(中暑)는 한열이란 외인(外因)이 우리의 건강을 침해한 결과이다. 그러하므로 한(寒)을 피하고 열(熱)을 꺼리면 능히 감기와 중서를 면할 수 있을 듯하나 우리가 과연 한열을 완전히 피할 수 있느냐 하면 이는 도저 불가능의 일일 뿐 아니라 생리 관능은 한열에 대하여도 항상 적응적 태도를 가지므로 겨울철에 따뜻한 옷을 입고 따뜻한 곳에 처할수록 한기에 대한 저항력이 쇠퇴하여 결국 경미한 한기라도 쉽게 감기를 일으키게 할지오. 이와 반대로 평소에 잘 순치하면 능히 비상한 저항력을 얻을 수 있나니. …… (중략) ……

2. 위장의 위생과 음식물

위장은 식물의 뿌리(根)와 흡사하여 필요한 영양물을 소화 흡수하는 지극히 귀중한 기관임은 누구나 다 아는 바이다. 이 위장과 음식물 간의 관계를 관찰하건대, 음식물이 일면으로는 우리의 체력 유지와 그 발육에 불가결인 동시에 다른 면으로 위장에 대하여는 일종 외래 자극이라 할 수 있다. 위장은 이 외래 자극인 음식물에 대하여 항상 적응 태도를 가짐은 생리학상으로 이미 명백한 이론일 뿐 아니라 허다 사실이 이를 증명하는 바이니, 신체 각 부의 여러 타 기관과 같이 위장도 외래 자극의 다소와 그 성질의 여하에 의하여 비단 그 생리적 관능뿐 아니라 심하면 해부적 형태까지라도 변하고야 마는 것이라. 그러함으로 평소에 감담(甘淡)하고 연한 식물만 취하면 위장이 점점 이에 순치되어 일면으로 그 점막(위장의 내면)

의 잔약(殘弱)을 불러온 결과 경미한 함산(鹹酸)에도 저항치 못하고 이로 인하여 쉽게 위장 가답아(濕症)를 일으킬 것이며 다른 면으로는 위장의 연동을 박약하게 하여 상습 변비와 같은 불쾌한 증세를 낳나니 고로 위장의 건전을 꾀하려면 무시로 자극적 약미(藥味)와 질긴 소채 등을 적당히 섭취하여야 할 것이다. …… (중략) ……

3. 전염병에 대한 위생

다수 전염병의 원인인 세균(박테리아)이 일정한 요약(要約) 하에서 우리의 건강을 침해하여 특수한 증세와 고통을 야기하나, 우리는 이 유독한 생물인 세균에 대하여도 평소의 단련으로 능히 비상한 저항력을 획득할 수 있나니 각종 전염병의 예방주사와 종두 등은 실로 이 단련 방법에 다름 아닌 것이라. …… (중략) ……

전염병을 예방하고자 병균을 박멸함도 필요 수단이나 개인의 저항력을 어찌 또한 등한시하리 오. 특히 공중위생 시설이 유치한 우리 사회에서는 더욱이 개인 저항력의 증진을 기다려 비로소 방역의 완전을 기하리니 여름철에 파리(蠅)도 잡아야 하려니와 각기 예방주사를 맞기 전에는 결코 이상적이 되지 못하리라. …… (중략) ……

전염병을 운운하든 나머지에 마침 근대의 유행병 신경쇠약에 관하여 생각한 바가 있으므로 1쪽을 첨부하여 이 원고를 종료하고자 하노라. (계속)


「일반 위생의 비결」, 『동아일보』, 1924년 4월 14일.

적극적으로 단련하라(속). 김영수(金榮壽)

전염성 신경쇠약


이 진정한 관능성 신경쇠약과 근사한 두통, 불면 등이 유래하는 경우를 대략 들면, 소화불량, (器質的) 빈혈증, 이비인후병, 안질(특히 조절기 이상), 심장병, 폐결핵의 초기, 신장병, 변비, 매독, 뇌종양, 두부(頭部) 신경통 및 두부 근육의 류머티즘 또는 음주 흡연의 과도 등 종류가 적지 않지만, 옆에 있는 사람이 신경쇠약으로 두통이 있다는 말만 듣고 자기의 두통도 그 유래는 묻지 않고 단순히 신경쇠약이라 간주하여 그 결과 실로 수습하기 어려움에 이르나니 전염성 신경쇠약이라 명명함도 과히 무리는 아니리라.

이와 같은 전염성 신경쇠약도 그 유행이 극심하여 영향이 적지 않은 이때 또한 임상 의사로 불면증이나 두통을 호소하는 환자를 취급할 때 업무 다단한 까닭인지 아니면 어떤 까닭인지 모르나 그 증세의 소종래(所從來)는 깊이 생각하지 않고, 쉽게 신경쇠약이라 선언하여 취소가리(臭素加里)[35]의 특약 판매에 몰두할 뿐인 그 수가 절대 적지 않은 듯하니 이런 종류의 신경쇠약은 무엇이라고 명명하면 적당 할는지 편의상 잠시 이를 취소 신경쇠약이라 할진대 독자 중의 신경쇠약(없으면 말거니와)은 그것이 독발적(獨發的) 관능성인가, 전염성인가, 또는 혹 취소 신경쇠약인가. 신경쇠약도 이에 이르러는 과연 난치 중 안치일지라. 독자 제씨여, 아는가 모르는가.

## 「전염병 유행의 가려(可慮), 개인위생과 공중위생에 물태(勿怠)하라」, 『매일신보』, 1924년 7월 7일.

근일 이래로 장맛비가 여러 날을 계속하여 음(陰)하고, 증(蒸)하고, 습(濕)하고, 냉한 기가 사람의 거처와 음식과 의복에 또는 기타 어떠한 곳에든지 윤택지 않은 그것이 없으니 이들의 분위기가 모두 전염병을 매개하여 한 개인으로부터 가족에, 한 가족으로부터 공중에게 전파될 염려가 있는 것은 이가 역연한 일이다. 그러므로 이때 스음하여 우리가 취할 길은 거처를 삼가며 음식과 의복에 주의하는 일에 있는 것이다. 이를 절목으로 나눠 논하면, 습한 데 처하지 말며, 냉한 데 처하지 말 것이니, 온돌이거든 2일 1회로 반드시 불을 땔 것, 이불과 요는 반드시 포쇄[36]할 것, 노천 아래서 잠자지 않을 것, 파리를 극력으로 구제할 것 등이니 이것이 곧 거처를 삼가는 것이며, 생과일과 생채를 먹지 않을 일, 고기 같은 것도 생회를 먹지 않을 일, 과음 과식을 하지 않을 일 등이니 이것이 곧 음식에 주의하는 것이며, 의복은 땀에 오래 젖은 것을 입지 않을 일, 늘 포쇄한 후에 입을 일, 자주 세탁하여 입을 일이니, 이것은 의복에 대한 주의이다. 이 이외에도 실내·실외의 소제·청결을 게을리 말며 또는 필요한 장소에 소독약을 산포할 것 등이니 위에서 서술한 바와 같음은 물론 그 대체의 절목을 든 것이거니와 이것이 결코 고원 난행(高遠難行)의 일이 아니요, 사람마다 쉽게 행할 수 있을 것이니 몸을 아끼는 자, 집을 사랑하는 자 또는 공중을 위하는 공덕심을 가진 자는 무엇보다도 이 위생 일사(一事)에 급급치 않으면 불가할 것이다. 어찌 남을 위함이리오, 각각 그 자기를 위함이다.

## 「위생과 정결」, 『신한민보』, 1924년 7월 31일.

위생적 표면이 또한 필요하다. 외양이 부정하면 비록 역아[37] 같은 숙수[38]가 음식을 장만

---

35) 브롬과 칼륨의 화합물.
36) 포쇄(曝曬): 물기가 있는 것을 바람에 쐬고 볕에 말림.
37) 역아(易牙): 춘추시대 제나라 환공이 아끼는 미소년이자 간신. 요리사로서 젊은 시절 환공의 환심을

하더라도 맛이 없을 것이며, 표면이 깨끗하면 비록 '쿡'이 침을 뱉어가며 음식을 만들며 먹던 여■을 섞어 놓더라도 정결하게 보인다. 사람마다 '미'를 사랑하는 특성이 있으므로 양귀비와 같은 절색을 보는 남자는 눈이 거기로 쏘이며, 두목지[39] 같은 미남자를 보는 여자는 침 흘리게 됨은 남녀의 육욕에 취함보다 '미'라는 그것이 ■■을 정복함이다. 그런고로 인류 생활상의 의·식·주 3자에도 '미'를 위하여 거대한 재정을 소비한다. 만일 사람이 미를 취하지 않을진대 의복도 단순한 재료로 지어 입으며 온갖 화장의 형형색색이 없겠고, 한 칸 초옥에 온돌이면 안온한 꿈을 이룰 터인바, 화려한 궁실을 지우지 않겠다. '미'를 사랑하는 때문에 같은 떡에 살을 찍으면 맛이 있다 하며, 동일한 식상[40]에 꽃병을 놓고 먹으면 입맛이 상쾌하다 한다. 그런고로 사람이 정결을 요구하는 동시에 미를 탐함은 정결과 미가 서로 연속이 된 연고이다. 세상인심이 남자 미보다도 여자 미를 더 사랑함은 오직 남자에게만 그런 것이 아니고 여자에게서도 그러하다. …… (후략) ……

## 「유행 감기와 예방」, 『조선일보』, 1925년 2월 13일.

요새는 일기가 갑자기 추웠다 더웠다 온도의 변화가 급격함으로 말미암아 집집마다 한두 식구가 의례히 감기에 걸렸다는 소식을 듣게 되었습니다. 눈이 녹고 얼음이 풀리고 양춘가절을 재촉하는 화창한 바람도 하룻밤 사이에 온 세상을 얼음으로 변하는 터인즉 조금만 몸 조심을 허술히 하시면 곧 병에 길리는 것이올시다. 감기의 예방과 치료법은 이미 여러분 고명한 의사의 말씀을 들어서 여러 번 본보에 소개하였으므로 다시 더 말씀할 필요가 없거니와 다만 한 가지 더 주의하실 것이 있다고 생각합니다. 그것은 첫째로 밤바람이나 새벽바람을 쏘이지 않을 것은 물론이요, 그러한 때에 반드시 마스크를 만들어서 코에 걸 것이올시다. 따라서 양치를 자주 하는 것이 매우 좋습니다. 양치는 감기가 유행할 때뿐 아니라 언제든지 늘 실행하면 이가 튼튼해지고 입병이 나지를 않는 일거양득의 좋은 약이 됩니다. 양치할 물은 붕산수(硼酸水)[41]나 박하수(薄荷水)[42] 같은 것이 매우 좋지마는 정한 소금을 물에 풀어서 하는 것도 대단히 효력이 많은 것이올시다. 또한 과만간산가리움[43]이라는 약을 풀어서

사고자 자신의 세 살 난 어린 아들을 요리해서 바쳤다고 한다.
38) 숙수(熟手): 잔치 때 음식을 만드는 사람.
39) 두목(杜牧, 803~853), 자 목지(牧之): 당나라의 시인으로 용모도 준수했다고 한다.
40) 식상(食床)을 가리키는 것으로 보임.
41) 붕산을 녹인 용액. 붕산은 무색무취에 광택이 나는 비늘 모양의 결정으로 산화 붕소가 수화되어 생기는 산소산.
42) 1.미온 증류수와 박하유를 5대 1의 비율로 섞어서 끓여 식힌 다음, 축축한 여과지로 걸러낸 물. 2.박하의 잎을 쪄서 받아 낸 물. 3.박하정을 탄 물.

하루 두어번씩 양치를 하고 헝겊에 그 물을 적셔서 코 안을 자주 씻어내면 감기를 막을 수 있습니다. 그러나 가정에서 제일 손쉽게 만들 것은 소금물인즉 그것만으로라도 때때로 하시는 것이 좋을 줄 생각합니다. 양치하는 방법은 '가르르 가르르'하고 소리만 크게 내어도 소용이 없으며 할 수 있는 대로 물을 조금 물고 머리를 뒤로 제치고 삼키지 않을 만한 정도에서 가만가만히 '아-'하고 거품을 일으킬 것이올시다. 한번에 5~6차씩 소리를 내고 다시 새로 물을 갈아서 양치를 하되 한번에 5~6회씩 하루에 10여 회를 하면 감기도 막을 수 있고 항상 목이 유[44]하며 이에도 매우 좋습니다.

## 「당도한 하절(夏節)과 위생, 신체를 건강히 함이 우리의 절대의무」, 『시대일보』, 1925년 5월 29일.

우리의 몸은 비록 작다 할지라도 써먹을 곳이 많이 있으며 우리의 몸은 비록 약하다 할지라도 천창만탄[45]을 대하지 않으면 안 될 우리의 몸이다. 어찌 소중하지 않으며 귀중하지 않은가.

이같이 쓰일 곳이 많은 귀중한 몸을 병마에게 유린을 당한다 하는 것은 깊이 생각할 바 문제요, 따라서 되도록 병마의 침범을 방어할만한 준비를 하지 않으면 안 될 것이라 한다.

여름은 당도하였다. 모든 병마는 무서운 입을 벌리고 우리에게로 달려든다. 잘못하면 사명이 중대한 우리의 무수한 생명은 없이 할 데 없이 하지 못하고 헛되이 악병의 희생자가 되고 말 것이다.

이와 같은 의미 아래서 일반의 주의를 환기하는 동시에 서로서로 지도하여 위생에 힘쓰고, 섭생에 노력하여 한 사람의 병자라도 생기지 않도록 힘쓸 바이라 한다.

건전한 몸이라야 건전한 정신이 있는 법이다. 우리가 건전한 사람이 되려면 건전한 신체를 만들어야 될 것이요, 건전한 신체를 만들려면 어디까지 위생에 주의하여 독한 병에 걸리지 않도록 위생에 주의하는 것이 가장 필요한 일이라 한다.

첫여름을 당하여 일반의 위생에 대해 주의를 하는 동시에 금년에는 한 사람의 병자라도 나지 않기를 간절히 바라는 바이다.

---

43) 과망간산칼륨(過Mangan酸Kalium). 자주색의 기둥 모양 결정. 열분해하거나 강염기성 용액을 첨가하면 산소를 낸다. 물에 잘 녹고 산화력이 세므로, 산화제·살균제·표백제·유기 화합물의 합성·산화 환원 적정 시약 따위에 쓰인다. 화학식은 KMnO₄.

44) '柔'(부드럽다)는 뜻으로 쓴 듯함.

45) 한자는 없으나 '千槍萬彈'의 의미로 쓴 것으로 보임.

「여름에 사람을 괴롭게 하는 네 가지 벌레(1) 파리」, 『조선일보』, 1925년 7월 9일.

　이 세상에 가장 무서운 도적놈은 파리, 모기, 빈대, 벼룩이라 하겠습니다. 강도가 무서우나 문만 굳게 잠그면 들어오지 못하고, 사자가 무서우나 산에 가지 않으면 해침을 받지 않고, 아편이 무서우나 제가 먹지 않으면 따라와서 사람의 입에 들어가지 않습니다. 그러나 문을 잠가도 소용이 없고, 피하려도 피할 수 없는 무서운 도적놈들은 칼도 가지지 않고 총도 가지지 않고 몽치46)도 들지 않고 소리도 없이 어느덧 사람의 수면(睡眠)을 도적하고 건강을 도적하고 생명을 도적하는 것이올시다. 파리 한 마리가 한꺼번에 8천 3백만의 미균47)을 전파한다는 말이 있었고, 최근의 실험한 바에 의지하면 6백 6십만이라 했습니다. 19세기 후반부터 실험적으로 증명하기를 시작하였으니 1873년에 고라스씨는 호열자48) 유행과 파리와의 관계가 깊음을 발견하였고, 그 뒤에 지조늬씨와 개도늬씨도 1886년에 호열자 환자의 병실에서 잡은 파리로부터 두어 시간 후에 호열자균을 배양하여 얻었다 합니다. 또한 1988년49)에 세리씨는 장질부사균50)이 파리의 창자를 거쳐 사람에게 전염되는 것을 발견하였고, 호후만씨도 그해에 결핵 환자의 병실에서 잡은 파리 6마리 가운데 4마리가 결핵균을 가졌더랍니다. 그 외에도 이질, 흑사병 같은 무서운 병의 원인은 모두 파리로부터 번식하는 것을 연구가들이 발견하였습니다. 병을 전염시키는 파리의 번식은 실로 맹렬하니 8~9일 동안에 1 암수가 100~150개의 알을 슬고51) 10시간 내지 이틀 동안에 부화하여 8일만이면 큰 파리 노릇을 하는 것이올시다. 그러므로 한여름 동안에 한 마리의 파리가 동족을 번식하는 수는 능히 헬 수 없습니다. 그리고 몸에 병독이 묻은 파리를 현미경으로 조사하면 적은 것이 450만이요, 보통 660만의 미균을 파리 한 마리가 가졌고, 1시간 동안에 25번 분변을 배설한다 합니다. 집집이 파리통이나 끈끈이를 놓고 아무리 잡기에 노력한다 할지라도 잡은 후에는 또 날아오고 또 날아오고 하는 터인즉 가장 번식력이 강한 알 슬 때로부터 이것을 박멸하여야 될 것이올시다. 쓰레기통, 두엄, 변소, 수채, 먹던 음식, 외양간, 마구간 같은 발효(醱酵)하기 쉬운 곳에서 알이 많이 부화하나니 먼저 집안을 깨끗이 할 것은 물론이거니와 특별히 먹다 남은 음식을 함부로 버려두지 말고 쓰레기통은 사흘에 한 번씩 쏟게 할 것이요, 쏟은 후에는 석유나 소독 비누를 석유에 풀어서 쓰레기통에 뿌릴 것입니다. 장차 파리가 되지 못하도록 알을 미리 죽이는 것이 가장 상책입니다. 미국 어떤 일요 학교에서 생도에게 현상52)으로 파

---

46) 사람이나 동물을 때리는 데 쓰는, 길이가 짤막하고 단단한 몽둥이.

47) 미균(黴菌)은 곧 세균.

48) 콜레라.

49) 1888년의 오타로 보임.

50) 장티푸스균.

51) 슬다는 아무 데나 함부로 낳아 놓다.

리잡이 경쟁을 시켰는데 1등상을 받은 생도의 성적은 198만 5천 마리, 2등은 188만 9천 마리를 잡았다 합니다. 파리는 잡았다 할지라도 슬어놓은 알이 그대로 부화될터이니 별로 칭찬할만한 술법[53]은 되지 못한다 할 수 있습니다. 근본적으로 파리를 발생하지 못하게 함이 가장 필요합니다.

「여름에 사람을 괴롭게 하는 네 가지 벌레(2) 모기」, 『조선일보』, 1925년 7월 11일.

우리 동양 더욱이 우리 조선과 같이 모기가 많은 나라도 아마 드물 듯합니다. 영국 런던이나 프랑스 파리에서는 일생 동안에 한 번도 모기 구경을 못 한 사람이 있다 합니다. 런던 북쪽 어떤 시골에 사는 영국사람의 가정에서는 한여름이 다 지나도록 모기 4마리 외에는 더 보지 못했다 하더랍니다. 그러므로 영국이나 프랑스의 동물학자와 의학자들은 모기가 발생하는 곳을 찾으러 이곳저곳으로 헤맨답니다. 청국이나 조선이나 일본은 7월, 8월, 9월 석 달은 집집이 모기가 한 마리도 없는 곳은 없습니다. 일본 어떤 학자가 매일 아침 변소에서 석 달 동안 잡은 모기의 수효가 도합 3천 2백 5십 2마리였답니다. 하루에 평균 35마리를 잡았으니 얼마나 모기가 많은 것은 가히 짐작할 것이올시다. 대개 조선이나 일본은 기후가 더운 탓으로 모기의 발생이 심하다고 할 수 있으나 그것보다도 모든 제도가 모기가 잘 번식하도록 되어 있는 까닭이올시다. 첫째로 변소가 깨끗하지 못하고, 둘째로 수채가 더럽고, 셋째로 두엄을 함부로 만들고, 오줌통을 여기저기 놓는 것(시골에서 흔히 보는 것)이 큰 원인이라 할 수 있습니다. 모기는 우리의 피를 빨아먹을 뿐만 아니라 여러분이 이미 아시는 바이거니와 학질의 전령사(傳令使)이올시다. 학질 앓는 사람의 피를 빨아먹고 그 균을 가시 같은 뾰족한 입 끝에 묻혔다가 다른 사람의 피를 빨아먹을 때 자연히 주사(注射)를 하게 되는 것이올시다. 그러나 학질은 학질 균이 사람의 몸에 들어가는 대로 곧 앓게 되는 것은 아닙니다. 사람에게 저항력(抵抗力)이 있어서 어느 정도까지는 능히 모든 병을 저항할 수 있습니다. 그러므로 몸이 튼튼할 때는 균이 능히 활동할 용기가 없어집니다. 가만히 들어가 있다가 몸이 약해지는 기회를 보면 "이제는 되었다. 나의 활무대가 열렸다"하고 곧 맹렬한 활동을 시작합니다. 모기로부터 학질 균을 전한 지 한 달, 두 달, 반년 혹은 1년 후에 병이 발생하기도 합니다. 학질을 전하는 모기는 보통 모기보다 몸집이 크고 몸에 흰 점이 박혀 있습니다. 인도 지방에서는 이것을 호열자의 전염 매개자라고 매우 두려워한답니다. (계속)

---

52) 현상(懸賞).
53) 술법(術法).

<그림 6> 모기

「여름에 사람을 괴롭게 하는 네 가지 벌레(3) 모기」, 『조선일보』
1925년 7월 14일.

모기는 그와 같이 무서운 병을 사람에게 전할 뿐 아니라 작업 능률(作業能率)을 방해하고 노동하는 시간을 작게 하나니, 우리 조선에서 모기가 발생하기 시작하는 6월 하순부터 10월 중순까지 넉 달-즉 120일 동안 모기로 인하여 빼앗긴 근로시간(勤勞時間)을 계산하여 보면 한 집에서 다만 한 사람이 밤일을 한다 할지라도 모기로 말미암아 하루 1시간씩 손해를 당할지니 400만 호수의 120배, 즉 4억 8천만 시간의 큰 손해를 보게 됩니다. 모기는 한 마리가 한여름에 50~150마리가량의 알을 낳게 되나니 이것을 없애려면 무엇보다도 먼저 모기가 가장 많이 발생하는 개울, 수채, 두엄, 변소 같은 곳에 석유를 뿌려서 알을 부화하지 못 하게 할 것이올시다. 그리고 결단코 먹다 남은 음식을 수채에 함부로 버리거나 더러운 물을 여기저기 버려서 땅이 습하지 않도록 주의할 것이올시다. 또는 모기의 해적 생물(害敵生物)[54]을 이용하여 모기를 잡게 되나니 파리의 일종인 리스베는 물 가운데서 모기알이 새로 부화된 것을 잡아먹고 이미 자라서 성충(成蟲)이 된 것은 잠자리, 벌, 거미가 잡아먹습니다. 그 밖에 제비, 박쥐 같은 것도 모기를 잡아먹는 것이올시다. 그러나 가장 철저하게 모기를 구제(驅除)하는 방법은 위에 기록한 바와 같이 모기가 발생하는 곳을 철폐할 것입니다. 경성, 평양 같은 도회지에서는 수채와 변소의 설비를 완전히 할 깃이요, 시골이나 촌락에서는 쓸데없는 구렁텅이를 메워서 물이 고이지 않게 하는 것이 필요합니다. 석유를 사용하여 모기의 알을 죽이는 것도 매우 좋은 방법이지만 그 위에 바나나 살충제(殺蟲劑)를 사용함이 더욱 좋습니다. 이 약은 석탄산(石炭酸)[55] 3두 7승 5홉을 냄비에 붇고 섭씨 100도의 온도를 만들어 거기 송진을 과히 엉기지 않도록 풀어 섞어서 그것을 5천 배~1만 배 가량 물을 타서 사용케 하나니, 이것은 매우 독한 것인고로 빗물이 고여 그것이 썩어서 모기가 발생하는 구렁텅이 같은 데는 붕산(硼酸) 한 푼돈에 물 닷 말을 부어서 잘 풀어 가지고 뿌릴 것이올시다. 모기가 날아다니는 범위는 50칸[56]~100칸까지 그사이에 지나지 못하고 극히 멀리 간다 하여도 반 마일[57]에 더 가지 못하는 터인즉 동리 동리마다 단결하여 구제에 노력하면 별로 어려울 것도 없다 하겠습니다.

---

54) 수산 생물의 생육과 번식을 해롭게 하거나, 직간접적으로 피해를 주는 생물.
55) 방향족 알코올의 하나.
56) 1칸(間)은 6자(尺)로 약 1.8m다.
57) 1마일은 약 1.6킬로미터이다.

「여름에 사람을 괴롭게 하는 네 가지 벌레(3)[58] 벼룩」, 『조선일보』, 1925년 7월 16일.

　벼룩이라고 하면 누구든지 얼른 흑사병(黑死病)을 연상하게 됩니다. 그만큼 그 두 가지는 밀접한 관계를 가졌습니다. 흑사병에 걸린 쥐의 피를 빨아먹은 벼룩의 위(胃) 가운데서 흑사병 균을 발견한 것은 1897년이올시다. 흑사병에 걸린 쥐와 벼룩을 한 마리도 없이 잡은 건강한 쥐를 함께 두면 결단코 건강한 쥐에게 흑사병이 전염되지 않습니다. 그리고 건강한 쥐를 바구니에 넣어서 흑사병에 걸린 쥐가 있는 곳에서 두 자 높이 위에 두어도 또한 건강한 쥐에게 흑사병이 전염되지 않는 것이올시다. 벼룩은 20센티미터 이상을 더 뛰어 올라가지 못하는 까닭입니다. 벼룩에게 흑사병 걸린 쥐의 피를 빨아먹이고 그 벼룩을 건강한 쥐가 있는 곳에 놓아 주면 몇 시간이 못되어 곧 병이 전염됩니다. 이렇게 시험한 결과 55퍼센트의 성공을 하였습니다. 벼룩 한 마리는 5천 개의 균을 흡취할 수가 있고, 벼룩의 위 속에 들어간 균은 소화기 가운데서 번식하는 것이올시다. 흑사병 균은 벼룩의 똥과 섞여서 밖으로 나와 이불이나 요에 묻었다가 벼룩이 사람의 살을 물어서 흠집이 생긴 그 속으로 전염되어 체내에 들어가 마침내 병을 일으키는 것이올시다. 벼룩의 위 속에 흑사병 균이 들어간 후 7일~15일까지는 그 균을 전파할 가능성이 있다 합니다. 1914년에 영국 런던 전염병연구소에서 어떤 의학자의 연구한 바에 의지하면 흑사병 균이 벼룩의 소화기 속에서 번식하여 거꾸로 식도(食道)를 돌아 입으로 나와서 사람의 피를 빨아먹을 때 직접 전염이 된다고 말하였습니다. 그러므로 흑사병은 벼룩으로부터 사람에게, 벼룩으로부터 쥐에게 전하는 것이올시다. 원래 흑사병은 쥐의 병이라고 일컫는 것이니 흑사병이 사람에게 유행하기 10일~14일 전에 먼저 쥐에게 대유행하는 것을 볼지라도 가히 짐작할만한 일이올시다. 벼룩은 흑사병이 쥐들 사이에 유행할 때 사람에게 전하여 주는 것이올시다. 흑사병 균을 전하는 벼룩의 종류가 8가지나 있습니다. 그중에 가장 많이 전파하는 벼룩은 인도 쥐벼룩이라 하는 것이니 우리가 흔히 보는 사람의 피를 빨아먹는 벼룩과 흡사합니다. 몸집이 매우 작아서 수컷은 1.4~1.6밀리미터요, 암컷은 2~2.8밀리미터까지 됩니다. 사람의 피를 빨아먹고 사는 벼룩은 수컷이 1.5~3.0밀리미터, 암컷이 2.0~4.0밀리미터올시다. (계속)

<그림 7> 벼룩

---

58) 연재 순으로 하면 (4)가 맞으나 원문대로 (3)으로 표기함.

「여름에 사람을 괴롭게 하는 네 가지 벌레(4)[59] 벼룩」, 『조선일보』, 1925년 7월 18일.

인도 쥐벼룩, 사람벼룩, 고양이벼룩, 유럽 벼룩, 눈먼 벼룩, 조선의 고유한 벼룩, 일본 벼룩, 일본의 고유한 쥐벼룩—이 8가지는 모두 흑사병 균을 전파하는 벼룩이올시다. 벼룩은 날개를 가지지 않았으되 튼튼한 운동가라 할 수 있습니다. 능히 뛰기도 하고 능히 걸어 다니기도 합니다. 그러나 벼룩이 제아무리 잘 뛴다 하여도 20센티미터 이상 더 높이 뛰지는 못합니다마는, 그것도 제 몸에 비교하면 약 50배의 높이가 되는 것인즉 매우 장하게 생각할 일이올시다. 또한 옆으로 뛰어가는 것은 33센티미터가량이나 되므로 자기 몸의 80배 이상이 넉넉히 됩니다. 이것을 이용하야 19세기 반경에 유럽 대륙에서는 벼룩의 연극, 벼룩의 뜀박질 같은 것을 행한 곳도 있습니다. 그리고 벼룩은 몸이 작고 옆이 편편한고로 좁은 틈을 헤치고 지나기에도 매우 편리하게 되었을 뿐 아니라 껍데기가 튼튼하여 용이히 상하지 않게 되었으므로 천연적 무기로써 적(敵)을 방어하기에 적당한 것이올시다. 벼룩의 번식은 실로 놀라울 일이니, 사람벼룩으로 말할지라도 사람의 피를 빨아먹는 대로 곧 알을 스는 것이올시다. 한 번에 10개 내외씩 한 마리가 도합 450개가량 알을 낳습니다. 방바닥이나 이불에 알을 낳으면 그 알은 4일~6일 만에 부화하야 유충(幼虫)이 됩니다. 유충은 어미의 똥을 먹고 자라나나니 유충으로 11일 동안을 지나면 고치(繭)를 짓고 번데기가 되었다가 터트리고 다시 밖으로 나와 약 12일 만에 성충(成虫)이 되는 것이올시다. 다시 말하면 알을 낳은 지 4주일로부터 6주일까지 그사이에 완전한 벼룩이 됩니다. 인도 쥐벼룩 같은 것은 알로 이틀, 유충으로 7일, 번데기 시대가 7일~14일까지올시다. 벼룩을 구제(驅除)하는 방법은 첫째로 주거(住居)를 정결케 할 것은 물론이오, 여름 장마에 불을 자주 때서 방을 습(濕)하지 않도록 하는 것이 필요합니다. 우리 조선에서는 온돌방을 만들 때 장판 밑에 먼저 석회로 바르는 것이 매우 좋습니다. 그리고 나후다링[60](좀약)이나 혹은 휘발유 한 홉에 제충국(除虫菊) 12냥쭝[61]을 넣고 향수(香水) 두어 방울을 떨어뜨려서 방 네 귀에 나누어 놓아두면 벼룩이 모두 달아납니다. 흑사병이 유행할 때 특별히 그러한 예방을 하는 것도 대단히 유력한 일입니다. 또한 개나 고양이 그 외에 여러 가지 가 축(家畜)을 기르는 집에서는 더욱 주의하여 때때로 『구레오린』 3퍼센트 액(液)으로 몸을 씻어주는 것이 좋습니다. 무섭고 두려운 흑사병은 별문제로 하고라도 밤이나 낮을 불고[62]하고 사람을 괴롭게 하는 벼룩을 박멸하기에 서로 노력합시다. (끝)

---

59) 연재 순으로 하면 (5)가 맞으나 원문대로 (4)로 표기함.
60) 나프탈렌. 탄화수소의 한 가지.
61) 냥(兩)의 무게의 단위를 나타내는 말.
62) 불고(不顧).

「전염병 유행과 위생경찰」, 『시대일보』, 1925년 8월 27일.

2.

…… (전략) ……

위생경찰은 즉 보건 행정의 일부라 할 것이니 행정의 목적이 보건에 있는 이상은 개인 보건이나 공중보건을 불문하고 학술을 기초로 하여 성의 성심으로 진행하지 않을 수 없을 것이다. 그런데 위생경찰 특히 환자 취급에 대하여 비난과 민원이 허다하였던 것은 각자의 불평불만이 서로 다르다 할지라도 대체의 원인은 ⑴은 오진, ⑵는 관료식 취급이라 할 것이니 보건 행정의 적부는 생명 안위에 직접 관계가 있는 것으로 보아 이들 실책은 진실로 중대시할 문제라 할 것이다. …… (후략) ……

5.

이에 그 오진과 관료식 취급의 폐단을 고구할진대, 경찰의(警察醫) 혹은 기타 책임자를 학식 및 경험의 여하를 불문하고 관제 관계상 시위소찬(尸位素餐)[63]으로 채용하였던 것이요, 환자에 대한 진찰 혹은 간호 등은 시간의 구속이 없을 것을 불구하고, 관청 사무의 관념으로 그 규정 시간 내에 필무(畢務)하여 함을 따라 자연 주의 상 면밀치 못하게 된 것이며, 그 불친절한 태도는 의연히 관존민비의 악습을 근절치 못한 까닭이다. 그러므로 종래의 이들 폐습을 숙청 개량코자 할진대, 학덕과 기술이 겸비 우수한 자를 특히 경찰의로서 발탁할 것은 물론이요, 이에 관한 책임자도 관료 관념의 부패심을 떠나 환자 대 경찰 관계를 오로지 "의사이다"라는 책임감으로 상대하지 않을 수 없을 것이다.

6.

우리는 소위 위생경찰은 타 경찰과 성질이 서로 다른 것에 의하여 특히 그 책임을 묻는 바이니, 비상시기에 이르러는 사실이 있다 할지라도, 침소봉대가 아니면 무근의 유언비어가 상전(相傳) 되는 것이 일종 사회적 습성으로 보아 위생경찰의 실당(失當)에 대한 전설도 오로지 준신(準信) 하는 바 아니나, 과거 수례(數例)에 의하여는 금번 전설도 오직 침소봉대 혹은 유언비어뿐으로 인정하기에 주저된다 할 것이다. 그러므로 위생경찰 당국자는 특별한 반성과 주의가 있어야 할 것이니 만일 이에 반하여 생명 안위와 보건 여부에 중대 관계가 있는 위생경찰에서도 역시 전통 정책의 간판주의뿐이라 하면 이것은 인도상으로 용인하지 못할 것이다.

---

63) 하는 일 없이 자리만 차지하고 있으면서 녹을 받아먹음을 비유적으로 이르는 말.

주요섭, 「소학생도의 위생교육(1)」, 『동아일보』, 1925년 8월 25일.

머리말

학교라는 것이 다만 어린애들에게 '가갸거겨'와 산술과 지리 역사를 머리에 집어 넣어주는 기관뿐으로 생각하던 시대는 벌써 지나간 지 오래다. 현대에 이르러서는 학교라는 것의 작용에다가 새 문제를 하나 더 첨가하게 되었다. 곧 어린애들의 몸을 보호하고 완전한 발육을 이룰 기회를 공급하는 귀한 작용이다.

'건전한 정신은 건전한 신체 내에 재(在)한다'라는 격언을 다시 반복하지 않더라도 먼저 몸부터 건강하여야 학술이라는 것이 필요하지 죽은 몸에 학술이라는 것이 1푼의 가치도 없는 것은 숨길 수 없는 사실이다. 우리가 일상 경험하는 것으로 미루어보더라도 몸이 깨끗하고 상쾌한 때라야 공부에 열심도 생기고 능률도 생기는 것이지 머리가 아프다거나 몸이 고단하다거나 기타 무엇이고 신체가 깨끗하지 않은 때에는 언제나 공부나 독서할 취미도 안 생기고, 하더라도 능률이 퍽 저락되는 것이다. 이것은 누구나 다 거의 매일 체험하는 바이니, 이의가 없을 것이다. 이것은 곧 자연법칙의 하나이다. 따라서 소학교 교육에서 이 문제가 가장 중대한 위치를 점령하게 된 것이 당연한 일이요, 도리어 너무 늦은 운동이라 안할 수 없다. 더욱이 신체가 허약하기로 유명한 조선사회에서, 가정 위생이 보잘것 없는 조선사회에서 소학 생도의 위생 교육 문제는 다른 나라보다도 더욱 심대한 의의와 필요를 갖게 되는 동시에 더욱 심각한 연구와 응용을 취하지 않으면 안 될 것이다,

이 귀한 관념이 구미의 교육자들에게 인식된 이상 각처에서 급속도로 이에 대한 연구가 생기고 실지 응용이 생긴 것은 근세 교육사에 한 큰 에피소드가 되었다. 교회당 식인 구식 교실이 최신식 이상적 교실로 바뀌고 학교마다 교의(校醫)가 있어 일반 학생의 위생 상황을 부단히 조사하고 있는 것은 지금에 와서는 세계 어디나 공통한 진전이 되어 있다. 따라서 우리는 여기 대한 좀 심각한 관찰과 토의를 해볼 필요가 있다. 그중에도 교사(校舍) 문제 같은 것은 첫째 재정 문제 때문에 우리가 여기서 의논을 한다 해도 다만 지상(紙上) 공론(空論)이 될는지도 모른다. 그러므로 나는 여기서는 아주 좀 더 구체적 활동과 재정을 요할 문제는 할 수 있는 대로 피하고 어디까지든지 우리가 교육자 각 개인이 또는 학부모 각 개인이 조금만 힘을 들이고 유의하면 아주 쉽게 고칠 수 있고 따라서 사회에 큰 공헌을 할 수 있는 사실 몇 가지에 대해서 얼마 동안 시간을 보내볼까 한다. 내가 제목을 '소학교의 위생교육'이라 하지 않고 '소학생도의 …'라 한 이유도 또한 여기에 있는 것이다. 소학교 전체보다도 소학생도 각 개인에 대해서 매일 접촉하는 선생들이 능히 관찰하고 교정(校整)할 수 있는 것 몇 가지를 토론하여서 서로 얻는 바가 있게 되고 따라서 작으나마 교육자의 임(任)으로써 최선의 공헌을 하게 됨이 있을까 하여 이 글을 초(草)하는 것이다. 단 이 논문은 틸맨의 「The

Hygiene of the school child」를 참고로 하여 썼음을 독자에게 아뢰어 둔다.


## 주요섭, 「소학생도의 위생교육(2)」, 『동아일보』, 1925년 8월 30일.

이 의미에서 소학 선생을 천직으로 하는 우리는 교과서의 지식 그것 뿐으로는 선생 될 자격이 없음을 깨달아야 한다. 최초의 교육자들은 각자가 가르칠 바의 특수 지식 그것 뿐을 필요로 하고, 요소로 했다. 그러나 근대에 와서는 교육방법(Education Method) 그것이 교과서의 지식(Knowledge of the specipic[64] subject-matter) 그것과 같은 정도로 필요한 것임을 알았다.

그러던 것이 최근에 와서는 이 두 지식 외에 학생의 육체적 발육에 관한 충분한 지식이 필요한 줄을 깨닫기에 이르렀다. 그러므로 현대의 교육자로서 보다 나은 공헌을 하고 보다 나은 결과를 얻으려 하면 마땅히 교과서의 지식, 교육 방법의 지식 위에다가 이하 열거하는 4개 조의 지식을 병유(并有)치 않으면 불가하다.

가. 생리적 학성숙의 차서(差序)[65]

아동의 신체는 어느 부분을 물론하고 각 부분이 모두(더욱이 신경계통, 근육, 순환, 호흡, 소화기관 등에서) 제 각자의 성숙기에 달하는 순서와 또는 위기가 존재하는 것이다. 교육은 이 순서와 병행하지 않으면 실패할 것이다.

나. 사망률과 병률(病率)의 주요 원인

선생들은 마땅히 어떠어떠한 병이 아동 어떤 시기에 제일 많이 생기고, 어떤 년기(年期)에서 아이들의 병나고 안 나는 시기를 따라서 변하지 않으면 안 된다. 번함 박사가 말한 것 같이 교육은 병 나을 때까지 기다려도 무방하다. "건강부터, 그후에 교육" 이것이 우리 교육자의 표어가 되어야 하겠다. 선생된 자는 마땅히 아동병에 대하여 그 원인, 건강에 미치는 영향, 그 증세, 적당한 간호 방법 등을 잘 배워 넣어야 한다. 우리가 지리, 역사, 습자, 작문 등을 이렇게 가르쳐야 좋으니, 저렇게 가르쳐야 빨리 깨닫느니 하고 싸우고 있는 동안에 그것을 배울 아동은 모르는 새에 폐병이 골수에 들거나 뼈가 말할 수 없이 약해지거나 해서 그동안 공부한 것도 쓸데없이 앞으로 공부할 기회도 잃어버리고 그만 불귀의 객이 되는 수가 드뭇하다.[66] 여기 우리는 눈뜨지 않으면 안 된다.

다. 정신 상태와 육체 상태와의 관계

인류의 신경계통이라는 것은 너무나 복잡하고 또 지(智)·정(情)·의(意) 등과의 절대적

---

64) 원문에는 specipic으로 되어있으나 specific이 맞을 듯함.
65) '생리학적 성숙의 차서'의 오식인 듯.
66) 사이가 촘촘하게 많다.

밀접한 관계가 있는 것이어서 만일 우리의 지식이 좀 더 컸던들 우리는 교육이라는 것은 다만 신경계통에 관계된 무엇으로 정의할 수가 있었을 것이다. 우리가 앞으로 교육의 육체적 근저를 좀 더 자세히 알게 되는 때에는 우리는 바보나 천치에게 쓸데없는 문법을 배워주느라고 애를 쓰지는 않을 것이다. 속담에도 있는 말로 '소귀에 경'은 읽지 않게 될 것이다. 우리는 몸이 허약하거나 뛰어놀기를 즐기지 않는 아동에게서 보통 아동과 같은 보통의 본능, 감정, 재간 및 행동을 찾기로 예기하는 것은 큰 실수이다. 물론 거기에는 차이가 있을 것이다. 정신과 육체는 병행하는 것이다. 육체가 건강한 아이에게서 건전한 정신을 찾고 육체가 허약한 아이에게서 건전치 못한 정신을 찾는 것은 당연한 일이다. 최근의 연구에 의하건대 모든 정신적 불구자는 역시 육체적 불구자(혹은 외면으로 드러나지는 않았더라도)임을 증명한다. 물론 어디든지 예외는 있다. 독자 중 누구나 자기가 아는 어떤 예외의 사실을 가지고 항의한다면 민망한 일이다. 우리는 무슨 일을 생각할 때든지 대다수의 예를 생각하여야 정확한 해답을 얻을 수 있다.


주요섭, 「소학생도의 위생교육(3)」, 『동아일보』, 1925년 8월 31일.

　라. 교육의 자동적 입지

　정신교육은 근육교육과 밀접한 관계가 있는 것이다. 한 종족이나 개인을 막론하고 마음과 근육은 함께 발달된다. 정신상으로 바보인 사람은 모두 또한 동력과 조절에도 바보이다. 이 사실로써 볼 때 우리는 책 줄만 졸졸 따라가는 책 교육보다도 할 수 있는 대로 동작한 교육인 것을 부인할 수가 없다. 교육은 마땅히 선생이 그냥 학생에게 들려줄 것이 아니라 선생은 다만 학생들의 자동적 연구와 탐색을 고취하고 지도하는 임(任)에만 당하여야 한다. 학생이 객관적이어서는 안 된다. 학생이 주관적이 되고 선생은 다만 그 활동을 고취 지도하면 그뿐일 것이다. 따라서 아동들의 활동을 선도(善導)하려 하면 불가불 그 아동들의 활동의 연령적 변화를 잘 알아야 된다. 이 점에서 선생은 아동심리에 정통한 이상 또 아동 생리학에 정통하지 않으면 안 될 것이다.

　건강한 몸이 없이 학식만 가지고 우리가 아무런 이익도 볼 것이 없다. 도리어 해를 본다. 학생 하나가 불건강으로 말미암아 대학 졸업 후 곧 죽는다거나 폐인이 된다면 그는 도리어 공부보다 농사를 해서 사회적 부를 생산하는 동시에 또 저 자신의 몸을 튼튼히 했더니만 못하다. 공부는 장래 활동을 목적하는 것이매 장래 활동에 건전한 체격을 등한시할 수 없다. 에멀슨이 말한 바 "굳건한 심장은 유혹을 방어하는 힘이 있다"한 것은 참으로 진리이다.

　현대의 교육자는 안계를 점 더 넓혀야 하겠다. 읽기와 쓰기와 산술만이 소학 과정이고 또 그것만을 가르치는 것이 교원의 책임으로 아는 옛 사상을 버리고 그보다도 더 근본 문제에 들어가서 아동의 건강 상태를 연구하고 보호하는 것이 교원의 최대 급무인 것을 마음에 깊이 새겨 두어야 할 것이다. 현대에 교육제도에서 수천 년 전 그리스나 로마의 교육 이상을 다시 수입할 필요가 있다.

　二. 발육의 법칙

　만일에 당장 전국적으로 또는 전 세계적으로 매 학령 아동의 건강진단을 실행하여 완전한 발육의 법칙을 발견하고 또 발육이 여러 가지 주위의 사정과 사회적 영향으로 얼마만큼이나 변화가 생기는 것인지를 알아낼 수 있다면 그것처럼 큰 사업은 20세기에는 다시 없을 것이다. 그러나 아직 그런 대규모적 실험은 실행할 시기가 멀었으니 한심한 일이다. 그러나 세계 모든 나라에서 부분적으로, 국부적으로 지금까지 조사한 바만 가지고 우리는 충분히 이 문제를 토론할 수 있을 줄로 안다. 그동안까지에 세계 각처에서 조사한 사실만 보아도 이미 15만 명의 학생(남녀 학생을 물론)을 다루었다. 그러니 그들을 표준으로 하여 일반 아동의 건강 상태를 토론할 수밖에 없다.

**주요섭, 「소학생도의 위생교육(4)」, 『동아일보』, 1925년 9월 1일.**

　그런데 그간 많은 학자들이 발육의 법칙을 연구하는데 아동의 체중과 신장을 계량하는 것으로 유일의 재료를 삼는 실수를 많이 했다. 체중과 신장만으로는 아동의 육체적 발달을 결정하기에는 너무 빈약한 것이요, 또 퍽 의심스러운 일이다. 첫째 육체적 발달은 그렇게 단순하게 취급할 수 없다. 거기에는 복잡한 여러 가지 영향과 원인과 조건이 복재[67]한 것이다. 우리는 아직 여기에 대한 지식이 너무 부족하다. 그러나 우리가 육체의 발달을 논급함에는 적어도 각 기관 발육에 관한 충분한 지식, 출생 시로부터 노쇠기에 이르기까지의 그 특수한 변화들, 발육상 특수한 변태 발육 및 각 연세(年歲)의 육체적 특징의 전부로부터 결과되는 바의 여러 가지 병에 대항하는 대항력의 여하 등에 관한 모든 요소를 참고하지 않을 수 없다. 둘째로 개인의 발육 상태를 다만 발육 평균으로써 계산한 바의 표준표로써 양정(量定)할 수 없는 것이다. 각 개인은 각 개인 자신의 특수한 법칙에 의하여 발육되는 것이다. 어떤 아이 하나가 자기와 같은 민족, 같은 성(性), 동년(同年)인 아이들보다 키가 좀 작고 무게가 좀 가볍다고 그 아이는 곧 발육 불충분한 아이라고 단정할 수는 없는 것이다. 더욱이 우리는 어떤 정도가 곧 표준발육이라고 결정을 할 수도 없는 것이다. 그러나 체중과 신장의 계량으

---

67) 복재(複在), 복합하여 있다는 뜻으로 쓴 것으로 보임.

로 우리는 작으나마 발육의 상태(常態)를 알아내는 한 구실이 될 수는 있을 것이다. 따라서 발육 평균이라는 것은 상이한 연세, 성, 민족, 사회적 환경 등에 처한 다수한 아동을 전체적으로 비교해 공부하는 데는 유용한 표준이 된다. 그러면 이 표준표로 우리가 우리나라 안에서 조사된 바를 발표치 못하는 것을 큰 유감으로 생각한다. 그동안 혹 어떤 소학 교의(校醫)에게서 얻어 보려 했으나 실패하였다. 앞으로라도 만일 우리에게 교육잡지가 생긴다면 유지(有志)한 의사 더욱이 교의들의 조사한 바와 연구한 바가 종종 발표되어 우리 일반 교육자들에게 퍽 도움이 될 줄 믿는다. 그러나 아직은 유감인 것은 유감인대로 지나갈 수밖에 없다. 그래 할 수 없이 여기서는 미국인의 조사한 바로 만족할 수밖에 없다. …… (후략) ……

주요섭, 「소학생도의 위생교육(6)」, 『동아일보』, 1925년 9월 4일.

…… (전략) ……

3. 장성률과 병률

저항하는 힘 조사에 의하건대 장성률이 가장 급속한 시기에서는 사망률은 가장 작음에 반하여 병률은 육체와 정신을 물론하고 이때 제일 흔한 것이다. 특히 여자에게서 더 정확하다.

4. 남자와 여자의 조사표를 비교해보면 거기에 중요한 성(性)적 차이가 있다. 여자들은 유(柔) 성년기의 최소한도의 장성률이 남자보다 1년 혹은 2년 일찍이고, 또 성년기의 최대한도의 장성률은 남자보다 3년 일찍 오게 된다. …… (중략) ……

5. 육체적 발육과 정신적 발육과의 관계라는 것은 토론을 요하는 문제이다. …… (중략) …… 이 여러 실험으로써 얻은 바 결과로써 우리는 "육체적 우월은 정신적 우월을 동반한다" 하는 결론을 내릴 수가 있다. 따라서 이 결론은 교육계에서 가장 요긴한 한 법칙이 된다.

주요섭, 「소학생도의 위생교육(7)」, 『동아일보』, 1925년 9월 5일.

6. 발정기(發情期)의 지체(遲滯)와 최종 신대(身大)와의 관계

아동의 발정기가 지체되는 때에는 성년기의 장성률이 간략해지고 따라서 그 개인의 최종 신대를 통상준(通常準)에서 저하되게 만드는 일이 있다. 만일 한 아동의 발정기가 지체되면 발정기를 지난 후에 성년에 이르기까지 그 기간에 성장은 퍽 급속하게 되는 까닭에 그 사이에서 얻어야 할 바의 충분한 발육을 얻지 못하므로 마지막에는 남보다 왜소한 사람이 되는 것이다. 그러므로 우리는 늘 미성년기에서 성년기로 향하는 그 중간의 발육에 아무런 인공적 제지나 방애(防碍)가 없도록 노력하지 않으면 안 될 것이다.

三. 발육을 좌우하는 요소

발육을 좌우하는 요소를 두 가지 대지(大旨)로 나눌 수 있으니 1은 내적 혹은 유전적이니 종족 혹은 민족의 유전, 부모로부터의 유전, 성(性)의 차이 등 포함한 것이요, 2는 외적 요소이니 영양불량, 만성 혹은 급성의 질병, 거처의 부적(不適), 도회 생활, 과로, 운동 부족, 온도, 계절의 변화, 공기, 자궁 안에서 받는 여러 가지 영양 등을 포함한 것이다.

1. 내적 요소

　가. 종족적 유전

　…… (후략) ……


주요섭, 「소학생도의 위생교육(8)」, 『동아일보』, 1925년 9월 6일.

　나. 가족유전

　…… (중략) ……

　다. 위생과 우생학과의 관계

우리는 언제나 위생과 우생을 구별할 필요가 있다. 우생으로 해야 개량할 수 있는 것은 위생만 가지고는 어찌할 수 없는 것이다. 근본적으로 유전에 개량 그것을 도모하지 않으면 안 될 것이다. 가령 정신병자나 천치 같은 것으로 보면 그냥 위생만 가지고는 혹 어떤 정도까지 제어할 수는 있으나 근치(根治)하기는 도저히 불가능한 일이다. 고로 이런 경우에는 그 환자들로 결혼하는 것을 금하거나 방사(房事)를 금하거나 해서 다시는 그들의 자손의 퍼지지 못하게 하는 것 외에 별 도리가 없는 것이다. 더욱이 폐결핵, ■, 동맥 경결증(硬結症) 등은 우리가 보통 생각하는 것보다는 확실히 더 많이 유전에 기인되는 것이고, 더욱이 화류병에서는 그 유전의 세력이 얼마만큼 큰 것인 것을 우리가 다 잘 아는 바이다. 육체적 질병만 그럴 뿐만 아니라 총명과 인격 등에서도 웬만큼의 유전이 있는 것은 부인할 수 없는 것이다.

그러므로 우리는 위생과 우생의 협력을 통절히 느낀다. 우생과 위생이 협조하지 않으면 병적 현상을 제어하기 불가능한 것이 분명하다.


2. 외적 요소

가. 경제적 및 사회적 상태

부적당한 경제적 및 사회적 환경은 아동의 발육을 영향하는 바의 가장 중요한 요소가 될 것이다. 부적당한 음식과 의복, 군집생활, 공기 유통의 부족, 과로, 부모 보호의 결핍, 수면의 부족, 운동부족, 조악한 습관 등이야말로 아동 발육에 큰 방애가 될 것이다. 아직 이 여러 상태를 일일이 구별하여 그 각개가 개인의 발육에 영향을 끼치는 바를 연구 조사해본 것은 없다. …… (후략) ……


주요섭, 「소학생도의 위생교육(9)」, 『동아일보』, 1925년 9월 7일.

…… (전략) ……

나. 환경의 분해

그런데 아직 한 가지 유감인 것은 우리는 아직 사회 환경 갖가지를 따로따로 떼어 가지고 좋지 못한 음식은 아동 발육의 몇 부분을 방애하고, 부적당한 거처는 또 얼마만큼이나 영향을 끼치는지 그것을 세세히 연구하지 못한 것이다. …… (중략) ……

그러나 한 가지 확실한 사실은 곧 도시 생활과 시골 생활에는 현저한 차이가 있다는 활(活) 사실이다. 힐쯔씨와 호쉬어라스트씨의 보고로 보면, 확실히 시골 아이들은 성내 아이들보다 키, 무게, 가슴둘레, 힘, 기타 무엇으로나 우월하다.


주요섭, 「소학생도의 위생교육(10)」, 『동아일보』, 1925년 9월 8일.

다. 영양

이상 여러 가지 요소 중에 음식 특히 음식의 질과 양, 이것이 그중 중대한 요소가 되리라고 믿어도 과히 오신(誤信)이 아니라고 생각한다. 적당한 영양은 곧 건강(健强) 스런 발육의 근본이고, 영양의 불량은 곧 폐병과 기타 여러 가지 질병의 근원이 된다. 세계적으로 소학생들은 대개 영양 불량상태에 있다. 더욱이 우리나라에서 그러할 것이다. 그동안 미국 각 주에서 실험해 본 바로 보면, 야외 학교에서 공부하는 학생들은 현저하게 발육의 선조(善調)를 보였다. 이것은 아마도 학생들의 영양불량이 음식량의 부족으로 된 것보다 창문이 부족한 교실 안에서 가만히 앉아 있어서 공기의 부족, 활동의 부족 등으로 그 영양물을 이용하지 못하는 까닭인 듯하다. 사방에 창문이 있는 서양 교실에서도 이러하거든 황차 우리나라 구식 서당에야 오죽하였으랴? 생각만 해도 지긋지긋한 일이다.

또 한 가지 주의해야 할 것은 여러 가지 조사와 연구한 바에 의한즉 연소할 때에 된 영양불량은 성장기 전체에 오래 오래 두고 영향을 끼치는 사실이 있는 것이다. 한 소년이 완전한 성년이 될까 못될까 하는 것은 대개 학교 입학하기 전(前) 연령시대에 웬만큼 결정이 되는 것이다. …… (중략) ……

마지막 한 가지 더 생각할 것은 영양 불량 같은 것은 부적당한 음식이나 기타 상태가 퍽 오랫동안 계속된 경우가 아니면 그렇게 큰 영향을 끼치지 못하는 사실이다. …… (중략) ……

라. 선(腺)의 영향

적당한 발육은 선의 작용으로부터 영향되는 바가 많은 중 특히 갑상선(Thyroid)에서 그러하다. 나면서부터 이 갑상선이 없거나 병든 사람은 크레틴[68]이란 일종의 정신병자인 동시에 신체까지 왜소해지는 병을 가지게 된다. 만일 일찍부터 치료하면 혹 그 병을 고칠 수 있다. 그것은 양(羊)의 선(腺)으로 만든 인공적 갑상선을 장복(長服)함으로 되는 것이다. 만일 갑상선이 너무 많이 분비될 때에는 이것은 또 도리어 몸에 해를 끼치는 일이 있다. 고로 갑상선은 꼭 있어야 할 것인데 꼭 알맞게 있어야 되는 것이다.

마. 성장의 박절(拍節)

음악에 박절이 있는 모양으로 성장 혹은 발육에도 때를 따라 변하는 박절이 있다. 몰랑씨와 핸센씨는 2년 동안이나 계속하여 70명의 아동을 매일 검사해 본 결과 퍽 귀중한 사실을 발견하였다. 신장에서는 그 최고 성장률이 3월에서 8월 중순에까지 미치고, 그 최저 성장률은 8월로부터 11월 중순까지에 미친다. 체중에서는 신장과는 아주 정반대로 최고가 8월로부터 11월까지요, 최저가 4월 하순부터 7월 하순까지인 것이다. 이 실험은 코펜하겐에서 한 것이니 대개 북(北) 온대 지대에 적용이 될 것이다. …… (중략) …… 따라서 교육의 임에 당한 자로 마음에 새겨두지 않을 수 없을 것이다.

그중에서 더욱이 신기한 것은 키가 빨리 자라는 그 기간에는 아동들이 모두 빨리 피곤하기 쉽고 정신이 흐릿해 있음에 반하여 무게가 빨리 증가되는 그 기간에는 아동들의 주의력이 강해지는 현상이다.


**주요섭, 「소학생도의 위생교육(11)」, 『동아일보』, 1925년 9월 9일.**

바. 학교 생활의 영향

학교생활이 아동의 성장 특히 신장과 체중을 영향하는가 않는가 하는 문제는 퍽 오래 전부터 토론되어 왔다. 요새 조사한 사실로 보건대 학교 생활은 확실히 아동 발육에 큰 장애가 된다. 더욱이 소학 1년급 학생이 크게 그 발육의 방애를 받는 것으로 보면 가정생활로부터

---

[68] 크레틴병(cretinism: 선천성 갑상선 기능 저하증). 증상은, 신체의 발육이 현저하게 늦어져 성인이 되어도 유아의 체격 정도밖에 되지 않으며, 정신지능의 발달도 늦어 백치 또는 저능이 된다. 생식기의 발육도 매우 나쁘다. 기초대사가 저하하여 피부가 건조하고 점액성 부종의 상태가 된다. 탈모상태가 되고 성인이 되어도 음모나 액모가 나지 않는다.

학교생활로 옮겨서는 거기에 많은 부조리와 부조화가 있는 것이 분명하다.

우리는 할 수 있는 데까지 학교생활을 가정생활과 같게 만들어야 하겠으며 위생에서는 학교가 가정보다 훨씬 더 깨끗한 곳이 되도록 힘쓰지 않으면 불가하다. 학교를 건강(健强) 조장(助長)의 최선(最善)한 장소를 만듦에는 옥외(屋外) 교수를 그 이상으로 한다. 그러므로 할 수 있는 범위에서는 늘 옥외나 또는 가까운 야외로 학생들을 인도하기를 게을리하지 말아야 할 것이다. 선생이 학생에게 '가갸거겨'를 가르쳐 주는 것이 그의 책임인 것과 같이 이것도 그의 피할 수 없는 책임인 것을 기억해야 하겠다.

위생 검사, 옥외 교수 교수시간에 단축(소학교나 보통학교에서는 30분간을 1과목시로 하고 매 과목시간 사이에는 10분의 휴식 시간을 두는 것이 합당함) 학교에서 식사 공급(적어도 점심만은) 등이 학교를 경영하는 자로서 마땅히 실현하기에 부절(不絕)히 노력하여야 할 문제인 동시에 각 교사된 자 불가불 마음에 항상 기억해두어야 할 일이다.


주요섭, 「소학생도의 위생교육(12)」, 『동아일보』, 1925년 9월 10일.

사. 산전(産前)의 영향[69]이 산후 성장에 얼마 만한 영향을 끼치는지 딱히는 알 수 없는 일이다. 드러난 사실로 보건대 과로나 먹는 것이 부족된 산모로부터 나온 아이는 대개 몸이 조금 약하고 또 산후 수개월 동안에 사망할 가능성이 더 많아지는 것이다. 그러나 만일 그 위험기를 무사히 건너기만 하면 그 아이는 다른 보통 아이와 같이 적당하게 성장 발육하게 되는 것이다. …… (중략) ……

술을 먹는 부모를 가진 자손은 부모가 술을 먹기 때문에 가산을 낭비함으로써 음식을 제대로 못 얻어먹고, 의복을 못 얻어 입으며, 교육도 얻지 못하는 비경(悲境)에 빠지는 것은 다시 말할 것도 없고 부모가 술을 먹으므로 말미암아 그 자손이 자궁 몸에서부터 저주를 받은 몸이 되어 출생하여 사람구실할 기회를 잃어버리는 참담하고 두려운 사실이 있는 것을 우리는 잊어서는 안 될 것이다. (미완)


「위생과 전염병, 내지인(內地人)과 조선인의 차(差)」, 『매일신보』, 1925년 12월 20일.

금년은 여러 가지 사정으로 예년보다 여러 가지 전염병이 많이 발생하였고, 그 전염병 중에도 더욱 이질이나 티푸스 같은 것이 많이 발생하였는데, 이 두 가지 전염병은 다른 전염병

---

69) 영양의 오식인 듯.

보다도 달라서 위생시설의 불완전으로부터 생기는 것인 때문에 문명한 민족에게 보다도 미개한 민족에게 많이 발생하는 것인데, 이제 경성부를 두고 보면 위생 사상이 아직 완전히 보급이 못 되고 위생시설이 불완전한 조선인보다도 모든 것이 완전하다고 할 수 있는 일본인에서 병자가 더 많이 발생하여 작년까지 통계를 보면 병자 열 사람 중에 조선사람은 불과 2~3명밖에 안 되고, 전부가 일본인이므로 이에 대하여 일부 전문가 측에서는 이에 대하여는 한 의문이 되어 여러 가지로 연구를 한 결과 혹은 말하기를 조선인은 장구한 시일을 이 토지에서 불위생적으로 살아온 결과 전염병에 대한 저항력이 생겼다고 하고, 혹은 조선사람은 병이 나도 약을 잘 먹지 않고 더구나 이질 같은 것은 병으로 알지 않는 까닭에 전염병 통계를 취급하는 당국자가 알지 못하여 그런 것이라 하여 의논이 분분하여 왔는데, 금년은 특히 수재로 인해 병자도 많이 발생하였을 뿐 아니라 경찰의 검병 조사도 전보다 철저한 관계상 병자 10명 중 오륙 명이 조선인인 것을 보면 과연 조선사람 발병자가 많은 것이 사실이나 당국 측에서는 너무나 조선 촌을 등한시하여 위생시설도 불완전하고 검병 조사도 불철저하게 하여 이와 같은 현상을 나타내게 된 것이라고 한다.

## 「경성부의 위생 시설책」, 『동아일보』, 1925년 12월 21일.

1.

조선을 다스리는 일본인이 조선인을 위하여 시설을 하는 것이 아니라 일본인을 위하는 일본인 본위의 행사(行使)로 철저하다는 것은 이미 우리가 듣기 싫을 만치, 보기에도 염증을 느낄 만치 그 실례를 지적하고 논평을 가하였다. 그러므로 일본인과 조선인의 차별대우에 대하여는 다소 양심이 있는 인간으로는 이것을 반성할 정도야 충분할 줄로 믿는다. 그러나 구두로는 일본인이나 조선인의 구별을 아니 한다는 말을 공연히 발한다. 우리는 그 정책이 근본 문제에 관련되는 터이니 이 이상 더 추구하여 더 논리를 전개시킬 자유도 없으려니와 더하려고도 하지 않는다. 그러나 정책문제와 개인의 도덕 문제가 동일하지 않는 것도 그다지 전연히 무시하지 않지마는 아무리 정책과 개인의 도덕 사이에 구별이 있고, 거리가 있다고는 할지라도 그에는 정도가 있을 줄 믿는다.

2.

경성부에 생활을 가지는 사람의 수가 33만 중 조선인은 24만 내외요, 일본인은 8만 내외에 불과하다. 그 비례로 보아서 조선인은 일본인의 3배에 달한다. 그러나 경성부라고 하는 부민의 생활을 요리하는 사람들은 일본인이 주장(主掌)하는 관계상 구두로는 일본인이나 조선인의 차별이 없다는 것을 말하면서 실상에 있어서는 생명에 관계되는 위생시설에만 볼지라도 "남부(일본인촌)에만 청결을 잘하고 위생시설이 충분하다 할지라도 북부 시가의 위생 설비가 불충분하여 하수구에서 구더기가 발생하는 모양으로는 소용이 없다는 결론이 되므로 그와 같이 북부의 위생시설에 힘을 쓰게 되었다"는 논법이 경성부의 행정방침이다. 우리는 아무리 정치 도덕과 개인 도덕이 동일하지 못하다고 하여서 이와 같은 행정방침을 실행하는 자의 구설(口舌)에서 나오는 것은 우리의 관념계(觀念界)에 있는 인간의 양심으로는 알기 어려운 일이다. 경성부의 주장자들의 관념계에 있는 인간의 양심이라는 것은 어떠한 것인지 알 수 없으나 우리가 가지는 양심이 있는 사람으로는 공연히 당연한 면목(面目)으로 이것을 말하지 못할 줄 믿는다.

3.

동일한 구역 내의 시가지에서 동일한 세율로 배당된 세금으로 생활체를 원활히 운용한다고 하여 3배에 달하는 조선인의 구역은 불고(不顧)에 부(附)하고 일본인 생활지역의 시설에만 주력하다가 학·박사가 머리를 썩여서 연구한 결과 동 구역 내의 다수한 조선인 생활의 시설에 등한히 한 결과인 줄을 발견하고 비로소 그에 착수한 것이 경성부의 행정방침이다. 만일 아무리 경성 부민 중의 7할인 부민이라고 할지라도, 그것이 일본인의 생명에 하등의 관련되는 사실만 없고 그대로 전멸하는 사실이 있다 할지라도 조선인인 까닭으로 그는 그대로 포기하는 것이 경성부의 방침인 듯하다. 이러한 경성부 이원(吏員)들도 경성 부민이라는 명목 하에 평등한 세율에 해당된 금전을 조선인도 내는 의무가 있다. 경성부의 방침을 운위(云謂)하는 것이 잘못일는지는 안 수 없다. 그러나 우리는 목석이 아니요, 인간이므로 이런 실물에 접촉하면 아니 내어야 할 분기(憤氣)를 내게 된다.

# 3. 잡지

「건강은 깨끗한 데서 생기오」, 『동명』 제4호, 1922년 9월.

소독이라 하면 일반사회에서는 승홍수(昇汞水)[70]로 손을 닦거나 뒷간에 석회를 뿌리거나 하는 데 지나지 못하는 줄 생각하지만, 그 실은 가정에서 주의하지 않으면 안 될 전염병의 병균만 하여도 여러 가지가 있으니 그까짓 소독법으로는 도저히 안심할 수가 없습니다. 완전한 소독을 하자면 적지 않은 조건과 수월치 않은 주의가 필요합니다.

소독에 대하여 제일 먼저 생각할 바는 병균의 저항력과 병균이 있는 처소-곧 소독할 자리와 소독법, 소독할 물품과 고독으로 말미암은 손해, 이런 것에 대하여 상당한 지식이 없으면 안심할 만한 소독은 도저히 하여볼 가망도 못 낼 것입니다.

◆병균의 저항력◆

병균이 외계에 영향을 주는 저항력은 그 종류를 따라서 다르고 또 같은 거라도 그 상태를 따라서 강약이 있습니다. 가령 괴질 균은 산류(酸類)에 약하고, 임질의 균은 열에 약하고, 폐병의 균은 건조함에 강함과 같은 것입니다.

사람에게는 볕 쪼이는 것(日光浴)이 건강에 매우 좋은 것이나, 병균에게는 큰 질색입니다. 그러므로 금침이나 의복을 볕에 내 쪼임이 소독의 한 방법입니다. 그 반대로 사람은 추위(寒氣) 때문에 감기도 들거니와 심하면 생명을 뺏기는 때가 적지 않은데, 병균은 추위에 못 이겨서 죽는 일은 결코 없고, 섭씨 80도 이상의 뜨거움에는 대개 죽어버리나이다.

◆병균의 있는 곳◆

병균의 대개는 병인의 똥, 오줌, 침, 땀 속에 섞여서 나오는 것입니다. 이제 그 병균이 파묻힌 것을 대별하여 그 병균으로 말미암아 나는 병명을 대조하면 다음과 같습니다.

▲병균을 지니고 있는 것

(1) 사람 몸의 겉껍질, 때, 땀

발반[71]되는 병, 가령 홍역, 양독,[72] 마마, 문둥병, 당창[73]

(2) 피

당창, 티푸스(염병), 탄저병, 이밖에 패혈(敗血) 섞이는 병

---

70) 승홍수(昇汞水): 염화 제이수은을 1,000~5,000배의 물에 푼 수용액.

71) 發斑(천연두나 홍역 등을 앓을 때, 피부에 좁쌀만 한 것이 발긋발긋하게 돋는 일)을 가리키는 듯함.

72) 양독(陽毒): 양증으로, 열이 심하여 피부에 붉은 반점이 생기는 증.

73) 唐瘡(성병의 하나)을 지칭하는 듯함.

(3)고름

　흑사병(페스트), 당창, 종기, 배꼽 헐이

(4)오줌

　티푸스, 파라티푸스, 오줌통 곪는 병

(5)똥오줌

　티푸스, 파라티푸스, 피똥, 어수병(魚獸病), 중독 병, 괴질

(6)가래침

　흑사병, 폐병, 돌림감기, 상한,[74] 백일해(百日咳), 양독, 디프테리아(馬脾風)

(7)콧물, 침

　디프테리아, 문둥병, 개 미친병[75], 백일해, 돌림감기

　이와 같은 병균이 숨어 있을 염려가 있거든 직접이나 간접이나 아이게[76] 접촉하지 않아야만 하겠으나 그 실은 우리들의 신체, 의복, 세간, 변소들은 모두 병균의 굴혈입니다. 더군다나 똥오줌과 가래침은 특별히 조심하여야 됩니다.

　◆소독 방법◆

　소독 방법을 대별하면, 물리적과 화학적의 두 방면이 있는데, 물리적 소독법의 대부분은 열기(증기와 열탕)이요, 화학적 소독은 소독약을 사용함이올시다.

　이 방법 중 어떤 것을 하여야만 좋을까는 그 소독할 물품과 병균의 성질을 따라서 〈16쪽〉 깊이 생각하여 적당한 것을 하여야만 되겠습니다.

　소독물의 품질을 손상케 하지 않으며 실행이 신속하여 경제도 될 뿐만 아니라 효과가 빠른 것을 가장 합리적이라 할 것이니 다음에 가정에서 필요하고 또 실행하기 쉬운 소독 방법을 두서너 가지 말하고자 합니다.

　◇손의 소독

　우리들의 손은 참으로 신통히도 편리하게 되어서 일생 생활의 범백사는 대개 이 손의 덕택이 많습니다.

　한편 더러운 것을 처치하는 손은 또 한편 먹을 것을 만지지 않으면 안 되게 됩니다. 곤하게 잘 때를 빼놓고는 심신이 휴식할 동안에도 손만은 무엇을 하여야만 되게 그렇게 필요하고 따라서 바쁩니다. 더군다나 요새는 악수가 대유행이기 때문에 한층 더 바쁘게 되었습니다. 하기 때문에 손이야말로 가장 병균을 전파시키기 쉬운 곳이올시다. 더군다나 손바닥에

---

74) 傷寒(밖으로부터 오는 한, 열, 습, 조 따위의 사기로 인하여 생기는 병을 통틀어 이르는 말)을 가리키는 듯함.

75) 광견병을 지칭하는 듯함.

76) 원문대로 임.

는 늘 얼마쯤 기름기가 있고, 또 손등에도 늘 먼지가 앉습니다. 이런 손을 소독함에는 첫째 기름을 녹이고 또 털구멍까지 빨리 스밀 것, 그다음은 고약한 냄새와 불쾌한 생각을 일으키지 않을 약품을 고를 것입니다. 알코올, 리소포름, 크레솔 비누가 그것이올시다.

(1)알코올은 물기 없는 전국보다 50%나 70%가량 되는 것이 가장 소독력이 강하여 병균은 10분 혹은 1시간 안에 죽습니다만, 손을 소독함에는 산 또는 칼륨 비누를 같이 쓰면 쓰기도 좋거니와 소독력도 더 강해집니다. 산으로는 수산(蓚酸) 또는 살리칠산이 냄새도 안 나고 살균력도 세어서 가장 적당합니다. 그 산의 분량은 ?5로 내지 %77)가량이 좋고 산을 탈 때는 알코올을 20%까지 묽게 하여도 괜찮습니다.

(2)리소포름은 포르말린과 비누로 만든 것인데, 보통 상점에서 파는 것은 향료를 넣어서 포르말린의 냄새를 없애려 하나 끓는 물에 녹이면 별로 냄새가 안 날 뿐 아니라 그 결점인 점막이 자극성과 피부를 찔끔찔끔하게 하는 것도 대단치 않게 되는데, 50%가량 진하게 함이 가장 적당합니다.

(3)크레솔 비누를 써도 대개는 관계없으나 그 냄새를 꺼리는 사람이 적지 않습니다. 그것도 50%가량 긴하면 좋습니다.

이런 소독약은 대개가 가정에서 적당한 그릇에 넣어 편의한 처소에 잘 두시면 좋습니다.

◇의복의 소독

의복은 볕에 쪼이면 일부분은 소독이 됩니다만 그것으로는 완전하다 할 수 없습니다. 솥에 넣고 삶거나 찌거나 하는 것이 가장 완전하나 비단이나 명주 같은 것은 그럴 수가 없으니까 포름알데히드 가스 소독법을 쓰는 것이 좋습니다. 그 방법은 될 수 있는 대로 방문을 꼭 닫고 조그마한 방안에다가 의복을 매달아 놓고 조그마한 통에다가 100그램의 가망간산 칼륨을 그만한 물에 녹여서 또 그만한 분량 되는 포르말린을 넣어 7시간 이상을 내버려 둡니다. 그러면 처음에는 포르말린의 냄새가 좀 의복에 배이나 바람에 쏘이면 자연히 없어집니다. 급한 때는 암모니아 가스 속에 쏘이면 곧 냄새가 빠집니다. 얼마 안 되는 무명 같은 것은 리솔의 물로 빨면 경편78)하고 속합니다.

◇음식물과 식기류의 소독

음식물은 그 내부에 병균이 숨어 있는 것보다 그 주위에 붙어 있는 때가 많습니다. 아무렇든지 보통 음식물은 그것을 만들 때 삶거나 찌거나 굽거나 볶거나 하기 때문에 대개는 충분히 소독되어 있습니다. 요리는 맛있게 만드는 동시에 분명히 한 소독법입니다. 하지만 그렇다고 그저 오랫동안 굽거나 볶거나 하여서 도리어 맛도 없애고 영양도 적게 만드는 사람이 있으나 100도의 열이면 대개는 눈 깜짝할 새에 죽어버리니까 뭐 그리 오래 끓일 필요는 없습

---

77) '5 내지 ?%'의 오기로 보임.
78) 경편(輕便: 쓰거나 다루기에 가볍고 편함).

니다. 음식물은 먹게 된 후에 흔히 병균이 생깁니다. 가령 요리 인의 손이 더럽다든가 기물이 불결하다든가 파리가 엉긴다든가 하여서 병균이 생기는 것이니 특별히 조심을 하여야 합니다. 기물을 소독하자면 솥에다 넣고 끓이면 아주 손쉽게 됩니다.

◇뒷간의 소독

일반으로 대소변 속에는 수없이 많은 병균이 서로 싸우는 까닭에 자연 썩어서 저항력이 약한 것은 저절로 죽어버리는 것입니다. 무슨 병균이든지 한 달 안에 모두 죽어 없어진다고 하는데 그 작용은 겨울보다 여름 동안이 더 왕성하다 합니다.

뒷간에는 보통 쓰는 소독약을 집어넣을지라도 똥, 오줌 때문에 그 효력이 잘 안 납니다. 그런데다가 전염병이 발생되면 위생관리가 겨우 석탄산수(石炭酸水)나 석회를 여간 뿌리는 것 가지고는 결코 완전할 수가 없습니다. 만일 그까짓 정도의 소독법을 가지고서 완전하다고 안심하다가는 큰일 납니다. 뒷간 안의 소독시설은 각각 상비하거나 사회적으로 시설하여 더러운 것을 처치할 합리적 방법에 따르지 않고는 도저히 완전할 수가 없으나 오늘날 우리나라의 실정을 살피면 참말 걱정입니다.

지금 경성 안에서 어느 골목에서든지 똥을 안 보지 못하며 아직도 들창 너머로 오줌을 버리거나 마루 끝에서 함부로(비 오는 날, 혹 밤) 오줌을 내갈기니 어찌하자는 일입니까. 하나 그것을 가정적으로 볼진대 먼저 뒷간에 꼬이는 파리를 절대로 없애야만 하겠습니다. 남들은 우리 서울을 '파리의 도성' 혹은 '포플러의 도성'이라고 별명을 지었습니다. 포플러는 나무 중에 천한 것이나 그래도 그것은 있어서 괜찮지만, 이 파리란 놈은 그대로 두었다가는 많은 사람이 원통한 죽음을 할 터이니 오늘부터 우리들이 보는 대로 없애기를 주의합시다. 그것이 못 보겠거든 그 놈으로 하여금 변소에나 못 드나들게 합시다. 그 약은 소독약이면 대개 싫어하나 편뇌유(片腦油)[79]를 그중 싫어합니다.

◇이사할 때 소독

이사해 와서 먼저 살던 사람의 병에 감염되는 일은 흔하게 봅니다. 더군다나 티푸스(염병), 결핵병(폐병)에는 그런 수가 꽤 많다 합니다. 이런 일을 직업 삼아 전문으로 맡아보는 회사가 되었으면 좋겠지만 경편히 하자면 의복과 매한가지로 포름알데히드 가스 소독이 그중 편리합니다. 이 방법은 꼭 닿기 가장 좋은 우리나라 가옥으로는 제일 좋은 법입니다. 그때 방바닥, 문에 손잡이, 부엌 같은 데를 비롯하여 사람의 손이 많이 닿는 곳을 5%의 크레솔 비눗물로 잘 닦을 것입니다. 가난하여 도배는 새로 못할망정 이것이야 알기만 하면 곧 하겠지요.

---

79) 편뇌유: 장뇌유를 정류하여 얻는 무색의 휘발성 기름.

◇물의 소독

설비가 충분한 수돗물은 완전하다 할 수 있으나 그 물에도 병균이 있기는 있습니다. 그런데 어떻게 우물물을 끓이지도 않고 먹겠습니까. 가정에서 쓰는 허드렛물(用水)일망정 조금 소독할 필요가 있습니다. 크롤 석회(漂白粉)의 조금(1만분의 1)을 물에 타서 한 시간쯤 지나서 쓰면 가장 좋습니다. 물에서 고약한 냄새가 좀 나더라도 쓰기에는 괜찮습니다. 우물물도 이렇게 소독을 하면 안심할 수 있습니다.

◇가래침의 소독

가래침(痰)이나 침 속에 숨어 있어서 소독하기 가장 어려운 것은 폐병의 균이올시다. 이 균은 가래침 속에 파묻혀서 5, 6개월 이상이라도 산다고 하며, 또 그 상태에 있는 것을 죽이자면 15분간의 열기, 물기 없는 알코올, 살리칠산의 물, 5%의 석탄산수, 32%의 초산을 20시간이나 작용시키지 않으면 안 됩니다. 500배 내지 천 배의 승홍수로는 20시간을 작용시켜도 살균시킬 수가 없습니다. 그 소독에는 10% 크레솔 비눗물이 가장 유명한데 이것이면 20시간이면 소독이 완전히 된다는 실험이 있습니다. 실제용으로는 10%의 크레솔 비눗물을 넣은 타구[80]를 준비해 두고 거기다 침을 뱉으면 훌륭합니다.

이상은 가정에서 반드시 알아두어야만 할 소독법의 대략을 말함이나 그것만으로는 도저히 완전하다 할 수가 없습니다. 남의 나라에서는 소독만을 영리로 경영하는 회사도 있고, 또 그것을 공익을 위하여 자선사업으로 하는 단체도 있어서 이 인간으로 하여금 살기 좋은 곳을 만들어가지만, 우리에게는 그것도 없습니다. 여간 경찰서에 있는 그까짓 것을 믿고서는 30만이나 살아가는 서울을 어떻게 깨끗하게 할 수 있습니다. 이 모양으로 살아가다가는 언제 어느 곳에서 달려들지 알 수 없는 병마에게 숱한 생명을 애매히 뺏길 터이니 먼저 각각 내 집구석들이나 좀 깨끗하게 하고 살아갑시다. 똥통 마차와 썩은 세 구루마가 어느 시대나 되면 장안 대로상을 안 돌아다니게 됩니까. 그러지 않아도 입이 잔뜩 막힌 우리인데, 코도 막혀버리고 이제는 눈까지 감고야만 다니게 되었으니 갑갑합니다. 나는 동경 어느 상점에서 그 집 안에다가 향수 뿌리는 것을 목격해 보았습니다. 우리는 가난하니까 그럴 수는 없지만, 될 수 있으면 몸에다가 뿌리고 다니면 그것이 시체[81] 하이칼라가 아니라 도리어 공덕(公德)의 하나가 될까 생각합니다.

아무리 찌그러지고 무너져가는 오두막 살림일망정 좀 손만 대면 깨끗하고 조촐하게 못 할 바 아닐 줄 압니다. 길에 나서면 코를 잔뜩 틀어막고 눈까지 딱 감아야만 다니겠고, 집 안이라고 들어오면 모두 구중중[82]하고 퀴퀴하여 견딜 수 없으니 어찌나 하올는지요!?〈17쪽〉.

---

80) 唾具(가래나 침을 뱉는 그릇).

81) 時體('그 시대의 새로운 지식을 받은'이나 '그 시대의 유행이나 풍습을 따르는'의 뜻으로 쓰이는 말).

82) 1. 지저분하고 더럽다, 2. 모양새가 깔끔하지 않고 추레하다.

엄형섭(강원도 횡성군수), 「내지(內地)의 발달된 원인의 고찰」, 『조선문 조선』 64호, 1923년 1월.

제4. 위생기관의 완비와 국민의 건강 상태

속담에 말하되, '건전한 국민에게는 건전한 두뇌가 있느니라'한 것은, 실로 감미(感味)할만한 명언(銘言)이다. 위생은 인생의 위대한 주의를 요할 것임을 느끼고, 일본에서는 도처에 충분히 설비되어 치료상에 편의를 줌은 물론이요, 일상생활에 대하여 위생적 시설을 가한 점이 많도다. 즉 (1) 공중위생의 설비가 충분한 것(수도, 공동욕장, 공동변소 등), (2) 주택을 청결히 정돈하여 육체 또는 정신상에 위안을 주는 것, (3) 입욕을 실행하여 종일의 피로를 감쇄케 하며 또 신체를 청결히 유지하는 것, (4) 공원, 운동장, 연극장, 오락장 등의 설비가 있어 혹은 신선한 공기를 흡수하며 어떤 때에는 울도(鬱淘)한 심회를 창서(暢敍)하고 어떤 때에는 청아 기절(淸雅奇絕)한 음악을 들으며, 어떤 때에는 산책을 시(試)하여 풍경의 미(美)를 탐(耽)하는 등, 일상의 생활을 취미적과 오락적으로 실행하여 이로 인하여 신체와 정신에 위안을 주어서 미연에 병에 걸리는 자를 감소케 하는 듯하다.

특히 아동의 영양 상태를 보건대, 그 신체의 건전함과 정신의 영리함은 실로 호애■(好愛■)할만하니 그 양육상에 대한 주의를 들으면, (1) 식료의 주의, (2) 운동의 장려, (3) 사상을 선도하며 위안을 주는 등이라 한다. 우리 조선인 가정의 아동 양육 상황을 사고하건대 실로 개선할만한 점이 많음을 느끼겠도다〈150쪽〉.


한준석(홍원군 주익면장), 「위생에 주의하라」, 『조선문 조선』 70호, 1923년 7월.

이 성하(盛夏)의 때에 즈음하여 특별히 주의에 주의를 더할 것은 즉 위생 두 자이라. 원래 여름철은 우리의 불안한 시절이 되는 동시에 만약 장마철이면 더욱 우리가 공포할 시절이니, 왜 그런가 하면 악역(惡疫)이란 원래 이들 절후(節候)를 기다려 발생되는 것이니, 이들 생각지 못한 재환(災患)을 미연에 예방하는 유일의 비결은 다른 데 있음이 아니요, 오직 위생이란 그것에 단재(亶在)함이라. 우리가 위생 문제에 대하여는 항상 그 시기를 따라 각종으로 주의를 환기케 하는 바이거니와 이제도 이 문제에 대하여 우리가 주의할만한 한둘의 점을 들면,

1. 거실 내외는 매일 소제 청결에 불태(不怠)하며, 침구 기타 집물(什物)은 충분히 햇빛에 포쇄할 것
2. 폭음 폭식을 삼가며, 간식 또는 야반(野飯)은 절대로 금지할 것
3. 어류, 육류 및 야채류의 생식을 될수록 피하고, 미숙한 과물은 아무쪼록 먹지 말 것

4. 음료수를 선택하되, 아무쪼록 끓인 물을 마실 것

5. 음식물에 파리가 붙지 않게 하며, 파리의 구제를 여행(勵行)할 것

6. 온돌에 거처하는 자는 격일로 1회씩 땔감을 때서 그 습기를 제거할 것

7. 하수구는 1개월에 6회 이상 수리한 후 및 소독할 것

등이니 이는 그 대체를 말함이요, 그 세쇄(細碎)에 이르러서는 개인 각자의 주의에 있는 것이라. 삶을 좋아하고 죽음을 미워하는 것은 사람의 상정(常情)이며, 흉을 피하고 길(吉)을 좇는 것도 또한 사람의 상정이라. 그러나 자기를 위하여 조섭(調攝)에 소홀하며 이양(頤養)[83]에 태완(怠緩)하여 이로 인하여 그 천금의 몸을 헛되이 버림에는, 이는 사람의 상정을 갖지 못한 것이요, 즉 자신을 스스로 멸함이니, 그 어리석음이 어찌 이에 지날 것이 다시 있으리오. 보라! 제비는 미물이로되 새집을 지음에 무기방(戊己方)[84]을 피하고, 개미는 작은 벌레로되 비가 내리려 하면 구멍을 봉하나니, 이는 모두 그 생을 지켜 화(禍)를 〈82쪽〉 예방함이라. 우리가 어찌 저 미물만도 같지 못하리오. 우리가 이 위생에 대하여 언제 소홀히 할 것이며 등한히 할 것이리오마는 더욱이 이 성하의 장마철에는 각자 충분한 주의를 더하여 장래 생각 밖의 변을 예방하기에 노력함에 간절히 바라마지 않노라〈83쪽〉.


**세키스이 다케시(關水武),[85] 「조선의 위생 개황」, 『朝鮮』 제100호, 조선총독부, 1923년 8월.**

조선인의 위생 사상은 옛날부터 아주 유치하고, 도처에서 질병에 걸리더라도 의료에 의존하지 않고 우선 무당, 점쟁이 등의 말을 듣고, 신불(神佛) 기도 혹은 미신적 치료법을 행하였기 때문에 모든 위생시설 및 의료기관 같은 것도 아주 저급하고 유치함을 면할 수 없다. 그래서 해마다 각종 전염병은 만연하고 그 외 폐디스토마, 말라리아 등의 지방병도 각지에 만연하여 천수(天壽)를 누릴 수 없는 사람이 너무 많아서 한일병합 후 조선총독부는 특히 이 점에 유의하였는데 위생 사상의 계발, 의료기관의 보급 혹은 상하수도의 설비 등 사회적 위생시설의 확충에 노력하였으며, 특히 1919년 제도를 개정한 후에는 각 도의 자혜의원의 증설, 각 도 위생 기술관의 설치 등을 비롯한 제반 시설의 개선을 도모하여 과거에 비해 크게 일신할 수 있었다. 아래에서는 항목을 나누어 조선위생의 개황을 기술해 보고자 한다.

---

83) 마음을 가다듬어 고요하게 정신을 수양함.

84) 무기방은 중앙, 갑을방은 동쪽, 병정방은 남쪽, 경신방은 서쪽, 임계방은 북쪽이다.

85) 조선총독부 위생과장.

제1 보건위생

조선의 보건위생시설은 종래에 아주 불충분한 상태에 유치한 수준이었으나, 한일병합 후에 총독부에서 이를 개선하고자 힘썼기 때문에 장족의 진보를 이루었지만, 또한 경비와 그 외의 사유로 완비되지 못한 점이 매우 많다. 그래서 1919년 제도개정의 결과 위생시설의 개선은 가장 시급을 요하는 것으로 하루라도 늦출 수 없다고 판단하여 음료수의 개선 및 음식물과 빙설 청량음료수 등의 단속을 이행하고 또는 기생충병이나 지방병의 조사 및 예방박멸에 노력하였다. 혹은 위생 사상의 보급에 힘써서 옛날의 미신을 타파하고 위험 〈210〉 한 치료법을 방지하는 등 진정으로 위생시설 개선에 노력하였기 때문에 조선의 위생 상태는 과거에 비해 실로 일신한 것이 되었다. 또한 옛날의 폐습이었던 아편의 흡인을 금하고, 또 이것의 대용품인 모르핀류의 주사 복용을 제한하여 부지불식간에 건전한 조선인이 불구폐질(不具廢疾)에 빠지던 것을 하나하나 단속 규칙을 만들어 이를 구제해왔다.

(1) 음료수

음료수의 좋고 나쁨은 보건위생상 중대한 관계를 있는 것인데 과거에 조선은 일반적으로 수질이 불량하였고, 대부분은 하천의 유수(流水) 혹은 논밭의 저수를 음용했을 뿐만 아니라 가옥에 화장실을 설치하지 않는 풍습이 있는 것과 우물 및 하수가 불량했기 때문에, 다소 주택이 밀집한 마을은 현저히 음료수를 오염시켜서 전염병 등은 사계절 끊이지 않았고, 또 티푸스, 십이지장충, 말라리아 등의 지방병도 이 때문에 각지에서 만연하고 있어서 실로 한심하기 짝이 없는 일이었다. 그 때문에 한일병합 전에도 경성, 인천, 부산, 평양, 목포 등의 주요 도시에서는 수도의 설비가 있었지만, 그 외의 지역에는 아무런 설비도 없었기 때문에 한일병합 후에 그 설비가 급하다고 인정하여 국비 또는 지방비의 보조 하에 수도의 설비 및 모범 공용 우물의 굴착을 시행하기 시작하였으며, 개선에 크게 노력한바 현재는 주요 도회지에는 아주 깨끗한 음료수를 공급할 수 있게 되었다. 아직 이러한 종류의 시설을 필요로 하는 지역이 적지 않다. 특히 시골 지역의 음료수 개선은 가장 주의를 기울이지 않으면 안 된다.

(2) 기생충병 등

조선인 일반의 위생 사상이 부족한 것과 음료수가 불량해서 기생충병이 가장 많으며, 특히 폐디스토마나 회충 따위는 정밀 조사를 하면 전 세계에 유례를 찾아보기 힘들 정도로 많다. 기생충병은 단시일에 인명을 해칠 만큼 심각한 것은 아니지만 국민의 활동력을 상당히 소모하고 마침내 이 때문에 피폐해지는 사람도 또한 적지 않아서 결코 등한시할 만한 문제가 아니다. 위의 내용 중 조선에 가장 많으며 또한 위험이 큰 것에 대해 지방병으로서 조사 및 예방박멸에 노력하고 있는 것이다.


(3) 아편 「모르핀」류의 단속

아편 흡음(吸飮)의 폐습은 상당히 오래전부터 조선 민족 사이에 만연하여 침투해 있었던 것으로 한일병합과 동시에 조선형사령(朝鮮刑事令)을 발포하고 이를 엄금하였다. 그러나 더욱 은밀히 복용하는 자가 있다. 또 모르핀, 코카인 등의 주사를 이것의 대용으로 사용하는 자도 생겨나게 되었다. 그래서 중독자의 수도 아주 많으며 이들의 구제와 흡음(吸飮) 주사를 금지하여 새로운 중독자가 나오지 않도록 〈211〉 하는 것이 실로 한 사회의 인도상 필요한 문제일 뿐만 아니라 중독자의 대부분은 주사 자금을 확보하기 위해 절도를 범하기 때문에 보안상으로 보더라도 즉시 시행하지 않으면 안 된다. 종래 각 도에서는 이에 대한 치료를 도모하고 또 지방청년회, 교풍회 등 조선인 지식단체와 연락을 취해서 크게 효과를 거두고 있지만, 근본적으로 부정 사용의 목적에 대한 모르핀류의 공급을 근절하지 않으면 단속의 효과를 거둘 수 없기 때문에 단속 규정을 엄격하게 하여 경찰관서의 인증 또는 신분 증명을 받지 않으면 이러한 종류의 마취 약품은 일절 구매하는 것도 소지하는 것도 할 수 없게 되었다. 하지만 올해부터 수입세 폐지의 결과 빈번하게 일본으로부터 밀수입되는 형태이다. 이 점에 관해서는 세관도 연락을 취해서 엄중히 단속할 방침이지만 아주 교묘한 방법으로 유입되기 때문에 발견하기 쉽지 않은 것은 유감이다.


(4) 묘지매장화장 단속

예부터 조선인은 묘지에 대한 미신이 극심하며, 가운의 성쇠는 첫째로 조상의 묘지 선정 여하에 있다는 믿음 때문에 묘지의 선정에 있어서는 가산이 기울더라도 문제시하지 않는 사람마저 있다. 그 때문에 종종 폐해가 속출해서 1922년 6월에 총독부령으로 이에 대한 단속 규칙을 발포하고, 같은 해 9월부터 이를 조선 전역에 시행한 것이다. 이 법령의 내용은 집장제(集葬制)로 특별한 경우를 제외하고 공동묘지 이외에는 절대로 매장 또는 개장(改葬)을 허가하지 않게 되었다. 그러나 이것은 조선인의 습관에 부합하지 않는 점이 있어서 자칫하면 불평의 원인이 되어 사태를 촉발시키는 경향이 있기 때문에, 1919년 8월 해당 규칙으로 대폭 개정하여 자신의 소유지에서 종래에 분묘(墳墓)를 가지고 있는 사람은 3천 평을 넘지 않는 범위 내에 사유 묘지를 인정하기로 하였으며, 또 매장화장의 인허가에 대해서는 반드시 사망진단서의 첨부를 필수로 하게 하였다. 그 외에 〈212〉 조선인의 전통적인 관습을 존중하고 각종 제한을 관대하게 해서 제반 수속을 간편하게 하였는데 일부 조선인은 앞에서 기술한 대로 여러 가지 미신으로 몇 번이나 조상의 분묘를 밤중에 개장하기 때문에 경찰은 쉽게 단속할 수 없다. 조선인도 빨리 이와 같은 미신으로부터 각성해야만 한다.

제2 의료기관

조선에 설립되어 있는 국영(國營)의 구제의료기관은 조선총독부의원 및 도(道) 자혜의원이며, 총독부 의원은 경성에, 도 자혜의원은 각 도에 설립되었다. 종래에 조선에는 의료기관으로서의 설비는 볼만한 것이 아무것도 없으며, 미신을 전하고 불결을 물리치지 않는다는 인습이 있었기 때문에 의술은 조금도 진보하지 않고 위생 사상은 아주 불량하며, 해마다 전염병이 유행하지만, 예방소독을 하고 이를 치료하는 따위의 방법을 마련하지 않아 지방 인민은 질병 요양에 괴로워하고 많은 사람이 주어진 생명을 영위하지 못하는 상황이었다. 그러나 의원 창설 이후 그 성적을 보면 일반적으로 상이질병(傷痍疾病)의 요양에 안도하고 또 가난한 환자에 대한 시약구료(施藥救療)는 일반 민심의 융화에 도움이 되는 점이 실로 적지 않다.

조선총독부의원은 조선 중앙의 구제의료기관으로 여러 가지 설비도 완전히 갖추어져 있고, 입원 환자는 약 4백 명을 수용할 수 있다. 도 자혜의원은 1910년 이후부터 오늘날까지 설치된 곳은 25개 의원이다. 또 1919년도부터 총경비 약 7백만여 원의 계속사업으로 낡은 설비의 의원을 개축하고 자혜의원을 새롭게 12개 증설할 계획을 세워서 현재 이미 군산 외에 4개 의원이 개설하였다. 또 1928년도까지 대전, 개성, 부산, 철원, 북청, 신의주 등의 6개 소에 신설하는 것과 전주, 해주의 의원을 개축하기로 되었다. 그러나 이미 설립된 25개 의원의 입원 환자는 총수 약 1,400명을 수용할 수 있다. 총독부 의원 및 도 자혜의원에서는 개설 이래 1922년 12월 말일까지 진찰한 환자 총수는 13,753,400명에 이르렀다.

점점 신설하는 각 의원이 완성되고 기존 의원의 개축 및 증축이 완료되면 각 도는 모두 대체로 의료기관이 충실하게 된다. 그러나 각 도의 상황에서 살펴보면 아직 충분하다고는 결코 말할 수 없다. 이러한 계속사업이 완성된 후에는 더욱 각 도의 중요 도시에는 소규모의 분원을 많이 설치할 필요가 있다.


(1) 의사

조선에서는 의사의 분포가 희박해서 각 처에서 의료업의 〈213〉 불편을 호소하고 있으며, 지방 개발에도 영향을 주는 경우가 적지 않다.

조선 내에서 개업의(開業醫)는 매년 그 수가 증가하고 있고, 1922년 말 현재로 911명 있지만 이를 조선의 인구와 비교하면 극히 소수이기 때문에 벽지에서는 의술 및 치과 의술의 경력을 가진 자에게 지역 및 기간 한정으로 의료업 또는 틀니 영업(入齒營業)을 면허하고 있다.

### (2) 공의(公醫)

도시에서는 일본인 이주의 증가와 더불어 점차 의료기관이 확충되고 있는 실정이지만, 앞서 기술한 바와 같이 벽지에서는 거의 그러한 양상을 찾아보기 힘든 상태이며, 그나마 자혜의원의 순회 진찰 및 촉탁경찰의(囑託警察醫)의 배치 등에 의존하여 일부 지역의 환자를 진찰하는 정도에 지나지 않았다. 그렇게 해서는 일반인들의 희망에 부합할 수 없기 때문에, 산간벽지에서 비교적 인구가 많고 또 의료기관이 전무한 곳에 배치해서 그 수당 등도 개업으로 수반하는 수입을 예상하여 인구의 많고 적음 등을 고려한 것이다. 하지만 근래 여러 물가의 급등 등으로 그 직무를 그만두는 사람이 자주 나타나는 상황이 되었기 때문에 1923년도에 예산의 증액을 요청하여 연간 1인 평균 1,500원의 예산을 계상해서 점차 충실을 도모하고 있다. 당초에 정원은 186명이었지만 현재에는 228명이 되었다.

### (3) 의생(醫生)

1913년 11월 의생규칙(醫生規則)을 발포하여 조선인 중에 이 규칙의 발포 전 2년 이상 의료업을 수행한 자, 그리고 의생으로 3년 이상 의료업을 연수한 자에게 5년 이내의 기간 한정으로 면허를 부여하는 것으로 하였는데 지역을 한정하지 않았기 때문에 기한 내에는 자유롭게 어디에서든 개업할 수 있었다. 그래서 교통이 편리한 인구 밀집 장소에 자연히 다수의 의생이 개업하기에 이르렀다. 그렇게 해서는 규칙 발포의 취지에 반하는 바 1921년 12월부터 다시 지역을 한정하여 면허를 부여하게 되었다. 그러나 이들 의생은 각 도를 통해 그 수가 1922년 말에 5,223명이 되었는데 원래 의생은 자격을 갖는 의사로 충실하게 하기까지 과도기에 부득이하게 인정했기 때문에 진정한 의료기관으로서는 극히 불안한 것으로 앞으로는 될 수 있으면 면허를 제한할 필요가 있다.

### 제3 전염병 및 지방병

조선에서 전염병은 사계절 거의 끊이지 않으며, 특히 해마다 콜레라 병이 확산될 뿐만 아니라 적리(赤痢), 장디스토마, 두창, 성홍열(猩紅熱) 등도 각 도에 모두 상존하고 있어서 매년 다수의 사망 환자가 나오고 있기 때문에, 조선총독부 및 각 도에서는 항상 세심한 주의를 기울여 방역계획을 세우고 적극 이의 실행에 힘쓰고 또 한편에서는 활동사 〈214〉 진을 이용해서 혹은 위생전람회를 개최하는 등 위생 사상의 고취, 계발과 함께 이에 대한 예방박멸에 노력하고 있다.

### (1) 콜레라

조선은 예부터 콜레라 병이 유행하였는데 이것은 일본 내지 혹은 만주 방면에서 침입하는 예가 많았다. 1919년에는 만주 및 블라디보스토크 두 지방에서 병원균이 침입하여 전 도에 만연하여 환자 16,091명, 사망자 11,084명이 발생하기에 이르렀다. 1920년에는 엄중하게 경계를 하였지만, 6월 23일 후쿠오카현 와카마츠(若松)에서 평안남도 진남포로 입항한 석탄운송 기선에 의해 병원균이 침입한 이후 점차 전파해서 마침내 전 도에 만연하고, 그 환자 수는 실로 24,229명, 사망자 13,570명이 발생하여 그 참상은 실로 표현할 수 없었다는 것은 지금도 기억에 생생하다. 해가 지나 1921년과 1922년에는 소수의 환자 및 보균자가 발생했지만, 예방주사의 보급 및 방역 조치의 효과로 큰일로까지는 번지지 않고 미연에 방지할 수 있었던 것은 불행 중 다행한 일이다.

(2) 적리[86]

적리는 매년 각지에서 발생하며 특히 아메바성 적리는 상당히 수가 많으며, 한편으로 지방병으로도 인식되어 환자의 대부분은 이를 경시하고 전염병으로 인식하지 않는 양상이기 때문에 이에 대한 예방박멸에 당국에서 특히 고심하고 있으며, 환자 발견에 대해서는 항상 주도면밀한 검역 차원의 호구조사를 실시하고 있다. 하지만 쉽게 박멸할 수 없는 것은 아주 유감이다. 이에 대한 예방의 근본적인 대책으로서는 위생 사상의 보급선전, 청결법의 이행, 상하수도의 개량, 모범 우물의 굴착 등이 가장 필요하다.

(3) 장티푸스

장티푸스도 매년 각지에서 다수의 환자와 사망자를 발생시키고 있으며, 특히 1922년에는 평양부(平壤府)에 미증유의 대창궐로 9, 10, 11월 3개월에 걸쳐 천여 명의 환자가 발생하기에 이르렀다. 이러한 대유행 〈215〉 을 보게 된 것은 여러 가지 원인이 있겠지만, 요컨대 발병 신고의 이행 및 조기 발견 방법이 부적절한 것도 한 요인이 된 것이 아닌가 생각한다. 예방 방법으로는 가능한 조기 발견에 힘쓰고 또 예방접종을 이행한다. 또 한편에서는 일반 민중에 대해 위생 사상의 보급 및 계발을 도모하는 것이 급선무이다. 해당 경찰국에서는 이러한 목적으로 장디스토마 예방선전용의 활동사진 필름을 제작하고 이를 지방에 배부하여 예방 선전에 적극적으로 힘쓰고 있다.

(4) 두창

두창은 조선에서는 예부터 사계절 내내 각지에서 발생하고 해마다 다소의 유행을 보이고 있으며, 위생 사상이 유치한 조선인들 사이에서는 두창은 일생에 한 번 발병하는 병이지만

---

86) 이질.

사망하는 경우가 많다고 인식되어 있고 혹은 종두는 일본인이 독소를 주사해서 조선인을 죽이기 때문이라고 오해를 하고 있고, 종두의 효력을 이해하는 사람은 극히 적으며 종두 보급에 곤란을 느끼고 있다. 이 때문에 1923년 제령(制令) 제9호로 조선종두령을 발포하게 되었다. 하지만 이 종두령은 1923년 9월부터 실시하기 때문에 그 내용은 대체로 일본의 종두법에 의한 것으로 종두 시행의 의무는 원칙적으로 부(府)와 면(面)으로 이관하고 지정한 면 이외의 면은 당분간 관내 관할 경찰서에서 시행하는 것으로 하였다. 또 종두 정기(定期)에 대해서는 일본은 2기(1년, 10년)제이지만 조선에서는 면역 기간 그 밖을 고려하여 3기(1년, 6년, 11년)제로 하였다. 또 공(公)종두시행의 연령은 일본에서는 미성년자에게 한정하였으나 조선에서는 아직 종두를 받지 않는 사람 또는 종두를 받은 증명이 불명확한 사람에 대해서는 연령에 관계없이 언제든지 공종두를 시행할 수 있도록 하였다. 더욱이 이 법령이 철저하게 시행되면 두창 환자도 격감할 것으로 생각한다.

(5) 성홍열

성홍열도 매년 다수의 환자와 사망자가 발생하고 있으며 특히 소학교 아동들에게 가장 많다. 그래서 소학교를 일시 폐쇄할 수밖에 없는 상황에 이르렀으며, 교육상으로도 물질적으로도 많은 손해를 끼치고 있기 때문에, 관민 협력해서 이를 예방박멸 해야 한다.

(6) 지방병

조선에서 지방병의 주된 것은 폐디스토마, 십이지장충, 그리고 나병인데 폐디스토마는 매년 약 5, 6천 명의 환자가 발생하고, 십이지장충도 해마다 약 1만 2천 명 내외의 환자가 발생하는 상황이며, 보건위생상 중대한 문제이다.

폐디스토마에 대해서는 이것의 근본적인 예방박멸을 위해서는 한편으로 이 병의 중간 숙주인 게의 채취, 판매, 수수(授受)를 법령으로 금지하지 〈216〉 않으면 도저히 이룩할 수가 없다.

나병 환자도 조선 전역에서 그 수 약 1만 명으로 추산할 수 있으며 이의 예방법으로 전라남도 소록도에 있는 관립 자혜의원에 약 2백 명의 환자를 수용하고 있으며, 광주, 대구, 부산의 3곳에 외국인 경영의 요양소와 함께 총계 약 천 명의 환자를 수용하고 있지만, 전체 환자의 10%에도 못 미치는 상황이다. 앞으로는 소록도 자혜의원을 크게 확장해서 할 수 있는 한 다수의 환자를 수용하여 예방박멸에 임할 필요가 있다고 생각한다. 또 가축 역병 및 매약(賣藥) 영업 등에 대해서도 기술해야 하지만 이 점에 대해서는 다음으로 미루고자 한다.

# III. 건강, 체육 담론

## 1. 교과서

조선총독부, 『보통학교 수신서』 권3(아동용), 1923년.

제7 건강

에키켄(益軒)은 어릴 때 몸이 약했기 때문에 항상 양생(養生)에 주의하였습니다. 여러 종류의 책을 읽을 때마다 양생에 관한 것이 적혀 있는 곳이 있으면 베껴두고 그대로 지켰습니다. 그래서 몸이 점차 튼튼해져 나이를 먹어도 약해지지 않고 85세까지 장수하며 많은 책을 저술할 수 있었습니다〈12~13쪽〉.

'약보다 양생'

<그림 8> 가이바라 에키켄

조선총독부, 『보통학교 수신서』 권4(아동용), 1924년.

제5 건강

마츠다이라 사다노부(松平定信)는 어릴 때부터 신체가 매우 약하여 약을 먹는 일이 자주 있었는데, 어떻게 해서라도 몸을 튼튼히 하고 싶다고 생각해서, 항상 음식에 신경을 쓰고, 매일 아침 일찍 일어나 활을 쏘거나 말을 타기도 하여 건강에 주의하였습니다. 그래서 약한 몸이 어느 사이에 튼튼해지고, 72세까지 장수할 수 있어, 여러모로 세상을 위하여 나라를 위해 힘썼습니다.

<그림 9> 마츠다이라 사다노부

사다노부는 나이가 들어서부터 "자신이 이같이 장생한 것은 건강에 주의했기 때문이다. 오래 살려고 생각하는 사람은 건강에 주의하지 않으면 안 된다."라며 언제나 사람들에게 말했습니다. 결국 신체를 좋게 하는 것은 늘 운동을 하고 수면과 식사 등을 규칙 바르게 하고, 음식은 정도에 맞게 주의하는 것이 크게 중요하다〈10~12쪽〉.

조선총독부, 『보통학교 조선어독본』 권3, 1923년.

16 운동회

오늘은 우리 학교의 운동회요.

나는 나날이 손을 꼽아가며 고대하였더니 다행히 일기(日氣)가 좋아서 운동을 하게 되어 저절로 기운이 나오.

운동장에는 형형색색의 만국기가 바람에 나부끼고, 홍백(紅白) 모자를 쓴 남생도와 고운 옷을 입은 여생도들이 떼를 지어서 왔다 갔다 하는 모양은 마치 꽃밭을 이룬 것 같소.

소리를 맞춰서 창가를 하고, 또 연합

<그림 10> 운동회

체조를 한 후에 도보 경주와 기취 경쟁의 여러 가지 운동을 재미스럽고 활발하게 하는데, 주위에는 구경하는 사람들이 구름같이 모여서 우리들의 운동하는 모양을 보고 손바닥을 치며 칭찬하였소〈45~48쪽〉.

# 2. 신문

「문화운동의 비판, 체육의 근본정신」, 『동아일보』, 1922년 1월 5일.

선수와 일반에 대한 일언(一言)(조선체육회장 고원훈)

신년 소감의 일부를 여러분에게 소개하는 기회를 얻은 것은 영광으로 생각합니다. 신년에 대한 제일 표어는 여러분의 신체 건강을 축하하는 것이오. 따라서 신년으로부터 체육에 유의하시기를 헌의(獻議) 하나이다. 즉 노인은 노인의 체력에 적당하도록, 청년은 청년의 체력, 소년은 소년 체력의 발육에 적당하도록 일정한 시간, 운동하기 시작하시오.

우리의 안색을 서로 보시오. 창백한 냉월(冷月)의 기백이 아니면, 천황(淺黃)한 채화(菜花)의 형영(形影)을 대한 듯하외다. 주의하시오. 천하의 지식, 명예, 무엇 무엇이 다 자아의 건전한 신체로부터 창조되며 영유(領有)할 수 있는 것을.

우리 사회에 각종 운동이 수입된 것은 수십 년의 역사를 가졌으나 이를 통일적으로 지도 장려하는 사회적 기관이 존재하지 않은 까닭에 운동은 일종의 유희로 인식하여 운동의 진정한 정신 골자되는 신체 발육에 관한 교육적 영분(領分)[87]은 거의 몰각하는 경우에 이르렀소. 따라서 운동가의 신체는 점점 건장하나 반면으로 그 품행은 종종 타락하는 폐가 있었습니다. 운동의 결과에 신체가 건강한 고로 신체의 건강을 자만하여 제반 방일(放逸)을 다 하는 까닭에 불과 몇 년에 그 신체의 허약함과 그 지기(志氣)의 위퇴(萎頹)함이 도리어 운동 아니한 품행 단정자에 미치지 못하는 감이 있는고로 사회는 운동선수를 평할 때 그는 운동에 열광하는 자이니 그 나머지 인격·품행·신용 등은 의논할 가치가 없다는 태도를 취하여 흡사 운동과 품행은 양립하지 못하는 자와 같이 간주하였습니다. 이들 혹평은 물론 사회의 오해에 배태(胚胎)한 바가 많으나 선수의 불(不)품행에 원인 한 당연한 귀결이란 점은 부인할 여지가 없습니다.

세계의 명예 경기권을 소유한 세계적 선수를 보시오. 인격·품행·신용·명예 등은 곧 선수의 생명이오. 이들이 부족하면 어떻게 신기한 기술의 주인 일지라도 이른바 세계적 모범 선수가 되지 못하는 것이오.

우리 선수 여러분도 신년으로부터 특히 주의하여 운동의 결과에 얻은 효능으로써 운동의 목적을 손상치 않을 뿐 아니라 다시 나아가 사회로부터 과연 운동의 진수가 이와 같은 것을 알게 하도록, 운동계의 선수라 하면 그 인격·품행 등이 우량할 것은 특별히 전의(詮議)할

---

87) 세력의 범위.

필요가 없다는 신념이 생기도록 노력하시기를 희망하는 바이오.

조선체육회는 이들 불완전한 점을 합리적으로 지도 장려함을 목적으로 하는 사회적 기관이올시다. 신년으로부터 일 층 분려하여 자가(自家)의 사명을 다하려 합니다.


「학교 무도(學校舞蹈), 그의 해부(解剖)와 체육상 가치」, 『동아일보』, 1923년 8월 12일.

근래 신 수입된 서양 문명의 일종으로 어떠한 계급에서는 무도를 연구하는 이가 있으며 일본 같은 데서는 일종의 유행이 되었습니다. 그러나 대부분 인사는 아직도 무도를 이단시한다는 것이 정확한 관찰이겠지요. 그러나 또 한편으로는 이 이단시 되는 무도가 어느덧 여학교 문을 들어와서 다소간의 영향을 주는 것도 사실이며 일본에서는 적극적으로 이를 장려하는 학교까지 있습니다.

그러면 이 무도라는 것은 어떠한 것이며 이것을 여자교육에 응용하는 이해가 어떠한가를 한번 생각하여 보는 것은 실로 목하의 급무가 된다고 생각합니다.

대개 무도에는 다섯 가지 종류가 있으니 교육 무도, 사교무도, 감흥 무도, 예술 무도, 제전 무도가 이것입니다. 그러나 지금 여기서 문제 되는 것은 교육 무도의 한 가지인즉 다만 이에 대하여서 해부적으로 설명하여 보고자 합니다.

교육 무도 이것은 일명 학교 무도라고 하여서 체조과의 일부로 구미에서는 널리 채용되는 것입니다.

그의 목적 (1) 신체상으로 보면 팔다리의 활동으로써 전신 더욱이 흉부에 운동을 주어 순환을 정리하며 호흡을 왕성케 하여 우미(優美)한 태도와 제정(齊整)한 자세를 만들며 겸하여 충 ■한 체력을 갖추게 하기를 목적합니다. (2) 정신상으로 보면 조율을 바르게 하여 두뇌를 훈련하며 우미한 동작에 의하여 정조(情操)를 함양하고 자유 동작으로 인하여 의지를 공고히 하며 이렇게 하여서 숭고한 인격을 만들어내는 것이 목적입니다. (3) 심신의 조화상으로 보면 민활하고도 원활하게 흐르고 옮아가는 동작이 신경을 훈련하여 수의근(隨意筋)의 감응이 예민하여지고 따라서 심신의 조화를 완전케 함을 목적합니다. (4) 우의(友誼) 상으로 보면 취미 있는 한 무도를 한 가지 연무함으로 인하여 감정을 원만케 하고 우애를 고조하며 동정을 맛보아 협동일치의 미풍을 실현케 함을 목적합니다.

운동내용 무도의 동작은 수족 곧 팔과 다리를 쓰는 것인즉 운동의 내용을 나눠서 팔 부와 다리 부의 두 가지로 하여야 하겠습니다.

가. 팔 부

팔은 일월성신(日月星辰)에 본을 뜬 운동과 제반 감정의 발표와 우리 상호에 대한 제 동작을 골자 삼아 추는 것입니다. 즉 두 팔을 옆으로부터 들어 올려 커다랗게 원형을 그림은 해를 본뜸이요, 한쪽 팔로써 반원을 그리는 것은 달을 본뜬 것이요, 손가락을 굴신 개폐(屈伸開閉)함은 성진을 본뜬 것이외다. 팔을 앞으로 뻗고 손을 내미는 것은 애원의 표정, 가슴을 내밀고 손을 위로 뻗치는 것은 환희의 표정, 아래를 가리키는 것은 자애를 의미함이니 이런 것은 곧 감정을 발표하는 팔의 춤입니다.

사람을 부르는 꼬닥질과 악수·연수(連手)의 제 동작은 우리가 일상 상호 간에 쓰는 동작을 미화함입니다. 춤추는 법이 많다 하지만 전술(前述)의 분류로 나누어보면 별로 복잡한 일은 없는 것입니다.

나. 다리 운동

1에는 구보, 2에는 뜀질, 3에는 완보(緩步), 4에는 평균보 이처럼 분류됩니다. 구보는 러닝 스텝 곧 경주(輕走)입니다. 뜀질은 점핑 스텝 즉 도약입니다. 완보는 슬로 스텝이라고 하는 것, 즉 글자의 의미와 같이 느린 걸음입니다. 평균보는 발란스 스텝이라 하여서 흔히는 한 다리가 체중을 지탱하고 한 다리로만 운동하는 성질의 보법입니다.

원래 수무족도하여서 어찌할 줄 모르는 감정의 발표가 무도임으로 발 딛는 것과 손 놀리는 법은 두 가지가 다 무도의 생명이나 구태여 경중을 말하자면 다리가 신체 전부를 지배하는 관계상 손보다도 많이 쓰입니다.

편짜는 것 학교 무도에는 편짜는 것은 불필요합니다. 3인씩이나 6인씩이나 8인씩 편을 짜지 아니하면 못하는 성질이 아닙니다. 다른 체조 모양으로 한 사람이 곧 기본 원수(員數)입니다. 만일 그렇지 않으면 그 수에 차지 않는 단수는 부질없이 떼어 버리게 됩니다.

이러한 것은 비교육적입니다. 지금 만일 원수의 관계로 하여 몇 명의 학생이 산술 교수에 제외된다고 하면 이에 대하여는 남이나 나를 불문하고 묵허(默許)하지 않겠지요. 그와 일반입니다. 1인이라도 무도에서 제외하게 되는 분조(分組)는 단연히 배척할 수밖에 없는 것입니다. 그러나 마침 인수가 알맞은 때에 적당히 분조하는 것은 물론 문제가 아닙니다.

시간 구보나 도약은 1초간에 2보, 완보와 평균보는 동일 보로 하는 것이 보통이며 팔은 2보 또는 8보에 대하여 1동(動)을 하는 것입니다. 이처럼 학교 무도는 민속히 행하는 것이므로 따라서 운동량이 비교적 많습니다. 그러므로 알짬으로 3분간을 행하기도 곤란한 것입니다.

상대 동작 오른쪽에 서면 왼쪽 사람에 대하여 이렇게 한다든지, 1번이 되면 2번에 대하여 어찌하여야 한다는 것 같이 상대적 동작을 요구하는 것은 학교 무도의 본태가 아닙니다.

이러한 훈련도 필요한 때가 있지요 만, 어디까지든지 한 사람을 기본원수로 함과 같이 역시 1개 완전 독립의 동작을 요구하여야 합니다. 만일 그렇지 않고 언제든지 상대적 행동의 용심(用心)을 하게 할 때는 심히 비굴한 인물을 만들게 됩니다.

악기 반주 악기의 지휘로는 확실히 틀을 앉히기 어려우니 이러한 의미로 반주는 배척합니다.

또 학교 무도는 어떠한 경우에서든지 쉽게 할 수 있는 것이 아니면 안 될 것입니다. 그런데 악기가 필요하고 인도자가 필요하다 하면 귀찮은 일인즉 이러한 의미로도 반주는 환영치 않습니다.

학교 무도는 특별히 선율에 합하는 행동을 요구합니다. 이 요구로 하여서 반주를 폐하고 스스로 선율에 맞는 동작을 하게 하는 것이 좋습니다.

무도는 우미를 존중하는 동작이외다. 고상한 취미를 느끼게 할 운동이외다. 그러므로 무도와 음악과는 실로 서로 떠나지 못할 관계가 있는 것이외다. 이러한 관계상 반주가 필요합니다. 더욱이 숙련한 무도를 할 때와 또는 운동회 같은 데서 출연할 때는 반주가 필요합니다. 그러나 만일 무도와 악곡이 잘 맞지 못할진대는 차라리 없는 편이 낫습니다.

무도와 체조 무도와 체조의 비교를 시간상으로 보면 전자 1에 대하여 후자는 9나 됩니다. 또 운동의 성질로 보면 무도는 한꺼번에 전신의 운동을 응용적으로 행하는 고로 각 국부를 하나씩 운동시키는 체조에 비교하면 자못 중대한 운동성을 가지고 있습니다. 또 양으로 보면 무도는 진도가 급속하여 1초에 2보나 옮기는 것인즉 불과 2, 3분에 곧 비상한 운동량을 보이게 됩니다. 실로 단시간으로서 이처럼 큰 운동량을 내는 것은 무도 이외에는 없습니다. 그러므로 무도를 하면 누구든지 곧 땀기가 보이게 됩니다.

이처럼 학교 무도는 학교 운동으로 극히 적절한 것이며 소위 사교무도와는 전연 별물입니다. 대체 지금의 교육제도는 동적 방면도 겉핥기의 몰취미 · 몰인정 · 몰상식한 교육을 하여서 인생을 황야로 이끄는 감이 있거니와 체조과 역시 그와 일반으로 철저라는 명목하에 만적(蠻的) 체조를 강제하거나, 합리라는 미명 하에 실지와 상관도 없는 탁상론을 주장하는 일이 많습니다. 그는 마치 칼로리의 법리만 생각하며 식사하여서는 도리어 영약(嬰弱)해짐과 같습니다. 여하한 이유 하에서든지 유희가 없고 무도가 없이는 체조과의 전도도 확실히 막달은 골이라고 하겠습니다.


「체육과 경기」, 『동아일보』, 1923년 10월 19일.

1

조선에서 무엇이야 필요하지 아니하랴마는 체육은 가장 필요한 것 중에 하나일 것이다. "건전한 정신은 건전한 신체에서 난다" 하는 로마인의 격언은 낡을 줄 모르는 진리다. 조선 민족은 신체로부터 개조되어야 할 것이다. 이로 보아 근래 체육의 왕성은 쌍수를 들어 기뻐할 것이다. 전 사회는 성(誠)과 힘을 합하여 체육을 장려할 의무가 있는 것이다.

2

　민족 신체의 개조는 위생과 체육에 의해야 할 것은 물론이거니와 그중에 적극적 효력을 가진 것은 체육일 것이요, 특히 내(來) 세대의 주인인 소, 청년 남녀 학생의 체육이다. 이전 조선의 희망과 생명을 양어깨에 메고 나선 젊은 조선 남녀는 학교에 있는 동안에 강건하고 용맹한 체격과 기개의 소유자가 되어만 할 것이다. 체육은 결코 육체의 건강만을 목적하는 것이 아니요, 용기, 단결적 정신 같은 극히 중요한 도덕적 훈련도 목적하는 것이다. 이 의미로 보아 각 학교에서는 지금보다 더욱 학생의 체육을 장려할 필요가 있는 것이다. 근래에 소학생과 여학생 중에도 점점 체육 열이 왕성한 경향이 있는 것은 더 말할 것이 없이 환호할 현상이다.

3

　그러나 체육과 경기는 별물(別物)이다. 경기가 반드시 체육은 아니다. 어떤 학교의 정구선수나 야구선수가 항상 우승권을 가진다고 그것만으로 반드시 그 학교의 체육이 완전하다고 할 것은 아니다. 그 학교의 모든 학생이 전부 무슨 종류의 운동에나 참여하고 그중에서 가장 기능이 우수한 자가 나서 선수권을 획득하게 될 때 비로소 그 학교의 체육이 완전하다 할 것이다. 구미의 모든 학교에서는 춘하추동 사계에 각각 적당한 운동 몇 종을 지정하여 각각 학생으로 하여금 규칙적으로 그중에 어느 것 1종 혹은 2종을 택하게 하여 매일 방과 후 일정한 시간에는 대개는 지도하는 교원이 강제적으로 각 학생으로 하여금 그 택한바 운동을 연습하게 한다. 강제라 하더라도 강제될 리가 없다. 그들은 강제하기 전에 먼저 뛰어 나설 것이다. 이러므로 구미의 학생들은 학생 생활을 하는 동안 14, 5년에 거의 매일 운동을 연습하게 되는 것이다. 이래야 학교의 체육이라 할 것이다. 그런데 오늘날 조선의 모든 학교에서는 (일본의 모든 학교도 그러하거니와) 하학만 되면 학생의 대다수는 책보를 끼고 달아나고 선수 몇 사람만 남아서 혹은 야구에 혹은 정구에 열중한다. 이것은 체육의 본지(本旨)에 위반됨은 물론이다. 학교에 운동장을 설비함이나 월사금에 운동비를 평균히 징수하는 것은 학생 전체가 골고루 운동하자는 것이요, 결코 학교 대항 경기에 출장할 선수 몇 사람만의 전문적 연습을 목적으로 하는 것은 아니다. 체육은 몇 명이 대표로 할 수 있는 것은 아니다.

4

　경기는 장려할 것이다. 이 마당은 혈기 남아가 평소의 수련을 자랑하고 순결한 성공의 기쁨을 맛볼 때다. 그뿐 아니라 자타에게 체육의 정신을 고취함이 비상히 크며 또 전교의 명예를 양어깨에 메고 나서는 그 의기와 책임감은 도저히 문외인이 상상치 못할 바이리라. 근래에 각종의 경기가 극히 공평하게 정의롭게 끝남을 볼 때 경기 도덕의 발달이 신속함을 운동가 여러분과 더불어 자랑하려 한다. 그러나 경기는 여흥이다. 체육의 본지는 아니다. 사회는 선수 여러분의 학교의 명예를 평가할 때 결코 여러분의 기능의 우열만으로 하지 아니할 것이다. 도리어 여러분의 태도와 의기와 여러분을 후원하는 동창의 태도로써 할 것이다. 기술로는 우승하고도 정신으로는 열패하는 예가 경기장에 왕왕 있는 일이다. 가령 선수가 경기 중에 불공정한 술수를 쓴다든지 용사(勇士) 되기에 부끄러운 행동을 한다든지 또는 여러분을 후원하는 동창이 적 편의 실수를 갈채하며 약점을 조소하는 등 행위를 할 때 사회는 이미 여러분과 여러분의 학교를 심판하는 것이다. 이것은 각 학교 당국자가 덕육적 훈련상에 특히 주의할 일일 것이다.

5

제3회 전조선 정구대회는 심히 유쾌하게 성공하였다. 이로부터도 축구, 야구 등 대회가 연하여 개최되려니와 우리는 이 모든 운동경기가 갈수록 왕성하기를 바란다. 그러나 경기를 위한 경기가 안 되게 하고 싶다. 선수를 위한 체육이 안 되게 하고 싶다.


「운동도(運動道)」, 『동아일보』, 1924년 9월 26일.

1

금년 전조선 정구대회가 시종 대성황을 얻은 것은 일을 주관한 체육회와 후원하는 본사가 다 같이 기뻐하는 바이다. 놀랄 만큼 신속히 진보하는 우리 운동계에 다소라도 공헌이 될까 하여 우리는 이 기회에 운동의 역사적 발달을 대략 진술하고 운동도라 새 용어를 정하여 그 의의를 설명하고 겸하여 운동계에 대한 우리의 희망을 말하려 한다. 운동도를 말하려면 먼저 운동이란 말의 범위를 정하는 것이 순서라 할 것이나 지금 우리의 말함이 운동학상 용어나 사회학상 용어가 아니요, 체육학상 용어인 것은 다시 말할 필요가 없을 것이라. 그러므로 운동의 어의(語義)는 설명하지 아니한다.

2

대개 체육은 소극·적극 두 가지 의의가 있으니 소극적으로는 위생학의 기초가 될 것이요, 적극적으로 나가면 운동의 사명이 뜻있게 될 것이다. 인도와 중국과 이집트 및 페르시아의 고대사를 상세히 연구하면, 체육의 기원으로 인정할 것이 없지 않으나 현저한 예는 그리스 상고사에서 볼 수 있으니 스파르타는 리커르꼬스의 헌법이 있어서 군사적 의의로 체육에 주중(注重)하였고, 아테네는 솔론의 규정이 있어서 미술적 의의로 체육을 장려하였다. 그 후 로마 시대와 중세기를 지나서 문예부흥시대에 이르러 인도주의자와 교육개혁가들이 체육을 이론적으로 비판함이 일시 성행하였으나 신체와 정신의 두 교육을 결합하는 실험이 완성하기는 비교적 최근세 일이라 할 것이니 19세기 초 독일인 꼿스뭇스 같은 사람을 가장 유명한 공로자로 칠 것이다.

3

심신(心身)상관의 이론을 근거 삼아 체육학이 실제 발달함으로부터 운동의 필요가 세인에게 두루 알게 되었으니 운동은 신체를 강건하고 기민케 할 뿐 아니라 정신을 수련함에 막대한 공효(功效)가 있으므로 운동도가 중대한 의의를 가지게 된 것이다. 도는 간 곳마다 있는 물건이라. 자미(秭米)에도 있다고 하거니 이 중요한 운동에 어찌 도가 없으랴. 도가 운동으로 표현되면 이 곧 운동도라 이름할 것이다. 도에 군자·소인이 있다고 하는 사람은 운동도에도 정도·사도를 분별할 것이나, 우리의 말 함은 오직 도 하나이니 구태여 이름 지어 말하려면 정도라 할 것이다.

4

운동도는 어떠한 것인가. 상세한 연구는 후일을 기약하고 이번은 대강령만 들어 말하려 한다. 운동도는 광명하다. 그러므로 운동가는 암매한 정신을 가지지 못할 것이오. 운동도는 정대하다. 그러므로 운동가는 비열한 정신을 가지지 못할 것이며, 그 도는 유쾌하니 이기면 물론 기쁘고 저도 흔연할 것이오. 그 도는 강의하니 강한 것을 겁내지 않고 약한 것을 업신여기지 아니할 것이며 운동가가 협동함을 숭상하고 규율 지킴을 귀히 여기고 쾌활하고 기민하고 인내성을 발휘함은 모두 이 도를 체현함이나 진정한 운동가가 되라 함에 이 도를 살필 수 있으며 그 다툼이 군자라 함에 이 도를 엿볼 수 있을 것이다.

5

우리 조선이 서양 문화를 받아들이기 시작한 지 벌써 오래다. 그러나 모든 것의 진보함이 심히 지완하므로 유심한 사람의 개탄이 그칠 때가 없고, 오직 운동은 그렇지 않고 장족으로 진보하여 자못 볼 것이 있으므로 모든 다른 것의 진보도 운동과 같기를 유심한 사람은 심축(心祝) 하는 터이다. 그러면 운동은 세계적이 될만한가. 이에 우리의 대답이 궁하지 않을 수 없다. 우리는 우리 운동계가 시각(時刻)으로 진보하고 날로 진보하여 세계적 가치가 있게 되기를 바라며 우리 운동가들이 운동도로 정신을 삼고 기술만 중히 여기지 말기를 더욱더 바란다.


「운동과 경기」, 『동아일보』, 1924년 10월 1일.

건전한 정신을 반드시 건강한 신체에 존재한다고 한 말은 과연 천추의 격언이다. 신체가 허약하여서는 완전한 학문도 닦을 수 없을 것이요, 사회의 큰 힘도 능히 감내할 수 없을 것은 다시 노노(呶呶)히 다언을 허비할 것이 없다.

전선 정구대회가 고고(呱呱)의 성을 발하고 나온 지 벌써 4개 성상 사이에 전 조선을 망라

하여 운동 열이 고조되었다. 각각 쾌활한 묘기를 발휘하고자 천 리를 멀다고 아니하고 산하를 발섭(跋涉)하여 경성까지 온 것은 참으로 감탄을 마지않는 동시에 앞으로 운동계를 위하여 축하함을 마지아니한다.

그러나 다만 우승기에 그 목적을 두고 도(度)에 지나친 탈선적 경쟁이 있는 일이 있다. 이는 운동에 전력을 주집(注集)하는 것이 아니라 그 우승기 그것에만 마음을 쓰는 것이니, 불합(不合)한 일은 다시 말할 것도 없다. 우승기는 아무쪼록 운동에 취미를 가지라고 주는 것이니 한갓 우승기 1개 때문에 운동에 희생한다면 이것은 운동의 정신과 도덕을 망각함이다.

물론 여하한 단체가 우승의 월계관을 수령하든지 결국은 우리 조선인의 운동계에서 내왕하는 것이니 구태여 그렇게 적대시할 까닭이 없다. 각각 그편을 응원하는 것은 물론이지마는, 그렇게 원수 시 않고 경기를 해도 가할 듯하다.

이번 대회에 우승이란 것은 못 하였어도, 그 우승을 하니만큼 순전한 가치가 있을 줄 안다. 설사 승리를 얻었을지라도 운동적 도덕을 망각할진대 그 우승은 형식의 우승이요, 가치 없는 우승일 것이다

한 번 실패는 장래 성공의 한 과정이 되나니 이번에 실패한 것이 결코 불만으로만 돌릴 것이 아니다. 앞으로 이런 기회가 무궁무진할 것이니, 정성이 이르는 곳에는 금석(金石)을 가히 뚫을 것이다. 반드시 실패로만 가지 아니하고 성공이 오는 날이 있을 것이다. (김대원)

# 3. 잡지

김기영(金基英, 의사), 「(기고난) 조선인 체육에 대한 관견(管見)」, 『서울』 제3호, 한성도서,
　1920.

　모든 것을 개조하며 새로운 것을 건설하여 신조선을 현출(現出)하며 조선인의 영예를 휘양(揮揚)할 신기운이 바야흐로 도달하였도다. 천만 가지 일에 우리의 최선의 노력을 요하며 간단(間斷)없는 계속적 동작을 요함이 오늘에 더 긴절(緊切)함이 없도다. 〈73쪽〉 실로 그러하니라. 오늘 우리의 일거수일투족은 우리의 운명을 결(決)함일세니라.

　우리에게 무엇이 급선무가 아니며 초미의 요구가 아니리오. 문화상으로, 실업 상으로 우리의 영역이 없으며, 자영(自怜)[88]할 바 없는지라. 황막한 삼천리 강산에는 개조와 건설을 요할 것뿐이로다. 그러나 그 모든 부족한 중에도 나는 조선인의 신체에 대하여 그 발달 왕성케 하기를 절규하노라.

　일국의 장래를 점치려면 그 나라 중견된 국민의 원기(元氣)의 여하를 관찰하면 알수 있을 것이라. 발랄한 원기와 건전한 정신은 모두 건전한 신체에서만 찾을 수 있을 것이라 하노라.

　저 구미 제국과 일본국을 시험삼아 보라. 그들이 공적·사적으로 체육을 얼마나 장려하며 그 발달을 꾀하는지 개인으로 그들을 관찰하면 혈색 좋고 행동이 민첩하며 근육이 긴장하여 일견(一見) 원기가 발랄함을 감탄할지라. 이와 같은 개인으로 조직된 국가나 사회에 어찌 원기가 없으며 생기가 없으랴.

　대개 운동은 고상하고 건전한 취미라. 이로 인하여 직접 간접으로 모두 불건전한 습관과 유혹을 격퇴할 수 있음은 생리학상으로 관찰한 분명한 사리(事理)라. 그러나 조선 청년의 대다수는 불건전한 취미에 탐닉하여 원기없는 심신의 소유자가 많음이 어찌 식자의 호탄(浩歎)[89]을 금할 수 있으리오. 더욱이 가통(可痛)함은 우리의 선인(先人) 선배가 체육에 냉담함이 심한 것이라. 체육은 지덕(知德) 양육(兩育)에 비하여 경시할 것인가. 만약 그러하다 하면 그는 불사(不思)의 심자(甚者)라 말하지 않을 수 없도다.

　체육의 효능과 그 필요에 대하여는 다시 평론할 기회가 있으려니와 나는 체육을 발달 증진케 할 방침을 잠시 서술하고 원고를 마치고자 하노라.

1. 중앙체육협회를 설립할 것
2. 목적 체육의 발달 증진을 꾀하고 또 체육사상의 선전

---

88) 스스로 가련하다고 생각하다.
89) 크게 탄식함.

앞의 목적을 달하기 위하여 1년에 1차 조선체육대회를 개최하고 각종 경기를 행하며 그 우승자를 포상하고 최량(最良)의 기록을 발표하여 점차 세계 최량의 기록을 타파하고 조선으로 만장(萬丈)의 기염을 토하게 할 것

최후 나는 우리 동포가 체육에 유의하시어 공적 사적으로 그 발달 증진에 최선의 노력을 다하기를 바라노라(1920.2.4.밤)〈74쪽〉.


## 박춘파(朴春坡), 「2月中의 2大 現像을 보고」, 『개벽』 제21호, 1922년 3월.

2월의 2대 현상이라 하면 누구나 다 알다시피 전조선 축구대회(全朝鮮蹴球大會)가 그 하나일 것이며, 전조선 전문학교 연합 학술강연회(全朝鮮專門學校聯合學術講演會)가 그 하나일 것이다. 이야말로 우리 민중에 대한 신춘 신문화 운동의 가장 값있는 신현상이라 할 수 있다. 육적(肉的) 지적(知的)의 2대 현상이 같이 나타나 원만(圓滿)한 성적(成績)을 같이 얻음은 우리가 경하(慶賀)하기에 마지못할 일이다.

나는 운동가가 아니며 운동에 대한 상식을 가지지 못한 자이다. 그러니까 축구대회에 대한 무슨 구체적 기사는 쓰지 못하겠다. 다만 그 당장에서 그 주위에서 얻은 감상만 쓸 수밖에 없다. 그리고 강연회에 대해서도 역시 당무자도 아니요, 또 상식이 없으니까 무슨 구체적 기사는 못 쓰겠다. 역시 그 당장 그 주위에서 얻은 감상만 쓰려 한다.


### 1. 전조선 축구대회를 보고

구경이란 닭의 싸움 개싸움이라도 퍽 좋아하는 성미이다. 어느 때 돌개바람에 풍긴 가랑잎을 보고 크게 손뼉 치다가 행인에게 코웃음 받은 일까지 있다. 이 구경 전문자의 앞에 전조선 축구대회의 막을 열게 됨은 실로 한정 없이 날뛸 일이다. 어깨가 으쓱으쓱해지며 발굽이 납신납신해진다. 무슨 큰 수나 생길 듯하다.

2월 11일이다. 초봄의 첫 비는 바야흐로 개고 빙설의 장안은 신춘의 신광(新光)에 무르녹았다. 매우 상쾌한 아침이다.

아침을 되는대로 막 집어삼키고 회사에 잠깐 들러 어제의 일지를 되는대로 초안을 잡고 줄달음으로 서궐(西闕)[90]을 향하였다. 무슨 독립사건이나 일어난 듯하다. 나팔 소리가 뚜따거리며, 군악 소리가 뺑빠거리며, 오락가락하는 고함 소리가 서궐을 진동한다. 아동들은 줄달음하며 가게의 사람들은 서궐을 향하여 시선을 모은다〈67쪽〉.

흥화문통(興化門通)이 터질 듯하다. 나는 군중에 부대껴 거의 죽을 뻔하면서 문 안을 간신

---

90) 경희궁.

히 들어섰다. 벌써 사람으로 겹겹이 성(城)을 둘렀고, 수십 명 건아(健兒)들은 싸우기 시작하였다. 교기(校旗)·청년회기·우승기·후원기는 이곳저곳에서 펄펄 날리고 나팔·군악·박장·고함은 동서에 연달아 일어난다.

휘문(徽文)은 서에서, 중앙은 동에서, 보성은 북에서, 각단(各團) 각단(各團)은 동서남북 사이사이에서, 선수는 선 안에서, 관중은 선 밖에서, 제각기 의기-충천하게 날뛰는 현상은 실로 통쾌하다. 생의 세계 같다.

금번 이 대회에 참가된 단체는 학교 측으로는 경성의 휘문, 중앙, 보성, 경신, 평양의 숭실, 광성, 숭덕, 대구의 계성 등 8개 학교이며, 사회 측으로는 경성의 불교청년회, 반도구락부, 건강구락부, 숭인구락부, 유심학우회, 오성학우회, 평양의 무오단, 주작단, 해주의 해주학생 친목회, 전주의 완산청년회, 진주의 진주청년회 등 11개 단체이다. 선수가 다-각기 건강하고 활발하며 정중하고 공평함은 실로 경하할 일이다. 조선 체육계를 위하여 실로 대행(大幸)의 일이다. 우승은 어느 단으로 갈는지 기술로, 건강이 다-그럴듯하다.

통쾌한 중에도 웃음이 절로 나는 노릇은 이 노릇이다. 조그마한 『볼』한 개를 가지고 여러 선수들이 한데 어울려 필사의 애를 쓰면서 쿵쿵 자빠지며, 엎어지며, 정강이를 분지르며, 가슴을 두들기며 하는 광경은 실로 통쾌하기도 하고 웃음도 난다. 그것을 보기 위하여 허리 아픈 줄 모르고, 배고픈 줄 모르고, 나오는 오줌을 억지로 참으며, 간지러운 가슴을 억지로 진정하면서, 목쉬는 줄 모르고 악악 떠드는 꼴은 실로 가관이다. 나도 오줌 방울이나 흘렸다.

경쟁이란 이와 같이 심하게 독한 것이다. 승리란 이와 같이 갈구하는 것이다. 비록 바늘 한 개라도 그것이 경쟁물이 된 이상은 필사코 취하려는 것이다. 어디 이것이 『볼』을 취하려고 하는 것이랴. 자기를 살리려고, 학교를 살리려고, 단체를 살리려고 즉 자기편의 영예를 위하여 희생함이 아니랴. 생이란 과연 여기에 있고, 흥이란 과연 여기 있도다.

진종일 경기에 일인(一人)의 부상, 일단(一端)의 흠이 없이 극 취미, 극 쾌활, 극 원만으로 무사히 경과됨은 조선 체육계에 대한 초유의 경사이다.

제2일, 제3일도 마찬가지로 원만을 꾀하였다. 누가 이기고 누가 패함은 고사하고 다-각기 덕의(德義)에 기(基)하여 기술에 호소할 뿐이요, 경우의 시비(是非), 감정의 기단(技端)이 없음은 실로 〈68쪽〉 감탄이 된다. 이긴 편이라고 그다지 건방지지 않으며, 패한 편이라도 그다지 낙심하지 아니함이 더욱 감탄이 된다. 이번 대회는 실로 만무일흠(萬無一欠)의 대성황이다.

나는 조선체육회를 감사한다. 또는 선수 제군에게 감사를 드린다. 조선에 무슨 회, 무슨 회가 많았지만, 그-실지 사업으로는 체육회가 그 실(實)을 많이 거두었다. 계절을 따라 야구 대회, 정구대회, 축구를 개최하여 일반 청년 건아에게 많은 건강을 주며, 많은 기술을 주며, 많은 승리심을 줌은 무엇보다 감사한 일이며, 그리고 징계할 것은 징계하며 장려할 것은 장려하여 덕성을 길러주며, 의협을 길러줌이야말로 이번 현상을 보아 무엇보다 감사한 일이다. 그리고 나는 선수 제군에게 무한한 애경(愛敬)을 표한다. 그와 같이 건강하고 그와 같이 기술이 능함에 대해서는 제군만을 위하여 감사할 뿐 아니라 조선을 위하여 더욱 감사하다. 그리고 덕의의 발로를 확실히 보겠고, 이해와 용서가 함께 일어남을 많이 증명하겠다. 아-조선의 체육계는 제군으로 말미암아 신기원을 만들겠다.

그런데 최후로 제군에게 한 마디를 간절히 부탁하노니, 각자의 체육을 위하여서는 어떠한 편의를 취하든지 체육에 이롭게만 할 것이되 무슨 명예를 탐한다든지 무슨 허풍(虛風)을 쫓는다든지 하여 어제 아무 단(團) 금일 아무 단으로 개체의 변동을 자주 말라 한다. 혹 경우에는 그도 할 수 없는 사실이지만 제군의 금일 형편을 보면 동요가 너무 잦은 듯하다. 그것이 제군 인격에 대하여 큰 관계가 있고 사회의 풍기에도 별로 이롭지 못하다 한다.

그리고 일반사회에 대하여 한 마디를 드리려 하노니, 무슨 교(敎), 무슨 회(會), 무슨 단(團)하고 그-개체의 집합이 있거든 반드시 청년 건아를 모아서 운동『팀』을 조직하라 한다. 그리하여 이런 대회가 있거든 반드시 참가하여 승리를 꾀하도록 하라 한다. 그것이 그 단결을 대표한 광고 기관이다. 아니 생명 기관이라 할 수 있다. 아무쪼록 이 말을 심상히 듣지 아니하면 그 단결의 행복뿐 아니라 사회의 행복, 민족의 행복이 될 줄 안다.

승리의 기를 높이 들고 몇만 명 군중의 시위 하에 군악과 아울러 장안을 돌파하는 휘문군(徽文軍), 무오군(戊午軍)의 당일의 위세- 아-부러워라. 장부-마땅히 이러하겠도다. 엿 장사는 엿목판을 메고 사동(寺洞)까지 따라오는데 어떤 노동자는 10만 원짜리 금기(金旗)를 빼앗아 온다고 크게 선전하더라〈69쪽〉.

2부
『조선급만주』에 나타난
위생과 신체관

구보 다케시(久保武, 의학박사), 「인체발육의 순서 (제126호續)- 특히, 남녀양성에서 발육상의 차이」, 『조선급만주』(제151호), 1920년 1월.

나는 이전에 본지 10주년을 축하하기 위하여, 제126호(1916년 12월호)에서 먼저 인체의 발생사를 쓴 다음 각 생활기에서의 발육순서를 열거하였는데, 그중 제2기-성동기(8세부터 15세에 이르기)까지의 신체발육의 순서를 게제하였다. 이번에는 제3기-청년기(제16세부터 20세에 이르기까지)의 발육순서에 관해서 기술하고, 그다음 20세 이상의 조선인과 일본인의 체격상 비교 관계에 대해서 언급하고자 한다.

제3기

(16세부터 20세까지)

청년기는 대략 16세에서 20세 사이이며, 성장량도 왕성한 시기이다. 특히 여자는 남자보다 빨리 발달하는 것이 보통이다. 칼스텍트에 의하면, 신장발육은 이 기간에 다시 완만해지며 초기 신장률이 4cm라고 해도 후반에는 불과 2.5cm로 떨어진다. 반대로 체중은 점점 증가하여, 이 시기 이전에는 연 증가율이 2~3kg이라면, 현재는 4~5kg에 이른다.

또한, 이 시기 이전인 아동기에서 신장이 충분히 증가한 자는 오히려 이 시기에 들어가서는 완만하게 된다. 이에 반해 아직 충분히 성장하지 못한 자는 이 시기에 현저하게 신장이 성장하게 된다고 한다.

헌제, 게토레 씨에 의한 유럽인 남녀(16세부터 20세에 이른 자)에 대한 신장, 체중 성적을 열기하면 다음과 같다.

(표 생략)

다음으로 미와(三輪)박사의 일본인에 대한 조사성적은 다음과 같다.

(표 생략)

나는 조선인에 대해서 먼저 나의 논문(조선인의 체질 인류학적 연구)에서 남자 20세 이상과 여자 18세 이상에 대해서 논하였으며, 20세 이하(특히 학교 생도에 대한 조사성적)는 아직 공식적으로는 하지 않았다. 그러나 1917년 12월호에 총독부 학무국에서 보고된 16세부터 21세까지의 조선인과 일본인 남자(학생)의 신장, 체중 성적표와 평양 고등보통학교 생도에 대한 성적표와 함께 내가 조사한 성적을 다음과 같이 열기한다.

조선인 여자에 대해서는 조선교육연구회 잡지에서 니시츠 유지(西津勇志)의 보고가 있지만, 그 조사성적은 매우 의심스러워서 완전히 믿기 어려운 점이 있으므로, 여기에서는 소수이긴 하지만 나의 측정성적을 올려둔다.

총독부 학무국의 (남자에 대한 성적)보고는 다음과 같다.

(표 생략)

나는 앞서 조선인 생체연구에서 남자는 20세 이상 40세까지 552명, 여자 18세 이상 30세까지 146명을 조사하여 보고하였다.

그리고 아동기, 특히 제1기 아동기(일명 유치기) 즉 출생 후 7세에 이르는 자, 제2기 성동기(일명 치아경변기) 즉 8세부터 15세에 이르는 자, 그리고 제3기 청년기(일명 발정기, 즉 16세부터 20세에 이르는 자)는 제외했다.

현재는 소수이긴 하지만, 내가 특정한 조선인 남녀(16세부터 20세에 이르는 자)의 각 나이의 평균수를 여기에 기록하고자 한다.

(표 생략)

상기 20세 이하인 자의 성적에 대해서 조선인과 일본인을 비교하는 총독부 학무국 보고에 의하면, 남자의 신장은 조선인이 7, 8세까지는 약간 일본인보다 큼에도 불구하고 10세부터 18세까지는 작아졌다가 19, 20세에 다시 조선인이 커진다.

체중도 또한 7, 8세까지는 조선인이 조금 더 나가지만, 9세에서 20세까지는 줄어들다가 21세 이후에 다시 조선인이 많이 늘어나게 된다. (21세 이상은 뒷장 참고 바람)

또한, 평양 고등보통학교의 성적을 보더라도, 조선인 남자는 신장이 13세부터 18세까지는 일본인에 비해 작지만, 19세가 되면 일본인을 능가한다(20, 21세에 확실히 다소 크다는 것을 알 수 있다.)

체중도 역시 이 관계가 거의 일치하고 13세부터 20세까지는 조선인은 일본인에 비해 작더라도 21세에서 일본인을 초과하는 것을 알 수 있다. (20세 이상은 뒷장이 자세하므로 참고 바람)

다음으로 여자에 대해서는 내가 조사한 적은 수의 성적이지만, 일본인의 여자의 성적(미와박사)과 비교하면 어떨까 한다.

표

즉 여자는 신장이 16, 17세까지 조선인이 일본인보다 작지만, 18, 19세가 되면 커진다.

21세부터 30세에 이르는 평균 신장은 조선인이 약간 크다. 그러나 여자의 체중은 16세부터 20세까지는 조선인 여자는 일본인보다도 조금 더 나가지만, 21세 이상 30세까지의 체중 평균은 약간 줄어든다.

요약하면 조선인 남자(20세 이상)는 일본인(남자)에 비하면 일반적으로 신장이 크고 동시에 체중도 또한 약간 크다. 그러나 조선인 여자(18세 이상)는 일본인(여자)보다 신장은 조금 크지만, 체중은 오히려 약간 작게 나가는 것을 알 수 있다.

바꿔 말하면, 조선인 여자의 체격은 남자와 비교하면 현저하게 취약하고 일본인(여자)보다도 열등하다는 것을 증명할 수 있다〈52-55쪽〉.

골골자(骨々子), 「다양한 생활 - 부록 거실생활-」, 『조선급만주』(제151호), 1920년 1월.

경성의 유행 독감

11월 말경부터 유행한 독감은 상당히 맹위를 떨치며 전 조선에 1만에 가까운 사망자를 내기에 이르렀고 경성에서만도 12월 말경까지 사망자가 2천 1백 명 이상에 달할 정도로 콜레라 이상의 무서움으로 사람의 마음을 전율케 했다. 그 가운데 가장 비중이 많은 것은 조선인이지만 일본인도 20%를 차지할 정도이다. 이 정도로 독감은 즉시 폐렴을 일으켜 전염되기 때문에 실로 무서워해야 하는 유행 독감이다. 근래 많이 줄어들고 있지만 그래도 각자의 경계가 필요하다〈105쪽〉.


구보 다케시(久保武, 의학박사), 「두뇌의 인종해부학적 연구(제149호續)」, 『조선급만주』(제152호), 1920년 2월.

일반적으로 뇌(중량)에 대해서 논할 때는 먼저 첫째로 나이의 관계를 명확하게 해야 한다. 그러나 뇌의 발육은 나이가 증가함에 따라 서로 병행해서 증가하지 않는다. 따라서 만약 모든 민족의 뇌 중량을 논하고자 한다면, 항상 연령(각 생활기)의 여하에 따라서 통계의 분류를 하여 그 우열을 판정해야 한다. 특히 유동기(幼童期)에는 가장 엄밀한 분류와 비교를 해야 할 것이다.

보이드(Boyd)에 따르면 성숙한 초생아의 뇌 중량은 남자 396.0g(355.0), 여자 352.0g(287.0)이다.

비쇼프(Biscoff)에 따르면 처음 태어난 날의 초생아 뇌 중량은 남자 410.0g으로 계산하였다.

미스(Mies)에 따르면 초생여아는 330,0g(329,99)이며, 성년에 최대중량은 1230.0g이 된다. 또한, 초생남아는 340, 0g(339.25)도 성년(최대중량)에 1400.0g으로 된다고 한다.

비쇼프에 따르면 탄생 첫날부터 15세에 이르는 유동기(남녀)의 뇌중량은 탄생 중량인 410, 0g에서 나이와 체중이 증가함에 따라 증대해 지면서 15세에 이르면 그 중량의 3배 또는 4배가 된다. 같은 나이에서는 남성 뇌의 중량은 여성 뇌의 중량보다도 크다. 또한, 이를 각 분류하면 남녀양성 모두 같은 나이에서 현저하게 차이가 있다고 한다.

미스와 피스텔(Pfiester)은 제14세에 이르는 뇌 중량의 증가와 연령과의 관계는 확실하게 되었다. 미스에 따르면 초생여아의 뇌 중량은 평균 330,0g(329,99)이며 화육경과 동안에 대략 900,0g가 증가함으로써 그 종량은 1230,0g에 달한다. 또한, 초생남아의 뇌 중량은 평균 340, 0g(339,25)이며 화육경과 동안에 대략 1050,0g이 증가하여 그 종량 1400,0g에 달한다.

그리고 전 중량의 3분의 1(여야 300,0g, 남아 350,0g)은 탄생 9개월째까지 증가하고 3분의

2(여아 600,0g, 남아 700,0g)은 10개월째부터 3년 반이 될 때까지 증가한다고 한다.

피스텔은 탄생한 후 1주일부터 12세가 될 때까지 유여아의 뇌 중량을 68개를 조사한 그 성적 결과는, 유동과 유여아의 뇌 중량은 연령에 따라서 증가되며 여성 뇌의 평균 중량은 항상 남성 뇌의 평균 중량보다 작았다. 미스의 주창과 같이 남자와 여자의 중량은 원중량의 무게와 일치하고, 여자는 남자보다 약간 가볍고 남자는 여자보다 빨리 증육된다. 남녀의 차이는 유생아에서 대략 10,0g의 차이이지만, 점차적으로 증육됨으로써 그 차는 점점 커지게 된다고 한다〈27-28쪽〉.


## 기타무라 쓰네토(총독부병원 정신과, 北村庸人), 「정신병에 대해서」, 『조선급만주』(제152호), 1920년 2월.

정신병은 현재 의술로 일정한 병들을 제외하고는 대부분 완쾌되지만, 아무리 고치기 어려운 병이 많이 있다 해도 정신병만큼 비참한 병도 없을 것이다. 왕성한 남자나 한 집안의 주부에게 특히 많이 있으므로 그 육친의 주위로 부모, 배우자, 형제, 자식들과 한집 안에 있지만, 혼자만의 세계에서 미치는 환자! 사랑도 욕구도 공명도 모든 인생의 쾌락 모든 행복으로부터 병적인 성향으로 바뀌어 단지 육체의 생만을 저주스럽게 이어가고 있는 환자! 미쳐가는 상태를 보는 가족의 눈에 고이는 눈물을 보면 우리는 또한 참을 수 없이 동정하게 된다. 이렇게 딱한 병이 게다가 대부분은 불치의 정신병을 혹시 우리는 어떻게 걸리지 않을까. 다음으로 학리를 떠나 단편적으로 정신병에 관해서 이야기해 보자.


### 정신병에 걸리기 쉬운 사람

정신병은 유전이 대부분이라는 사실은 부인할 수 없다. 변질특징으로 체질기질이 유전된다. 정신병의 기질을 지닌 사람은 정신이나 신체를 과로한 결과로 또는 열성전염병 또는 불섭생-(수음, 양자, 음주 등과 같이)으로 신경쇠약이 되어 결핵병에 걸리거나 정신병이나 신경증(간질-히스테리류)등으로 된 사람이다. 그러면 기질의 유무를 일일이 사람마다 검사할 수 있는지에 대해서는 일률적으로 말할 수 없다. 통계상으로 보면 신체의 어딘가의 특이점이나 기형이 있는 자 예를 들면 얼굴이 삐뚤어져 있다거나, 생식기가 발달되어 있다거나, 머리가 홀쭉하다거나, 치열의 이상 내지는 귓바퀴의 변형 등으로 보는데, 비교적 정신환자에 이러한 자가 대체로 보면 기질을 많이 가지고 있기 때문이라고 생각된다. 정신상태 또는 기질 면에서 보면 어떤 사람이 걸리기 쉬운가에 대해서는 히스테리 중간상태, 기대정신증이라고 하는 증상을 지고 있는 자이다. 처음에는 공포심이 일어나다가 그대로 장애로 오는 자,

신경질, 체질성 감정 이상증 즉, 거동퇴양적이며 침울, 일의 진행이 매우 느려서 일정한 취미가 결손된 자이다. 다음으로는 체질성 정신흥분자로 행위가 경솔하고, 모험적인 자기주장이 아니라 일을 하는 데에 어떠한 예비운동이나 예비지식 없이 충동행위를 하는 방랑벽, 방화벽, 절도벽, 살인벽 등이 있다. 병적 색욕의 소유자도 그 일종으로, 때때로 회사를 위협하는 사람에는 색정도착자가 있다. 이에 실제로 변질자의 표본관이 있다. 그 하나로 페티시즘(fetishism)이 있다. 남성이라면 여자의 유마키(목욕할 때 입던 홑옷: 번역자)나 비녀를 벗겨서 정욕의 만족을 하는 마조히즘은 이성의 고통과 불쾌함에 자신의 쾌감이 생겨난다. 사디즘은 이성을 학대하고 살생하여 쾌미를 맛본다. 항상 강박관념이 있는, 예를 들면 극도의 결벽증이나 대중 앞에 나가면 무의식적으로 얼굴이 빨개지는 사람과 같은 성질의 소유자를 변질자 또는 중간성 정신상태라고 하고 한 발 더 나아가면 진짜로 광인이 될 수 있다. 이해하기 쉽게 말하면 걸식이나 부랑인에게 자주 보는 경치, 능력이 없는 저능자, 화를 잘 내는 자, 이상한 버릇이 있는 자, 손이나 얼굴 등을 자른 자, 겉으로는 영리한 것처럼 움직이고 있지만, 일을 하나도 할 수 없는 자, 오늘은 오늘이고, 내일의 일은 염두에 두지 않고 사고하는 자, 지성, 감정, 의지의 무엇인가에 결함을 가지고 있는 자가 정신병에 걸리기 쉽다. 보통 온순하고 내성적인 자가 걸리기 쉽다고 생각하고 있으나, 오히려 조심성 없고 경솔한 자가 걸리기 쉽다. 차분하고 온후한 사람은 걸리지 않는다. 단지 밖에서는 사람 좋지만, 집안에서는 짜증을 부리는 사람은 다르다. 그 짜증은 정신력을 매우 소모시키기 때문에, 짜증을 일으키는 일이 강하면 강할수록 수가 많으면 많을수록 그러하다면, 자신의 능력을 쇠퇴시키는 것이다. 왜냐하면 분노란 뇌의 혈관을 둘러싸고 있는 신경을 마비시켜서 혈관이 놀라 팽창해서 마비되어 항상 혈액이 울체증이 있기 때문에 뇌의 영양을 나쁘게 한다. 그리고 짜증이 점점 심해지게 된다. 조선인에게 이마의 한쪽이 거무스름한 사람을 자주 볼 수 있는데, 이것도 울혈마비로서 피부의 색소침저 결과라고 생각한다. 성질이 급하면 손해라는 말이 문제가 아니라 이러한 증상은 광기가 되는 기별인 것이다.

술의 해에 대해서 한마디 하자면 변질징후를 자손에게 물려주는 원인은 여러 가지가 있지만, 술이 해롭다고 하듯이, 음주가 가장 심한 것 중의 하나라고 생각한다. 대주가의 자식과 손자에게는 통계상 경치, 백치, 헌팅턴병, 짜증 히스테리 또는 그 외의 정신병, 신경병자가 많다. 술과 정신병과는 어느 정도 관계가 있는 듯하다. 어떤 학자의 보고에 따르면 걸식부랑자는 35%, 매춘부는 44%는 그들의 양친이 술꾼이었다. 또한, 다른 사람의 조사에 따르면 250명 정신병이 있는 아동 중에 145명은 아버지가 술꾼, 12명은 어머니가 술꾼, 4명은 양친이 술꾼이었다고 한다.

시험을 통해서 정액에 술을 두세 방울 떨어뜨려 현미경으로 살펴보면 일정한 운동을 해야 할 정자가 여기저기 혼란스럽게 운동을 하다가 잠시 후에는 운동조차도 할 수 없게 된다.

이로써 술꾼의 자식, 취했을 때의 관계는 악영향을 자손에게 준다는 것을 상상하는 것은 어렵지 않다. 조선인에게는 백치경치의 부랑인이나 정신병이 많은 것은 숫자가 거짓이 아니라는 것을 증명하고 있는 것으로 -조선인이 술을 잘 마시는 결과라고 생각되는 점이 적지 않다〈38-40쪽〉.

## 「1920년도 조선총독부 특별회계 예산 강요」, 『조선급만주』(제152호), 1920년 2월.

### 조선의원과 제생원

1920년도 예산총액은 2백 1만 천여 원으로 세입세출 금액이 같다. 지금 이것을 전년도 예산 총액 1백 5십 3만 9천여 원과 비교하면 4십 7만 천여 원이 증가했다. 이 세입이 있는 것은 주로 세출증가에 따른 정부 지출금의 증가와 환자증가와 약값 인상에 근거하여 의원 수입의 증가 등에 의한 것으로 세출의 증가는 주로 의원 분과의 확장, 물가인상과 봉급의 인상으로 인한 경비의 증가, 환자증가에 따른 여러 경비의 증가를 필요로 하기 때문이다.

### 조선의원과 제생원 자금부

1920년도 세입예산 총액이 2백 천여만 원으로 그것을 전년도 세입예산 총액 1만 3천여 원과 비교하면 8천 원이 증가하였다. 조선의원과 제생원 특별회계 1919년도 세계승여금(歲計乘餘金) 예정액의 증가 또한 1920년도 세출예산 총액 6만 8천여 원을 전년도 세출예산액 4만 5천여 원과 비교하면 2만 3천여 원이 증가했다. 이 유지자금에 속하는 유가증권의 구입이 많다는 전망에 의한 것이다〈65-66쪽〉.

## 가가미 데쓰타로(순화원(順化院)주임, 加々見鉄太郎), 「천연두에 대해서」, 『조선급만주』 (제153호), 1920년 3월.

천연두는 먼 옛날부터 유행병으로 매우 무서워했었다. 독일에서도 종두가 아직 발전되지 않았을 때는 모든 병중에서 천연두가 제일 사망 수가 많았다고 할 정도이었기 때문에 인류를 해지는 심한 전염병이었음은 틀림없다. 그러나 종두라고 하는 완전한 예방법이 발견되어, 문명국은 이를 강제적으로 권장하며 힘써 왔기 때문에 그토록 힘들었던 천연두는 그 맹위를 떨치는 여지는 없어졌다. 조선도 한국시대로 와서 매우 유행했기 때문에 한일합병 이후부터 통계를 보면, 1881(메이지 14)년, 즉 병합 전년인 1909년, 대략 4,500명, 43년이 2,700명, 44년이 3,300명이다. 총독 정치가 된 이래로는 종두에 힘써 왔기 때문에 점차 수가 감소하고, 1912(다이쇼 원)년에는 1,100명, 1913년부터는 현저하게 감소하여 겨우 210명, 1914년은 150명, 1915, 1916, 1917년에는 50명을 넘지 않는 수를 보였다. 1918년에는 유행했지만, 330명 정도뿐이었다. 본래도 작년 말부터 경성에서 유행했지만, 본원에 수용된 환자 수는 현재까지 95명이었다. 그 외 평양 근처, 인천, 대구 등에서도 유행한 조짐이 있다고 한다.

병상과 경과

잠복 기간은 대게 10일을 넘지 않지만, 처음에는 감기와 거의 비슷한 증상을 띠며 발열을 동반하며 오한을 일으킨다. 그리고 나서 3, 4일이 지나면, 얼굴, 손발과 같은 공기에 닿는 부분에 먼저 빨갛고 작은 반점이 나타난다. 그것이 점차 융기해서 나중에는 작은 수포와 같은 형태가 된다. 다음으로 그 수포가 농포로 되고, 농포 중앙이 움푹 패여 소위 마마자국이 생기게 된다. 팥 크기가 되면 그때부터 농포가 점점 건조하여 딱딱해진다. 이를 부스럼 딱지라 하는데, 2, 3주간 동안에 이것이 떨어진다. 그 흉은 처음에는 융기되어 있지만, 나중에는 움푹 패여 마맛자국으로 평생 남게 된다. 경미한 경우는 수포가 수 십 개 생기는데 불과하지만, 심하면 전신에 다 생긴다. 두발 속부터 구강, 비강, 인후, 또는 장내까지도 생기는 일도 있다. 따라서 얼굴이나 손발에 흉을 남기는 것만 아니라 눈썹이 빠지고 두발이 성기게 된다. 하루아침에 참담한 면모의 광경을 보게 되는 것이다.

악성의 천연두

올해는 악성의 천연두 환자가 비교적 많아 현재까지 4, 5명이 나타났다. 악성인 경우는 출혈성 두창과 두창성 자반이라는 것이 있다. 모두 치료 방법이 전혀 없기 때문에 발병 후 대개 5, 6일에 사망한다. 출혈성 두창은 농포의 내용이 출혈로 자홍색이 되는데 언뜻 보기에 검은색으로 보이기 때문에 흔히 흑두창이라고 한다. 두창성 자반은 제대로 두포를 만들어지지 않아 피부 전체에 크고 작은 여러 가지 출혈반이 촘촘하게 생긴다. 마치 피를 몸 전체에 뿌려 놓은 듯한 선모양이나 띠 모양, 그 외 여러 가지 모양이다. 다양한 반 모양을 띠는 것은 피하에서 출혈한 것이다. 주삿바늘을 찌르면 그 부근 전체의 출혈반이 나타난다. 증상은 성홍열, 발진티푸스 등으로 종종 헷갈리기도 하지만, 비강, 요도, 항문에서도 출혈할 수 있다. 치료법이 없으므로 걸리면 죽는 수밖에 없다. 실로 무서워해야 한다.

또한, 악성으로 융합성 두창이라는 것이 있다. 이것은 두포가 다수 모여 융합하여 큰 자루처럼 되기 때문에 큰 화상을 입은 것 같은 상태가 된다. 가벼운 경우는 한두 군데에서 끝나지만, 심하면 전신 각 곳곳에 생기므로 주삿바늘을 놓을 데도 없다. 맥박을 잡아도 통통 부어 있어 느낄 수도 없다. 환자는 고통을 참을 수 없어 데굴데굴 구르는 정도이다. 피부가 벗겨져 살이 노출되어 흘러나오는 고름을 침대는 물론, 마루, 벽, 방 전체에 묻히고 다니며,

더 심하게 되면 살 수가 없게 된다. 결국, 심한 냄새를 내면서 피부가 벗겨진 육체가 누워서 죽는 상태가 되면 차마 눈 뜨고 볼 수가 없다〈65-66쪽〉.


모리야스 렌키치(의학박사, 森安連吉),「초봄에 걸리기 쉬운 모든 병의 위생-신경쇠약과 히스테
리-」,『조선급만주』(제154호), 1920년 4월.

위생 이야기는 사계절로 나눠서 말하는 것은 엄밀한 의미로는 물론 할 수 없지만, 우리가 환자를 치료한 경험으로 말하면 초봄이 되어 새싹이 돋아나고 기후가 따뜻하게 되면 정신병 그 외 신경성 환자가 많아진다. 특히 눈에 띄게 많은 사람은 신경쇠약과 히스테리 환자이다.

이 두 가지는 아주 비슷한 질환이지만, 완전히 다른 것으로, 임상에서도 명백하게 구별한다. 초보자는 남녀의 구별에 따라 같은 질환이 남자에게 신경쇠약이라 하며, 여자에게는 히스테리라고 한다고 생각하기도 한다. 그러나 여자에게 신경쇠약이 있는 것처럼 남자에게도 물론 히스테리가 있다. 앞에서 서술한 바와 같이 전혀 다른 두 개의 질환이다. 그러나 이러한 질환은 다른 병과는 달리 병의 원인이 다른 성질이다. 이는 신경쇠약이든, 히스테리이든 해부학적으로 보면 뇌와 신경에 뚜렷한 변화를 보이지 않고 있다. 오늘날과 같이 조직적으로 현미경적으로 발전되어 가고 있는 의학계에서는 해부상 변화가 있다는 설도 있지만, 학자 사이에서는 일정하지 않다. 생각해보면 두 질환은 장기의 활동상의 변화인 것이다. 구체적으로 말하자면, 신경세포의 활동상태 즉 관능의 변화에, 세포의 분자에 이상이 있을 수는 있겠지만, 형태에 변화를 초래하지는 않는다. 즉 관능적 질환이라고 생각된다.

그래서 이 두 질환은 어디까지가 생리적이며, 어디까지가 병적인가 좀처럼 판단하기 곤란하다. 며칠씩 머리를 과도하게 사용하면 많은 사람은 두통이 생기거나 현기증이 일어나기도 한다. 이것은 병적이라고는 말하지 않는다. 휴양하면 자연히 치유되는 생리상의 일이기 때문이다. 병이라고 이름을 붙이기에는 머리의 두통이 계속해서 나아지지 않는다 해도 다른 병상이 나오는 일이 없다면 병이라고는 말하지 않는다. 학생이 시험 전이 되면 평소와 달리 놀면서 게으름 피우고 있는 학생이 갑자기 불을 붙이듯이 공부한다. 그리고 신경쇠약을 일으킨다. 이것은 시험성 신경쇠약이라는 병명을 붙였지만, 일시적인 것으로 좀 지나면 치유된다. 현재 선을 그어, 여기 위부터는 병적이고, 여기 아래부터는 생리적이라고 한다면, 그 선에 떨어져 있는 정도는 구별할 수 있지만, 접근하고 있는 것은 판단이 어렵다. 그래서 일반적으로는 병이 될 때까지 조만간 치료될 것이라는 정도로 생각하고 등한시하는 경우가 많다.

세상이 발달하여 가면 생활의 모든 방면으로 복잡해진다. 길을 걸어도 전철을 타도 신경

계통은 끊임없이 자극을 받는다. 일면에서는 생존경쟁이 점점 치열하게 되고, 자수성가로 먹고살아야 한다면 아주 쉽지 않다. 일을 보면서 걱정하면서 과로하게 되어 생활의 불안에 습격을 맞는다. 심신은 항상 함께 긴장하고 있으며, 결국 신경쇠약에 걸린다. 도시에 사는 사람들만 아니라 시골에서 백성 생활을 하는 자도 옛날과 비교하면, 매우 정신적 쓰는 법이 복잡하게 되어, 신경쇠약 환자가 점점 많아졌다. 전후는 정신병이 많아졌다고 하는데 이는 전시에 따른 외장(外障)이 많았기 때문이다. 그리고 생활상의 끊임없는 싸움에서 받는 자극은 전쟁에서 받는 자극에 못지않다.

3월경부터 5월에 걸쳐서 머리가 아프거나 신경쇠약에 걸린 것 같다고 하는 환자가 많은데, 그들에게 휴양하며 조용한 곳에서 잠시 쉬라고 말해도 이를 실행하기가 좀처럼 어렵다. 쉬고 있다고 해도 일이 머릿속에서 떨어지지 않으며 여러 가지를 생각하게 한다. 조용한 곳에서 여행해도 가족 일이 걱정되어, 머리의 휴양은 정말로 할 수 없다. 여기가 실로 위험한 지점이다. 신경쇠약 등의 위생은 먼저 생활을 규칙을 바르게 하는 것이 제일이다. 이는 일반 건강상에서도 필요한 일이지만, 특히 이러한 환자에게는 필요하다. 관능적 질환은 규칙적으로 움직이게 되면 병이 심해지지 않고 끝난다〈74-75쪽〉.


**고모리 세이지로(이학박사, 小林晴次郞),「조선에 많은 환자 십이지장충에 대해서」,『조선급만주』(제154호), 1920년 4월.**

십이지장충은 길이 3, 4푼의 가는 실과 같은 해충이며, 인간 십이지장에서 조금 아래, 소장 상부 변에서 기생한다. 입에서 장벽으로 흡착되어 기생한다. 다수의 십이지장충이 인체에 기생하면 몸은 점차 쇠약해지며 혈색이 나빠진다. 일하는 데에도 귀찮아서 하기 싫어한다. 그래서 흔히 '아오뵤탄(青瓢箪)', 또는 '고개 밑(坂の下)'이라 불린다. 고개 밑의 출처는 고개에 접어들면 숨이 차서 아이고 하는 힘든 기분을 연상하여 이렇게 말한 것이다. 심하게 되면 몸에 부종이 생겨서, 아이들이 이에 감염되면 벽토를 먹는다거나 목탄을 가지고 싶어 한다.

십이지장충 환자는 세계 각지에 있지만, 동양에 특히 많고, 일본 내지와 조선 또는 중국에 농밀하게 만연해 있다. 그리고 동양에서는 백성에 환자가 많고, 서양에서는 광산의 광부에게 많다. 미국은 이민자가 입국할 때에 엄밀한 검사를 하여 환자는 치료하지 않으면 상륙시키지 않는다. 미국에서도 상당한 환자가 있으므로 어떻게든 근본적으로 없애고 싶어 하므로, 인쇄물에 의한 선전이나 그 외 여러 가지 방법을 강구하여 이를 위해 많은 돈을 국비로 사용하고 있다. 미국에서는 십이지장충을 흑인 노예가 유입했다고 하는데, 십이지장충은 따뜻한 곳에 잘 자라기 때문에 아프리카 부근의 흑인 노예에게는 상당히 많이 있을 것이다. 이러한 흑인을 노예로 미국으로 데리고 옴과 동시에 십이지장충도 함께 유입되었다.

발육의 순서

사람의 체내에서 알을 깐다. 알은 똥과 같은 곳으로 체외로 배설시킨다. 배설시키는 알이 변소나 흙 안에서 부화하고 발육한다. 디스토마나 이러한 기생충도 체내에서 부화하여 그대로 성장하는 것은 아니다. 반드시 한 번 체외로 나가서, 거기서 발육하고 그것이 또한 인체로 들어가 산란하게 된다. 알은 여름이 되면 또한 발육하기에 좋은 조건으로, 상태가 좋으면 3일 정도에 부화한다. 유충이 알의 껍데기를 깨고 나온다. 게다가 약 2일이 지나면 성장해서 제1회 탈피를 한다. 외피를 벗는다. 탈피 후 잠시 후에 또 탈피할 수 있는데, 제2회 때는 탈피하지 않고 껍질을 주머니 모양으로 해서 유충이 이를 쓰고 있는 상태가 된다. 이를 피포대(被胞袋)의 유충이라고 한다. 이 상태의 유충이 되면, 처음으로 인체에 감염할 수 있으므로 그 전에 설령 인체에 들어가면 발육할 수 없어 죽는다. 이때의 크기는 육안으로 겨우 확인할 수 있으므로 일 푼의 약 5분의 1의 길이로 가늘고 길다. 인체에 들어가기까지 이 상태로 멈춰있지만, 이것들은 물속에서나 땅속에서 흩어져 수개월 동안 생명을 잘 보존한다.

인체에 들어가는 경로

생수를 마시거나 채소를 생식하는 데에서 입으로 들어가는 경우와 피부로 들어가는 두 가지가 있다. 피부로 들어가는 경우는 피포대의 유충에 사람의 손이나 발이 접촉하게 되면 유충이 피부를 뚫고 안으로 들어간다. 일시적으로 많은 유충이 들어갈 때는 피부가 매우 가려울 것으로 생각한다. 유충은 피부에서 혈관으로 들어가 정맥을 통해서 심장으로 간다. 폐동맥에 의해 폐로 보내져 폐에서 기관지로 들어가 기관으로 간다. 그리고 기관과 서로 접촉하는 식도로 이동하고 식도에서 위로 내려가 십이지장 하부에 살게 된다. 피부로 침입하는 것도 기이한 일이지만, 이상과 같이 각종의 기관을 통해서 복잡한 경로를 거치고 있다. 이 피부감염에 대해서는 이집트에 있는 독일 로스가 지금부터 20년 전 처음으로 설명하였다. 그 후 많은 학자가 실험 때문에 이 설은 확실하게 증명될 수 있었다.

입으로 들어갈 때는 입안이나 식도에서 내부로 뚫고 나가서 혈관으로 들어갈 것이다. 먼저 위로 들어간다. 그리고 대다수는 위액으로 죽는다. 그중 살아남은 경우는 아주 드물다. 위벽을 관통하여 혈관에 들어가며, 피부로 들어올 때와 같은 경로로 다시 위로 들어오지만, 그때는 처음처럼 위액으로 죽지 않는다. 이러한 사실은 일본에서는 미야가와 박사가 자세한 실험으로 발표하고 있다. 여기부터 생각하면 아무래도 한 번에 폐에 들어가서 혈액의 세례를 받지 않으면 십이지장까지 도달할 수 없다고 보인다. 이렇게 복잡한 불가사의한 경로를 거치는 중에는 길을 헤매고 다니며, 몸의 다른 조직으로 가서 그곳에서 죽는 일도 있다. 피부에서 림프관으로 들어온 경우는 림프선 안에서 죽을 수도 있다. 유충이 인체로 들어간 후부터 몇 주간 모체가 되어 알을 낳는다. 수년간은 체내에서 살아가며 산란한다고 생각된다〈76-78쪽〉.

우에무라 쥰지(의학박사, 植村俊二), 「재해 상처의 치료는 어떻게 하는가?」, 『조선급만주』(제157호), 1920년 7월.

사고를 미리 방지하는 일은 어려운 일이지만, 더 큰 일이 되기 전에 이를 예방하는 것은 결코 어려운 일은 아니다. 그리고 이것은 상당한 주의도 필요하고 예비지식도 필요하다. 나의 일상에서 다루는 외과 환자에게도 원인은 별 것 아니었지만, 그 결과는 매우 심각하게 되는 경우가 있다. 나는 어떤 집안의 아동이 사소한 일로 종아리를 타박을 입었지만, 상처도 외관상 가벼우므로 처치하지 않았다. 2, 3일 정도 지난 후 다소 발열이 있어도 소아는 계속 사고 절름발이로 놀았다. 아버지는 관청의 일로 먼 곳에 출장을 가게 되었다. 원래 신경 쓰지 않고 출발했으나 그다음 날 소아가 위독하다는 전보를 받고 돌아왔다. 귀가 후 불과 하루 간호하고 귀여운 아이, 학교에서는 항상 수석을 차지하고 전도유망한 소년을 잃어버렸다. 실제의 사례로 알고 있는 이 이야기는 소아외과병에서 가장 무서워하는 것 중의 하나인 급성화농성 골수염으로 실제로 너무 급해서 대처할 여유도 없을 정도이다. 그때 아버지라는 사람은 술회하며 만약 자신이 창상에 대해서 다소 지식을 가지고 있었더라면 이러한 부주의, 부용의한 실패를 만들지 않았을 거라며 한탄하였다.

그런데 외과 병이라도 몸 내부에 생긴 병은 어쩔 수가 없다고 흔히 말한다. 상처 즉 우리가 재해상처(災害創)는 어느 정도까지는 부상 당시에 주의 하나만으로 그 경과를 양호하게 한다. 병을 가볍게 할 수 있는 만큼 재해상처에 관하여 일반적으로 할 수 있는 행동 또는 긴급처치법을 간단하게 설명하고자 한다. 먼저 순서대로 그 종류를 말할 필요가 있다. 절창(切創)이란 작은 칼, 유리, 철판 등으로 일어난 상처로 직선상을 이루고 평활하고 깊은 상처를 가진다. 비교적 청결한 상처이다. 자상(刺傷)이란 못, 바늘, 대나무, 나무조각 등 예리한 끝을 가지고 있는 물건에 찔려서 생긴 상처이며 상처자리는 작고 잔류할 우려가 있다. 좌상(挫傷)이란 둔기에 의한 상처로 상처 모양은 정해지지 않았다. 여러 창록의 일부에 으스러지고 괴사를 초래한다. 막대기 맞거나 구두로 차였다거나 돌계단에서 미끄러져 전도될 때에 생기는 경도한 좌상으로 겨우 상피의 박피만이 일어났을 때는 이를 찰과상이라고 한다. 그 외 많은 종류가 있지만, 먼저 이들이 가정에서 일어날 수 있는 단순한 재해 상처이다. 상처가 있으면 반드시 전염이 일어난다. 즉 세균의 침입에 의해서 국소와 전신으로 병을 일으킨다. 부상 후 6시간은 아직 세균이 번식하지 않지만, 8시간 내지 10시간부터는 번식하기 시작하여 24시간에 가장 왕성해진다. 그리고 부상직전의 세균의 수는 적고 상처의 표면에 붙어 있다. 따라서 이때 세균을 박멸하는 방법을 강구하는 것이 정말로 쉬운 일이다. 세균의 종류에 따라서는 독성이 매우 맹렬한 것이 있다. 또한 같은 종류 중에서도 평범한 것과 맹독을 가지고 있는 것은 아마도 인간 체질의 강약의 차이가 있는 것과 같을 것이다. 맹독을 가지고 있는 세균의 전염은 매우 무서워해야 한다.

그래서 이러한 상처가 난 경우에 제일 먼저 하는 처치는 소독이다. 옥도정기(요오드팅크)로 가장 간단하게 또한 비교적 확실하게 할 수 있다. 나는 꼭 옥도정기를 가정약으로 권하고 싶다. 이것은 항상 '알코올'에 2배 희석해서 사용하고 이 약을 샀다면 그대로 사용해도 좋다. 부상 부위에 이것을 바르고 그 위에 '가제' 조각을 올리고 상처의 크기에 따라서 반창고나 붕대를 씌운다. 상처에 직접 반창고를 붙이는 경우는 금지한다. 왜냐하면, 상처에서 분비물의 배출을 못 하게 하여 전염되는 것을 유발하기 때문이다. 다음으로 필요한 것은 어떤 경우에도 건조 상태를 유지하는 것이다. 아무리 불편하더라도 물에 닿지 않고 입욕을 해야 하지만, 만약 어쩔 수 없이 물기가 닿았을 경우는 바로 주정 또는 희석된 옥도정기로 닦아내고 또한 '가제'를 교환한다. 이렇게 주의한다면 대부분은 작은 재해상처는 자연적으로 지니고 있는 항독작용으로 전염을 일으키지 않고 4, 5일 또는 1주일 사이에 치료된다. 상처 부위면에는 4, 5일 경과하면 새살이 돋아난다. 건전한 새살 조직은 세균에 대한 저항력이 강력하다고 해도 분비물이 괴어 있거나 물에 젖은 후 처치를 게을리하면 새살 내에 세균이 침입하여 고름이 차고 부어 전신 발열 등을 일으켜서 심각하게 이르는 일도 있다.

상처에 세균전염이 일으켰을 때 상처 표면에 존재한 세균은 큰 의의가 있지 않지만, 상처 내로 깊게 침입한 세균은 해로운 것이다. 그리고 이 경우는 소독약으로 충분히 깊은 곳까지 그 작용을 미칠 수 없다. 그러나 농후식염수(12배 또는 10배)로 상처를 세척할 때는 염분의 균등작용에 의해서 상처 부위면에서 다량의 림프액이 배출된다. 그때 세균도 동시에 깊은 부분에서 배출되어 현저하게 치료일수를 단축시킬 수 있다. 해변이라면 해수를 그대로 해독해서 상처를 세척해도 가장 염가 해수의 염분은 14%로 낮은 농도에 불과하므로 지장은 없다. 세척이라고 해도 관주하는 것이 아니라 식염수를 끓여 소독하여 이를 소독하는 용기에 넣어 그 안에 상처 부위를 20분 정도 담근다. 이러한 조작을 국소욕(局所浴)이라고 하는데, 이 국소욕 후에는 다시 환부를 앞에서 언급한 바와 같이 건조적 처치를 해야 하는 것은 말할 것도 없다.

이상은 지극히 간단한 재해상처의 처치법이었다. 여기서 중요한 점은 먼저 옥도정기로 소독하고 상처에 가제를 대고 상처를 치료할 때까지 건조 상태를 유지하는 것이다〈54-55쪽〉.

도가와 가네코(여의사, 戸川錦子),「콜레라(호열자)에 대해서」,『조선급만주』(제158호), 1920년 8월.

보통 콜레라는 1883년 로베르트 코흐(Roberto Koch)가 발견한 소위 '콤마 바실리(comma bacilli)'라고 하는 배균이 체내로 침입하여 발병하는 전염성이 있는 병이다. 그 병 원인에는 여러 가지가 있다. 생선살, 고기류, 불량한 음료수 등이 매개가 되며, 오직 음식만을 부주의 해서가 아니라, 감기 등에 의해서 발생한 장카타르 등이 일으킨 경우에도 종종 콜레라에 걸리기 쉽다. 아무튼 충분히 끓이지 않은 음식이나 음료를 먹는 것은 나쁘다. 특히 일본인은 사시미라고 하는 날생선을 좋아하는 경향이 있는데, 이것들은 가장 위험하다고 말할 수 있다. 그러나 음식물 그 자체에 병균이 붙어있지 않더라도 파리가 간접적으로 병원을 매개로 하기도 하여, 조선에서는 불결한 조선인 마을에 이런 종류의 파리가 병독을 가지고 온다. 다음으로 주의해야 할 것은 수영이다. 발생지 부근에 하수나 해변에 수욕을 할 때도 주의해야 할 사항 중의 하나이다.

단순성 콜레라에 걸렸을 때의 징후는 설사, 토사곽란을 하루에 6회에서 7회 정도 한다. 전신은 매우 나른한 느낌이 생기고 식욕은 감퇴하고 피부는 차가워지며, 소변이 줄어 구토 또는 잦은 설사, 장딴지 근육통을 초래한다. 맥박은 매우 미세하게 된다.

유사콜레라(경증)는 처음에는 물을 수차례 토하고 마침내 쌀뜨물과 같은 설사를 보게 된다. 손발은 점차 차가워지고 장딴지에 통증을 느끼게 한다. 이때 치료법을 잘 하지 않으면 변성이 되어 진성으로 된다.

진성콜레라는 일명 가사(假死)콜레라라고 하는데 설사 또는 유사콜레라에서 변성이 된 것으로, 갑자기 본병을 일으키는 일도 있다. 전신이 쇠약해서 체온이 떨어지고 맥박은 매우 빨라지며 미세하게 되며, 동시에 분뇨도 감소하거나 멈추게 된다. 또는 무통증으로 쌀뜨물과 같은 토사를 하고, 첫날에 24회 또는 30회 정도 설사를 하게 된다. 눈이 움푹 들어가고 콧대는 우뚝 서 있으며, 피부는 차가워진다. 소위 의학상의 '치아노제'를 보인다. 잘 모르는 사람이 제일 빨리 감별하는 방법으로는 피부를 꼬집어 보면 그 부분만 주름이 생기면서 없어지지 않는다. 근육은 부스럼을 일으키며 특히 장딴지에서 심하다. 물론 호흡이 곤란해지며 마치 살면서 지옥의 아귀를 보는 것과 같다. 이틀이나 며칠 사이에 저승길로 간다.

그렇다면 치료법은 어떠한가 하면, 도둑을 잡아 줄로 묶어 놓듯이, 병에 걸려 펄떡거리며 쓰러진다고 해도 붙잡아 줄 수 없다. 역시 평상시에 각자 섭생을 중요시하고, 음료수는 끓이고, 음식물은 반드시 익히는 것이 긴요하다. 특히 파리는 전파의 매개가 되기 때문에 파리채나 끈끈이로 퇴치하고 음식 등에 일절 닿지 않도록 하는 것이 중요하다.

다음으로는 예방법으로의 주사도 꼭 필요하다. 이것을 두 차례를 맞으면, 설령 걸린다고 해도 경증으로 끝나며 생명을 잃어버리지 않는다. 즉시 부근의 의사를 찾아가는 것이 지름 길이라고 생각한다. 최근 어떤 일부 사람은 크레오소토환 일명 정로환의 효력을 주장하고 있는데 이것은 상당히 살균력을 지니고 있다. 식후 바로 한 알 또는 두 알을 적량으로 복용 하면 위의 소화력도 건전하게 된다. 단지, 이것을 일본 약국방에서 한해서 판매하지만, 의사 의 의견도 등한시해서는 안 된다. 예방법 중에 가장 간편한 것은 매실장아찌(梅干)를 먹는 것이 좋다. 콜레라균은 산류 특히 염산성에 대해서는 대항력이 약하기 때문에 염산 리모너 를 적당하게 이용하는 것도 좋지만, 정도가 지나치면 오히려 염산과다성을 야기하기 때문에 상당한 주의가 필요하다. 역시 간단한 방법은 매실장아찌이다.

다소 의학에 소양이 있는 사람은 먼저 감홍하제(甘汞下劑:수은과 염화수은(Ⅱ)(염화제이 수은) HgCl2를 혼합 가열하여 만든다, 하제는 설사 나게 하는 약)를 투입하고 난 다음 아편 과 같은 흥분제를 넣어 복부온■법을 시도해보아도 좋을 것이다. 진성일 때에는 식염수를 피하 또는 정맥 내 주사를 상용하고자 한다. 그 외 '모르핀'의 피하주사, 장뇌(樟腦)의 피하주 사는 대조적인 요법으로 중요한 요법 가운데 하나이다.

다음으로 병에 걸린 자의 토사와 이에 오염된 것은 모두 생석탄유로 주의 깊게 소독해야 한다. 그리고 소아의 토사(영아콜레라)는 소위 음식의 불섭생으로부터 발생하여, 토사, 산통, 장명, 장딴지경련, 피부궐랭을 느끼며, 허약, 탈력(힘빠짐), 신음을 동반하게 된다.

이 병 치료법은 먼저 편안하게 누워서 쉬게 하고 음식을 삼가지 않으면 안 된다. 관장을 상복(上腹)에 하고, 지사제를 내복으로 복용하는 것이 효력이 있다. 젖먹이의 음식은 유모를 변화하여 소의 육즙에 우유를 섞어서 매시 3회 찻숟가락으로 준다. 또한, 강제 구토는 위 세척이 되고, 또한 단백수의 내복을 하여 엄냉기에는 겨자탕, 람주, 꼬냑, 카페인, 장뇌(樟腦: 녹나무를 증류하여 얻은 고체), 암모니아 회향정(茴香精) 등을 복용하면 좋다.

그래서 만약 병세가 쇠약해지고 수분이 많이 소실되어, 위험 증상에 빠질 때는 음료수, 염산수를 복용하여 마이네르씨가 상용한 다량의 물 주입법을 시도해 보아도 좋다〈51-52쪽〉.


모리 사다키치(의학사, 森貞吉), 「성홍열과 티푸스의 간호법 일반」, 『조선급만주』(제159호), 1920년 9월.

지금부터 가을철로 들어가서 걸리기 쉬운 병은 역시 전염병이며, 조선의 성홍열 등은 가 장 두드러지는 것 중의 하나이다.

원래 성홍열은 소아병 중의 중병이며, 3세 이상 8세 정도까지 소아에게 가장 많다. 그래서 그 잠복기는 2일에서 7일 정도이다.

초기에는 대체로 전신으로 이상을 느끼다가 점차 발열하고, 인두통을 일으킨다거나 음식을 삼키는 것이 곤란하게 되어 종종 구토까지 이르게 된다. 인두는 종기가 생기고 붉어짐을 띠며 때때로 황색의 태가 끼어있다. 얼핏 보면 거의 디프테리아의 초기로 의심을 하기도 한다. 이 병의 특징은 일반적으로 발병한 다음 날에 경부와 흉부에 발진이 나타나며, 갑자기 전신으로 퍼지는데 단지 얼굴의 입 부위에만 그 침해가 없다. 발진은 개개의 작은 반점 모양이 빽빽하게 이루고 있다. 또한, 그 외 경부 전체는 완전히 염홍색을 보이고 높은 열이 2, 3일간 지속한다. 경부의 붉어짐이 감퇴하기 시작되면 열이 떨어지면서 피부는 점차 건조되어 가지만, 그다음 주가 되면 얇게 피부가 떨어져 나간다.

이 병에 걸린 자는 가장 엄중하게 격리하고 또한 가장 안정하게 치료를 하는 것이 중요하다. 그리고 경부의 염증에는 브리스닉 찜질법을 실행하는 것이 적당하다. 만약 그때 격리법을 등한시하고 다른 건강한 자와 동거를 할 때는 빨리 전염되는 우려가 있으므로 주의가 필요할 따름이다.

이 병에 걸리면 바로 가장 가까운 의사를 방문하여 적당한 치료법을 받는 것이 가장 좋은 방법이다. 환자나 그 분비물을 취급하는 간호사 역시 스스로 소독을 엄밀하게 해 두지 않으면 위험하다. 특히 주의가 필요한 것은 이 병의 낙설기(落屑期: 피부 표피의 각질이 벗겨져 떨어질 때)는 전염성이 가장 심한 시기이므로, 이를 잊어서는 안 된다. 단지 한번 이 병에 걸린 사람은 다시 걸리지 않는다.

다음으로 장티푸스의 세균은 음식 또는 마시는 물에 섞여서 장 안으로 들어가 2주에서 3주간 잠복기를 거쳐 그 부위에 궤양을 발생하는 병이다. 장티푸스는 종종 유행성으로 발생하기 때문에 사람에서 사람으로 전염되기도 하고, 강물이나 우물을 마신 다수의 사람을 침식시키기도 한다. 예를 들면 장티푸스 환자를 간호하거나 환자의 배설물에 접촉한 후에 엄중히 소독하지 않으면 특히 전염된다.

그러므로, 환자의 소변은 물론 환자의 신체 접촉한 의류 등은 반드시 철저한 소독이 필요하다. 이런 까닭으로 대소변으로 오염된 속옷이나 이불 등은 보글보글 끓은 물에 소독하고 간호사의 손가락은 소독약으로 꼼꼼하게 씻는 것이 중요하다.

장티푸스는 일반적으로 식욕부진, 신체 권태, 특히 두통 현기증 등으로 시작되어 다음으로 전율성 오한이 일어나고 피부가 건조되며 피부 온도가 올라가게 된다. 열은 이때부터 대개 1주일 정도 지속되고 이어서 점차 열이 떨어져서 회복하는 것을 통칙으로 본다. 그런데 악성이면 종종 지나면서 장출혈을 일으켜 다량의 출혈로 인해 체온 맥박 등이 부정맥이 되면서 점차 쇠약해져 사망에 이르게 된다.

환자는 식욕은 완전히 없어지고 입술과 혀가 건조하여 입이 마르는 것을 호소한다. 또한, 대부분은 설사하고 대변은 마치 완두콩과 같고, 제2주째가 되면 복부, 흉부, 등 그리고 허벅지 등에 작은 빨간색의 반점이 발생하게 된다. 이것을 손가락 끝으로 누르면 색이 없어지고, 손가락을 떼면 다시 조홍을 띤다. 의학상으로는 이것을 장미진이라고 한다. 환자가 정신이 혼미하고, 익살스러운 이야기를 한다고 해서 안정되었다고 할 수 없다. 일반적으로 환자는 조금씩 기침을 하면서 청각이 좋지 않고 또한 언어도 정체된다. 이러한 상태가 3주 초부터는 변화되면서 전신이 경쾌해지며, 열이 내려가면 점차 회복기로 넘어가 식욕이 왕성해진다.

이 병의 환자가 발생한 경우는, 바로 격리하고 실내를 안정하게 하고 공기를 환기한다. 항상 잘 정돈하여 방바닥이 울퉁불퉁하지 않게 하고 이불이 접히지 않도록 평평하게 깔아준다. 매일 수차례 입속을 씻고 만약 환자 자신이 할 수 없는 경우라면 간호하는 사람이 천에 물을 묻혀서 환자 입속을 씻도록 해야 한다. 또한, 때때로 눕거나 돌려서 잠자는 위치를 바꿔가면서 욕창에 주의해야 한다〈57-58쪽〉.


**마루야마 세이치(닥터, 丸山清一), 「치질의 예방과 요법」, 『조선급만주』(제160호), 1920년 10월.**

대체로 많은 병은 기후가 바뀔 때나 무더위나 한파와 같을 때에 몸 상태의 변화를 일으킨다. 치질도 역시 그러한데 한기가 심한 곳에 있으면 난감함을 느낄 것이다.

한 마디로 치질이라고 하지만, 여러 종류가 있으므로 한 단어로 지적하기는 어렵다. 대략 분류해서 보면, 치질, 탈항, 치루, 직장탈, 열치, 하혈치 등으로 나눌 수 있으며, 나름 매사 다른 특징을 가지고 있다.

이 특징의 대략을 설명하자면, 먼저 탈항이란 출혈하는 것과 항문이 빠져 있는 것 두 가지가 있다. 출혈도 다량으로 하면 매우 심각해진다. 항문이 빠진 사람은 처음에는 콩알 크기로 나오지만, 점점 커지면 고통 또한 커진다.

치질이란 흔히 말하는 '아나지(穴痔)'인 것으로, 이것도 내치질과 외치질로 두 가지가 있다. 이것을 성질로 분류하면, 단순성과 결핵성이 있다. 결핵성은 악성이다. 흔히 치질이 원인이 되어 폐병을 일으킨다고 하는데 대부분 이 결핵성 치질로부터 초래된 것이다.

직장탈, 이것은 지누케(痔抜け)라고 부르며, 대부분 아이들의 병이다. 치료가 잘 맞으면 자연스럽게 나아지지만, 치료가 잘못되면 오히려 항문이 늘어나게 된다.

열치는 대부분 항문의 뒤쪽에서 증상이 나타나는 것으로, 변을 볼 때, 또는 그 후, 또는 기거동작에 따라서 동통을 일으키는데 매우 통증이 심하다. 가려움증은 대부분 치핵, 탈항 등의 병이 있는 사람이 치료를 게을리해서 분비분이 끊이지 않고 항문 주위를 자극하여 그곳이 점점 피와 염증으로 습해져서 가려움증을 유발하는 종류이다. 이를 내버려 두면 손톱으로 상처를 내거나 하여 동통을 일으키므로 매우 주의가 필요하다. 또한, 변이 딱딱하여 항문 주위에 염증을 일으키는 때도 있다. 이것을 무심코 넘어가면 치루가 된다.

하혈치는 대부분 탈항, 치핵, 열치 등에서 발생한다. 대부분 사람은 단순히 많은 사람이 나쁜 피를 쏟는다고 생각하고 평상시와 같이 생활하는데, 이 때문에 빈혈증이 생기게 된다.

치질이 어떻게 발생하는가에 대한 병 원인은 아직 일정하지는 않다. 한마디로 말하면 원인은 여러 가지이지만, 그중 가장 많은 경우는 변비, 즉 대변이 잘 나오지 않아서 그렇다.

그리고 일본에서는 예로부터 습관상 앉아서 책상다리하는 경우가 많다. 이것도 결국 치질을 발생하게 하는 하나의 원인이 틀림없이 된다. 또한, 승마, 자전거, 차가운 벤치에 앉는다거나 아무튼 항문에 직접 또는 간접으로 닿는 일이 많으면 큰 독이 된다. 그 외에 대식 대주가 나쁜 것은 물론이고, 큰 소리를 내어 배에 힘을 준다거나, 커피나 차와 같이 자극물을 다량으로 너무 복용한다면, 이를 줄이지 않으면 나쁜 결과가 생긴다.

그다음, 다른 병에서 치질을 일으키는 경우도 적지 않다.

폐기중심장병, 간장병, 요도협착, 섭호선염(전립선), 자궁병에 걸린 사람들이 종종 치질이 생긴 경우는 분명 있으며, 특히 부인은 임신이 원인이 되어 분만할 때에 치질을 일으키는 경우도 흔히 있다.

치질의 원인으로 특히 인정되고 있는 것은 유전이다. 이것은 확실하게 대다수의 치질 환자에서 보이는 가장 큰 원인일 것이다. 그러나 이것은 직접 유전보다는 후천적 유전이라고 하는 편이 적당할 것이다. 본래 치질의 병근이 있는 가족력은 발병하기 쉬운 체질로 만들어져 있는데, 이를 잘 관리 하지 못해서 점차 악성 치질을 일으키는 경향이 생긴다.

결국, 후천성 불섭생이 선천적 체질과 어울려 이 병이 생기는 셈이다. 예방이 중요한 것도 바로 이 이유에 있다.

대략 앞에서 언급한 같은 이유로, 아무튼 요는 예방법의 적응이 중요하다. 특히, 유전이든, 또한 체질상 치질의 병근이 침입하기 쉬울 거라고 생각되는 사람은 한층 이 예방법에 주의해서 병고를 피할 궁리를 해야 한다.

방법 첫 번째로서는 변비를 순조롭게 하도록 하는 것, 치질기가 있는 사람은 반드시 아침 한두 번 부드럽게 분비하도록 습관을 길러 둘 필요가 있다. 그래도 대변이 잘 나오지 않는다면 변비가 있을 때마다 완화제(설사약)를 식전에 이용하도록 해야 한다. 그러나 이것은 최후의 요법으로, 평소에 끊임없이 음식물 등으로 주의만 해도 틀림없다.

배변할 때는 절대 배에 힘을 주어서는 안 된다. 이것은 오히려 유해하게 된다. 변비는 닦아 낼 때 되도록 부드러운 종이 또는 탈지면 같은 종류를 이용하는 것이 좋다.

또한, 이미 치핵이 있는 자는 보통 배변을 도와주는 완화제를 사용하고, 또한 국부에는 찜질을 해야 한다. 이 찜질에 대해서는 고래 각종 민간 찜질법도 있으며, 무화과의 잎을 온탕에 넣고 이용하는 것도 그중 하나인데, 오늘날에는 화학상 적당한 찜질도 있으므로 이 방법을 따르는 것이 가장 지름길이다.

지금 치질이 걸린다고 해도 적당한 운동을 하면, 항상 건강한 몸으로 유지되는 것은 물론이다. 과도하지 않으면 불가능하지 않는데 한 시간 정도 산책을 하는 것이 가장 좋다. 자전거, 승마 등은 처음부터 피해야 한다.

다음으로 알코올은 절대 금물이다. 현재 치질 징후가 없는 자일지라도 과거에 음주하고 때때로 밤샘 등은 공연히 질병의 원인이 되는 것에 지나지 않는다.

자극적이지 않고, 소화하기 쉬운 담백한 것을 먹고, 한꺼번에 많은 양을 먹지 않고 몇 번에 나누어 먹는 것이 좋다. 지방이 없는 솝(스프)이나 수프, 달걀, 우유, 채소라면 감자, 무 샐러드와 같이 배변을 딱딱하게 하지 않게 하는 질 좋은 음식이다. 매우 조심성을 갖지 않으면 좋지 않다.

이러한 의미에서 떡과 같은 음식도 아주 좋지 않다. 고추, 산초 등과 같은 자극성이 있는 것은 치질에 나쁘다는 것은 처음부터 말할 것도 없다.

민간요법에서 간단하게 항문이 매우 가려울 때 또한 변을 보면서 괴로울 때는 해면(海綿)을 냉수에 담갔다가 항문에 끼우면 어느 정도 기분 좋게 된다. 특히 누구라도 할 수 있는 요법은 입욕 요법이다. 모든 치질은 국부가 차갑다거나, 더러우면 어느 정도 해가 있어, 따라서 온욕은 자연 혈액의 순환을 양호하게 하므로 국부의 ■혈을 따뜻하게 하여 병세를 어느 정도 완화할 수 있다. 치질 내에서도 치핵 환자는 특히 필요하다.

또한, 이외에 소작법과 주사법과 절제법이 있는데, 앞의 두 방법은 각각의 응급법이며, 근본적으로 절제하는 편이 좋은 방법이다. 치핵이 있는 사람은 이 절제요법을 해야 하기 때문에 이에 적당한 전문가의 치료법을 따라야 한다〈45-47쪽〉.


시가 기요시(조선총독부의원장 의학박사, 志賀潔), 「위생사업의 일치협력」, 『조선급만주』(제 161호), 1920년 11월.

세계의 열강국과 함께 힘을 겨루는데 필요한 요소는 국민의 건강 학문의 진흥, 경제의 발전이라고 생각한다. 그리고 국민의 건강을 증진하는 것은 유럽 대전 이전에 각국에서 왕성하게 논의한 학자의 대부분이 연구했던 점으로, 국민섭생, 민종(民種) 섭생의 학술적 연구와 실시방법 등은 크게 주목할 만한 것이었다. 그러나 이 연구실현 등이 불충분한 가운데 대전쟁이 발발하여 일시 중지된 상태가 되었지만, 이제 사회상태가 평정으로 돌아옴과 동시에 다시 이 연구시설이 진흥하게 될 것이다. 다행히 일본에서는 대전쟁으로부터 멀리 있어 대부분 평시 상태 그대로 위생상에 관한 시설연구를 계속 진행했으므로, 착착 실속을 챙기는 데에 놀라기에 그지없다. 이에 더해 학문의 진보 발흥은 근년 특히 두드러지며, 공업상에서도 일대 진보를 해 온 것은 세계와 동등하게 인정받는 바이다. 대전 5년 서양의 학문은 황폐한 사이에 일본의 학문은 크게 발전하여 그들과 상호 조금도 손색이 없을 뿐만 아니라, 어느 특수한 부분에서는 그들을 능가하는 것도 있다. 당연히 우리들의 각오는 이 진보를 어디까지 향상하는가에 있으며, 더욱더 노력을 가하는 것이다. 그리고 서양의 학문계가 권토중래의 기세로 나아가고 있을 때 꺾이지 않는 정신으로 분투하는 각오를 해야 한다. 이리하여 나중에 우리는 평화 시에도 또한 서양과 학문계에서 패권을 다툴 수 있다. 지상 전쟁을 하는 가운데 경제상의 발전은 세계가 인정하는 바이며 이에 관해 설명할 필요도 없다. 올해에 들어와 경제적 혼란이 초래되어 이를 위해 모처럼 진흥되었던 각 방면의 기운이 한때 힘들게 저해된 점은 매우 슬픈 일이지만, 그러나 진흥의 잠재력은 결코 이로 인해 소멸하지 않을 거라고 확신한다. 기운은 다시 발흥 되는 것임이 틀림없다.

승전국도 패전국도 극도로 피폐에 이르고 있음은 어쩔 수 없는 사실이다. 그들은 황폐한 잔지(殘趾)를 모아 재건하기에는 영영 날이 부족할 듯하다. 정말로 동정해야 할 일이지만, 대전쟁 후에는 이와 같을 것이라고 그들은 처음부터 명료하게 이해하고 있었던 바이다. 이에 대해서 러일전쟁 후 일본의 비극적 상황의 흔적에 관해 물어볼 것까지도 없다. 이를 알고 더더욱 결행하여 이르는 것은 시대의 흐름이라고 말해야 할 것이다. 현재의 문제는 황폐한 지역을 벗어나 재건하는 국민의 성공이다. 이러한 성공은 국민의 노력으로 기다려야 했으며, 국민의 원기와 반발력의 강약에 대해서는 더 말할 나위도 없다. 국민의 힘으로 부강하게 되면 회복은 비교적 쉬울 것이다. 이 반발력으로 맹렬한 기세만 있다면 무슨 일이라도 해낼 수 있지 않겠는가. 그리고 반발력은 굴절이 클수록 강하다면, 일본과 같이 거의 어떤 굴곡도 없이 순조롭게 보낸 것이 오히려 뒤처질 수 있다는 두려움도 있다. 내가 긴장된 정신을 필요로 하는 것은 이 때문이다.

신임 독일대사는 나에게 독일의 참상을 말했다. 독일의 현재의 문제는 식료이며, 국민은 모두 영양불량인 상태에 빠져 있다. 즉 백 명 가운데 95명까지는 필요량의 음식물을 취할 수 없다고 한다. 그 결과, 신장은 평균 두 치나 작아지고 체중은 60킬로에서 40킬로까지 감소하고 있다. 이것을 전전 상태로 회복하기에는 2세대 후가 아니면 불가능하다고 말하고 있다. 이 지치고 고달픈 상태에서 회복하려고 하는 독일민족의 반발력은 눈여겨볼 만할 것이라고 믿는다.

국민의 건강과 증진을 위해서는 방역 상 보건과 방역, 이 두 가지가 있다. 보건은 적극적인 방법으로 방역은 주로 소극적인 시설이다. 일본에 대한 보건조사는 수년 전부터 착수되어 있지만, 조선에 대해서는 아직 구체적으로 되어있지 않다. 그중 가장 필요한 것은 영양 문제로 도쿄에서는 이미 영양연구소의 설립이 결정되어 관제도 발표하였으며, 우리 일본국민으로서의 음식물이 학문적으로 연구할 수 있게 된 셈이다. 종래에는 단지 서양의 번역에 지나지 않았던 영양학은 드디어 일본국민의 적절한 영양학으로서 연구할 수 있게 된 것이다. 쓸데없이 육식만이 영양에 제일이라고 생각한 흔취(欣醉)적 학문을 근본적으로 해결해야 한다. 그 외 인력거 마부업과 같은 마라톤 경주라든지, 상업적 볼 매치에 대한 연구자들은 개량을 해야 할 것이 많이 있다. 또한 유아문제, 지방병 조사, 가옥의 개량, 상하수의 개량 등 모두 보건과 크게 관계를 가지고 있다.

그리고 이 영원하고 건설적인 국민 건강증진 시설에 부응하여 소위 초미의 급무로서 방역사업을 일으킨다. 작년부터 콜레라의 유행이나 최근 계속 창궐한 장티푸스의 유행 등은 지금 당장 박멸해야 하는 돌발사건이다. 이러한 돌발사건이 있는 동안은 국민의 적극적인 건강은 바랄 수 없다. 즉 방역사업 기간이 진정한 보건사업이라 할 수 없다. 이 방역사업을 행하는 데에 조선과의 특수한 관계로 실행이 매우 곤란하다. 이는 말할 것까지는 없고 일본인과 조선인과의 관계이다. 일본인과 조선인과 상호 인접하여 주거하고 있는 이상은 갑의 이익은 을의 이익이며, 갑의 손해는 을의 손해라는 말을 이해해야 한다. 이 관계는 위생상의 문제에서 적절히 느껴진다. 인가에 전염병 환자가 있으면 그 위험은 즉 자신에게 미치게 된다. 자신의 주택에 파리가 발생하면 즉 인가로 날아간다. 즉 이러한 이해가 필요하므로 서로 일치 협력해서 방역사업을 하지 않으면 도저히 목적을 이룰 수 없다는 것을 말할 것까지도 없다. 이 점에서 일본인과 조선인은 협력 일치해서 일에 임할 필요가 있는 적절한 시기라고 특히 느껴진다. 본디 위생상의 일은 각 개인의 이해가 없으면 안 된다. 이해 없는 위생은 반드시 결함이 있고 모순이 있으며 또한 잘못이 있다. 즉 위생적 지식의 주입이 필요하며, 위생적 교육이 필요하다. 나는 일본인 조선인 구별 없이 특히 조선인에 대해서 위생상의 교육할 필요를 의심하지 않는다. 바라건대, 나는 천천히 그러나 건실하게 이 방침에 따라서 실행을 기하고자 한다. 1920년 11월 10일〈27-28쪽〉.


### 기타자토(北里) 의학박사 이야기, 「전율할 만한 폐결핵」, 『조선급만주』(제161호), 1920년 11월.

이 글은 기타자토(北里)박사가 10월 말 경성에 잠깐 들렀을 때 필기한 것이다.

일본에서 결핵의 유행상태를 타국의 경우와 비교하면 완전히 정반대의 현상을 보인다. 즉, 영국, 프랑스, 독일, 미국 등의 문명국에서는 해를 거듭할수록 감소한다. 특히 영국에서는 이 현상이 뚜렷하여, 지금부터 5, 60년 이전에는 인구 만 명에 폐결핵 사망률은 25, 6명이었으나, 점차 감소하여 20년 정도 전에는 15, 6명이 되었고, 오늘날에는 더욱 감소하여 겨우 10명 정도의 비율로 되었다.

그러나 일본에서는 이와 반대로 예전에는 적었으나 점차 증가하면서 더욱 악화하였다. 1899~1900년경 인구 만 명이 폐결핵이었으며, 매년 사망자가 12, 3명이었던 것이 1905년 후에는 16명 이상이 되었다. 오늘날에는 이미 20명 가까이 되었다.

특히 일본에서 15세부터 25세의 청년 사망률은 영국의 3배, 독일의 2배를 보인다. 즉 서양에서는 문명이 발전하면 발전한 만큼 결핵은 감소하고 있는데 일본은 문운(文運)의 발달과 함께 더욱 증가하는 기현상을 초래한다. 특히 청년 사망자가 많다는 것은 단지 의학상의 문제로만 그치지 않고 사회정책 상에서 크게 강구를 해야 하는 큰 문제이다. 똑같이 결핵이라고 해도 이것은 폐결핵과 후두결핵으로 두 가지가 있으며, 내장에 산재하고 있는 것과 결핵균은 전염력이 미약하고 또한 전파의 기회도 적기 때문에 두려워할 것이 못 되지만, 작은 균에 의해서 다수의 인명을 위태롭게 한다는 것은 아마 일본 결핵은 위에서 언급한 균이 아닐 것이다.

즉 각국을 통해서 전체 사망률의 7분의 1이 폐병 환자라는 점은 이를 확실하게 입증해 줄 것이다. 폐병은 고래부터 존재한 것이며, 적어도 수 천 년의 역사를 가지고 있는 병의 근원이다. 종래에 유전성으로 지목되어 있었는데, 1907년에 특히 유명한 독일의학계에서 권위 있는 코호(コッホ)박사 연구에 의한 폐결핵은 전혀 유전성이 아니라 전염성의 본질을 가지고 있다고 하였다. 고금의 정설을 발표된 이래, 폐결핵이 완전 전염병이라는 대부분의 확인을 할 수 있었다.

그리고 결핵균은 가래 속에 무수히 존재한다. 나의 실험에 의하면 환자의 호흡은 석 자 이내 거리에서 정확하게 결핵균이 전파될 뿐만 아니라, 폐결핵 균의 저항력은 다른 미세균과 비교하면 가장 강대하다. 예를 들면 건조한 공기 중에서도 존재하기 위해서, 폐의 운동을 지둔하게 하는 폐첨을 침투한다.

즉 폐첨가답아(肺尖加答兒)는 초기를 지칭하며, 폐결핵의 전파상황은 국가마다 그 내용이 다르지만, 일본에서 상황을 관찰해보니, 이를 직업별로 분류하니 조각가와 같이 일반적으로 먼지가 많은 직업에 종사하는 자, 그중 사진사, 교사 등이 가장 많았다. 이를 도읍(都邑)으로 통산하여 폐결핵 환자의 비율을 나타내면, 만 명에 16, 7명을 산출했지만, 소학교 교사의 폐환자률은 실로 24, 5명으로 산출하였다. 이러한 현상은 완전히 외국에서 볼 수 없는 비참한 현상으로 특히 일본 여교사의 폐환자률이 많은 것은 개탄할 정도이다. 이를 국가적 견지에서 보면 중대한 문제이다.

각 도시에서 폐환자 중 남녀의 비교통계를 검사하여, 가고시마(鹿児島)를 제외하고 특히 여자에게 많은 원인이 무엇인지를 말하자면, 그 유력한 한 원인은 검소한 식사를 일본의 미풍으로 여기는 비문명의 습관이다. 제2의 국민을 양육해야 할 임무를 가진 부녀자에 대해 꼭 공공심을 가져야 할 점이다.

이에 이어서 연령상에서 본 상황은 영국, 독일 등에서는 15세부터 34, 5세까지는 거의 평조를 유지하고, 50세 이상에서 증가하는 경향이 있지만, 일본에서는 15세경부터 34, 5세 전후로 가장 많이 환자가 발생하였다. 이 또한 기이한 현상이며, 이는 국가적 세력의 대부분이 결국 감축되는 것이다.

이상, 일반적으로 말하자면 전술과 같이 기현상이 나타난 것은 일본 사회 각 방면에 부조화로부터 생긴 것이다. 비슷한 예를 들면, 니혼바시도오리(日本橋通り)중앙에는 작년 이후 아스팔트 도로가 생겼는데, 이 때문에 진 애가 부근의 상점으로 날라 와 힘들게 하고 있다. 원래 아스팔트는 청소까지 빈틈없이 한다면 매우 깨끗하겠지만, 일본은 서양의 아스팔트만을 배워서 이를 조심히 하기 위해 청소를 막고 있다.

또한, 오늘날의 일본에서 의학은 장족의 진보를 하고 있다. 특히 의료상의 기계와 약품 일부분까지도 제조할 수 있으나, 이 대부분은 여전히 외국으로부터 수입에 의존하고 있다. 게다가 기계와 약품은 불필요한 경우에도 사용되는 경향이 있다. 왜냐하면, 작년에 독일과 전쟁을 하자, 의료품이 일제히 끊겨 그 공황상태는 눈 뜨고 볼 수 없었다. 이 원인은 뭐라고 말할 것도 없이 약의 만능을 지나치게 말했기 때문이다. 약의 효능을 과신했기 때문이다 〈42-43쪽〉.

## 하야시 하루오(의학박사, 林春雄), 「생물학상으로 본 중일공존론」, 『조선급만주』(제163호), 1921년 1월.

국제간의 일은 여러 가지 방면에서 연구하면 흥미롭다. 무서운 페스트는 중국에 먼저 퍼져서 상해 부근에 있는 쥐가 매개되어 일본으로 전래한 것이다. 이 페스트 환자가 한 명 발생하면 한 명에 대한 평균 일만 엔의 예방비가 소요된다. 콜레라의 경우는 인도방면에서 왔으며, 보균자가 배로 운반되어서 일본으로 들어와 큰 소동을 일으켰다. 사람에게 걸린 나병과 같은 것도 중국으로부터 전염되었다. 화류병은 콜럼버스가 미국을 발견하기까지는 유럽에는 없었다. 콜럼버스가 미국을 발견했을 때, 이 승조선원이 미국 본토인으로부터 감염되어 유럽으로 가지고 돌아왔다고 한다.

이처럼 전염병으로부터 국제관계를 살펴봐도 흥미롭지만, 다른 전문적 생물학상의 견지에서 중일 양국의 관계를 조사해 보면 공존의 이치를 벗어나야 한다는 결론에 이른다.

생물이 언제 즈음에 지구의 표면에 나타났는가에 대한 문제는 인간 관점에서 말하자면 아주 먼 옛날일 것이다. 이를 천문학적으로 보면 최근의 일이라고도 말할 수 있다. 인간의 수명을 기준으로 측정하면 만 년 이만 년은 긴 세월이지만, 무궁장척한 시간의 연감으로부터 보면 일만, 이만은 매우 짧은 것이다.

　여하튼 지구의 표면에 생물이 나타났을 때부터 여러 가지 발화 추이를 거쳐 오늘날에 이르게 되었으며, 현재는 인종전성의 시대가 되었다. 이 생물은 본능적으로 생존을 하고자 한다. 어떤 생물인가 여하를 묻지 않고 죽고자 하는 생물은 없다. 단지 살고 싶다는 것이 생물의 본능이다.

　이 본능은 이를 두 가지로 나눌 수 있다. 하나는 자기의 생존이며, 또 하나는 자기종족의 보존이다. 이것은 즉 생식이다.

　생물은 첫째 목적인 자기 생존을 위해서는 자연계와 싸운다. 빛이 없을 때는 빛을 얻기 위해 노력하고, 비를 견디고, 사계절이 변화되는 것에 대응하도록 노력한다. 즉 자연에 대항해야 하는 건투를 계속하는 것이다. 그리하여 자연에 대해 면역성을 가질 수 있다.

　다음으로 생물은 실제 생활을 영위해야 하는 음식물을 요구한다. 더욱 좋은 것을 더 많이 요구한다. 이는 이른바 생존경쟁을 하는 것이다.

　또한, 생물은 자기종족의 보존을 위해서 생식을 영위하며, 이 생명을 불멸시키지 않도록 힘을 쓴다. 최하등의 생물은 세포의 분열에 따라서 종족의 번식과 생명의 흐름을 영원히 하고자 한다. 이 영혼 불멸과 같이 요컨대 생명의 영원을 의미한다.

　처음으로 발생한 생물은 무기물을 토양으로 이 생명을 영위하고 이것이 죽으면 이를 비료로써 식물이 발육되고 냉혈동물의 발생이 되어, 계속해서 유척수동물이 되고 온혈동물이 되어 오늘날에는 혼혈동물로서의 인류가 가장 위세를 부리고 있다.

　인류가 적자로서 현대에 생존하고 있는 이유는 발음기관으로서 장치가 다른 생물보다도 우수하며, 언어에 따라서 의사를 소통하며, 게다가 지혜가 다른 생물보다도 우수하다. 이는 인간의 손을 보면 5개 손가락의 움직임이 상황에 따라 잘 움직일 수 있기 때문이며, 당연히 많은 다른 원인은 있다는 것은 말할 것도 없다.

　오늘의 생물계를 대체로 살펴보면 온전히 인간을 위한 편의 때문에 생기고 있는 듯이 보인다. 동물이든 식물이든 완전히 인류 번식을 위해서 희생된 상태이다. 소, 말, 새, 물고기는 자기 생존을 인류를 위해서 잡혀 인류의 음식물이 된다. 각종의 식물은 인류의 생활을 위한 가옥건축 기타 등으로 사용된다. 예를 들어보면 모두가 인류를 위해서 발생한 것이다. 이에 있어서 인류는 점점 발육하고 번영하여 증가한다. 그리하여 이 궁극적으로는 인류 동지들끼리 싸움이 되어 나타난다.

　이 인류 동지의 싸움은 나의 일상에서 목격하는 바이며, 일본인 동지간에 또한 일본 학생 동지 간에, 그 외 모든 방면에서의 싸움의 끝이 나지 않고, 이 중학 졸업생은 고등학교 관문에서 치열한 경쟁시험을 한다. 고등학교 졸업생은 대학 관문에서 피를 토할 정도의 경쟁을 한다. 이들의 경쟁도 요컨대 자기 생존을 위해서 필요하기 때문이다.

이 경쟁은 국제간에서도 격렬하게 상호 정의 인도라고 부르면서 침략을 하고 민족자결이라고 하는 명책을 고안하는 자도 생겨났다〈13-14쪽〉.


## 오다 사다쿠라(육군3등 군의정 의학사, 小田定藏), 「북만주를 위협하고 있는 페스트에 대해서」, 『조선급만주』(제163호), 1921년 1월.

지금 북만주지방에는 페스트가 발생해서, 러시아인, 중국인이 이것에 걸려서 죽는 사람이 적지 않다. 만약 검역을 소홀히 한다면 과거의 만주 일대에 나타났던 이런 참사를 반복하게 된다.

본편은 블라디보스토크파견군 임시 야전방역부 방역관 오다 군의정이 몸소 하이라르(내몽골의 자치구 이름)지방을 답사하고 페스트 방역에 관한 흑룡강 후룬베이얼(呼倫貝爾: 네이멍구 자치구(內蒙古自治區)의 북동쪽에 있는 지방.) 진수사서(鎭守使署) 참모장 廣軸씨에게 제출하는 의견서 중에서 기록한 것이다. 조선과 만주에 거주하는 이방인은 이것을 잘 참고하여 자구책을 강구하였다.


유행연혁과 병원지

페스트는 중국에서 서역(鼠疫)이라고 칭한다. 서역은 태고부터 세상에 알려진 가장 극렬한 전염병이며 그 병원을 아시아에서 발병해 병독을 세계 각지에 전파하여 점차 대유행을 초래하였다. 14세기에는 전 유럽에 「흑사병」이라는 이름으로 대유행을 하고 2,500만 명이라는 놀랄 만한 많은 희생자를 냈고 또한 지금보다 대략 10년 전에는 시베리아와 만주의 「폐페스트」 참해는 나의 기억에 선명하다. 그렇지만 학술의 진보와 함께 18세기의 중국 이하 서양에서 다시 이 병이 유행하지 않았는데도 아시아와 아프리카에서는 지금도 페스트의 유행이 끊이지 않는다.

현재 세계의 병원지로서 알려진 곳은 다음의 다섯 곳이다.

(1) 곤륜산과 히말라야산맥 동부 윈난 지방

(2) 히말라야산맥의 서남 구마온 지방

(3) 기르기스 고원에서 아르타이산에 걸친 지방

(4) 아라비아의 서남 구석

(5) 이집트 나일강 상류

병원지에 있어서도 계속해서 사람들 사이에 페스트가 존재하지 않지만 다른 병원이 잠재하고 그것이 시기를 이용해서 세력을 키워 인류를 습격하기에 이르렀다. 즉 인도에서는 집

쥐와 쥐벼룩 사이에 유행이 잠재하여 선박과 면직 등에 수출 물품을 통해서 다른 항구에 전파하는 것이다. 또한, 만주에서는 타르바간(몽골 마못: 큰 다람쥐 종)이 병원인 것을 확정하고 있다.

### 하이라르지방의 상황

하이라르(내몽골의 자치구)와 만주는 아주 많은 타르바간을 산출 포획하는 권내에 속해 있고 따라서 해마다 페스트의 산발이 끊이지 않고, 올해 발생도 아마도 타르바간과 관련이 있다. 이렇게 산발하는 것은 많게는 림프절 페스트이다. 그렇지 않으면 하루아침에 폐페스트로 변한 것이 아닐까. 그 참담함과 피해라는 것은 도저히 글과 말로 표현할 수 없다.

타르바간은 페스트균 보유자이다. 그들 설치류의 교미기 혹은 출산기를 틈타서「설치류 간 유행」을 초래하고 점차로 포획자에게 전파되게 된다. 그 외 짐승 가죽을 취급하는 사람 또는 타르바간 호식자들 또는 야외 노동자들이 모두 그 시기에 위험하다.

인도에서는 이미 집쥐가 병의 원인이 되는 이상, 하이라르 지방에서도 모두 타르바간만을 주목하는 것은 위험의 여지가 많다. 우리는 모든 그 외 들쥐, 집쥐와 벼룩에 관한 신중한 연구가 필요하다.

### 병원체 페스트균

이 균은 특이한 형상을 한다. 이 때문에 의문스러운 환자, 혹은 사체의 혈액, 혹은 임피선에서 이 균이 나오면 진단은 거의 확실하다. 그렇지만 균의 형태는 배양기의 여하에 따라서 스스로 변형한다.

인체 침입 경로는 피부(건강한 피부에도 침입하고 작은 상처가 있으면 더 쉽게 침입한다)와 호흡기(이때는 폐페스트가 된다)이다. 병 유형은 폐 페스트, 림프절 페스트, 피부 페스트, 페스트 패혈증의 4형태이고 어느 것도 고열이 나서 급격하게 죽음에 이른다. 또는 전염 경로는 환자의 분비물, 배설물과 그것에 의해서 오염된 피복과 기구, 가옥 등에 의해서이다. 주로 피부에서 침입하는 것이다. 단, 폐 페스트에서는 가래 비말전염이 되고 이 외에 더욱 중요한 경로는 벼룩을 매개로 한 경우이다. 또는 하이라르지방은 타르바간에 의한 것이 많다.

### 페스트의 예방법

북만주지방에 있어서 예방법으로 주된 것은 아래와 같다.

(1) 건강진단을 시행하고 환자의 조기진단에 노력할 것

(2) 발생가옥의 엄밀한 소독과 교통차단

(3) 병독이 심하게 되면 모든 시의 교통을 차단하고 여행자에게는 건강증명서를 부여하는 것

(4) 사망자의 신고를 확실하고 신속하게 하고 반드시 사체검안을 완료할 것 ( 그때 세균학적 검사를 같이하지 않으면 검안의 가치는 적다)

(5) 급격하게 사망에 이른 전염병 사체는 반드시 소각할 것(페스트균은 지하에서도 1, 2주간 생존하고 해빙과 함께 위험하다)

(6) 페스트 예방주사를 맞을 경우 (그것은 의관의 판단에 따라서 한다)

(7) 타르바간 수렵자에 대한 감찰을 하고 그들의 위생 상태에 주의할 것

(8) 타르바간 가죽과 일반 짐승 가죽은 반드시 소독 후에 취급하지 않으면 수출하지 않을 것, 그것은 세계에 대한 박애 인도 상의 의무화 (아주 넓고 큰 소독고의 설치를 필요로 함)

(9) 시민에게 경고할 것, 그 방법으로서는 게시, 위생 강연, 활동 등)

(10) 다른 관계기관의 관료와의 연락

(11) 세균학적 검색에 필요한 재료 기구와 페스트 병실, 그리고 광대한 격리실의 준비

(12) 그 외 잡다한 것은 아래와 같이 다섯 가지를 추가한다.

1. 해빙을 기다려 모든 시의 대청결법 실시
2. 춘추 두 차례의 청결법
3. 특히 도살장, 짐승 뼈 운반차, 생육 판매소, 오락장, 극장과 시장 등의 청결 시행
4. 일반 위생사상의 환기 향상할 것 ( 위생은 재산과 능률의 근원임)
5. 페스트 유행과 발진티푸스 유행이 함께 올 것을 생각하여 후자에 대해서도 주의를 소홀히 해서는 안 된다. 즉 발진티푸스에 대해서도 벼룩과 노린재의 구제가 필요하다.


이에 대한 의견

10월이 되어 만주리 부근에 18명의 페스트 환자가 발생한 것이 나의 조사로 밝혀졌다. 당시 하이라르에서도 19명의 타르바간의 수렵지방인의 발병했다는 소문이 있는데 과연 이번 9명의 진성 림프절 페스트 환자가 나타나기도 하였다. 그 가운데 중국인은 4명 중에 1명은 내가 사체의 검안을 마치고 확실하게 페스트균임을 증명함과 동시에 동물시험도 수행했다.

그렇지만 호윤(呼倫)경찰청 조사에 의한 11월 이후의 역병 사망자 수를 개관하니 몸은 차고 구토를 함으로써 급격하게 사망하는 자가 이미 9명이 나오고 전도의 하역노동자이다. 이와 같은 사망자는 시절의 분위기로 보아 페스트로서 아주 의문스럽다.

이상 많은 것을 통관할 때는 당분간 모든 시의 호구 검사를 반복 엄수해서 환자의 발견에 힘쓰고 그 외 사체의 검안을 확실하게 해서 여관, 극장, 하역노동자의 생활상태에 성의를 다함과 동시에 기차 검역을 소홀히 해서는 안 된다. (특히 만주리에서 오는 군대 수송차에 있어서 거의 대부분) 타르바간 가죽과 일반 짐승의 가죽의 소독은 부단히 중요사항으로 하고 다른 방면에서는 수의관으로 하여금 수의와 생육검사를 엄수해야 한다.

이번에 시찰에서 나타난 것은 지방제관의 방역시설은 전부 정확하고 신속하게 주도해서 격려에 마지않는다. 즉 빨리 타르바간 수렵을 금지하고 조선 마을 페스트 발생가옥을 소각하여 지금 또는 모든 시 호구 검사를 수행하는 등, 기뻐할 만하지만 다만 한 가지 바라는 바가 있다. 무엇인가 하면 하이라르 지방과 같이 매년 나쁜 역병이 발생하는 토지에는 학력, 식견이 우수한 방역관 1명을 상주하게 하고 이로써 각종 나쁜 역병에 관하여 조사연구와 그것을 예방 박멸을 향해서 최선을 다하게 하는 것이다. 그것은 실로 현재와 장래에 대한 방역대책이라고 확신하고 특히 의견을 개진하는 바이다.

나쁜 역방의 박멸은 어려운 것만은 아니다.

대만에서는 1896년 5월 처음으로 병독을 아모이(푸젠성 남동연안에 있는 섬 이름)에서 수입해서 평안한 마을에 환자를 발생시켜 점차 호남에 전파하였으며 이후 병독은 급속도로 전 도에 침투하여 매년 유행을 반복하게 되었다. 그렇지만 방역법의 발달 엄수에 따른 1910년 이후에는 단지 가이청(嘉義廳) 관내에 국한해서 병독을 발생하게 되었다〈57-60쪽〉.


## 요시키 야사(총독부의원 약제과장 약학사, 吉木彌三), 「불로불사의 영약(靈藥)」, 『조선급만주』 (제163호), 1921년 1월.

최근 스타이나하(スタインナハ)의 불로불사설이 매우 떠들썩거리고 있는데, 이 설에 따르면 결국 생명의 근원을 생식선의 내분비로 보고, 이 작용의 쇠퇴를 회복시키는 것이 즉 불로불사의 길이라고 한다. 바꿔 말하자면, 생식기관을 왕성하게 하는 것이 장수의 기본이라 하며, 중국인이 불로불사의 비결로서 보신을 강구한 것은 전혀 비과학적이지는 않다. 또한 중국인이 보신의 묘약으로서 여러 동물의 진액을 복용하는 것도 지금의 과학자가 분비기능의 장기를 으깨서 액체로 주사하는 회춘의 신요법과 우연히 부합되는 과학적 근거가 있을지도 모른다. 그다지 단순한 미신도 아닌 것 같다.

불로불사의 장수법이라고 하면, 요즘 사람들은 그런 비과학적인 일이 있냐고 일소에 부치고, 그것은 삼척(三尺)의 머리를 비류삼천장(飛流三千丈)이라는 중국 일류의 과대설이라고 말하며 웃음을 터뜨릴지도 모른다. 정말 우리에게 불로불사의 영약의 존재는 인정되고 있지 않다. 역시 중국인의 잠꼬대 같은 소리라고 생각된다.

바로 전해 10월 20일 미국 캘리포니아감옥의 의사 스탄레와 켈커는 인간의 뇌 활동은 간극선과 간극선의 분비액이 미묘한 작용을 일으켜서 뇌를 고갈시키기 때문에, 이를 장년자의 뇌에서 노쇠자에게 이식하면 백발의 노인도 홀연 원기를 회복하여 장년자와 다르지 않는

활기를 나타낸다고 한다. 프랑스의 의학 대가인 프로노프 박사의 학설을 실험한 적이 있다. 이것이 마침내 실현된다면 우라시마(浦島)를 거꾸로 가는 이치가 된다. 사형수 장모를 죽인 베론이라는 남자의 유해에서 간극선을 적출해서 쇠약한 모 노인에게 이식한 결과 매우 성공을 보았다고 한다. 그 후 의학 대가를 입회시켜서 십여 명에게 실험을 한 적이 있기 때문에 또한 과학의 작용에 따라서는 불로라는 것이 반드시 불가능하지만은 않다고 생각된다.

대체로 잘 생각해보면, 선인욕과 본능욕이란 완전히 양립하지 않는 듯하다. 중국인이 염두에 둔 점은 나뭇잎의 옷을 입고 명아주 지팡이를 차고 유일하게 이슬을 먹고 바람에 날아다니기만 하는 살아있는 시체와 같은 선인이 되어서 서왕모와 같은 풍만한 선녀에게 둘러싸여 꿈을 꾸는 선궁의 환락인 것이다. 신심도 있고, 쾌락도 있다는 자가 중국인이며, 대부분 욕심쟁이가 아니다. 무엇보다 어느 나라에서나 성적흥분약이 가장 빨리 퍼지기 때문에, 지금이야 약으로 포함하지 않지만, 코코아도 커피도 처음에는 역시 미약(媚藥)으로 매매되었다〈82-83쪽〉.


**미네 신이치(대련(大連) 미네안과병원장((三根眼科病院長), 三根辰一), 「눈의 위생(근시와 노안 및 원시에 대해서)」, 『조선급만주』(제163호), 1921년 1월.**

눈의 구조

눈은 안구와 이를 보호하는 보호기간(망막 등)등 두 가지로 구별할 수 있다. 그리고 이 안구는 구조사진의 암상(暗箱)과 똑같이 사진 상자는 전방에 '렌즈'(구슬)를 가지고 후방에 ■판을 장치한다. 우리의 눈도 역시 전방에는 '렌즈'(구슬)와 비교하는 수정체를 가지고 후방에는 건판 대신에 망막을 가진 것이다. 지금 당장 눈을 사용하지 않을 때 즉, 조절기 이완 상태에서 무한한 원거리로부터 오는 평행광선이 망막 상에 맺히면 정시안(正視眼)이 되고, 전방에서 교차하면 근시안이 된다. 이에 반해 후방에서 교차할 때는 원시안이 된다.


근시안

근시안이란 원견■■로서 먼 거리의 물체를 명료하게 볼 수 없다. 단지 일정한 근거리에서만 물체를 명확하게 볼 수 있는 것을 말한다. 그리고 시각적 상태는 무한한 거리의 전방에서부터 오는 평행광선은 눈 안으로 들어와 망막 전방에서 맺혀서 한 번 맺힌 광선은 또한 퍼지면서 망막 상에서 투영되기 때문에 ■■가 된다.

근시의 원인으로는 학술적으로는 조절설, 시축폭주설, 신경색인설, 안구구조설 등 매우 여러 가지 설이 있다. 이 설이 한결같다고는 할 수 없지만, 요컨대 과로하게 눈을 사용함에 따라서 또는 선천적 요인을 가진 자는 근시에 걸리기 쉽다.

학생들 사이에 유행하는 소위 학교근시는 학업 지속에 따라 눈이 피로하고 근시로 빠지게 된다. 즉, 처음은 정시 또는 가벼운 근시라도 광선이 불충분하게 되는 방에서 독서를 하거나 과로한 공부나 미세한 근업지속을 하면 근시가 생긴다.

정도가 증가하게 되면, 특히 청춘기에서 세자를 사용하는 일이 빈번해 지면 점점 나빠지게 되어 근시의 수치도 또한 매우 증가하게 된다. 그리고 근시의 과반이 여기에 속한다. 이처럼 공부를 과도하게 하여 눈의 피로를 가져오면서 근시를 일으키게 된다. 그러나 같은 시간 같은 직업을 하여도 갑은 근시가 되고 을은 근시가 되지 않는 일도 있다. 그 이유는 근시가 선천적으로 될 수 있는 요인을 가진 자로서 눈의 박약 즉 천부적인 박약이 주원인이 된다.

기루히나(キルヒナ)의 조사에 의하면 근시는 부모 모두 정시인 사람은 20%, 아버지가 근시인 사람은 34%, 부모 모두 근시인 사람은 52%이었다고 한다. 또한, 부모가 근시가 아니더라도 그 선조가 근시일 수 있으며, 또한 선천적으로 박약한 소질을 타고 태어난 사람 또는 그 부모가 매독, 결핵 등을 지닌 자, 또는 대주가의 자손에게 근시가 유발되기 쉽다.

근시는, 물론 눈의 과로 요인 그 외에도 주의해야 할 점은 광선과 개인의 영양 상태와 밀접한 관계를 맺고 있으며, 책을 읽을 때 자세도 도외시해서는 안 된다. 즉, 광선이 매우 강할 때는 피로가 오기 쉽고 또한 광선이 약할 때는 물체를 눈에 가깝게 접하여, 알지 못하는 사이에 눈이 근시 상태가 되어 마침내 진짜 근시로 된다.


근시 예방법과 처치

각종의 작업이나 독서나 필기를 할 때는 통상의 거리를 지켜야 한다. 즉 눈과 물체와의 거리는 한 자 혹은 한 자 세 치가 적당하다고 한다. 그리고 서적은 인쇄가 선명하고 문자는 까맣고 클수록 눈을 보호한다는 점, 또한 창문의 설비가 없고 일광 직사가 있는 경우에는 눈을 사용하지 않는다. 이에 반해 학교에서 날씨 때문에 교실 어둡다면 웬만하면 교수에게 말을 해서 야간 조광을 완전하게 비춰야 한다. 광원이 후방왼쪽 어깨에서 오는 전등이 제일 좋다고 한다.

또 직무상 눈을 많이 쓰는 어쩔 수 없는 사람이 있다. 특히, 학교는 일정 시간을 피하기 어려우므로, 그때 단지 과도하지 않을 정도로 수업 복습과 재봉을 해야 한다. 게다가 한 시간 이상 연속하지 않아야 한다. 또 한 시간 이내라고 해도 눈의 피로를 느낄 때는 즉시 휴식해야 한다. 특히 중증의 병후는 1개월 내외는 눈을 과로시키지 않아야 한다.

한낮에 유희에 빠져 있어서 때로는 땅거미가 있을 때나 야간의 독서는 불가하다.

그 외 항상 의식주에 주의하고 실내의 채광이 다 들게 하고 먼지를 털어내야 한다. 나쁜 식사로 인해 영양 쇠약일 때에는 체질이 박약하게 되어 근시가 되기 쉽다. 그리고 근시인 사람은 엄중한 검사 하에 적당한 안경선정을 전문의에게 의뢰하는 것이 안전제일이라고 한다.

이미 근시인 사람은 근안경을 사용해야 한다. 노안은 다른 문제이더라도 근시자가 전문의의 처방 없이 스스로 안경점에 가서 구입하는 것은 아주 위험하다. 안경에 대해서는 후일에 다시 기고할 기회가 있으므로 오늘은 근안경사용상의 이해(利害)에 대해서 조금만 이야기하고자 한다. 조금 전문적인 이야기이므로 독자에게 다소 이해하기 어려운 점이 있을지도 모른다는 우려가 있다.

### 원시

원시안은 전방에서 오는 평행광선이 망막의 후방에 결상하는 상태이다. 그래서 망막상에 ■ ■가 생기기 때문에 원시안은 먼 곳(무한거리)은 명료하게 보지만 이미 조절기가 필요한 만큼 근거리의 사물을 보려면 처음부터 큰 힘이 필요하여 많은 노고가 있다. 이 노고를 안정피로라고 하여 원시에서 나타나는 특유의 증상이다. 즉 원시자가 근거리 일을 할 때는 갑자기 눈의 피로를 느끼기 시작하며 눈 주위에 불쾌감을 호소하거나 또는 미간에 가볍게 동통을 일으켜서 윗눈꺼풀이 쳐진다. 독서 할 때는 글자 자체가 몽롱하게 되어 도저히 이를 지속할 수 없다. 이를 위해 눈을 감거나, 또는 물로 씻고 잠시 눈을 휴식시키는 다음에 다시 전 작업을 지속할 수 있다고 하더라도 또 조금만 시간이 지나면 같은 불쾌감이 올 뿐만 아니라 안통 두통 또는 이마통 등을 발생시켜 결막출혈이 되고 눈물이 나기까지 한다. 이처럼 안정피로는 동일한 일을 지속한 후 특히 야간에 발생하면 누구라도 나중에 이르면 안정피로가 오는 일이 더욱 더 빠르고 빈번하게 되어 마침내는 신경쇠약과 그 밖의 각종 질환에 걸리는 경우가 있다. 또한, 근시성과 원시성 난시가 되는 일도 있다. 이처럼 난시자는 물체를 명료하게 볼 수 없게 됨으로써 안정피로가 매우 심해진다.

### 노안

눈의 구조는 사진의 암상과 같다고 해도 우리 눈은 먼 거리에 있는 물체를 명료하게 볼 수 있을 뿐만 아니라 근거리에 있는 것도 명료하게 볼 수 있다. 이처럼 눈에는 일종의 독특한 기능이 있어, 자유롭게 원근을 볼 수 있다. 이 작용을 조절기능이라고 한다. 게다가 눈에는 나이에 따라서 조절기능을 가지고 있는데 이 조절기능을 하는 안력은 나이가 올라감에 따라서 약해지게 된다. 노시안이란 이와 같은 조절력의 감소로 생긴 현상을 말한다. 그리고 조절 감소는 반드시 노령자만이 오는 것은 아니다. 즉 조절력은 수정체의 탄력성과 관계가 있는 것이며, 수정체는 빠르게는 소년 시절부터 해마다 탄력성을 잃게 된다. 여기서 이 조절력을 나타내면,

| 연령 | 10 | 20 | 30 | 40 | 50 | 60 |
|------|-----|------|-----|-----|-----|----|
| 탄력 | 15,0 | 10,0 | 7,5 | 5,0 | 2,5 | 0 |

의 비율이 된다. 즉 10세 때는 15장(丈)의 안력을 가지고 있는 사람도 20세, 30세가 되면 점차 나이 증가에 따라서 계속 조절력은 감소하여 40세에 이르면 5,0장의 안력에 불과하다. 이 5,0장의 조절력을 가지는 나이는 먼 거리의 사물은 볼 수 있어도 눈앞의 20㎝ 이내의 근거리인 사물은 명료하게 볼 수 없게 된다.

그러나 50세가 넘으면 2,5로 조절력을 가질 수 없게 됨에 따라 40세와 같은 사물을 같은 거리에서 같게 보이도록 하려면 2,5장의 돋보기를 보좌해야 한다.

노시안은 근시안과 달리 스스로 안경점에 가서 구입해도 그다지 유해하지는 않다. 그런데 노안은 나이와 함께 그 정도가 증가하므로 때때로 안경을 사용할 경우에 필요하게 되면 노인이 노안경을 스스로 구입한다고 한다. 염두 해야 할 점은 근안경은 의사의 검사를 받지 않고 안경점에 가서 구입하려고 하는 것은 가장 위험하다. 근시자는 부적당한 안경사용에 따라 더욱 근시를 진행시키는 경우도 적지 않다〈89-92쪽〉.

## 후지이 도라히코(총독부의원 부인과부장, 藤井虎彦), 「부인병의 옛날과 오늘」, 『조선급만주』 (제163호), 1921년 1월.

지금이야말로 총독의원은 만주와 조선에서 으뜸이라고 할 수 있을 만큼 훌륭하지만, 내가 조선으로 왔던 12년 전의 병원은 규모도 설비도 매우 유치하였으며, 당시 원장인 사토(佐藤) 박사, 그 후 후지타(藤田), 기쿠치(菊池), 하가(芳賀) 3명의 박사를 거쳐서 지금 5대째 시가(志賀)원장까지 역임하였다. 시대의 추이는 놀라울 만한 것이기에 지금은 당시의 자취는 전혀 없다.

이 무렵의 부인과라고 하면 나 이외에 한 명의 조수가 있는 데에 불과하였다. 하루에 12, 3명이라도 외래 환자가 생기면 그야말로 청천벽력이라고 수군댈 정도였으며, 물론 혼잡할 때에는 다른 의관이 도와주러 왔다. 매우 심할 때는 부원장까지 도와주는 형편이었다.

요즈음 보통 때에도 5, 60명, 많을 때는 8, 90명을 돌파할 정도로, 도저히 당시와는 비교가 되지 않는다. 특히 이전에는 조선 부인의 진료는 매우 드물었다. 현재는 일본인 3명, 조선인 2명의 비율로 되었다. 이것은 확실히 시대의 추이가 그렇게 된 현상일 것이다.

당시 최초의 조선인 부인은 진료를 받으러 오면 신체에 손이 닿는다는 점을 염려하기 때문에 옷 위에서 검진해야 하는 불편도 간간이 있었다.

현재는 많은 진료를 받는다는 것은 확실히 의사의 기술을 신뢰하게 된 증거일 것이다.

아무튼, 조선의 부인병 중에는 일본인에게는 거의 볼 수 없는 변종의 병이 있다. 당연히 대부분은 전래한 풍습에서 생긴 것이겠지만, 완고하고 무식한 조선인 중에는 무당의 주술적인 말을 맹신한 결과, 부자연스러운 민간요법을 행해서 질 압착이나 산후 자궁탈이 많다. 이들은 인류의 번식으로 말하자면 중대한 병근으로 결코 등한시해서는 안 된다. 그 외에도 종종 의학 연구상 가치가 있는 질병을 만난 적이 있다.

유럽에 걸쳐서 5년 전후의 대전쟁 중 독일의 의학이 어느 정도 진보했는가는 오랜 시간 동안 내가 의학계에 흥미로운 의문을 가지게 하였다. 단지 독일만이 아니라 유럽 각국의 과학 진상은 출판물 수입 사절과 함께 우리나라와의 교섭을 끊은 지 오래되었지만, 평화극복 이래 해운의 복구와 함께 과학서적과 독일의 의학잡지 등이 많은 흥미와 일종의 감격으로, 나는 의학계의 책상에 틀어박히기 시작하였다.

이러한 전문적 잡지 중에서 유난히 경이로운 발견으로 나의 의학계 귓불을 두드린 것은 독일에서 전시 중에 특수한 부인병을 연구하였다는 사실이다.

독일은 대전이 발발하자, 각 지역의 공립 부인병원은 하룻밤 사이에 육군의 예비병원이 되어, 모든 전문 대가들이 예비병원 또는 야전병원에 근무하며 부상자의 진료에 몰두하기 시작하였다. 그중에는 전도유망한 학자, 단 한발의 탄으로 어이없이 전장의 이슬로 사라진 자, 너무 많아 셀 수가 없다. 그런데도 의료계의 진보발전은 실로 경탄할만한 가치가 있다고 하는 자는 역시 독일 학자이다.

민첩한 독일학자는 전쟁의 환난을 돌파하고, 각 방면으로 연구길을 선택하여, 머지않아 올 수 있는 전후의 대세에 착목하였다.

그중에 중요한 한두 개를 뽑아보면, 먼저 전시성 무월경이라는 진귀한 연구이다. 전란이 발발한 이래 독일에서는 대부분 부인이 생식기의 병적 변화를 확인하지 않았음에도 불구하고, 월경의 폐지를 호소하는 자가 날이 갈수록 격증하였다. 짧게는 2, 3개월부터 길게는 2년 이상에 걸쳐서 25세부터 30세까지의 정력이 가장 왕성한 부인 사이에서 빈번한 일이었다.

그렇지 않아도 장년층의 대부분이 전쟁터로 보내져서 인구 문제가 심할 때이므로, 이 일은 전문가 사이에서도 일대 큰 문제였던 것 같다.

그러나 이것은 주로 전쟁 중 식량 제한 정책이 이유이다. 영양불량이 원인으로 그 외 노동 과다, 생활의 격변, 정신적 변동 등에 따른 것 같다.

두 번째 원인으로는 포유발육의 새로운 발견으로 전시에서 태아와 신생아의 영양 상태 여하의 문제를 다수의 학자에 의해서 연구되었는데, 모든 학자의 견해가 일치된 점은 식량이 전시 중 매우 부족하지만, 모유 포육이 인공적 영양보다 신생아의 발육에 현격한 효력을 발휘하고 있는 점으로, 어떤 경우라도 모유 포육은 인공적 영양보다 뛰어나다는 것을 알 수 있다.

다음은 전시 임신에 대한 새로운 보고이다. 전시 중 남자의 출정 때문에 임신이 현저하게 감소를 초래했다는 점은 이미 확인된 사실이었다. 독일에서는 전역 전 몇 년에서 10년에 걸쳐서 불임을 호소한 부인도 남편이 출정 중 일시적으로 귀가하였을 때 임신한 부인이 갑자기 다수 생겼다는 점이다.

이상을 종합해 보면 시세에 미치는 부인병의 발생은 역시 실제로 많다고 할 수 있다〈92-93쪽〉.


이와이 세이시로(총독부의원 내과부장 의학박사, 岩井誠四郎), 「뇌출혈과 뇌출혈 및 뇌빈혈에 대해서」, 『조선급만주』(제165호), 1921년 6월.

우선 순서로 뇌출혈부터 이야기하겠습니다. 그런데 뇌출혈이란, 무엇이냐고 물어보면 심장의 움직임이 빨라져 일시적으로 다량의 혈액이 뇌혈관으로 진입하는 것입니다.

이 출혈 정도에 따라서 나타나는 증상도 여러 가지로 다릅니다만.

주로 얼굴, 귓불이 빨갛게 되어 관자놀이에 맥이 뛰는 것을 확연히 볼 수 있으며, 어지럼, 두통, 머리로 피가 올라가는 것을 느낄 때는 이명, 오기, 구토를 동반합니다.

드물게는 손발이 움직이지 않기도 합니다.

중병으로 되면 절도를 하면서 인사불성에 빠지는 일도 있습니다.

그 원인은 물론 심장의 질환에서 발병됩니다만, 뜨거운 탕에 장시간 들어간다거나 강도가 높은 질주, 등산 또는 정신적 흥분으로 심장의 움직임이 현저하게 올라가면 발생합니다.

모든 심장에서 나온 동맥혈은 뇌로 들어가 그곳에 자양분을 공급하고 정맥혈이 되어 다시 심장으로 돌아오기 때문에 이 순환에서 어떠한 장애가 있다면 역시 뇌출혈을 일으킵니다.

예를 들어 호흡기에 병이 있다거나 강도가 높은 기침, 재채기, 화가 치밀어 올라도 일으킵니다. 그 외 '알코올'성이 있는 음료도 뇌출혈 신경을 마비시켜 혈관을 확장시키기 때문에 발생시킵니다.

예로부터 턱이 짧은 비만한 사람에게는 상충하는 경향이 있다고 하는 말이 있는데, 실제로 이러한 체격의 사람에게 종종 발생합니다. 만일 발병한 경우에는 응급처치로서 베개를 높이고 머리부를 차갑게 하여 안정을 취하고 일이 중요합니다.

뇌출혈을 예방하는 것입니다. 혈압을 올리는 것은 피해야 합니다. 예를 들면, 다혈성인 사람은 음식물을 줄이고 과로한 운동은 금할 것 또한 상충하는 사람은 방사(房事), 음주, 끽연을 절제하도록 명심하는 것이 중요합니다. 그 외 음식물의 종류에서는 자극성이 있는 것 즉 커피, 차, 알코올성 음료는 되도록 피해야 한다는 점입니다.

다음으로 뇌출혈에 대해 말하겠습니다.

이것도 뇌 속의 작은 혈관 벽에서 변화가 일어나기 때문에, 병이 생기면 혈관이 파괴되어 혈액이 밖으로 나와 실질적으로 뇌의 안으로 흘러 들어가게 된다면, 그곳도 뇌출혈의 병상을 일으킵니다. 즉 뇌혈관 안으로 흘러 들어간 혈액의 압력이 갑자기 높아지면 아마도 얇은 벽이 홍수에 휩쓸리는 것처럼 혈관 벽이 파괴됩니다. (중략)

그 증상은 어떤가를 말씀드리면 갑자기 기절하여 의식불명이 되고 혼수상태로 빠져서 손발을 움직일 수 없게 됩니다. 호흡은 깊고 길게 하면서 코를 고는 소리를 내며 안색은 홍조를 띱니다. 때로는 쓰러지기 전에 두통, 현기증, 이명, 구토가 있거나 또한 정신이 흥분되는 것처럼 시작되어 잠이 안 오거나 말이 안 나오는 예도 있습니다.

뇌 안에서는 여러 가지 중요한 중추가 있기 때문에 출혈이 큰 장소 또는 서서히 오는지 급하게 오는지에 따라서 나타나는 증상도 다릅니다.

출혈이 서서히 오면 환자의 신체는 다소 변조가 있어도 처음에는 자기 일도 할 수 있지만, 머지않아 쓰러집니다. 출혈의 범위가 작으면 아주 일시적으로 의식을 잃는 예도 있습니다. 나중에는 아주 조금의 마비가 남아 있는 예도 있으며 언어의 부자유를 느끼는 예도 있습니다. 또한, 수면 중에 뇌출혈이 일어나 다음 날 아침부터 손발이 듣지 않는 것을 발견하는 때도 종종 있습니다. 출혈의 장소에 따라서는 반신의 경련이 오는 일도 있습니다. 통례적으로 쓰러졌다고 해도 의식은 36시간 이내에 회복합니다만, 중증이 되면 졸도를 한 채 죽는 일도 있습니다. 이 병에 걸린 후에는 마비가 되어 손발이 듣지 않는 경우가 많습니다.

소위 말하는 중풍입니다.

출혈 장소에 따라서 언어의 자유를 잃는 예도 있습니다. 마비는 1개월 정도에서 치료되는 경우도 있습니다만 대부분은 반년 후에도 안 되면 완치를 할 수 없습니다. 또한, 출혈 때문에 뇌출혈이 파괴된 경우에는 생애에 치료되지 않는 경우가 됩니다.

정말 무서운 일입니다.


뇌빈혈

뇌빈혈은 앞에서 이야기한 뇌출혈과 반대로 뇌 속의 혈액이 갑자기 감소한 경우에 발생하기 때문에 동물실험에서도 뇌에 혈액이 흘러 들어가지 않도록 동맥을 결착하면 그 동물은 실신하며 경련을 일으킵니다. 여러 가지 원인으로 옵니다만, 갑작스러운 뇌빈혈을 일으키면 안색이 창백해지고 이마부터 식은땀이 나고 손발이 차가워지며, 이명, 현기증, 악심(못된 마음), 구토를 동반하며 마침내 실신하여 쓰러집니다. 대출혈 등으로 급격히 뇌 안의 혈액이 감소하면 마비와 같은 경련을 일으키는 경우가 있습니다.

그 외 정신감동이 있는데, 예를 들면 자신의 가족 수술에 입회한 경우, 여기에 너무 동정하고 감동하여 또는 피를 보고 두려워하여, 또는 심한 동통 등에 의해서 실신하는 경우가 종종 있습니다. 이는 뇌혈관에 있는 혈관신경이 작용을 받아서 뇌의 혈관이 수축하기 때문에 뇌 속의 혈액이 감소하여 빈혈이 오는 것입니다〈63-65쪽〉.

기시타 도사쿠(오사카의 교수 의학박사, 木下東作), 「청년시대의 체육의 가치」, 『조선급만주』(제 166호), 1921년 8월.

오늘의 일본은 체육을 단지 청년만의 점유물인 것으로 바라본다. 그러나 시대는 항상 계속 변하기 때문에 때로는 장년의 체육시대, 노년 부인이 체육의 열정을 교양시키는 시대가 현현한다는 점을 아마도 상상하기 어렵지는 않다. 현재 유럽과 미국 각국에서도 청년의 체육열이 작렬하게 되자 동시에 장년층, 노년층의 체육도 매우 작열하였다, 특히 부인의 체육열이 고양되어 대부분의 부인은 어떤 운동경기라도 선택하여 일이 끝난 뒤의 여가에는 서둘러 체육을 하고 있다. 만약 체육에 열심히 하지 않는 사람이 있으면 사방의 주위 사람들이 혹시 미국부인이 아닌지? 하고 야유하며 체육의 가치를 알지 못한 점을 비웃는 태도로 충고하고 있을 정도이다.

세상 문명이 진보하여 복잡한 세상일에 관련되어 두뇌를 사용하는 일이 많아지면 질수록 체육은 필요하다, 따라서 나는 남녀노소 구별 없이 체육을 존중하면서 더욱더 장려하지 않으면 안 된다. 이 체육은 학교나 모든 특정한 장소에서 특수한 도구를 사용해야 할 수 있는 성질이 아니라, 어떤 장소, 어떤 기회에서든 할 수 있다. 즉 가정에서도 교외에서도 어디에서든 자신의 체질에 따라 운동 또는 경기를 하는 것이 주관적으로 훌륭한 체육이라는 것이다.

아이들의 체육은 명령만으로, 자발적으로 운동경기를 하여 충분히 그 목적을 달성할 수 있어도, 청년의 체육은 그다지 간단하고 평이하게 가지 않는다.

같은 체육 목적으로 합치한다고 하나, 15세 16세 이상의 청년에 대해서는 소학교 초등과의 유희를 하라고 강요하는 것이며 청년은 이를 환영할 턱이 없다.

청년에게 체육의 목적을 달성시키기 위해서는 그래도 이러한 청년이 존경과 흠모하기에 충분한 인격적 위력이 있는 지도자가 솔선하여 이를 지도하고 격려해야 한다. 청년은 지도자의 지휘명령을 환영하고 자신의 행위는 현 지도자의 지휘명령을 따르면서 이루어져야 한다. 또한, 행하는 일이 자신의 만족과 희열에 참을 수 없는 강렬한 염려로 지배되는 상태가 진정한 체육의 가치를 만드는 것이다.

청년은 선천적으로 대담하면서 동시에 무모하다. 이는 청년의 특징 특질이라고 말할 수 있다.

또한, 이는 청년의 특장이라고 할 수 있는 특질임과 동시에 약점이다. 이로 인해 청년 체육을 지도하는 자는 이러한 점을 명심하고 유의해야 한다.

이것이 지휘하는 감독에 따라서는 모든 운동, 모든 경기의 동작을 대담하게 범위 안으로 조처하여 무모한 진역으로 탈선해서는 안 된다. 예를 들면 등산 수영 등을 할 때도 진중한 태도와 치밀함을 가진 마음으로 그 지리와 기후 기타 위험한 사물을 피하는 데에 세심한 주의를 기울여야 한다. 또한, 더욱이 현재 상태에 임할 때도 항상 지도 감독에 방심하지 않는 것이 중요하다. 소위 거친 체육을 수행하여 극복하여 이를 완전히 수행하는 것은 대담한 바로 상찬할 만하다. 이 대담한 단계를 지나 큰 부상환자를 몸소 맡는다거나, 목숨이 끊어지게 된다면 분별없고 무모하여 누구라도 흥미롭기는 어려운 부분이다.

이 대담과 무모의 정도는 정말 미묘하게 의미가 달라서, 무모하지 않게 하려고 경계한 나머지 순식간에 퇴영자굴(退嬰自屈)의 소극적인 사람이 되어 체육의 목적인 한편을 죽여 건강용맹한 미덕을 기르는 데에는 유감스럽기 짝이 없다. 또한, 대담한 행동을 너무 행한 나머지 그 정도를 넘어 무모함에 빠져서 돌이킬 수 없는 위험과 잘못을 저지르게 된다. 이 점은 신진기예의 적극적인 행위를 선호하는 청년의 판단과 행위에 맡겨둘 수 없는 바이다. 만약 청년이 웅크리고 있는 경우에, 청년이 존경하고 있는 지도자가 임기응변의 행동을 취해서 적정한 조치와 지도를 함으로써 잘못을 회피하여 대담한 범위 안에서 체육을 행하여 그 목적을 달성시킬 수 있다.

청년은 소년과 장년과의 사이에 있다는 것은 말할 것도 없다. 청년의 유일한 프라이드는 젊다는 자부심이다. 이는 청년의 독점적인 자랑으로서 장년층도 노년층도 모두 부러워해도 어쩔 수 없다. 게다가 장, 노년층이 어떻게 할 수도 없다. 그렇다면 이 청년 시기의 체육을 어떻게 하면 좋을지에 대한 실제적 문제가 되는데, 이를 한마디로 하자면 될 수 있는 대로 민첩하게 체질의 조직을 전환 시키는 것이 청년시기에서 체육 목적의 최대인 것이다. 청년 시기에는 인생 중 체질이 가장 변화가 심한 시절이다. 따라서 이 시절을 이용해서 영양분을 충분히 섭취함과 동시에 신체의 오래된 조직을 빨리 사용하는 것이 중요하다. 즉 이 신구조직의 신진대사 기능을 빠르게 할 수 있는 체육을 요구한다.

청년기의 체육은 일면으로는 당면의 발육을 조장하고, 다른 일면으로는 일생의 건강을 건설해야 하는 시기이다. 장년기는 체력을 보유해야 하는 시기이다. 청년기에 완전한 체육으로 신체를 단련해 둔다면, 가령 장년기에 심신을 과격하게 사용해도 이를 견딜 수 있으며, 또한 노년기에서도 신체가 빨리 쇠약하지 않게 한다. 청년기의 체육은 인간의 일생의 보건을 형성하여 활동적인 인간을 만드는 기초이다. 이 호기를 놓쳐서 장년기에 체육에 힘을 쓴다고 해도, 이미 늦어서 청년기와 같은 효과를 볼 수 없다. 따라서 청년은 인생에 단 한 번밖에 없는 호기를 잃지 않고 운동에 힘을 쏟아 장건한 신체를 만들어야 한다는 점이 중요하다.

그렇다면 청년이 찾아야 하는 운동경기는 어떤 것이 좋은가를 의논하게 되는데, 나는 세상의 한파의 논자와 같이 이 운동이 좋다, 저 운동은 나쁘다는 개괄적인 단정을 긍정할 용기는 없다. 아니, 오히려 흥분하는 논자와는 정반대의 의견을 하고 있다. 오늘날 세상에서 행하고 있는 운동경기는 모두 다년의 경험과 세련으로 순화된 것이며, 체육적 가치가 없는 것은 없다. 만약 체육적 가치가 없는 것은 자연도태 인위도태에 의해서 체육계에서 제거되어 끝난 것이다. 예를 들면 투우와 같이 운동은 현재에는 미국 또는 일부 지역에서 흥행물로 있다. 이 투우도 어떤 시기에는 운동경기로서 상당한 가치와 효과를 인정되었지만, 시대가 진화되어 낙오되었다〈18-20쪽〉.

## 요시키 야조(총독부의원 약제과장 약학사, 吉木弥三), 「아편 이야기」, 『조선급만주』(제166호), 1921년 8월.

기자 주(註), 매월 7월 경성의학회가 경성공회당에서 열린다는 것은 이미 일반적으로 주지된 사실일 것이다. 연구의 주제는 아편으로 요시키 야조(吉木弥三) 약제사도 이 학회에 참석하여 전문적 견해로 아편과 아편연(煙)의 연구를 발표하였다. 요시키 야조씨는 예전부터 총독부로부터 아편 감정을 목숨을 바칠 정도로 아편과 아편연에 관한 자세한 지식을 가지고 있다. 아편은 국제적 약품으로 점점 문제의 중심이 되고 있다. 굳이 사족첨화라고 하지 않겠지만, 吉木씨의 한 편의 이야기를 너무 뻐근해지지 않을 정도로 소개하지요.

아편연의 유해에 대해 새삼스럽게 말한다고 해도 모자랄 게 없다. 실제로 일본의 형법 중에도 이에 관련된 죄는 잘 명기되어 있을 정도이다. 먼저 아편이라고 하는 개념부터 설명하자면, 아편은 원래 양귀비의 열매에서 찾는다. 아편연을 피는 나라로 유명한 중국은 마치 일본이 국화를 나라꽃으로 존중하는 것과 같이 이 양귀비의 꽃을 존중하는데, 이것은 어쩐지 아편과 인연이 있는 듯한 느낌이다. 세계산지는 중국을 비롯해 인도, 대만, 조선 등이며, 페르시아는 특히 예로부터 역사가 있는 나라이다. 이 중에 중국은 세계에서 손꼽히는 아편국이며, 영국과 아편전쟁을 벌였던 사건은 꽤 유명한 이야기로 역사의 한 페이지를 장식할 정도이다.

이는 영국령 인도에서 아편을 만든 것을 중국으로 수입한 것이 발단을 말리아마 전쟁이 일어났는데, 전쟁의 결과 중국이 마침내 패전하였으며, 그 몇억 테일이라는 보상금을 중국이 내고 해결이 되었다. 나도 자세한 일은 기억에 남아 있지 않아, 그동안의 소식을 소상히 밝힐 수 없어 유감이다.

아편의 종류는 여러 가지이지만, 아편연이라는 것은 생아편에서 소비하기에 적당한 물자를 추출하기 위한 목적으로 용해, 가열, 또는 발열 등을 거쳐서 특별한 조작을 한 후에 얻는다. 다음으로 약용 아편이란 생아편을 섭씨 60도에서 가열하여 백분의 십 이상 모르핀을 함유한 것이다.

생아편은 양귀비의 열매에서 얻은 액즙을 자연적으로 응고시킨 것 즉, 포장과 수송에 필요할 정도로 가공한 것이다.

아편의 해로운 정도와 필요한 조건을 토의하기 위해서 아편과 관계하는 국가에서 각 몇 사람씩의 대표자가 출석하여 제1회 국제 아편 회의를 1879년 2월 1일에 미국 대통령 수창의 허가 하에 상하이에서 개최되었다.

제2회는 네덜란드 헤이그에서 개최되었으며, 그 이래로 5년마다 개최되고 있다. 제2회 개최 때에는 일본에서 西崎박사가 대표자로 출석하였다.

제1회 때는 매우 성대하여 영국, 프랑스, 독일, 중국, 일본, 네덜란드, 페르시아, 타이, 러시아, 오스트리아, 이탈리아, 미국, 포르투갈 등 13개국에서 각 몇 사람씩 출석하여 요강을 토의할 정도였으며, 아마 노동회의 만큼 북적거렸다.

이때 일본에서 참가한 사람은 대사관 오카 쓰네지로(岡恒次郎), 대만총독부 의학교장 의학 박사 다카기 도모에(高木友枝), 약학박사 다하라 요시즈미(田原良純) 3명이었다. 이때 제출된 일본의 아편 취재 상태는 실로 질서정연하였고 각국 위원의 평판도 매우 좋았다.

옛날에 일본은 아편을 페르시아에서 선편으로 수입하였는데 이는 불편하였기 때문에 조선에서 수입하였다. 조선은 아편국인 중국과 육로로 구입할 수 있었기 때문에 자연히 아편을 끽연하는 풍습도 생겨나고 있다.

최근 조선 각지에서 양귀비 재배나 액즙과 채집 작업이 점차 융성해짐과 동시에 아편 생산액도 현저하게 다량이 되었다.

일본에서 아편 수입은 이미 메이지 유신 전에 금제를 설정할 정도이었으며, 1858년에도 도쿠가와 이에사다(德川家定)는 영국과 조약을 맺을 때 3척 장은 의약용으로 허가하였지만, 그 이상은 일절 엄금하고 몰수한다는 약속을 하였다.

따라서 밀매 또는 일을 꾀하여 이를 피우는 사람을 벌하는 법규가 제정되었다. 한 척에 15불 벌금이라고 조문에 기재될 정도이다.

그래서 영국이 아편의 제조 산국 즉 인도에서 일본으로 수입할 수 없게 되었다. 그 이래로 일본에서는 시종일관 단금주의를 취해왔으며, 아편으로 인한 해로움도 매우 적었다〈45-46쪽〉.

일기자, 「농아생이 난폭하다. 제생원의 맹아부 참관기」, 『조선급만주』(제169호), 1921년 12월.

　조선총독부의 제생원 맹아부는 1911(메이지 44)년 6월 21일에 고아, 맹아, 풍전(瘋癲)자에 대한 구제비로서 우리 폐하로부터 하사받은 금액 50만 엔의 일부가 1913(다이쇼2)년부터 구제교육에 착수하고 있다. 창립 이래 졸업자는 맹인 57명, 농아 15명으로 현재는 맹인 37명(여자 4명), 농아 47명(여자 12명)을 수용하고 있다.

　교실은 맹부와 농아부 2실로 나눠서 6명의 선생님(대부분 일본인)이 이들을 교육하고 있다.

　일본인의 맹아학교에서는 맹생과 농아생이 완전히 구획되어 교육을 받고 있지만, 여기는 아직 그 움직임이 일본과 같이하고 있지는 않은 듯하다. 수업연한은 맹과는 2년이고 농아과 는 5년으로 하고 있다. 그 과목은 모두 수신, 국어, 조선어, 산술, 체조이지만 그 외 맹생에게 는 창가와 전안(안마)이 있고, 농아생은 제봉이 있다. 생도의 대부분은 조선인이지만, 일본 인은 그 10%미만을 나타내고 있다. 일본인과 함께 교육을 받고 있지만, 동병상련의 마음으 로 민족적 관념 등을 일으키고 싶지는 않다. 그래서 그들은 눈 밝고 입 열린 사회의 사람들 에 비하면 사이가 좋지만, 맹인과 농아인 사이에는 항상 슬픈 투쟁의 골계가 연출되고 있다. 기자는 요전에 이 학교에 농아가 소동을 일으켰다기에 하루 이 학교를 방문하여 그 사정을 들어 보았다.

　그 큰 원인은 맹인과 농아 둘 사이에 절대적으로 의사소통을 할 수 없다는 데 있다. 물론, 한쪽은 맹인이기 때문에 눈이 보이지 않는다. 그리고 한쪽은 말할 수 없는 벙어리이다. 벙어 리가 자신의 의사를 나타내기 위해 아무리 훌륭한 수화로 해도 맹인은 알지 못한다.

　또한, 맹인이 아무리 절규를 해도 농아의 귀에는 아무것도 들리지 않는다. 이런 상황에서 그들을 교육하고 있는 사람들은 맹인을 대하는 방법과 농아를 대하는 방법이 그 온정에는 다름이 있을 리 없지만, 농아는 눈을 뜨고 있으므로 선생님이 맹인들을 잘 대해주는 것을 보면 내심은 평온하지 않은 것 같다. 그래서 이 투쟁의 발단은 언제나 농아가 맹인을 귀찮게 하면서 일어난 것 같다. 그리고 또 하나의 원인은 맹인은 사회에 나와 자신들보다도 많은 수입을 얻을 수 있다는 걸 생각하면 그것도 화가 나서 견딜 수가 없다.

　그러므로 그들은 때때로 맹아 각 한 조가 되어 익살스러운 투쟁을 연출한다. 요전에 이 학교에서 일어났던 소동도 즉 이것 때문이다. 농아들이 한 패거리가 되어 학교를 부수거나 교사를 습격하며 난폭하게 굴었다. 이 원인은 항상 교사가 맹인 편을 들었다는 질투심에서 나왔다. 그 뒤 양쪽의 타고난 기질을 비교해 보면, 맹인 학생의 의식이 강한데 비해 벙어리 학생은 일반적으로 저능하였다. 맹인 학생은 자신들이 사회에서 어떤 위치에 있는가를 상상 하는 힘이 있지만, 농아 학생에게는 그렇지 않다. 맹인의 의식의 힘은 보통사람도 따라가지 못하는 경우도 있다. 우리들은 누누이 맹인의 천재를 보지만 농아는 그렇지 못하다. 그리하여 농아는 완고하며 집요하며 난폭하고 야성이 풍부하다. 무엇을 들어도 무엇을 말해도 귀로 들을 수 없기에 수신 교과서 이야기나 설화 이야기를 말을 해도 들을 수 없기 때문에 바람직하게 변하기 (성화)가 매우 어렵다. 그래서 외골수인 바보가 힘이 세다고 하듯이 결과가 나쁜 것이다. 농아의 바람직하게 성화가 좀처럼 어려운 사업이라고 보이면, 완전히 덕으로 성화하는 수밖에 없다.

또한, 맹인은 인내력이 강하지만, 농아는 바로 또는 하나의 권태를(조급함을) 느낀다. 총독부 제생원의 농아들은 사회로 나오면 재봉을 하면서 생활해 가는데, 그들이 선생님들이 어느 곳에서 하나의 일을 발견해 주면 열흘 만에 바로 그만두고 그곳을 뛰쳐나간다. 그리고 또한 다른 분에게 일을 찾는다고 말한다. 맹아의 안마 시간이 되면 생도들은 각 두 명씩 안마 연습을 한다.

여기의 맹아부에서도 맹인에게 음악을 교수하지 않지만 어떤 사람은 일본처럼 가까운 곳에 음악과도 두었다고 하는 이야기도 있다. 또한, 그들 학생은 사회에 나오면 맹인은 30엔부터 100엔까지 농아는 23엔 정도부터 60엔 정도까지 수입을 벌어서 생활해 나간다〈42-43쪽〉.


## 재경본사 기자와의 문답기록, 「생식세포 환원론과 신성욕도덕 이 분야의 권위자, 문학박사 의학박사 후지카와 유(富士川游)」, 『조선급만주』(제170호), 1922년 1월.

1921(다이쇼 10)년은 성욕 문제 검토의 해였다. 이와 함께 종교에 대한 여러 가지 의논을 했던 해였다. 그리고 이 수확은 꽤 컸기에 이 두 문제에 대해서 당대 이 분야의 최고권위자 문학박사 의학박사 후지카와 유(富士川游) 씨를 방문하여 기자는 그 의견을 들었다.

혼고 고마고메 니시가타초(本郷駒込西片町)의 후지카와 박사의 응접실에는 의학 관련 서적과 프랑스 책이 가득 빛을 내고 있다.

생물학자로서는 독일의 헤켈과 오스트와일드와 비교 검토되었다.

종교학자로서도 또한 헤켈의 자연과학적 우주관과 친밀한 종교를 결합한 묘안으로 3천 명의 지식계급이 요연히 그 슬하에 모여들었다.

하나의 후지카와 종파를 이루고 있는 장관은 한편으로 일본의 학계의 일대 기묘한 장관이다.

이 본종 후지카와는 5척이 채 되지 않는 마른 노선생. 한의사가 입고 남겨 놓은 것으로 생각되는 오래된 무명을 여미고 아무렇게나 의자에 앉았다.

박사는 18세 경부터 종교연구를 했기 때문에 그 분야의 승정이나 자칭 종교가와는 조금 ■■의 정도가 다르다.

그 ■■을 기울인 정도가 즉 헤켈과 ■■과의 비교대조에서부터 생물학적 지식에 따른 현대문화적 종교의 제창을 시험하였다.

박사의 설에 따르면 아름다운 꽃을 사랑하고, 새를 사랑하는 인간이, 대우주의 한 가운데에서 항상 '나(我)'라는 의식을 불러일으킨다. 누가 뭐라고 해도 '나다'라는 의식이 없는 사람은 없다.

이 '나'라는 의식을 일으키는 곳은 생식세포이다. 생식세포는 직접 부모 신체 내로부터 전해지는 것이 아니라, 선조 대대로 전해 온 것이다.

따라서 '나'라는 의식을 일으키는 것은 오랜 옛날부터 전해 내려와 유래한 것으로 30대째 내려온 기간에 8억 6천만 명의 신체를 통과해 온 생식세포에 기인한 것이다.

라고 박사는 말하고 있다.


×　×　×　×　×

여기에 K라는 남자가 있다. R이 주관적으로 이것은 '나'의 옷, 이것도, '나'의 집, 이것도 '나'의 음식, 이처럼 느낀 '나' 또는 '나'라고 하는 마음은 부모님이 낳아주신 신체에서 시작할 수 있는 정신현상이 아니라 오랜 옛날부터 많은 사람이 신체를 통과해 온 생식세포에 따른다. 만약 1922년에 당신이 '나'라고 의식하는 마음이 있다고 가정하면 K군은 과거 120대 전인 즉 진무천황의 시대의 역시 '나'라는 의식을 가지고 있는 것이다.

그렇게 보면 최근의 생물학은 불교의 윤회설을 과학적으로 증명한 셈이다.

후지카와 박사는 사소한 견지에서 생물학적으로 종교를 해석하고자 하는 새로운 시도를 하게 되었다.


×　×　×　×　×

생물의 세계는 크게 하나의 생식세포라는 줄기가 있어 이 줄기인 개개의 생물 '나'라는 인간도 이 하나의 가지에 불과하다는 것이다.

"박사님, 당신의 설명에 의하면, 생물계는 생식세포의 유전입니까? 그렇게 된다면 이 생식세포의 각 격본은 무엇입니까?"

"그것은 불교에서 소위 말하는 진여(眞如)이지요

………(진여란 우주정신이다. 절대본체의 세계이다. 헤켈이 이른바, 우주의 본능이다.)…….

"그럼 불교에서 소위 말하는 법성의 도(都)에서 나와 법성의 도(都)로 간다는 것은, 생물학상 용어로 말하면 생식세포에서 나와서 생식세포로 돌아간다는 것과 다르지 않지만, 무리하게 종교상의 용어를 변경할 것까지는 없지 않다."

x x x x x

생물체는 진여본능(ウエーゼン)의 하나이다. 그 안에 인간의 마음도 신체 생식세포로부터 나온 것이다.

닭이 갑을병정의 달걀을 순서대로 낳지만, 그 갑을병정은 모두 동일한 연속에 따르고 있는 것으로 개개의 개체는 아니다.

벼가 익어서 또한 새로운 벼의 나락이 생기는데, 인간도 마치 그것과 같이 종자는 계속 영원하고 있다.

천 억만년이라도 오직 '나'라는 의식을 일으킨 곳인 생식세포는 파괴되지 않을 것이다.


x x x x x

"박사님, 성욕 문제에 대한 의견은……."

"일본인은 성욕에 관한 지식이 매우 빈약하다. 성욕에 대한 정당한 이해가 없는 현재, 성욕 도덕의 수립이라는 것에 대해서 일본 학자가 계속 연구하고 있지만, 현재는 새로운 성욕 도덕으로서 규율은 두 가지 밖에 정해져 있지 않다."


x x x x x

종래의 도덕에서는 재혼이라는 것을 하나의 도덕상 악덕처럼 여겼다. 즉 재혼은 성욕도덕 상의 하나의 '악'의 행위라고 하였지만,

새로운 성욕도덕은 재혼을 '선'의 행위 안으로 넣었다. 재혼의 사회적인 가치의 용인은 아름다운 일이다.


x x x x x

또 하나는 사생아의 이름의 철폐이다.

박사는 불쌍한 사생아에 관한 이름 철폐를 주장하는 데에는

아이를 낳는 일은 자신들이 낳으려고 낳은 것이 아니다.

낳아지는 것이다. 대자연의 미묘한 작용이지 아닐까. 사생아는 오직 부처님의 아이이다.

따라서 사생아는 부처님의 아이다. 악의 아이가 아닌 선의 아이다. 새로운 성욕도덕은 사생아라는 이름의 철폐를 요구하고 있다〈78-79쪽〉.

경성부인병원장 구도 다케시로(工藤武城) 이야기, 「수술에 대한 부인의 태도」, 『조선급만주』(제 170호), 1922년 1월.

부인은 남자보다 매우 약한 기질을 가지고 있는 것이 통례이다.

어떤 외부에서 일어난 참담한 사실을 목격하는 일을 할 수 없는 기질도 지니고 있다.

매우 심한 부인은 그러한 사실을 듣는 것만으로도 현기증을 느낀다. 이와 같은 현상은 문명국의 부인에게 많은 바이다. 야만적인 지방의 부인은 이 점에는 의외로 태연하다. 예를 들면, 야만인의 여자는 사람 머리를 자르는 일이나 또는 머리가 걸려 있어도 겁먹지 않는다. 또한, 조선의 시골의 부인이 이제 막 죽은 큰 소의 머리를 아무렇지도 않게 즐기고 있는 것도 확실히 아직 야만인 지역을 벗어나지 않았다고 말할 수 있다.

겁이 많은 것은 문명인에게 많고 미개인에게는 적다고 말할 수 있다.

그렇지만 자기 자신의 경우, 예를 들면 자신이 어떤 병으로 수술해야 할 때는 미개의 부인은 매우 이를 싫어하며 그리고 겁을 먹는다. 그 반대로 문명의 부인은 조금도 주저하지 않고 이를 결행한다.

이것은 원인이 무엇인가 하면, 요컨대 문명의 부인은 여러 가지 학리적 지식에 대한 신념이 강하기 때문이라고 할 수 있다. 서양, 특히 영국, 프랑스, 독일 등의 부인은 학리에 대한 신념이 강하고 각자 신뢰해야 하는 전문적 지식을 지닌 사람들로부터 말해질 때는 주저 없이 그것을 신뢰한다. 속된 말로 '겉은 보살 같고 속은 야차(두억시니) 같다' 라고 하는데 이는 겉은 보살과 같이 상냥하고 그 내심은 야차(두억시니)와 같이 무서운 사람을 일컫는다. 나는 이를 부인과 전문의 입장과 반대로, 겉은 야차(두억시니) 같고 속은 보살 같다고 말하고 싶다. 또는 보살의 마음, 야차(두억시니)의 손이라도 말해보고 싶다. 부인의 질환은 대부분은 수술을 하지 않으면 치료할 수 없는 경우가 많다. 동포 인류의 신체에 칼을 대고 이를 즐기는 자는 도깨비를 제외하고 무엇이 있을까? 과연 세상 부인과의사가 이러한 마음이 있으면 실로 야차(두억시니)와 같다. 그러나 최종적인 의술의 목적은 인간의 고통을 덜어주고 그 천수를 누리게 하는 것 외에는 없다. 이것은 결국 보살의 보원이다.

자주 들리는 바에 의하면 수술은 죽어도 싫다고 한다. 그런 강한 생명이라면 무슨 염치도 없이 비겁하게 의사의 문을 두드리지 않아도 좋다.

간단하게 말하면 이와 같은 부인은 수술에 대한 공포심이 부인의 타고난 약한 마음으로부터 오는 것이기는 하지만, 일면 학리적 지식과 이를 신뢰할 수 있는 관념이 부족한 결과밖에 없다. 그러기 때문에 비교적으로 지식이 진보된 부인들 사이에서는 그 때문에 오는 학리적 수술을 신뢰하여 어떠한 주저도 없이 이를 행하는 것이다.

상당한 교육을 받는 상류의 부인 중에서조차 수술을 두려워하고 의사가 이 병은 수술하지 않으면 완치되지 않는다고 선언해도 수술을 하지 않는다고 한다. 죽어도 수술은 싫다고 한다. 이는 역시 서양의 부인에 비해 아직 일본 부인은 학리적 지식의 수요와 이에 대한 신뢰하는 관념이 부족하다고 할 수 있다. 실제로 언젠가 나에게 찾아온 어느 프랑스 영사 부인은 매우 기가 약한 사람이어서 조금이라도 피를 본다거나 그와 비슷한 이야기를 들으면 바로 현기증을 일으키며 졸도하는 겁이 많은 부인이었지만 어느 종기를 치료하기 위해서 이것은 수술하면 빨리 낫는다고 하며, 내가 수술을 권유하면 아무런 주저도 없이 진료하러 온 날부터 수술하고 입원하고 끝났다. 이렇게 비교적 열려있는 부인은 수술에 대한 학리에 신뢰하는 관념이 강하기 때문에 그 수술에 대해 겁을 먹고 꽁무니를 빼는 일은 적고, 그렇지 않은 부인들 사이에는 수술을 피하는 자가 많은 것 같다.

일본 부인도 이점에서는 깊이 반성해야 한다. 즉 수술 그 자체가 병을 치료하는 수술이다. 종종 죽어도 수술은 싫다고 하는 모순을 깊이 생각해야 할 것이다〈80-81쪽〉.

**이쓰카(飯塚) 치과병원장 담화, 「치아의 이야기」, 『조선급만주』(제171호), 1922년 2월.**

현재 일본 가정에서 일반적인 위생 사상은 매우 진보되어 보급되고 있는 것 같습니다만, 아직 치아는 아무튼 경시되어 이에 관련된 지식은 빈약한 듯합니다. 물론 전문적인 것은 놔두고 보통 상식으로서 어느 정도까지 알아 두어야 할 점을, 특히 맹아의 책임이 있는 엄마에게는 가장 필요할 것이라고 생각하기 때문입니다. 이 무렵에, 유치 때부터 잘 관리를 해야 영구치까지 가지런히 나오기 때문에 가리야(狩屋) 치과의사의 이야기를 일단 소개하고자 합니다.

치아가 나오는 데 필요한 조직은 인체기관 중에서도 상당히 빨리 모체 안에서 형성됩니다.

수태된 뒤 48일째부터 즉 임신 1개월 반부터 생겨납니다. 이것은 치아라고 하기에 매우 연약합니다만, 이것이 임신 4개월경부터는 여기에 석회분이 부착되어 단단한 이로 됩니다. 이들의 변화는 모두 턱 안에서 담당하며 이가 우리에게 보이게 밖으로 나오는 시기는 귀여운 영아가 태어나서부터 6개월 또는 8개월 경에 가장 앞의 아래 이빨 2개부터 차례로 전치 2개 그 양쪽에 즉 중절치(앞니 2개), 측절치(그 옆), 첫 번째 유백치(안쪽에서 5번째), 견치(사절치), 두 번째 유백치(어금니)라는 순서에 따라서 생기기 때문에 상하의 숫자와 명칭은 같지만, 형태만큼은 다르며 전부 다 자라기까지는 대개 생후 3년 정도가 보통입니다. 그리고 소아에 따라서 다소 시기가 지연되며, 드물게는 전치가 나와 있는 신생아도 있습니다. 이런 경우는 이빨 끝이 매우 돌출되어 있어 엄마의 유방 끝을 상처를 내게 하는 일도 있습니다.

즉시 전문의에게 말해서 적시에 치료를 받을 필요가 있습니다.

이것은 옛날부터 귀아라고 해서 뭔가 미신자들에 취급되어 있는데, 이런 이야기는 생각해 볼 가치도 없습니다. 또한, 생긴 시기에 대해서는 되도록 늦는 쪽이 좋다고들 말합니다만, 사실은 일괄해서 말할 수도 없습니다만, 영양이 충분한 유아는 좋고 충분하지 않은 아이는 늦는 것 같습니다. 그러나 2세에 처음으로 이가 나왔다고 하는 예외도 있습니다. 이가 나오는 시기는 유아가 손가락 또는 단단한 것을 입에 넣어서 씹으려고 한다거나 타액을 평상시보다 더 많이 흘린다거나 하여 매우 불쾌하게 생각합니다. 그것은 입안의 국부를 자극하는 생리적 이상이 생기기 때문입니다. 특히 어금니가 나는 시기는 유아에 따라서는 경련을 한다거나 또는 심한 발열 설사를 일으키고 더 심하게는 뇌막염을 일으키는 위험을 동반하기 때문에 이 시기에는 엄마는 상당히 면밀한 주의가 필요합니다.

이상과 같이 유치가 전부 다 갖추어지면 그 뒤는 치아의 교환기라 하여, 6, 7세 무렵부터 영구치가 나서 유치와 서로 바뀝니다. 이 시기는 가장 엄마의 주의를 필요로 하므로 만일 부주의한 결과, 치열 부정이 되면 소아의 장래가 불행해지는 것은 물론 일생 돌이킬 수 없는 일이 됩니다. 간단히 말하면 치열부정의 결과는 뻐드렁니, 반치, 벌어진 이 등으로 용모를 흉하게 할 뿐만 아니라 두개강 발육불량으로 저뇌안면 발육장애로 호흡(여러가지 위험을 수반한다)이나 악치의 원인 등 각 방면에 매우 해를 미치기 때문에, 이러한 경우에는 전문의에게 치열교정치료를 받고 이 무서운 질환을 미리 방지하는 일이 중요합니다.

영구치가 생기기 시작하면 유치의 흡수라고 해서 유치의 뿌리는 점점 없어져 마침내 살짝 손으로 잡아당기면 뽑힐 정도가 되어, 그 후에 영구치가 생기게 됩니다. 충치라도 되어 이빨이 죽으면 흡수작용을 하지 않기 때문에 영구치가 생기는 시기가 되어도 옛 위치에 남아있어서 새롭게 생겨 나온 영구치는 이 진로를 방해받아 결국 다른 곳 즉 턱의 해부상 보통 바깥쪽에 생겨서 나옵니다. 이 방향과 원인도 여러 가지입니다만 너무나 전문적이기 때문에 생략하겠습니다.

소아의 전치가 흔히 말하는 미증치(된장치, 미소치)로 되었을 때, 입술 아래에 뼈인지 이빨인지 알 수 없이 돌출이 생겨서 입술을 굳게 다물고 얼굴을 씻는 것을 싫어한다거나 콧물이 날 때 아파한다거나 통증이 생기거나 입술이 붓거나 할 수 있으므로, 되도록 유치의 흡수를 완전하게 하기 위해 또 저작을 충분하게 하기 위해 다시 자라나는 이빨에 유의해서 구강내를 청결하게 해 둘 필요가 있습니다. 영구치는 6, 7세 무렵에 두 번째 유치어금니 다음으로 큰 어금니가 생겨 그 후 앞니의 방향에 순차적으로 교환하기 시작합니다. 이 어금니를 6세 구치라고 하고 이후에 생긴 이는 모두 영구치이기 때문에 만약 썩더라도 또다시 나오기 어려운 이빨입니다. 영구치는 대개 7. 8세 경부터 12. 3세까지 나와서 갖추어 집니다. 그러나 가장 안쪽의 흔히 말하는 사랑니는 18세부터 30세까지 사이에 나옵니다.

이상과 같이 소아가 생리적 순서대로 이가 생겨도 이 기간에 엄마가 주의가 부족하면 일생 떠나지 않는 고통을 만들게 됩니다. 소아는 아시다시피 매우 단 과자를 좋아합니다.

이것은 충치의 원인인즉슨 유산발효를 일으키기 때문에 식후에는 반드시 양치질을 시키고 2, 3세의 유아에게는 구강 내를 2% 50배 정도 구산수와 같은 것으로 닦고, 6, 7세에 영구치가 날 때부터는 브러시를 이용하여 사용하는 습관을 들였으면 합니다. 칫솔은 아침에 기상할 때에는 일반적으로 사용하지만, 밤 취침 때는 한층 더 하도록 해야 한다고 믿습니다.

소아는 처음은 아무튼 겁을 먹어서 등한시하기 쉬운데 한번 습관이 된 이후에는 이 구강 내의 청결한 기분을 내고자 계속해서 사용하게 됩니다.

이러한 일은 매우 쉬우며 또한 주지하는 사실이지만 아무래도 실행이 잘 안 되는 듯합니다. 또한, 실행되어도 지속하지 않기 때문에 특히 육아의 책임을 담당한 어머니는 이점에 주의하여 이 실행을 종용해야 한다고 생각합니다〈70-71쪽〉.


기자, 「총독의원과 간호부 근래의 감기-회충의 이야기 -」, 『조선급만주』(제173호), 1922년 4월.

총독부의원에서 가장 환자가 많을 때는 봄부터 가을 사이에 많으면 하루에 1,100명, 적으면 6, 70명이다. 이제 곧 정월이 되는데 환자가 없는 것은 아니지만 매년 정월은 환자가 적다. 적다고 해도 하루에 5, 6백 명 아래로 떨어지지는 않는다.

환자가 많은 곳은 내과로 총수의 30% 또는 40%를 차지하고 있다. 그다음은 외과로 상당히 많은 간호부가 현재 100여 명 있지만, 전부 기숙사에서 다니고 있으므로 외래 환자와 입원환자를 구별해서 활동하고 있다.

먼저, 간호부를 양성 시기부터 써 보면, 총독부의원은 1년에 2회씩 간호부를 모집한다. 모집 인원은 대개 50명이다. 모집된 사람은 월 12원의 수당을 받고 기숙사에 들어가 그곳에서 간호부에 대해 필요한 모든 일을 배운다. 그 기간은 약 5개월이며 그동안 매월 20엔 수당으로 식료품이나 심부름 모든 것을 충당해야 하므로 이 양성 기간은 상당히 힘든 시기이다. 그러나 그중에는 매달 남긴 돈을 저축하여 옷 한 벌을 만든 사람도 있다.

이 5개월의 양성소를 나오면 한 사람씩 간호부로서 환자를 접한다. 한 사람씩 간호부가 되면 급료도 상당히 좋은데 한 달에 35, 6엔부터 받는다. 그 외 입원환자를 대하는 간호부는 손님으로부터 얼마 정도의 성의를 받을 수 있는 일도 있으므로 상당히 수입도 있다고 한다. 양성소를 나오면 그 졸업 날부터 만 2년의 의무기한이 있다.

여기의 간호부들은 모두 묘령(스무 살 안팎)의 부인들뿐이므로 대개는 2년간 의무연한을 끝내면 바로 사직을 하고 각자 신부가 되었다. 그 때문에 길게 근무하는 사람은 얼마 되지 않는다. 5년 6년을 계속해서 근무하는 사람은 대개 계속 길게 근무하는 것 같다.

이런 사람은 결혼할 수 있는 인연이 점점 없어진다고 한다.

총독부의원의 간호부는 지방에 있는 자혜병원의 요구에 따라서는 가게 되어있지만, 자혜병원에서 부탁이 와도 가지 않는 듯하였다.

물어보니, 이렇게 바쁜데 간호부를 다른 곳으로 보내겠느냐고 말했다. 그런데 요즈음 간호부 모집도 힘들지 않다는 이야기를 들었기 때문에 언젠가 간호부 부족으로 곤란한 일도 없을 것이다.

총독부의 간호부의 규칙 중에는 손님으로부터 따로 돈을 받아서는 안 된다고 한다. 따로 받는다는 것이 정도의 문제이지만, 대개는 손님이 준 경우에 받는 사람은 없는 것 같고, 또한 이 각박한 세상에서 정도를 넘어서 많이 주는 사람도 없을 것이다. 또한, 있다 해도 그런 사람은 뭔가 다른 것을 위해서 주는 사람이 틀림없을 것이다. 손님으로부터 받은 성의는 하나하나 얼마 받았다는 것은 전한다는 하는데, 이를 진짜로 어떻게 했는지는 알 수 없다.

다음으로 최근 조금씩 변형된 감기가 유행한다고 하여 물어보니, 종래의 유행성과 소위 별다르게 변한 것은 없지만, 최근 살짝 유행했던 것은 감기에 걸리면 바로 후두부가 아프고 동시에 열이 나며 내버려 두면, 4, 5일간 급격한 폐렴이 걸려서 운이 나쁘면 죽기 된다고 한다. 그 때문에 감기에 걸렸다고 생각이 들면 바로 의사에게 달려가는 일이 제일이라고 함.

다음으로 회충 이야기인데, 회충은 대부분 사람이 알고 있듯이 선형의 작고 긴 벌레이다. 이것은 사람에 따라서 그다지 심하지 않다고도 하는데 최근 회충에 대해서 3, 4년 전과 다른 점이 한 가지 발견하였다. 이 벌레는 서양인에게는 거의 없고 주로 동양인의 장 속에 서식하고 있다. 그 이유는 원래 회충은 장 속에서 많은 알을 낳는데 그 알이 부화해서 1개의 회충이 되기까지는 어떻게든 장 속을 나와서 체외의 공기를 맞으며 일정 시일을 외부에서 보내야 하는 관례상, 동양인은 인분을 비료로 하기 때문에, 인분에 섞인 회충의 알은 야채류에 부착되어 사람 입으로 들어간다. 이 알은 매우 강한 저항력을 가지고 있으므로 대부분의 소독력으로는 적합하지 않다. 먼저 이 알을 죽이려면 강한 열을 가해야 한다. 그리고 인분에도, 시골에 자주 있는 변기통 안에 넣어서 인분을 태우면 알이 죽어 버린다. 이것은 더욱이 도시 사람들은 할 수 없으므로 농업에 종사하는 사람들이 주의해야 한다. 다만 도시 사람은 어떻게 이 알을 죽이는가 하면, 단지 열을 한 번 가해서 음식을 먹는 일이 필요하다고 한다. 또한, 물에서도 수돗물은 괜찮지만, 보통의 물은 종종 많은 알이 발견된다.

종래, 회충은 제일 먼저 입으로 들어가 장에 머물며, 그곳에서 알을 낳고, 그 알은 장에서 바로 인분과 섞여서 체외로 나오기 때문에, 또한 입으로 들어가 장으로 가서 그곳에서 부화하여 성장한다고 생각하지만, 실제로는 그것도 조금 다르다는 점을 알았다. 먼저 장 속에서 태어난 알은 체외에 나와 일정한 기간이 지나면 또한 음식물과 섞여서 체내를 들어와서 장에 머물러서 부화한다. 그곳에서 부화한 것은 장 피부를 뚫고 혈관 안으로 파고 들어가며,

혈관에서 폐를 뚫고 기관으로 나오고 기관에서 나온 다음 다시 음식물과 함께 장 속으로 들어간다고 하는 것이 최초 발견되었다. 그래서 쥐나 돼지 등에게 이 알을 주입해 보면 조금은 어림할 수 없지만 약간 다량으로 주입하면 그 알에서 부화해서 혈관에서 나와 폐가 피의 반점으로 돌출되어 나와 있는 것을 보면 금방 알 수 있다. 더욱이 이 정도는 물론 죽는다. 그 때문에 먼저 회충을 조심하려면 음식물이나, 물, 조리기구 등에 주의하는 일이 제일이다 〈88-90쪽〉.

## 무라카미 가즈요시(村上一儀), 「봄을 다른 곳에서 지내는 사람들 총독부의원의 정신과를 살펴보다」, 『조선급만주』(제173호), 1922년 4월.

밤비도 지나가고 아름다움에 취해 검푸른 하늘에서는 따스한 봄의 자광이 떨어지고 있다. 3월 15일 아침, 나는 총독부 의원의 참관을 떠올리고 전차를 가볍게 내렸다. 1년 남짓해서 가는 것이기 때문에

"멋대로 다르지 않으면 좋으련만……." 이라고 생각하면서 지붕에 올려진 빨간 기와의 서양관 근처로 가고 있다.

정문 쪽에서 올라가려고 하자 하인 같은 조선인에게 가로막혀 뒷문----환자출입구---의 좁은 쪽으로 몰리게 되었다. 그야말로 막무가내이다.

근래에는 1년 전보다는 무척 상태는 좋아졌다. 2층의 서무과 문을 통해서

'참관에 편의를 봐준 것'을 신청해 보는 것이라고 과장이 부재중이라 대리인이 친절하게 대략 설명을 해주어 한순간 안내자의 손이 빌 때까지 대기하라고 했다.

일본 복장의 후지이 부인과장이 무언가 용건을 지시하고 사라지자 부원 한 명은 근엄한 어투로 말했다. "네, 각하. 알겠습니다." 의관 이상은 각하라고 부른다.

알고 지내는 서무부원이 바쁜 시간을 빼서 안내해 주었다. 우선 참관하기 전에 들은 것을 독자 여러분에게 전하지 않으면 안 되나 의원 정도의 위치는 경성의 동북 끝에 위치해 창덕관의 동쪽 즉시 창경원과 길을 사이에 두고 서로 마주보고 고조한 토지와 초록도 떨어질듯한 송림 언덕을 두고 있다.

총평수 5만 5천 6백여 평, 건물 평수 4천여, 본관이며 부속병실 등 수십 동이 있고 푸른 소나무의 배경을 등지고 최고의 미관을 나타내고 있다.

부문을 치료와 연구로 나눠서 보면 치료부에 내과, 외과, 소아과, 산부인과. 안과, 이비인

후과, 피부비뇨기과, 정신병과, 이와 주요한 여러 과, 그 외에 광선료법, 디데르미요법, 수은 결석영사요법, 열기요법, 수치요법, 전기마사지실 등이 있고 또한 연구과에는 여러 과가 있으나, 이것은 차차 보기로 하자.

아무튼, 어디에서 살펴보더라도 조선 내 제일의 규모를 자랑하는 의원에서 외래 환자 매일 150명 이상이며 그 가운데 100명 정도는 일본인, 3분의 1은 조선인이었다. 게다가 시료부에는 작년부터 무제한으로 하고 있기 때문에 2, 3백의 환자는 끊어지는 일이 없다. 이것으로 시가원장의 시료 취지도 철저하게 한다는 것이겠지.

안내인과 계단을 내려가자 복도는 대기 중인 환자들과 왕래하는 의사, 간호사의 흰 복장이 짜진 것처럼 펼쳐져 있다. 조용한 듯하면서 번잡한 것은 병원의 외래실이다.

이쪽은 그냥 지나치더라도 대부분 사람이 외래 각부의 광경에는 익숙해져 있고 처음인 사람이라도 알기 쉬웠기 때문이다. 다만 외과는 그 설비 면에서 대련(大連)의 철도병원과 비교하면 많은 손색이 있다고는 들어왔다.

머지않아 그사이, 개조되어 가고 있는 것을 기대하고 있어서 안 좋은 이야기는 삼가겠습니다.

외래부의 복도 끝에 이르면 유리창 건너 연구실로 들어간다. 세균, 생리, 병리, 화학 등의 각 실이 있고 열심히 박사 학사들이 약품이나 시험기 안에서 연구에 여념이 없다. 표본이나 시험에 제공되는 토끼나 개를 나열한 가운데를 지나 빠져나오면 투약실에 가면 약 2천 2백 권의 장부가 책장에 가득 쌓여있다. 정오부터 오후 8시까지 의사의 열람에 제공되고 있다.

병리실에서는 도쿠미쓰 씨가 무의미하게 펜을 휘두르고 있다. 기생충실은 유명한 파리 선생 고바야시 세지로 씨가 연구실적을 쌓고 있는 한편 "파리연구"라는 출판 자료도 이 연구실에서 얻어진 듯하다.

"부청에서 사들인 파리의 남는 것을 받아서 하고 있으며, 각별한 것도 없고 이렇게 하고 있습니다."라고 고바야시 씨는 흰 블라우스로 갈아입으면서 겸손하게 말한다.

시험관 안에는 비스킷과 파리가 들어있지만, 육안으로는 보이지 않는다. 시험관 안에 많은 병독이 있는가 생각했더니 거의 파리 속에 있는 여름철의 조선인 생활이 무섭다.

연구실과 관련해서 초심자에게는 신선하지 않기 때문에 간단하게 보고 병실 쪽으로 옮기는 동쪽 병동 등은 대부분 증축되어 근사하게 되어있는 듯하다. 걸레로 닦아낸 듯 광택이 나는 복도에 양측의 화분이며, 간호사의 흰옷이 투영하는 것 등 좋은 느낌을 받지만, 복도의 공기가 차가운 것은 문을 닫거나 추운 날에는 복도에도 스팀을 넣어 보온을 유지할 수 있는 설비를 하는 등 방도가 없을까.

한 바퀴 돌고 취사장 쪽으로 나오면 점심을 가지러 가는 간호사들이 식당 쪽으로 간다. 식당 안은 순백이다 "스노우 걸"이라고 나는 중얼거렸다. 취사장은 군대를 축소한 듯한 것으

로 밥은 금속 차합에 들어져 몇 개나 찜솥들이 얹어져, 일시에 데우는 것 같은 설비로 취사
담당자는 대부분 조선인이었다〈80-81쪽〉.


## 경성부인병원장 구도 다케시로(工藤武城) 이야기, 「산아제한의 가부-부인병학의 입장에서 고찰하며-」, 『조선급만주』(제173호), 1922년 4월.

상가(サンがア) 부인도 이달 중하순에는 조선에 들어와 북경으로 갈 것이다. 구도 씨는 유럽 미주 순회 중 일본 부인병 학자로서 매우 유명한 사람이며, 상가 부인과도 3번의 논의했으며 산아제한 문제에 대한 조예도 깊다. 구도 씨의 연구와 고찰과 또한 진중한 태도로 산아제한의 가부에 관한 연구는 역시 최근의 이른바 유행주의에 대한 준비가 될 수 있다.

이전에 내가 미국에 체재 중일 때 상가 부인은 나를 일본의 부인병학자로서 서너 차례 호텔로 방문했기 때문에 학문상으로 누누이 산아제한에 관하여 토론한 적이 있다. 부인이 도쿄부근에서 강연할 때에는 구체적인 방법을 들지 않겠다는 조건을 걸었기 때문에, 방법에 대해서는 구체적인 설명을 피했을 거라 생각한다. 나도 역시 이를 피해서 산아제한의 결과를 중심으로 고안해 가고 싶기 때문에 여기에서도 간단히 끝내도록 하겠다.

산아제한 방법은 주로 부자연스러운 인공피임이라고 말할 것도 없다. 이것이 어떤 의미에서는 쾌락 본위로 되어서 자손 번식을 회피한다는 결과로 되지 않으면 좋겠지만, 이것을 단정 할 수 없다면 예상도 할 수 없는 일이다. 산아제한의 가부에 대해서는 각 방면에서 일단 양론이 있기 때문에 한마디로 단정을 내릴 수 없을지도 모르겠지만, 나는 부인병학 입장에서 먼저 필요한 경우를 열거해 보겠다. (A) 중대범인 또는 질병, 그 외 불치병의 환자인 혈통 또는 요인을 농후하게 가지고 있는 자 (B) 절도상습범의 유전적 소질을 농후하게 가지고 있는 자 (C) 범죄성 저능한 절멸 등 예외로서 불량혈통을 삭감하는 방법을 시행된 것은 국민으로서도 또한 국가 당국에 바라는 바로, 그 방편으로서 위의 범위 내에서 산아제한을 한다고 하는 생각은 당연히 타당하며 안전하다고 생각한다.

그리고 인구의 점차적인 증식을 과신하여 실행하는 일은 매우 잘못된 것으로 일례를 들면 옛날 일본은 여자가 10대에 아내가 되고, 남자는 20대에 유부남이 되었다. 최근의 상태에서는 남자가 대학의 과정을 거쳐서, 또한 그 외 자활할 수 있고 안전하게 학교를 수료한 뒤, 아내와 같이 사는 경우는 대개 30세 전후이다. 역시 여자가 한 가정의 주부가 되는 소양을 얻는 시기는 빨라도 20세를 넘겨야 하는 것이 최근의 일반적인 세태이다.

그 기간에 생기는 차이는 정확히 1세대를 감퇴시키는 셈이다. 즉 옛날 결혼연령으로 추정하면 이미 손자가 태어나야 할 때 겨우 장남과 장녀가 태어나는 비율을 보인다. (기자 註,

미래의 사회에서 인구증가는 오늘날보다 많다고 가정해도, 가령 일가족 5명에게 한 사람당 많은 아이가 태어난다는 즉 토머스 맬서스의 추정과 같은 인구증가는 급수적으로 증가하는 것으로, 인간 생식기가 평균 25세부터 50세까지로 하여, 앞의 가정에 따르면 약 35년마다 세계 인구는 20%씩 증가하는 비율이다).

현재 가령 인구증가의 급수적 증가율을 반대로 생각하여, 최근 통계로부터 분만에 관련한 사망률을 무시한다고 해도, 현재 일본의 많은 인구수에 놀란다. 1년 동안 산욕열, 자■, 분만아의 대출혈, 그 외 산통 중에 갑자기 사망한 만 16세 이상 40세 이하의 부인 사망 수는 1만 명의 전체 사망 수 중 실제로 3,693명이다.

현재 국자가 대공황을 느끼고 있는 전염병 중 법정전염병에 의한 1년간 사망 수는 1만 명 가운데 2,822명이며, 사회에서는 이를 근절 또는 예방하기 위해서 혈안이 되어 모든 수단과 방법을 강구하고 또는 실시하고 있음에도 불구하고 산아에 관한 사망자 수의 대부분은 간과하는 것은 무슨 모순인가.

따라서 세계 각국의 출산 감퇴 즉 인구감퇴 상태를 보면, 먼저 브란텐 민족인 프랑스를 최고로 해서 점차 앵글로 색슨의 영국, 독일에 영향을 미친다. 또한, 유럽 대전 3년 전부터 프러시아부터 바덴바덴에서 발단이 되어 바바리야(バパリヤ)에 이르렀다.

이 현상은 매우 독일국민도 위협받은 것으로 보이며, 관민 합동의 조사위원을 설치해 이를 대응책을 강구했지만, 전후는 이 소식조차 알 길이 없다.

러시아는 이상의 각국에 충당할 다수 산아를 가진 국가이었으며, 각각 빈민 자녀를 수용해야 하는 시설을 가지고 있었다. 즉 아동국유로 공사생아의 구별을 묻지 않고 보호를 가하였다.

독일에서는 정부로부터 각 도시는 버린 아이 수용소를 만들어 건전, 불건전을 추궁하지 않고 모두 인수하여 보육한다. 그 방법이란 실제로 교묘한 장치로, 몇 번 고아원에 놓여 있다는 것을 몇 번이라고 바로 알 수 있는 상태를 벨로 울리는 장치가 되어있다. 역시 각 도시에 국립산원을 두고 임산부의 이름도 묻지 않고 수용하여 분만시키기 때문에 하녀라도 영랑이라도 거리낌 없이 가서 거리낌 없이 아이를 낳고 나온다. 그러나 산후는 이러한 아이들을 국가가 인수하여 보육하기 때문에 그 유명한 린사소시(リンサソシー) 궁전조차 고아수용소가 될 정도였다. 따라서 수태나 산아 살해 등의 범죄도 전혀 없었다고 해도 좋을 정도이다.

프랑스에서는 대통령 포암카레(ポアンカレー) 시대에 산아감소의 원인조사회를 설립하여 대통령 자신이 그 위원장이 되어 연 1천 프랑을 투입할 정도였으며 인구증식보다도 산아보호를 각 열국이 어떻게 장려했을까를 살펴볼 수 있을 것이다.

네덜란드는 유명한 산아 감퇴국 가운데 하나로 거의 무생명 국가이지만, 만약 상가 부인의 독특한 시대가 일본에 오게 되면 일본은 역시 네덜란드와 같은 국가 상태가 될 것이다.

그러나 우리는 네덜란드인이 되고 싶지 않다. 이처럼 퇴폐적인 국민은 바라지 않는다.

네덜란드에서 산아를 갖기 위해서 임산부가 있는 가정에서는 정부에서 보조금을 주고 소득세를 면제하여 두 번째 국민의 출현을 기다린다. 전철에서는 임산부에게 좌석을 양보하고, 소학생에게는 임산부에게 경례를 하라고 가르치고 있지 않은가. 이래저래 인구증식은 지연되어 전파되지 않는다.

(기자 주, 세계 각국 중 일본은 출산율이 많은 편으로 제1위를 차지하였지만, 반면 사망률도 역시 제2위에서 내려가지 않는다)

일본의 인구증가 프로퍼센티지는 유신 전에는 정확히 과거 5백 년에 걸친 엑스판션을 시작한 지 50년 전과 맞먹는다. 막부정부시대에는 각 번에서 암암리에 산아제한을 한 것으로, 산아제한 있었던 시기에는 국가가 퇴행시대에 있는 한 현상이다. 새로운 기둥을 향해 있는 국가에서는 결코 일어나지 않는다〈99-101쪽〉.


본지 기자, 「부록　조선은 얼마나 발달하고 있는가」, 『조선급만주』(제173호), 1922년 4월.

위생기관의 설비

조선인은 아주 위생 사상이 뒤떨어져서 구 한국정부 또는 위생설비에 무관심했지만, 우리 통감정치 시행 이래 위생 사상의 함양과 위생기관 설비에 노력한 결과 오늘날에는 실로 비교할 수도 없을 만큼 진보해 있다. 지금 일본 조선 양쪽에 있어서 의사와 위생기관을 열거하자면 다음과 같다.

| | | |
|---|---|---|
| 의사 | 82 | |
| 내지인 | 31 | 치과의 80 |
| 공사립 | 31 | 조선인 3　약제사　81 |
| 의생 | 5,749 | 외국인 36　산파 631 |
| 간호사 | 529 | |

그것을 내지의 의료기관에 비교하면 아직 현저히 떨어지지만, 현재로서는 여전히 촌락벽지에서는 의사의 분포가 희박해서 공의라고 정한 각 관청의 위탁서와 경찰서는 민중의 요구에 응해서 시료하는 것으로 되어있어서 그 외 의생, 산파 간호사, 종두인허원 등이 있고 일반의 의료에 종사하고 있다.

◆구료기관

병합 후 조선전도에 시행한 덕행은 우선 구료기관을 설치한 것을 지적하지 않으면 안 된다. 처음에는 주요 도시에 자혜의원을 두, 세 군데에 설치했는데 현재는 총독부의원 하나, 도 자혜의원 스무 개에 이르게 되었다. 총독부의원은 본래 대한의원이라고 했으나 그 자리는 총평수 5만 1천 6백 4십 2평, 건평 4천 15평이며 환자는 약 400명을 수용할 수 있다. 도 자혜의원은 수원, 안동, 제주, 소록도, 초산, 강릉, 회령, 간도, 그리고 경기도를 제외한 각 도청 소재지에 있다. 이 자혜의원에서는 산간벽지에는 순회 진찰을 하고 일반 환자를 위해 진료하고 있는데 이 요양환자 수를 들었더니 아래 도표와 같았다.

| | 총독의원 | | 도 자혜의원 | |
|---|---|---|---|---|
| | 보통 | 시료 | 보통 | 시료 |
| 내지인 | 163,223 | 6,204 | 364,349 | 4,688 |
| 조선인 | 44,335 | 38,719 | 117,679 | 518,915 |
| 외국인 | 663 | - | 1,478 | 1,671 |
| 연인원 | 292,247 | 69,652 | 8,49,403 | 1,491,351 |
| 1일 평균 | 800,68 | 185,35 | 2,327,13 | 4,085,89 |

순회 진료도 앞에서 말했듯이 상당한 성적을 올려 총독의원 또는 자혜의원에 있어서는 일본인 조선인의 조산사 간호사의 양성을 하고 있다.

그 외 단속

위생상 약품의 단속, 음식물의 취급이나 병원균의 제조처리와 골육의 단속에 관해서는 모두 상당한 법규를 마련해서 그 단속에 종사하고 있다. 그 외에 우유 착취소의 우유 단속도 상당히 이루어지고 있다. 공창, 사창에 대한 검징, 오물청소, 해항검역, 묘지 화장터의 단속, 음료수의 단속, 전염병에 대한 단속과 예방, 세균검사, 가축전염병, 이출우 검역 등도 이루어지고 있다. 위생시설로서는 상당한 주의를 하고 있을 정도로 추진하고 있다.

◆경성의 시설

경성은 조선의 대도시이며 위생설비는 상당하게 완성되어 있으나 현재로서는 관립병원 2개, 사립병원 28개, 의사 177명, 의생 241명, 치과의 19명, 약제사 37명, 산파 132명, 간호사 132명, 제약자 18명, 약종상 673명 있고 일본인과 조선인 모두 위생사상은 발전 혹은 진화하고 있다〈142-143쪽〉.

와타나베 스스무(총독부병원 피부과 부장, 渡邊晋), 「혈액과 피부」, 『조선급만주』(제174호),
　　1922년 5월.

　　피는 인간생활에서 가장 중요한 성분으로, 동맥혈은 인간에게 많고 신선한 양분의 공급을
하며, 정맥혈은 노폐물을 운반하여 버린다. 그 외, 최근의 연구에서는 내분비 기관이라는 매
우 미묘한 기관의 분비물이 혈액 속에 있어, 인간의 성장, 생활, 생식 등에 관하여 매우 교묘
한 조절을 한다는 것이 밝혀졌다.

　　일단 피의 성능과 효력을 이야기해야겠지만, 전체를 너무 상세하게 하면 많은 방면의 이
야기로 나아가므로, 나는 피부병 특히 미모학을 전문으로 하는 처지에서 그 방면에 관련된
2, 3건을 가지고 통속적으로 설명하고자 한다.

　　피부의 색상은 인종, 개인, 연령, 건강 여부 등에 따라서 차별이 생긴다. 대체로 피부에 함
유된 색계의 양, 혈관의 다소(多少), 충허(充虛)의 상태, 그리고 표피의 성상에 따라서 차이가
생긴다. 그 차이는 겹치는 경우에 따라서 보통 아름답고 추하게 표면에 나타나는 것이다.

　　세계의 인류를 보통, 백철인, 황색인, 흑인 등으로 구별하고 있는데, 이 구별은 물론 피부
의 색에 따라서 유형이 나누어진다. 백색, 황색인 원인은 피부색소가 많고 적음에 따라서
나뉘는 것이다.

　　피부에는 표피, 중피, 하피로 세 층이 있다. 그 표피와 중피와의 경계에는 색소립을 포함
하고 있다. 이것이 피부의 표면으로부터 보이면서 피부색 차이를 일으킨다.

　　백철인은 색소가 매우 적기 때문에, 피부의 혈관 속의 혈액의 적색이 훤히 들여다보이며,
피부가 소위 벚꽃색을 띠게 된다.

　　이처럼 색 계통의 양에 따라서 백인, 황인, 흑인으로 나뉘지만, 이것도 절대적인 것이 아
니며, 개인에 따라서 또한 각각 차이가 생긴다. 즉 동양인 중에서도 매우 하얀 피부색인 사
람이 있고, 또한 거의 흑인 가까울 정도의 색을 지닌 사람도 있다. 또한, 백인 중에서도 이를
나누어 앵글로색슨과 같이 매우 하얀 사람이 있지만, 라틴인과 같이 다소 하얀색에 황색을
띠는 사람도 있다.

　　우리가 유럽에 가서 스페인이나 이탈리아 사람을 한눈에 알아볼 수 있는 것도 이에 의한
것이며, 또한 같은 아리안인 중에도 인도인과 같이 새까만 사람도 있다.

　　그러나 색계통의 문제는 갖고 태어난 것이므로, 이를 가감승제를 한다는 것은 곤란하다.
그러나 피부의 색을 나타내는 양의 관계만이 아니라, 실은 혈액의 관계나 표피의 성질 등도
큰 원인이 된다. 우리가 미모학 상으로 크게 영향을 받을 수 있는 것도 이 점에 있다.

　　'당신은 요즘 혈색이 매우 좋습니다'라고 말한다면, 건강에 대한 찬사로 말 그대로이다.
신체의 조건이 좋고 혈액순환이 충분하다면, 따라서 피부에도 화려한 혈색이 나타난다. 대

체로 어리고 병이 없으면 피부, 특히 얼굴 피부에도 충분한 혈색이 보인다. 늠름한 볼, 또는 꽃다운 용모도 이와 같다.

같은 인종이라고 해도 내가 미국을 지나 영국에 도착했을 때, 사람의 볼 부분이 두드러지게 홍조 빛을 띠는 사람을 많이 보았다. 소아도 청년도 노인도 빨간 볼의 사람을 보았는데 이를 실제로 보니 유쾌함을 느꼈다. 그러나 이는 미국인과 비교하면 영국인의 볼이 선천적으로 혈관이 풍부하게 태어났기 때문은 아니라서, 어떤 생활 방법에서 이런 차이가 오는 것일까를 생각하고, 그 이유에 대해 고찰을 하였는데 오진이 있을지도 모르지만, 아무튼 나는 다음과 같이 생각한다.

즉, 미국인의 주택은 모두 근대 건축이며, 대부분 중앙난방장치로, 한 집에 지하실 한군데에서 불을 지피고 이를 각 방으로 배급하여 실내의 공기 온도를 높이는 방법이다. 반면, 영국에서는 벽에 있는 난로에서 장작, 석탄 등으로 불을 지펴서 그 주위에 사람들이 모두 모여서 직접 화기를 신체에 받는 것을 즐기는 습관이 많아서 그 결과, 온열의 작용이 계속되어 볼 부분 혈관에 이상한 확장을 띠면서 혈색을 증가한 것으로 생각한다.

물론 이렇게 색이 띠는 것은 어린 시절이나 중년에는 괜찮지만, 노령에는 빨간 코라고 불리는 병과 서로 닮은 상태가 되어 오히려 싫어하는 외관을 띠는 결점이 생긴다. 다음은 생활의 차이가 혈색에 영향을 주는 일례이다. 일반적으로 말하자면, 한서풍우(寒暑風雨)를 맞는 사람은 건강한 사람이라도 안색이 좋지 않다. 예를 들면, 농부, 선원 등은 도시의 동년배나 주로 실내에서 생활하는 사람과 비교하면 얼굴이 두드러지게 늙어 보인다. 이것은 일광, 한서풍우 등 밖의 악영향이 직접 피부에 작용하기 때문이며, 우리가 이를 피부의 기후적 영향이라고 부르는 것이다.

얼굴 피부는 잘 관리해 두면, 어느 정도까지는 그 젊음을 유지할 수 있다. 다만, 태양을 직접 쬐지 않도록 하면, 피부의 색은 하얀색을 유지할 수 있지만, 건강에는 재미가 없다. 태양의 광선을 쬐는 것이 전신 건강에 큰 이익이 있다는 것은 명백하다.

햇빛이 만물성장에 근원이며, 인간 생활에서도 가장 필요한 에너지로, 특히 건강유지상 또한 결핵 그 외의 빈약한 체질을 개선하는 데 필요하다는 것 또한 명백하다.

스위스는 종전에 결핵이 많은 나라였지만, 그 점을 알아차리고 자양, 외기, 일광 등의 방법으로 치료에 응용함에 따라서 결핵도 점차 감소하여 국민보건의 결실을 맺고 있다.

현재에도 그 나라에서는 일요일에는 전 가족을 데리고 나가 야외나 산천을 두루 돌아다닌다. 특히 모자를 벗고 걷고, 초원에 누워서 또는 전망대의 옥상에서 누어 햇빛과 친해진다. 얼굴과 다리를 검붉게 햇빛에 태운 사람은 크게 득의양양하고, 다른 사람들은 크게 이를 부러워한다는 하는데 이는 물론 크게 배워야 할 점이라 생각한다.

혈관의 충허(充虛)가 바로 안색에 영향을 준다는 것은 기쁨과 노여움, 수치심에 대한 정신

작용을 시키는 힘이 있다는 것이며, 우리가 날마다 보는 바이다. 화를 내어 얼굴이 온통 시뻘겋게 되는 것처럼, 또는 수치심의 표정에 얼굴에는 때가 아닌 단풍이 보인다는 말도 있는데, 이들은 모두 정신 작용의 영향에 의한 것이다.

혈액의 색이 나빠져서 피부의 색이 변하는 일도 있다. 예를 들면, 황달일 경우에는 혈액이 황색을 띠고 피부도 황색을 띠며 게다가 혀가 하얗다.

서양 의사는 황색 피부를 보는 데에 익숙하지 않기 때문에, 일본인이 병이 나서 유럽 의사에게 진료를 받으면, 자신이 생각한 병 이외에도 황달도 있다고 말하는 경우가 있다. 죽음에 이르게 될 때 띠는 붉은 남색 등도 혈액의 색이 나쁜 일례이다.

또한, 이상한 색계가 혈액에서 피부로 오는 예도 있다. 이것은 일본인에게는 특유한 경우이지만, 감색피증(柑色皮症)이라고 하며, 밀감을 많이 먹으면 밀감의 황색 즙으로 인해 전신이 황색으로 되는 경우도 있다〈43-44쪽〉.


**일기자(一記者), 「경성의 간호부의 이야기」, 『조선급만주』(제174호), 1922년 5월.**

간호부라고 하면 조금도 그 단어는 나쁘게 들리지 않는다. 시내에서 여러 환자의 청으로 병원이나 환자의 자택에 환자 간호를 위해서 가는 간호부와 부첨부(附添婦: 시중을 드는 사람)를 말하는데, 간호부보다도 간호부 회원이라는 말이 현대적이나 재미없는 풍속 파괴자(壞亂者)의 출처라고는 생각하지도 못한다. 실질적으로 간호부는 그 회의 회원이다. 회원이 아니면 간호부로서 활동할 수 없다.

여자가 게다가 젊은 여자가 옛 생활에서 벗어나 남자와 똑같이 외부로 나와서, 그리고 때로는 남자와 똑같이 일한다는 점은, 물론 그렇게 일을 해야만 하지만, 적어도 지금 당장 미간을 찌푸리게 하는 소문이 생기는 것은 확실한 일이다. 사회의 눈은 간호부나 여사무원, 교환수와 그 외 모든 일을 하는 여자에 대해서 한결같이 쏟아붓는다. 아마도 이 한결같다는 것은 타락을 말하는 한결같음이다. 예술가도 간호부도 똑같으며, 교환수도 여사무원도 똑같다고 한다. 그것은 무엇을 이야기하는 것일까? 젊은 여자가 남자와 같은 장소에서 활동하며 비교적 남자를 접하면서 일이 번창하는 데에서 종사한다. 그런데 인간 본능이 이끄는 남녀의 결합을 검사하는 것을 보면 그것은 명백하고 당연하다 할 수 있다.

경성의 시내에 5개 간호부회가 설립되어 있고, 환자의 요청에 따라서 각각 간호부, 부첨부를 파견하고 있지만, 간호부와 부첨부를 가지고 있는 회는 메이지 정(明治町)의 혜애(惠愛)와 본정(本町)의 궁림(宮林)정도였으며, 나중에는 부첨부만 간호부회였다고 해도 좋다. 어떤 회는 6,70명의 부첨부가 있으며, 간호부는 혜애에 3,40명, 궁림도 같은 정도로 있다.

더욱이 간호부회의 명부에서는 모두 백 명 이상의 이름이 올려져 있지만, 실제로 회원이 되어 일하는 사람은 앞에서 언급한 수십 명에 그친다.

간호부의 생활

간호부의 생활은 굉장하다. 굉장한 방종이다. 그리고 실제로 또한 굉장한 인간성을 보여주는 생활이다. 그녀들은 치사하게도 인간의 약점을 드러내고 있다. 부첨부는 대개 40세 이상의 사람이고 이미 하나의 가정을 만들어 가족이 있다. 그 부첨부를 하려는 이유 가운데 하나는 여의치 않은 경제를 돕기 위해서이며, 이들은 검소하고 성실하다. 그중에는 의지할 만한 사람이 없고 당연히 자기 생활도 자신이 없어 나온 사람도 있다. 그들은 모두 검소하고 조금이라도 여유가 생기면 저축하는 성실함이 있다. 그러나 간호부의 생활은 실로 이와는 정반대이다.

그들이 환자의 요구에 따라서 자택이나 환자가 입원한 병원으로 나갈 때는 어울리지 않을 정도로 많은 장식을 하고 당당하게 차를 타고 다닌다. 이에 관해서 기자는 어떤 이로부터 들은 바가 있다. 총독부병원에서 한 간호부가 역시 무슨 회로부터 파견됐는데, 그때 간호부가 대단한 치장을 하고 왔다. 화장을 얼굴에 더덕더덕 칠하고 옷도 어딘가 부잣집 딸처럼 왔기 때문에 너희들은 어디서 온 아가씨들이냐며 놀림을 받았다. 그 모양이 간호부가 할 차림이냐며 고함치니 돌아갔다고 한다.

여자가 남자 독신자 생활을 가르치며 '홀아비살림에 구더기 끓는다'라고 하는데, 이는 천성적으로 과부는 살림에 구더기가 끓지 않기 때문에 홀아비는 살림에 구더기가 끓는 것이 남자가 여자와는 다르다고 생각한다면, 그렇지 않는다고 말하고 싶다. 왜냐하면, 마치 간호사들의 생활이 홀아비처럼 구더기가 끓기 때문이다. 먹은 음식을 먹다가 그대로 두고, 조리 기구의 뒤처리를 하지 않은 채 2, 3일이나 내팽개치고 있는 형편이다. 그 방안에는 중국요리의 엄청 큰 덮밥이나 달걀이나 튀김 덮밥이 방석 구석에 굴러다니고 있다. 그녀들은 한 달도 쉬지 않고 일하는 것은 아니다. 한번 환자에게 부탁받아 나가면- 대개는 스스로 소변을 잘 보지 못할 경우이다. - 길어야 20일 정도로 있으면 괜찮아지는 편이다. 그리고 집에 돌아오면 지금까지 일한 대가라고 생각하는지 어떤지는 알 수 없지만, 돈이 있는 데까지 놀러 다닌다. 20일간 일하고 오면 4, 50엔 돈을 쥐고 온다. 하루 일당이 2엔 50전에서 3엔 사이라고 하면, 거기에서 회 측에서 1할 5푼 정도를 공제한다고 해도 4, 50엔은 유유히 가져올 수 있다.

그녀들이 이렇게 병원이나 환자의 자택에서 각각 일당을 받아서 자신의 집에 돌아오면, 먼저 친구를 방문하여 이야기하거나 회식을 한다. 때로는 통음(痛飮)이라는 아주 좋지 않은 일을 하기도 한다. 경성 시내의 간호부에서 한 되를 마시는 여자가 적지 않다고 하니, 그 소문이 난 것만으로도 큰일이다. 특히, 세상의 남자들은 나중에는 당연하게 받아들이는 경향이 있을 수 있다. 그녀들의 정월을 들으면 실로 엄청나다. 4, 50명이 서로 합세하여 먼저 남자들과 같이 술부터 시작하여 소위, 음주, 노래를 하며 야단법석이다. 생각만 해도 굉장하기에 6척의 남자도 전율한다고 한다. 조선에 온 남자들의 대부분은 일본에서 밥줄이 막혀서 달려온 만큼, 여자도 어지간히 이에 못지않다. 모두가 다 그런 것은 아니다. 그중에는 자신의 부모를 혼자서 모셔야 하는 자도 있고, 동생을 중학교에 보내고 있는 감탄할만한 사람도 있다〈70-71쪽〉.

## 산악초(山岳草), 「행로병사로 우는 여자」, 『조선급만주』(제174호), 1922년 5월.

그녀가 용산 불교자제원의 행로병사의 한 병실로 운반된 뒤, 3개월 가까운 세월은 순식간에 지나갔다. 당시 경성의 어느 신문은 그녀의 말과 그녀의 남편이었던 고산원장(별명)의 일을 사실과 거짓을 섞어서 여러 차례 썼다. 경성의 용산 사람들은 웅성거리며 그녀의 이번 건에 대한 소문의 꽃을 피웠다. 그것도 잠깐 사이에 여기저기서 일어난 나날의 사건에 신문도 그녀를 쓰지 않게 되었고, 그리고 세상도 어느덧 봄이 되어 들뜬 마음의 꽃구경으로 뒤숭숭할 때가 되자, 이제 완전히 그녀의 사건은 먼 옛일처럼 잊히며 끝났다.

그녀는 봄 같은 햇살이 빛나기 시작했을 때인가 벌써 꽤 오랜 시간이 흘렀다는 생각이 들었다. 때로는 이 무렵에도 한낮에 여름 같은 더위를 느낄 수 있는 날도 있었다. 벚꽃은 드문드문 피기 시작하였다. 그래도 밖에서는 아직 꽃구경이나 등산야유회를 가는 사람들의 떠들썩한 웃고 떠드는 소리가 끊임없이 들려왔다. 이런 날이 벌써 열흘 정도 계속되는 듯하다. 날씨는 변함없이 맑고 푸른 하늘에는 여름처럼 흰 구름이 떠 있다. 오후 저녁이 가까워지면 유리창을 통해 흰 구름이 조각되어 푸른 하늘 아래로 발걸음이 미끄러져 버렸다. 그녀는 행로병사의 한 병실에 누워있는 채 밖을 바라보고 있었다.

가끔, 전 남편 고산원장 사이에서 생긴 5명의 아이를 떠올리며 히스테릭한 외로운 표정을 지었다. 그리고 갑자기 잠잠하게 우는 적도 있었다. 병실은 다다미 4장 반 정도의 온돌이며, 그 병사 안에서는 그녀 외에 두 명의 사람이 자고 있다. 가장 안쪽의 작은 유리창이 있는 벽에 60세 정도 마르고 가는 노파가 누워있다. 입구의 미닫이를 열고 발밑에는 조선인 남자가 뼈만 있는 듯한 체구로 옆으로 누워있었다. 그는 팔에 힘도 아무것도 없고 오직 뼈와 피만이 있는 인간 같았다. 머리만 커서 얼굴부터 목, 목에서 가슴까지만 각각 뼈가 돌기 되어 있고, 특히 가슴의 쇄골은 선명하게 나와 있었다. 창백한 얼굴은 무섭게 가라앉은 눈동자와 돌기된 뺨으로 언뜻 20세 정도 젊은 사람으로 보인 듯하나, 실제로 그는 40세 조금 넘은 사내임을 일깨워 준다.

그녀는 이 남녀 사이에 끼어있다. 누구의 침구도 좋은 냄새는 없었다. 땀과 더러움으로 썩은 냄새가 코를 찔렀다. 노파의 머리맡 가까이 유행 지난 버들고리와 주머니 자루, 더러운 옷이 넘쳐 엉망으로 쌓여있었다.

그곳 주변에는 동그란 도기의 화로와 마실 찻사발과 약병 등이 굴러다녔다. 미닫이를 열고 방에 들어가면 냄새가 확 나므로 어쩔 수 없이 코를 막았다. 그들의 물건이 대부분 앉는 곳도 없는 것처럼 좁아 보였다. 그리고 대체로 여위고 약해진 환자를 볼 때와 같이 인생의 비애를 느끼거나 측은의 정에 강요당하거나 하는 일을 없애고, 오히려 일종의 더러워진 물건을 접했을 때와 같은 혐오를 느끼는 듯하였다.

하지만, 그녀는 그녀를 방문한 사람들에게 자신이 이전에 부인으로의 중류 생활에 비교하면 이런 더러운 곳이 있다는 것을 조금도 부끄럽게 생각하지 않는 듯하였다. 그녀는 아무렇지도 않았다. 가엾게도 세월은 그녀를 이러한 주위에 적응시킨 것이다〈73-74쪽〉.


와타나베 스스무(총독부의원 피부과장 의학박사, 渡辺晋), 「혈액과 피부(계속)」, 『조선급만주』
　　(제175호), 1922년 6월.

보통 피부와 혈액과의 관계에 대해서는 앞의 호에서 이야기하였는데 환자를 진찰할 때에도 역시 누누이 피의 문제와 만난다.

'근래 매우 안색이 나빠졌는데, 피 때문인가 독이라도 있는 것일까'라고 우리가 자주 받는 질문이다. 물론 다른 병이 있어 전신의 건강상태가 나쁠 때 혈색이 나쁘게 보이는 것은 말할 것까지도 없지만, 우리 피부과로 다음과 같은 질문을 가지고 오는 사람에게는 다른 중증의 병이 있다고도 보이지 않는 사람들이다. 그 사람들의 마음속을 추측하니, 자신은 특별한 병이 있다고도 생각하지 않지만, 안색이 좋지 않아서 뭔가 혈액 속에 숨어있는 독이 있으므로 안색이 나쁘게 되지 않았을까 하는 걱정이다.

그렇지만 오늘날의 학문상으로 말하면 안색이 나쁘면 빈혈, 색소병 등으로 설명할 수 있는 병의 원인이 있기 때문에 그 이외 민간에서 믿을 수 없는 이상한 독이 있는 것은 아니다.

다만, 독의 경우에 안색이 나빠지는 경우는 있지만, 이것은 나중에 말한 대로 피부병과 혼동하고 있을 뿐이지 특별히 이상한 것은 아니다.

대체로 피부병은 일반적으로, '습진', '부스럼', '짓무름', 등의 명칭은 있지만, 원인은 몸속에 일종의 독이 있어 생기기 때문에 단순히 피부에 형태를 나타내는데 지나지 않는다고 생각된다.

그렇지만 학문상에서는 이 가상설은 큰 이야기 담론이며 실은 피부병에서는 수백 종의 구별이 있다. 그 원인, 병리, 증상을 다르게 하고 있다. 예를 들어 설명하면 피부병 중 매우 수많은 피부병의 대표자라고 할 수 있는 습진이라는 병이 있다. 이병의 대부분은 체외에서 받은 해로운 영향 때문에 일어나서 단순히 외적 치료로 완치된다. 그렇지만, 처음에 걸린 사람은 바로 내적 원인을 걱정하고 보통 때와 같이 피가 깨끗하지 않아서라고 걱정한다. 특히 이것이 소아인 경우에는 부모로부터 유전된 태독이라고 속단해 버린다. 특히 우리는 이것은 실제로 미리 앞당겨서 하는 고생, 쓸데없는 걱정이라고 가엽게 생각하기 때문에 항상 충분히 이해할 수 있을 때까지 설명해 주지만, 실제로는 너무 많은 경우는 참지 않는 것 같다.

물론 본원에도 내적 원인 때문에 일어나는 경우가 매우 소수는 존재하는데, 그 경우 매우 여러 가지 요인을 진찰해서 내적 치료를 하면, 쉽게 치료하기 때문에 걱정은 할 것은 없다.

다음으로 태독(胎毒) 문제로 넘어가는데 태독이라는 말은 세간에서는 매우 넓게 사용되고 있지만, 의학의 관점에서 말하자면 진정한 의미의 태독은 유전매독의 경우이고, 그 외에 피부병을 유전되는 태독은 인정되고 있지 않다. 따라서 일본 고래의 인습인 해인초 독약 등을 갓난이에게 복용하게 하는 일은 무의미하고 해로운 일이다. 어른의 피부병에 독약을 사용한 풍습도 똑같이 해롭다고 믿는다. 만약 정말로 매독에 걸리고 또는 매독을 유전시킨 경우에도 독약이나 해인초의 복용으로 그의 완강한 매독병이 완치하는 것이 아님은 물론이다.

위에서 말한 바와 같이 잘못된 이야기가 깊게 세간에 음침하게 된 것은 상당한 이유도 있다. 옛날에는 일반적으로 의학이 발달하지 않았다. 특히 동양의 의학은 공론으로 달려 하등의 인체의 생리 해부 이병(理炳), 실험적 치료학의 기초를 세우지 못한 것으로 보통 피부병과 매독 때문에 생긴 피부의 변화를 감별할 수 없었다. 이 때문에 일단 사람이 수긍하기에 충분한 '독'이라는 가설을 세워서 이 모두를 설명하려고 한 것이다.

의학이 진보한 오늘날에 이르러서는 위의 감별이 쉽고, 각 그 원인에 따라서 적당한 치료가 있으므로 신속하게 세간의 잘못된 인습적 가설을 없애야 한다. 특히 매독학에 이르러서는 최근의 진보, 특히 두드러진 점이 있으며 피부 그 외의 옛 진료법으로 일단 진찰이 안 되는 경우라도 혈액을 검사하면 쉽게 진단을 확정하게 되어서, 특히 완전한 치료법에 발견되었기에 머지않아 장래에는 나는 이 무서운 절망적 질병을 전멸할 수 있다고 믿는다〈39-40쪽〉.


본지 기자, 「경성의 위생설비와 여름의 시설은 어떻게 할 것인가?」, 『조선급만주』(제176호), 1922년 7월.

경성부 안은 시내 우물이 좋지 않을 뿐 아니라 그 설비가 또한 불완전한 것이 많고 따라서 경성부민의 위생 상태에 대해서는 항상 상당한 주의를 기울이지 않으면 안 되며, 특히 여름에는 여러 종류의 시설은 특별히 주의를 요구하는 것이 많다. 즉, 분뇨 취급, 쓰레기 처리, 살수, 도로청소, 음료수에 대한 관리·감독, 식료품 취급상의 주의 등 적극적으로 시설을 중심으로 전염병의 예방, 파리 잡기, 수영 관리감독, 도로 그 외에 있어서 조선인 입원자에 대한 주의 등은 물론이다. 경성의 대표 거리는 상당히 청소가 되어 있으나 한쪽 뒷마을이나 옆 마을에 들어가면 분뇨며 쓰레기가 산재해 있고 그 불결함은 말할 수 없을 정도이다.

이 혼마치 거리는 조금이라도 공터가 있으면 거기에 변통이 진열되어있다고 하는 상태이다. 이렇듯 경성부는 한편에는 돈을 투자해서 파리를 사들이더라도 한편에서 시중에서 왕성하게 파리의 소굴을 만들고 있다고 해고 좋을 것이다. 그러나 그런 것에 투자할 돈이 있다면 부청은 당분간 지금과 같은 처지에 참고 견디고 시중의 작은 공원의 설비 쪽이 급선무가 아닐까. 경성 시민은 좁은 자신의 집 이외에는 돈 없어서 쉴만한 곳 없는 사회적 혜택으로는 아무것도 갖지 못 하는 비참한 상태에 있는 것이 아닐까. 도시계획 등은 가능하지도 않은 것에 어리석게 이상론을 펼치는 것보다 당장 분수와 마을공원이라도 만드는 편이 상당히 현명한 인간이 하는 것임을 알아 차렸으면 좋겠다. 이것은 경성부 사람들도 솔선해서 계획해야 하지만 시민 스스로도 그런 요구를 외치는 것이 좋다. 지금의 경성부 협의원 사람들은 사회적 공공시설이라고 하는 것에는 전혀 교섭하지 않는 저급한 사람들이기 때문에 이러한 사람들에게 맡겨두면 언제까지나 경성시민은 사회적 설비의 혜택을 받을 수 없다. 스스로 일어나야 한다.

경성부 안의 살수나 쓰레기 줍기, 분뇨 치우기 등은 여름은 특히 주의해야 하며 그깃은 경성부가 있기 때문에 경성부에서 적절한 방법을 강구하고 있다고 생각한다〈103쪽〉.

## 총독부의원 제1내과 과장 의학박사 이와이 세이시로(岩井誠四郎) 이야기, 「뇌빈혈과 뇌출혈」, 『조선급만주』(제178호), 1922년 9월.

뇌빈혈은 글자 그대로 뇌에 빈혈을 일으키는 것이다. 갑자기 뇌에 혈액이 없어지면 일으킨다. 동물실험에서 보면 심장에서 뇌로 오는 동맥을 긴박하게 하기 때문에 혈액이 나오지 않게 되면 뇌빈혈의 증상을 일으킨다. 그러기 때문에 뇌빈혈은 뇌의 혈액감소를 초래하는 모든 원인으로부터 발생한다.

신경이 예민한 사람에게는 정신감동의 결과 뇌혈관에 벽(폐색)을 일으켜 혈관이 축소되어 빈혈을 일으킨다. 단순하게 피를 본 만큼 빈혈을 일으킨 사람도 있다. 심장병이나 뇌혈관의 병변의 결과에 따라서 뇌빈혈을 일으키는 경우도 있다. 또한 트리토마 또는 분만과 다량의 혈액이 일시적으로 복수를 복강 내로 이행시켜 뇌의 혈액이 뇌빈혈을 일으키는 일도 있다.

갑자기 뇌빈혈을 일으키면 얼굴이 창백하고 사지가 차가워지며 식은땀을 흘리고 중청이 명을 일으킨다. 또한, 시력도 감퇴하고 어지럽다가, 뭔가 기분 상태가 나빠진다거나 구토를 초래한다. 계속되면 의욕이 없으며 최면, 결신이라는 증후를 보인다. 그리고 동공이 커지면서 졸도나 실신을 한다. 이렇게 되면 맥박수는 적어지면서 불규칙하게 되는데 때에 따라서는 잡히지 않게 된다. 따라서 호흡도 대부분은 희미하다.

실신하면 동공은 크게 된다. 또 내출혈로 오는 뇌빈혈에서는 경련이 온다.

만성 뇌빈혈이 되면 그 원인은 혈액병(예를 들면 위황병, 백혈병과 같은 것) 악액질, 십이지장출혈병, 결핵과 같은 경우이다. 이러한 만성 뇌빈혈에 걸린 환자는 대개는 멍하니 있다. 왜냐하면 능력이 저하되어 며칠이나 졸린다. 또한, 이명이 들리고 때때로 실신하는 경향이 있다. 뇌빈혈로 죽는 경우는 매우 드물다. 그리고 뇌빈혈을 일으키는 경우에는 누구나 다 잘 알아 두어야 하는 것은 응급조치를 어떻게 하면 좋을까 하는 점이다. 이때는 먼저 머리를 낮게 하고 신체를 따뜻하게 하여 피부를 마찰을 시키는 일인데 환자가 어떤 것도 마실 수 없다면 흥분제인 따뜻한 차, 커피, 일본 술, 포도주 등을 주고 바로 의사를 불러서 조처를 받는 일이다.

그래서 빈혈성인 사람은 평소 자양제를 섭취하고 철분제 등을 이용하여 항상 피를 적절히 증가시키는 것이 좋다.

뇌출혈은 뇌빈혈과는 정반대인데, 뇌혈관의 출혈로 일으키게 된다. 즉 뇌에 혈액의 양이 많게 된 병이다. 예를 들면 복강 내에 큰 종양이 있다던가 변비로 장이 팽창된 경우이다. 복강 내에 충분한 혈액이 들어갈 수 없으므로 뇌 쪽으로 혈액이 많아지는 경우 또는 통상 정규적인 출혈(예를 들면 월경 같은 것)이 중지되었을 때는 역시 뇌출혈을 일으키기 쉽게 된다. 또한, 혈관신경마비로 출혈이 발생한 예도 있다. 예를 들면 알코올 중독 같은 경우이다. 때로는 심장으로 흘러가는 혈관 즉 정맥에 문제가 있어 방해받을 때도 역시 뇌출혈을 일으키는 경우가 있다. 예를 들면 심장병이 있는 사람, 폐에 특수한 병이 있는 사람 등이다, 또한 항상 무거운 짐을 지는 사람도 이 병에 걸리기 쉽다.

뇌출혈이 일어나면 관자놀이에 동맥의 진동을 느끼며, 두통이 생기기도 하고, 현기증이 일어나기도 한다. 눈앞이 아른거리며 구토감을 일으킨다거나 구토를 하는 예도 있다.

그리고 관자놀이 구순(입, 입술, 귀) 등이 빨갛게 출혈한다. 맥은 긴장하여 크고 느릿하다. 호흡도 깊고 크다. 이러한 발작은 통상 2, 3분 정도 경과지만 때로는 경련을 일으켜 실신하는 경우도 있다. 또한, 신경에 이상을 띠는 경우도 있다. 뇌출혈은 일시적이지만, 만약 혈관에 병적인 변화가 있으면 다음에 뇌출혈을 일으키는 경우도 있다. 때문에 만약 뇌에 출혈을 일으키는 원인이 있을 때는 빨리 이를 제거해야 한다. 다혈인 사람은 음식의 절감 즉 자극적인 음식물을 피하고, 알코올이나 담배 등을 금하고 운동을 적당하게 해야 한다. 그리고 뇌출혈의 발작을 일으키면 머리부를 높여서 안정을 취하고 얼음주머니를 붙인다. 또한, 변을 보게 하고 침실을 환기를 시키고 편안하게 해서 모든 흥분성의 음료를 주지 않도록 하여 정신도 안정하게 하는 것이 중요하다. 이것만큼은 주의하여 환자의 간호를 하고 의사에게 진찰을 받고, 그 지도를 따르면 된다〈80-81쪽〉.

일기자(一記者), 「모 신문(某紙)의 총독부의원 공격- 시가(志賀)병원장에 관한 인물-」, 『조선급만주』(제181호), 1922년 12월.

총독부의학 전문학교의 생도 10여 명이 11월 초 운동회에서 돌아가는 길에 경성 변두리의 작은 요릿집에 몰려 들어갔다. 위로회를 겸해서 작은 연회를 펼칠 때까지는 좋았지만, 생도들은 술 마시고 장구치고 노래하면서 떠들면서 술을 따르러 나와 있던 요릿집의 딸에게 장난쳤다가, 딸이 무슨 반항적인 욕을 한 것이 비위에 거슬려 젊은 활기로 딸을 밀어붙이다가 어깨에 상처를 낸 사건이 있었다. 이를 경성일일신문에서 엄청나게 마구 썼다. 결국은 일일신문사와 총독부의원과 감정 충돌이 되었으며, 공격의 불길은 일전하여 원장 겸 교장인 시가(志賀)박사에게 공격을 하다가, 다시 바뀌어 총독부의원과 의관직원에게 개인 공격을 하였다. 성냥불에서 큰불로 옮겨간 것과 같다. 이 공격으로 학생풍기퇴폐의 진숙과 총독부의원의 개선과 의전의 숙정이 다소 효능이 있다고 하면 신문 효능도 역시 크다고 말할 수 있다. 총독부의원의 불평판이나 의전의 풍기퇴폐는 일일신문에 마구 쓸 정도의 일은 아닐 것이다. 그러나 양쪽 모두 평판이 좋지 않다. 의전 생도의 방기적 행위는 경성에서 오래된 문제이다. 이번의 주흥문제가 계기가 되어 진숙된다면 좋겠다. 총독의원의 의사나 간호부의 불친절과 건방진 모습은 총독부 의원의 전통적인 습관이라고 할 수 있으며, 이제 시작된 일이 아니다. 이것은 관공립의원 모두 총제적인 폐허이지만, 총독부 의원은 더욱 그 폐해가 심하다. 이러한 점에 대해서 각 역대 원장들이 모두에게 상당한 주의를 시켰지만, 오랜 시간의 분위기와 습관은 쉽게 개선되지 않았다고 보인다. 총독부 의원의 설비는 좋고 약의 가격도 싸다. 의사도 각 주임의사로는 아주 유명한 명의는 없지만, 또한 돌팔이 의사도 없다고 한다. 다만 조수 이하로는 아주 돌팔이들이 많은 관계로 건방지고 불친절하다는 평판이 높다. 따라서 간호부까지 건방지고 불친절하다는 원성이 높다. 게다가 접수에서는 심부름꾼이나 전화교환수에 이르기까지 건방지고 불친절하다는 평판이 높다. 또한, 식사가 형편이 없다든지 지정비품점이 비싸고 질이 나쁘다는 평판도 있다. 이들은 이번 공격을 기회로 병원에서도 크게 개선 방법을 취하는 편이 좋을 것이다. 시가 박사가 원장으로 또한 교장으로 설령 부적임자라고 하더라도 그가 같은 박사라도 다른 가짜 박사들과는 달리, 일본세균학계에서 권위자이기 때문에, 이에 대해서 상당한 경의를 표하는 것이 예의라고 생각한다. 이러한 학계의 결실을 모조리 깨버리는 것은 흥미롭지 못하다. 시가 박사는 학자로서 매우 이채를 띠고 있으며, 이것저것 재지 않는 더할 나위 없는 인물이라고 경성에 중평이 나 있다. 또한, 병원 사람에게서 들어봐도 훌륭한 인격자라고 하며, 의전의 생도에게서 들어봐도 훌륭한 교장으로 심복하고 있는 듯하다. 시가 박사는 약간 사이가 나빠지면 혀끝도 꽤 날카로워지지만, 학자에게 흔히 있는 편협한 말이 아니고 상식에 합당하다. 병원 쪽에도 학교 쪽에도 관대하게 생활할 수 있도록 한다는 평판이 있다. 또한, 의사들은 이렇게 빼어난 명의도 없는 듯하지만, 일일신문에 썼던 것처럼 추악하고 비열한 인물도 없는 듯하다. 다만 시가 원장이나 의관직원이 경성일일신문에 연재된 것처럼 추악하고 하열한 인물이라면 용서할 수 없다. 또한 의사는 인술이라 함은 옛말이지만, 그러나 사람의 중요한 생명을 맡긴다. 이들을 사람으로 상종 못 할 비열한 인간으로 만들면 이것은 중대한 문제이다. 우선 총독부는 상당한 조사를 하여 진상을 밝힐 필요가 있다. 총독부는 관립이라는 이름에 대해서는 침묵하고 있을 수 없는 셈이다. 이 문제 대해 경성신문이 침묵하고 있는 것은 신문사의 사명을 잊고 있는 것은 아닌가. 또는 사실이기 때문에 침묵할 수밖에 없는 것일까?〈91-92쪽〉.

스이츠 노부하루(총독부의원 정신과장 의학사, 水津信治), 「아동의 정신발달과 정신관련 육아상의 주의」, 『조선급만주』(제182호), 1923년 1월.

아이들의 교육은 사회를 구성하는 사회분자를 잘 만드는 일이다. 그 사회를 구성하는 분자가 훌륭하게 될 수 있다 없다는 그 나라의 성쇠와 관계되기 때문에 가장 중요한 일이다. 이것은 사회적으로 노력할 필요가 있다. 그렇다면 국가사회의 융성은 물론 그 국민의 수의 증감과 관계되지만, 또한 한층 중요한 것은 국민의 수보다는 질로서 더욱 우량하게 향상하는 일이다. 특히 일본에서는 국민의 질의 향상을 적절히 느끼게 한다. 따라서 어떻게 하면 소위 우량아를 얻을 수 있는지에 대한 문제는 각자 가정에서도 또한 국가 전반으로부터 논한다고 해도 성실하게 연구되어야 한다. 근래 육아법과 같이 점차 활발히 주창되지만, 대부분은 각자의 경험에서 논해지며, 게다가 아동신체발달상의 주의에 대해서는 소아과의 측에서 꽤 사전연구가 되고 있지만, 아동정신발달에 대해서는 정신현상의 숙소인 아동의 중추신경계통과 오관기의 해부, 나아가 생리학적발육의 견지에서 말하지 않고서는 모처럼 귀중한 육아상의 경험도, 결함의 원인을 모르거나 또는 공론으로 돌아가는 경우가 없지 않다. 나는 이 입장에서 모든 학자의 논지를 이야기해 보겠다. 다만 이 원고는 이미 의학 전문잡지에 실린 것을 바탕으로 되도록 쉽고 평이하게 설명하여 독자 모두가 육아에 참고가 되도록 편

집장으로부터 의뢰를 받아서 쓰게 되었다.

　먼저 개론으로 말하면, 육아정신 발달과 아동의 대뇌, 소뇌, 연추, 척수 등 소위 중추신경 계통과 오기관의 발육과의 관계에 대해서 말하고자 한다. 동물족속이 하등일수록 부모와 신생아와의 정신기관의 차이는 적고, 반면에 고등일수록 신생아의 정신발달은 낮고 부모와의 차이가 매우 심하다. 예를 들면 막 부화한 병아리는 스스로 보행할 수 있을 뿐만 아니라 먹이를 찾아서 쫓을 줄 알고, 병아리는 그 모계를 알아 무서울 때는 모계의 날개 밑으로 숨는다. 그 보호를 받으며 그렇게 수일 지나면 거의 모계와 동등한 능력에 달한다. 그러나 사람의 신생아는 그 조류보다는 열등함이 있다. 사람의 신생아는 엄마의 얼굴을 인식할 수 없으며 소리도 알지 못한다. 전혀 위험도 자각할 수 없다는 점은 매우 기이할 만한 가치가 있다고 해도 원래 사람의 신생아의 뇌수는 초생동물뇌수와 같이 태어날 때까지 발육이 완성되지 않기 때문에, 정신기능은 아직 완전할 수 없다는 점이 유명한 정신조직학자 후렉시츠히(フレクシツヒ)의 연구에 의해 증명될 수 있었다.

　즉 후렉시츠히가 인간의 각 연령에서 뇌수의 일부분에 있는 정신세포와 신경섬유의 특수 염색법은 각 연령기의 뇌수에 대해 완전히 같은 방법으로 상호비교해서 살펴보니 신생아의 뇌의 대부분은 염색되지 않았다. 바꿔 말하면 발육이 완성되지 않았다. 생후 2주일이 지난 소아의 뇌와 5개월이 지난 소아의 뇌를 비교하면, 전자는 조그마한 부분이 염색되었을 뿐인데, 5개월이 지난 뇌는 이미 매우 많은 부분의 염색을 확인할 수 있다. 또한, 신생아의 신경세포를 관찰해도 성인 뇌수의 신경세포 92억 중에서 매우 소수가 발육을 완성할 뿐이며, 대부분은 아직 발달하지 않는다. 이를 보더라도 인류 뇌의 구조는 매우 복잡하다. 생후 10개월 때는 단지 개형만을 만들고 완성에 이르지 못하지만, 동물은 그 뇌수의 구조가 매우 간단하므로 태아 기간에 대부분 완성된다. 또한, 내용의 발달만이 아니라 질량적으로도 뇌의 중량은 다음의 후렉시츠히의 표와 같이 점차 증가하고 있다. 또한, 표에 부치는 김에 독자의 사랑하는 자식의 발육 상태를 비교하는 것은 흥미로우므로 일본의 전체 소아의 체격표준과 아동수면 시간의 표준을 실어 두었다.

　나는 인공적으로 아동 정신발달기를 구분하여 (1)태아기에서 정신(수태에서 분만에 이르기까지) (2)제1아동기의 정신(생후부터 6세까지) (3)제2아동기 정신(7세부터 13세까지) (4)춘정발동기 정신(14세부터 17세까지) 4기로 태아의 정신은 분만과 함께 신생아의 정신이 스스로 점차 변화되고 또한 발달하여 아동정신으로 된다. 아동정신은 춘정발동기를 통과하여 많은 노력으로 청년정신이 발달된다〈68-69쪽〉.

요시키 와타루(총독부의원 약제과장, 吉木弥), 「한의학(漢法)에 의 강장약」, 『조선급만주』(제 182호), 1923년 1월.

동양의 의약으로서는 복희신농(伏羲神農)의 초근목피

의약품의 역사에서 생각하면, 옛날에는 화학이 오늘날처럼 진보되지 않는 시대에는 물론 화학의 힘을 응용하여 제조한 약품은 없었다. 단지 눈앞에 있는 산야의 천연생의 초목금속, 곤충류, 패류를 찾아서 의약으로 제공하였다.

동양의 의약으로는 복희신농 씨가 규정한 초근목피가 유일한 치료약품이지만 이러한 초근목피 중에는 주성분 외에 여러 가지 부성분이 있다. 부성분은 약 성분이 무효한 예도 있고, 때로는 주성분의 약효를 방해하는 때도 있으며, 또는 유독하게 작용하는 경우도 있다. 또한, 함유한 주성분이 없는 예도 있다. 화학적 방법을 시행하여 연구하는 것도 불분명하다.

이러한 초근목피의 한약을 복용하기 위해서는 달여서 복용해야 하기 때문에 오늘날에 간단함을 중시하는 시대의 추세에 부적당하므로 의학사회로부터 점차 잊혀 버렸다. 하지만 오늘날의 의약은 어떤 학리상의 기초에 의하지만, 한약은 수백 년 이래의 경험으로부터 왔기 때문에 나는 이를 버리고 전혀 돌아보지 않는 것은 내가 취하고 싶지 않은 바이다. 즉 치료가 목적을 이룩하면 의약의 목적도 이루는 것이다.

인삼과 같이 동서의 학자가 끊임없이 연구하고 있음에도 불구하고 지금도 정확하게 이 성분을 설명할 수 없다. 그러나 금전에 집착한 중국인이 천금을 아까워하지 않고 이를 구입하여 복용한다. 이런 후면에는 확실한 천금의 가치가 있는 약효가 있다는 점을 알 수 있다.

[당나라 잠꼬대에도 일부의 진리는 있다.]

앞에도 말한 바와 같이 동양의학은 소위 초근목피였다. 이 대부분은 복희신농 씨에서 나온 것으로 중국이나 조선에서는 지금도 초근목피의 한약을 짓고 있다. 그 한약 중에서 가장 주의해야 할 것은 강장약(보신)이다. 단지 인간이 태어나 이 세상에 태어나서 관으로 돌아갈 때까지 50년 또는 6, 70년 사이에 사회와 국가를 위해서 다하기에는 신체가 건전하지 않고서는 안 된다. 옛말처럼 건전한 정신은 건강한 몸에 깃든다는 것은 합당하다.

여기에서 위생이 필요하게 된다. 하지만 현재 대부분 사람이 말하는 위생은 소극적이며 무슨 유행병이 유행하면 무턱대고 위생 위생하면서 법석을 떨지만, 이것은 마침내 소극적인 위생이고 내가 고민하는 바이다.

우리는 아무쪼록 적극적인 위생을 취하며 넘어지지 않을 만큼 평소 몸을 건강하게 하고 항상 발랄한 생기를 가지며, 어떤 일에도 지치지 않게 활동하도록 노력할 필요가 있다.

이점에 있어서 예부터 중국에서 복용하고 있는 강장제는 매우 의미 깊게 중요하다. 따라서 이들 강장약 중에서 세간에서 복용되고 있는 것은 학계의 연구재료가 되고 있다. 수많은 종류에 대해서 설명해 보면 즉 당나라의 잠꼬대에도 일부 진리가 있다(99-100쪽).


본지기자, 「영양에 관한 이야기 – 대두밥은 영양이 풍부함, 닭고기는 영양소가 소량이다. – 관리의 도시락은 메밀국수가 최고다」, 『조선급만주』(제182호), 1923년 1월.

음식물은 어떻게 영양을 섭취하게 하는 걸까?

사람의 음식물섭취는 신체영양을 얻기 위해서이다. 그 때문에 음식물은 상당히 주의해야 한다. 음식물을 구별해보면, 기호품과 식품으로 구별될 수 있다. 이 식품이 보통 인생에서 필요한 음식물이며 이 식품을 과학적으로 연구해 보면, 단백질, 탄수화물, 지방, 회분, 물 5개로 나뉜다. 이 음식물을 섭취 – 즉 앞에서 서술한 식품의 단백질, 탄수화물, 지방, 회분, 물 5개가 입으로 들어와 어떻게 신체의 영양으로 섭취되는가를 보면, 먼저 음식물을 먹고 영양분을 섭취하는 순서에는 음식의 조리가 필요하다. 조리한 음식은 저작하고 소화한 뒤에 흡수한다. 저작하여 흡수하는 것은 어떠한 작용을 하는 것일까? 먼저 입에는 타액이 있어 음식물을 먹으면 이 타액을 섞어서 타액분효계를 만들어 부티아린, 맥아당효소를 발생하여 음식물을 소화시킨다. 또한 액분비물도 엿당, 맥아당, 포도당을 생성한다.

이 타액은 하루에 1.5리노테일 즉 7홉 5구 정도를 분비해서 음식물의 습윤, 점하의 작용을 함과 동시에 이빨의 보건작용을 하고 있다.

입에서 소화된 음식물이 위로 들어가면 위액(1일에 2.3리노테일 분비)으로 단백질을 소화한 것을 십이지장으로 보내고 십이지장에서 소화된 것은 전부 흡수되어 끝난다. 그래서 십이지장에서는 담액(1일, 0.5리노테일 분비)이 있어 지방을 소화한다. 지방뿐만 아니라 다른 음식물도 트립신, 담액분효계 등의 작용을 일으켜 흡수시킨다. 음식물은 십이지장에서 소장으로 보내지면 소장에서는 담즙은 간장으로부터 분비되어 지방을 분해한다. 또한, 음식물의 방부제가 된다. 방부 색소는 황피리루핀, 녹색피리벨틴 2개가 있다. 대장에서는 장액을 분비하여 장활소, 지방효소, ■분효소, ■■효소(포도당, 과당), 맥아당효소(포도당), 유당효소(포도당)등의 작용을 일으켜 전부 흡수한다.

이렇게 소화되어 흡수되었지만, 이것이 전부 소화된다면 소화기작용이 둔화하므로 소위 기호품을 섭취하고 또한 소량의 불소화물을 섭취하는 것은 신체의 보건상 유효하다. 그리고 이 음식물을 과학적으로 연구하는 데에는 칼로리에 따라서 이를 계량하는 것이다.

새로운 영양소인 비타민은 어떤 것일까.

이상은 영양이 어떻게 섭취되는 것인가, 섭취한다는 것은 어떤 것을 선택할 것인지를 말할 수 있지만, 단순히 종래는 영양소를 단백질, 지방, 탄수화물, 회분, 물 5개라고 생각하였지만 최근 생물학적으로 시험한 결과, 이들은 영양소의 순량한 것을 적당한 비율로 혼합한 것만으로 생물은 건강을 보존할 수 없다는 것을 발견하였다.

이외에 필요한 것은 존재한다. 즉 필요한 요소를 비타민이라고 한다. 이 비타민을 연구하는 사람이 여러 가지 방법으로 실험하고 있지만, 비타민은 먼저 3가지 종류로 나눌 수 있다.

제1종 A 비타민 A는 지방에 가용성이며 성장을 촉진하고 결막건조증을 예방한다.

제2종 B 비타민 B는 물에 가용성이며 성장을 촉진하고 신경염을 막아주고 각기병 예방을 하는 작용이 있다.

제3종 C 비타민 C는 물에 가용성이며, 괴혈병을 예방하는 작용을 한다. 비타민 C는 조직의 성장을 촉진하고 신경을 튼튼하게 하여 혈액을 신선하게 하는 작용을 하므로 섭취를 게을리하면 자연히 조직성장이 지연되어 여러 가지 병에 걸리는 체질이 된다.

따라서 음식물의 조리를 할 때도 충분히 주의해야 할 필요가 있다. 시장에서 팔고 있는 페리구민, 오리사닌, 울핀, 안티베리베린, 양분 등은 모두 비타민제이며 가정에서 사용하고 있다. 또한, 가정에서는 콩 등을 삶을 때 베킹소다를 대량으로 넣는 것은 금물인데 이는 비타민을 녹여서 없앤다. 그리고 채소 안에서 나온 즙을 버린다는 것은 그 안에 녹아있는 비타민을 버린 것이기 때문에 버리지 말아야 한다〈120-123쪽〉.

동방생(東邦生), 「무서운 흑천연두-도바(鳥羽)노인은 이 때문에 6일 만에 쓰러졌다」, 『조선급만주』(제184호), 1923년 3월.

도바 노인이 죽었다. 천연두로? 농담이지- 안돼- 이것은 도바 노인이 죽은 후 방문자가 일제히 놀라서 하는 소리이다. 과연 61세의 노인이 천연두로 죽는다는 것이 일본에서 사는 우리에게는 조금도 예상하지 못한 바이다.

그러나 부립 전염병원인 순화원으로부터 들어보니, 올해 1월에 칠십몇 살의 노인이 천연두로 사망했다고 하기 때문에 61세의 도바 노인이 천연두로 죽었다고 하는 것도 기이하지는 않다. 그러나 1일까지는 왠지 고질병으로 발걸음을 엉거주춤하고 있었지만, 건강하고 젊은 사람과 변함이 없었다. 그러던 도바 노인이 6일 밤부터 그의 그림자를 이 세상으로부터 영원히 숨겨버렸기 때문에 많은 사람들은 새삼스럽게 인간의 무상함을 곰곰이 계속 생각하지 않을 수 없다.

도바 노인은 2월 1일에 어쩐지 감기의 기운으로 몸 상태가 나쁘다고 하며 잠들었다. 1일

밤은 땀을 흘려서 술을 한잔 뜨겁게 마셨다. (노인은 언제나 감기에 걸리면 뜨겁게 해서 술을 마시는 것이 습관이다) 2일 밤과 3일 밤은 발한제를 먹고(아스피린) 많은 땀을 흘렸으나 아무래도 몸 상태는 회복되지 않았다. 열은 여전히 8도에서 9도 정도 사이에서 상승하고 있었다. 언제나 감기라면 식사도 평소와 변함없는데 이번에는 식사하지 못했다. 3일째에는 전혀 식사하지 않고, 물만 마시고 싶어 했다. 그러나 열은 오히려 내려서 본인도 항상 감기라면 2, 3일 땀을 내면 대개 일어나는데 이번 감기는 매우 질이 나쁜듯했다.

제일 허리가 아파서 가만히 있지 못하겠다고 말했기 때문에 부인은 허리를 주물러 주었다. 5일 아침, 어젯밤부터 열은 대개 내려갔으나 오히려 허리는 점점 아파서 참을 수 없다고 하여 안마사를 불러서 주물렀다. 그래도 조금도 통증이 줄지 않아서 아무튼 의사에게 진료를 받기 위해 고바야시(小林) 의원에게 전화를 걸었다. 고바야시의원 원장은 오후 3시경 왕진했다. 고바야시 원장이 담요를 올려서 흉부에서 복부를 한번 보고 생각하며 '이거 안 되는데 천연두가 아닐까?'라고 놀란 한마디만 했을 뿐, 환자는 그대로 두고 준비해 온 종두침을 한 손에 들고, 다른 한 손에는 왕진용 가방을 들고 매우 불안하고 놀란 기색으로 나의 방(2층)으로 올라와서 도바가 큰일 났다. 저것은 출혈성천연두라고 하여 흔히 흑창포라고 하는 것으로 저것에 걸리면 도울 수 있는 게 없다. 환자는 바로 순화원으로 옮겨서 수속하는 것이 좋겠다. 2, 3일 두면 아무래도 위험하니까 향리에 전보를 쳐 두는 것이 좋다고 주의를 시켰다. 아무튼, 엄청난 병에 걸린 것이다. 그러나 걸린 사람을 어쩔 수 없지만, 가족은 종두는 했는가를 물었기 때문에 실은 내가 아직 하지 않았다고 하자 고바야시 원장은 현재 손에 쥐고 있던 종두침을 바로 나의 왼팔에 찔러 종두 주사를 맞았다. 또한, 도바 노인의 방으로 내려가 만일의 경우를 대비하기 위해서 칸후루(カンフル) 주사를 맞고 빨리 순화원으로 다 그치며 돌아갔다. 나와 집사람은 처음에 완전히 강한 전기라도 맞은 것처럼 불안이 덮였으며, 한동안은 망연자실한 체였다. 본인도 주위 사람도 감기라고 생각하고 있었는데 3일, 5일 만에 사람의 생명을 앗아가는 흑포창에 걸렸다고 하니, 놀라서 전율을 느끼지 않을 수 없었다. 사원인 나가시마(長島)군은 경찰, 부단(府團), 그 외에 급파시켜서 부립 전염병원인 순화원 입원 수속을 끝냈다. 경찰에서 바로 경관과 위생계가 왔다. 환자를 나르는 침대차와 소독기를 가지고 왔다. 인부들과 함께 쇄도해 왔다. 본인인 도바 노인은 전혀 놀라지 않았다. '흠, 천연두라고' 나니지야기(ナニジヤギ)가 생길 정도는 참을 수 있지만, 허리가 아픈 것만큼은 참을 수 없다고 중얼거리며 사람들에게 도움을 받으며 의류 등을 갈아입었다.

어느 정도 복부에서 옆구리 쪽으로는 이미 피가 차 있는 듯 검은 반점이 가득 생겼다. 부인이 이를 보고 경악하였다. 환자도 주위 사람도 지금까지 이것을 알아차리지 못한 것은 우원한 것 같지만, 이는 얼굴에도 수족에도 뭔가 이상한 증상이 나타나지 않았기 때문이다. 환자도 감기라고 생각했기 때문에 특별히 자신의 복부나 옆구리 쪽까지 살펴볼 생각도 하지 않았을 것이다. 의사의 이야기로는 내일 정도는 전신 모두 까만 반점이 나올 것이라 했다. 또한, 이 반점이 표피에 나타나기 이전에 내장에는 이미 출혈을 일으켰기 때문이다. 허리가 심하게 아픈 것은 열 때문이 아니라 출혈 때문이라고 한다. 무섭게 급격한 병이다. 마침내 환자는 위생계의 인부에게 업혀서 침대차에 옮겨졌다. 침대차가 우리 쪽에서 멀어지는 동안, 배웅한 부인이 처음에는 가족에게 '바로 돌아오니깐 괜찮아'라고 기운 솟게 말하고 순화원으로 향했다. 나가시마(長島) 군이 따라갔다. 사원의 대부분은 아무도 종두를 맞지 않았다. 나가시마 군은 1주일 전에 종두를 맞았기 때문에 나가시마(長島) 군을 귀찮게 한 것이다. 밤이 되어서 나의 부인도 순화원으로 병문안을 갔다. 환자는 특별히 달라지지 않았지만, 곁에 시중드는 할머니가 눈치 없이 말하며, 투덜거리고 있는 듯하다. 순화원 원장에게 병의 상태를 들으니 고바야시 원장과 똑같이 출혈성 천연두로 이병에 걸리면 대개 3일째부터 6일째 쓰러지고 길게는 10일이다. 어떤 것도 도울 수 없다. 도바 씨의 병이 1일에 발병했다고 하면 6일 밤에서 7일 아침이 위험하다. 여기를 넘겨도 2, 3일이 어떻게 되는지는 의문이라는 점이다. 부인은 마치 사형선고를 받은 듯한 기분이 들었다. 환자는 허리가 아프다고만 하고 열도 8도 정도이기 때문에 그렇게 힘든 감기도 아닌데 의사가 말한 것을 반신반의하면서 밤늦게 돌아왔다〈57-58쪽〉.

**시가 기요시(총독부의원장 의학박사, 志賀潔), 「조선에서 지금 한창 유행하고 있는 두창의 전염과 예방법에 대해서- 조선의 전염병에 대해서-」, 『조선급만주』(제184호), 1923년 3월.**

〈1〉

두창은 최초 어느 나라가 기원일까? 학리상의 추정에 따르면, 먼저 인도, 중국에서부터 조선을 거쳐 일본에서 만연하게 되었다고 하며, 서부는 유럽에서 걸렸던 것 같다. 따라서 아직 종두의 발견이나 보급 등이 충분하지 않았던 시대에 기원 국에서는 종종 예방법을 행하였다. 인도, 중국 부근에서는 두창 환자의 옷을 입으면, 감염되더라도 중증이 되지 않고 끝난다는 식으로 생각하고 어처구니없게도 이런 일을 반복해 온 것 같다.

또한, 중국과 조선의 어느 지방에서는 병에 걸린 환자의 부스럼을 주워서 코에 불어 넣으면 면역이 생긴다고 하는 미신 같은 일이 답습되어 온 예도 있다. 예방법 중의 하나이다.

그러나 1791년 당시 인도(印度)주재 공사였던 몽티규 씨의 부인은 이 보도를 유럽에 전하였으며, 여러 학계 연구에서는 편의하게 참고가 되었다.

1971년에 모든 사람이 알고 있는 젠나 씨의 발견이 있었다. 즉 "소를 다루는 사람은 두창에 걸리지 않는다. 혹시 걸린다 해도 가볍게 끝난다"라는 사실이 이 발견의 도화선이 되었다. 실제로 소의 두창 즉, 우두에서 전염된 사람은 겨우 2, 3개 발달하다가 면역이 된다고 하는 기록이 많이 남겨져 있었다. 그 발견이후, 이를 인체에 종두할 수 있도록 실행한 것은 그로부터 5년 후, 1796년 5월 16일에 젠나가 자신의 아이에게 시험한 이후로, 굉장한 평판을 받았다는 사실은 일반 모두가 다 아는 일이다. 당시에 이에 대한 많은 찬성자가 있었으며, 의학계는 갑자기 분주했다. 그러나 동시에 과격한 반대자도 있었다. 왜냐하면 당시 구교 보수주의 사람들은 '소'라는 개념이 '금단'이었으므로 이런 다루기 힘든 선입관에 결부되어, 한마디로 배척할 수밖에 없었다. 즉, 기독구교를 신봉하고 있는 사람들은 동물의 고기나 지방을 일절 먹지 않았기 때문이다.

그러나, 완고함은 마침내 자멸했고, 이 발견은 이상의 세력에 의해 전 유럽에 널리 실행될 수 있어, 현재 오늘날에 이르게 되었다는 것이 종두의 연혁이다.


〈2〉

종두가 일본에 처음으로 들어온 것은 1801년이다. 바바 사주로(馬場佐十郎)가 그 원조라고 한다.

그러나 예부터 종두법은 다양하게 실행되었지만, 이 종두에 의한 예방법은 전혀 무해하다 해도 좋을 만큼, 효력이 확실한 바이기 때문에 각 나라에서도 법규 형식으로 종두를 실행하였다.

즉, 생후 1년 이내에 1회, 10년째에 2회-라고 정해졌다. 두창은 전염이 강한 만큼 강제적으로 종두를 실행할 필요가 있었다.

고래 일본에서는 해마다 수백 명에게서 두창 환자가 발생하였고 참상은 아주 심하였다. 그에 관한 기록은 몇 개나 있다.

세계에서 현재 가장 두창환자가 많은 나라는 우선 러시아이며, 그 나라는 완전히 무정부 상태에 있기 때문에 예방법과 같은 것은 거의 행하고 있지 않고 오히려 만연해지고 있다. 중국도 두창의 본거지이다.

조선도 원래 두창의 본거지인 만큼 과연 여러 가지 경험이 있다. 어느 의생의 이야기에 따르면 그의 조부는 몇 시대 전부터 선조가 소 두창 주사법을 전했을 뿐만 아니라 자신도 팔에 실시하고 있다. 적어도 2, 3백 년 전부터 전습해 왔다고 믿는다-라고 말하고 있지만, 이것이 만약 진실이라고 하면 대단한 것이 된다. 즉 젠나의 발견처럼 조선에서는 이미 이 종두를 실행하였다고 말할 수 있는데, 일반에게 이것이 실행되지 않았던 바로, 미루어 보건대 아무래도 의심되는 점이 많다.

〈3〉

종두의 유효기간은 몇 년일까?

만약 첫 번째 종두할 때 효과가 좋았다면 적어도 5, 6년간은 면역이 된다. 그런데 만약 효과가 좋지 않은 경우에는 종두를 접종한 1년간만은 면역에 가까워도 다음 해는 전혀 그 자격을 잃는다고 할 수 있다. 안전하게 하자면 매년 종두를 하면 이보다 좋은 것은 없다. 특히 아이는 매년 종두를 할 필요가 있다.

일본 법률에서는 1세 미만에서 먼저 1회를 하고, 2회는 10세에서 하는 것으로 되어있으나, 이를 바로 안전한 예방법이라고 생각하는 것은 잘못된 것이다. 그래서 유행기에는 매년 임시종두를 봄가을 두 기간 내에서 하는 것이 주도면밀한 예방법이라고 여겨진다.

특히 조선과 같이 특수한 토지에서는 3회 종두를 할 필요가 있다. 즉 1세, 6세, 그리고 10세이다. 이 주장자는 상당히 많으며, 특히 당국에서도 그 뜻은 충분히 있으므로 머지않아 실시된다고 믿는다.

다음으로 두창이 1년 중에 가장 전염되기 쉬운 시기는 언제인가?

두창 병균은 원래 매우 미세하고 게다가 건조에도 저항력이 강해 소위 공기 전염을 하는 것이다. 그중에도 봄가을 2기에는 그 병독이 날아다니기 매우 쉽게 성홍열과 같이 맹렬한 공기 전염성을 띠고 있다.

내가 일찍이 봤던 '두창의 공기 전염'의 예를 들어 말해보고자 한다.

약 2년 전의 일이다. 내가 비엔나 대학병원에서 알았던 사실이다. 어느 날 천연두가 걸린 러시아 환자가 입원하였다. 그런데 이 환자가 대학병원까지 왔던 10여 리의 지점에서 1주일 후에 2, 3명 전염환자가 발생하였다. 이것은 공기 전염의 일례이다. 재미있는 일이 또 하나 있다.

한 종두 환자가 비엔나 대학병원에서 진찰을 받고 대기실로 와서 외투를 벗어 놓았는데, 잠깐 동안에 그 외투를 누군가에게 도둑맞아 버렸다-그리고 나서 4, 5일이 지나 또 한 환자가 왔다. 그런데 그 환자는 4, 5일 전에 외투를 훔친 사람으로 확실히 감염되었다는 것이 판명되었다.

또한, 5, 6년 전, 내가 도쿄에 있었던 무렵 고마고메(駒込)에 있는 도쿄시 전염병에서 알았던 사실로는 어느 두창 환자가 들어왔을 때, 환자가 다녔던 길가의 바람이 치는 곳에 살고 있던 사람 중에서 다수 두창 환자가 발생한 적이 있다.

소위 병균 비산이 가장 심한 시기는 피부의 껍질이 떨어질 무렵, 즉 마맛자국이 되는 전후에 건조하여 날아다니기 때문에 앞에서 말한 대로 봄가을의 기후에는 가장 심하다. 게다가 병균의 잠복기는 겨우 3일 또는 5, 6일로 환자의 증후는 처음인 사람은 전혀 알 수 없으며, 한 개 두 개의 두창이 나타날 때 진단할 수 있는 데에 불과하다.

또한, 그 치료기는 보통 평균 4, 5주간은 필요하므로 만약 전염병원에서 수용된 경우에는 원래 건강한 체질로 회복된다고 해도 리졸 액으로 잘 소독한 후 퇴원시켜야 한다.

특히 심한 것은 흑두이다. 이것은 발병전의 증후가 거의 명료하지 않아서 일단 감기에 걸린 듯이 보통의 경증 두창과 같이 보이지만 발두하면 내장출혈을 야기 시킨다. 이로 인해서 요통과 고통이 맹렬하다. 이것은 출혈이 점차 진행되면 흑색을 띠고 있는 부분부터 흑두라고 부르는 것이 발병하는 데, 최후까지 회복한 사람은 없다고 해도 좋을 정도이다. 대개 5, 6일에서 죽게 된다. 이와 같이 두창은 실로 무서운 전염병이지만, 종두를 해 두면 안전하니 이 종두를 게을리하여 이 병에 걸리는 것은 어리석은 일이다. 조선이나 중국처럼 두창의 유행하는 토지에 있는 사람은 해마다 종두를 게을리하지 않도록 명심해야 한다.


〈4〉

그렇다면 조선에서 왜 이 두창이 전염되기 좋은가?

여기에서 사견을 말하면, 이에 대해서는 대체로 다음과 같이 특유한 사유가 있는 듯하다. 첫째는 일체 사계절을 통해서 일광이 강하고 공기가 건조하다. 게다가 가을은 맑은 날이 계속되기 때문에 그 기간에 두창균이 만연해지는 것 같다.

다음으로 오랫동안 두창국인 만큼, 토착민이 비교적 아무렇지도 않다는 점, 게다가 전염을 쉽게 생각한다는 것이 한 요인이다.

그래서 이 법정전염병에 대해서도 꼭 한마디 하고 싶은 말은 대개의 사람이 '조선은 건강한 땅이 아니다'라고 하지만, 이것은 두창의 경우와 같이 그 관찰이 전혀 사실의 초점에서 벗어나 있기 때문이다.

1. 토착민은 고래부터 전염병이 내려왔기 때문에 그 공포심이 비교적 희박하며 저항력이 강하다는 것을 알고 있기 때문

2. 기후풍토에 익숙해져 있기 때문

3. 장티푸스, 말라리아 등은 어린 시절에 발병되면 다시 걸려서 전염되어도 경증이기 때문에 방심한다(이점은 대만도 같다).

다음과 같은 이유로 성인이 됨에 따라 그 전염병에 대한 공포심은 점점 희박해져서 예방을 게을리하는데, 자연방치의 결과, 중환자는 토착 주민보다는 타 지역민 즉 조선으로 이주한 일본인이 비교적 많다.

즉 이주 일본인은 위의 3항에 대해서 반대의 이유를 가질 수 있기 때문이다. 즉 조선 풍토에 익숙하지 않기 때문이다. 토착 주민의 위생 사상이 나아지는 것과 이주 일본인이 풍토에 익숙해지는 것과 위생설비가 갖추어지는 것을 서로 기다린다면 전염병도 구축되기 때문에 조선도 지금부터 50년 또는 100년 뒤에는 대략 일본과 같은 건강상태로까지 나아갈 수 있다

고 생각한다〈62-64쪽〉.


무라타 노리키요(총독부위생 과장, 村田昇淸) 이야기, 「종두에 대해서」, 『조선급만주』(제184호),
    1923년 3월.

　최근 몇 년 이른바 문화정치로 들어가 검병(檢病)을 위한 호구조사가 느슨해졌기 때문에
일부 조선인 사이에서 전염병 은폐자가 증가하여 악성 유행의 원인이 되는 경향이 있다고
하는 비난을 누누이 듣고 있지만, 사실 그러한 경향-강압적으로 또는 무조건 이들을 적발하
는 경우는 적었다.

　그렇게 말하는 것은 직접 담당하고 있는 예를 들면 순사와 같은 사람의 태도나 관념이
변했기 때문에 호구 검역도 이에 따라가게 된 경향이 있다.

　그러나 이를 일제히 비난한 것은 가혹하므로, 원래 부민의 위생, 건강보존 등은 당국의
의도를 기다릴 것까지도 없이 개인이 스스로 나아가 주의해야 할 요건임에도 불구하고, 당
국이 시정자 측에서 이상적으로 행한다고 하면 1920년(다이쇼 9년)과 같이 조선인들 사이에
서 반감만 일으키게 된다.

　또한, 두 번째 난관으로서는 조선에서는 현재 민적부 정리가 완전하게 되지 않았다는 점
이다. 이 점은 일본인이 그 민적부에 기록되어 있는 경우에는 곤란하다. 단지 조선인뿐만
아니라 고베, 오사카와 같은 주민 이동이 잦아서 이를 완전하게 실행하지 못하기도 하였다.
가끔씩 엄청난 전염병의 유행이 나타날 때의 예를 보아도 결코 조선인만 특수하게 볼 수
없다.

　이에 있어 작년 가을부터 올해 애초 유행했던 두창을 고려하여 예방법으로서 종두 같은
것도 조선처럼 병의 근원지에서는 일본의 종두법을 직접 그 자체로 실시한 것만으로 효력이
매우 의심되기 때문에, 당국에서는 미리 기획하고 있는 3회 종두를 오는 3월 1일부터 실시하
기로 한 것이다.

　즉 종전에는 1회 종두가 지닌 효력을 1년 또는 12년간으로 간주하여, 만 1세에 1회, 10세에
1회로 총 2회가 거의 면역상태를 유지한다고 생각하였지만, 조선에서는 이 이서(裏書)에 반
하는 많은 사례를 보았기 때문에 이를 3기로 나눠서 1세, 6세, 12세로 3회로 종두하도록 개정
되었다.

　이를 기회로 간단한 학설을 참고해 보겠다.

　제1회 종두에서 처음 종두자가 감수되지(받아들이지) 않는 경우는 대강 3.49%뿐이다. 그
러나 이 사람들도 반복하여 종두를 시행하여 제2차 종두에는 0.69%까지 떨어지게 되었다.

종두를 하지 않아 걸린 환자는 유행 초기에 많고, 종두자 특히 종두를 한 뒤 10년이 지난 사람은 유행 말기에 많았다. 새로 종두를 맞는 사람도 종두 후 13일간은 또한 걸릴 수 있다. 따라서 두창의 잠복기는 13일간 이상으로 한다. 새로 종두를 시행한 후, 15일 또는 19일간 이후 유행을 방지할 수 있다. 그래서 종두 면역의 완성기는 15일 또는 19일간 이후라고 한다.

감두삼과(感痘三顆)에는 반복하여 시행하는 종두로, 다시 감수삼과를 하는 경우가 있다. 또한, 감두삼과를 한 자가 1년 이내에 병에 걸리는 예도 있다. 그래서 종두 감두삼과는 아직 두창을 예방할 수 있을 만큼의 방약력(防藥力)을 구성시킬 수 없다.

종두사과(種痘四顆)이상의 감수자에게는 종두 후 10년 이내에 걸린 경우는 없다. 또한, 새로 종두하여 가령 감두사과라고 해도 접종 후 8일 이내에는 면역력이 아직 완성되지는 않는다〈65쪽〉.


본사기자, 「경성의 피병원(避病院)인 순화원을 살펴본다」, 『조선급만주』(제184호), 1923년 3월.

〈1〉

피병원이란 전염병원이다. 전염병 하면 피병원을 말하기 때문에 뭔가 무서운 곳에 있을 것으로 생각하는 것은 경성뿐만 아니다. 그 가운데 경성에는 거의 매년이라고 해도 좋을 정도로 유행하는 각종 전염병에 위협을 느끼고 건강을 돌보고 또한 생명을 지향하지만, 순화병원을 알지 못한 자가 많다. 심지어는 소새시소차 모른다는 경향이 있으며, 순화원과 감옥소를 거의 같다는 환상으로 떠올리는 것은 우습기까지 하다.

그러나 감옥은 실제로 견문하면 글자로만 상상한 지옥이 아니기 때문에, 공공을 위해 특히 전염병 환자를 수용 치료하기 위해서 경성부로부터 설치된 피병원이 무슨 별세계라고 말할 것은 없다.

순화병원에 가면 광화문 도청 앞에서 전차를 내려서 성벽을 따라서 왼쪽 왼쪽으로 계속 큰길로 간다. 3정(丁)정도 가면 있을까. 아이들도 헤매지 않고 이완용 저택 앞까지 나온다. 그러면 여기에 인접하여 조금 오래된 조선식 문이 있고, 그 위에는 '경성순화원'이라고 백목판에 써 있다. 상당히 -거대한 평범한 집- 이것이 순화원이며, 그 앞에는 파출소가 있다. 문을 들어가서 판자 울타리를 따라 왼쪽으로 가면 접수가 있다. 그곳을 마주하는 데에는 3명이나 4명의 간호부들의 대합실이 있어, 젊은 흰옷을 입은 여자가 백분쇄모로 얼굴을 찡그렸다 웃었다 하고 있다.

그 방 앞에는 의원실-그리고 본 병동이 계속된다. 복도가 들어선 병원 내에는 예비용 격리실이 여기저기 흩어져 있고 몇 정(丁)정도나 되는 긴 저택이다. 너무나 조용하고 느긋한 병원이다. 이곳에서 죽음의 손에 휩쓸린 전염병 환자가 신음하고 있다고 생각하니 뭔가 이상한 기분이 들었다.

병실을 내다봐도 설비를 살펴보아도 어딘가 보통 병원과 다른지조차 판별할 수 없다. 원장에게 그 점을 물어도 '글쎄'라고 미소 지을 뿐이다. 그러나 조금 불만이 든 생각은 병원의 구성이 병원 같지 않다는 점 -예를 들면 집의 건물구조가 목재이기 때문에- 게다가 조금 오래되었기 때문에 신선한 느낌이 없다. 비가 내리는 날은 빗길에 노출되어 조금 칙칙한 판자 울타리가 왠지 모르게 세상과 멀어진 느낌을 부른다는 점이 있다.

경성부에서 개축하고자 하는 의도는 없는 것일까. 돈이 없는 것일까. 이것은 기자는 알 바는 아니다. 달리 이상하다고 느끼는 것은 다니는 병원보다는 거북함이 없어 보이는 순화원을 어떻게 세간에서는 무서운 곳 -순화원에 들어가면 살아서 돌아오지 못하는 곳이라고 오해하고 있는 것일까? 1920년의 여름에 일어난 소동, 대란으로 극구 조선인 입원을 혐오하는 것일까? 장소가 멀리 있기로는 총독의원이 아주 멀리 있고 그곳에도 전염병실은 있다. 단지 전철편이 있는가와 없는가의 차이만은 아닌지. 지금 위의 가가미(加賀見)원장의 이야기와 기자 자신이 본 바를 게재하며 일반인들에게 참고하는 것을 제공하지만, 그 중 순화원에서 시내 전반에 걸친 사망률을 대비 고려하면 스스로 수긍할 수 있는 점이 있을 것이다.

⟨2⟩

순화원에는 현재 4병동이 있으며, 이에 보충하는 제1, 제2의 예비병실을 합치면 실제로 백 몇 십 실이 있는 셈이다. 실내를 상당히 고쳐야 하는 방을 제외해도 백 실 이하는 아니다. 보통 병실의 밖에 온돌식의 병실도 있다. 1등실 3엔, 2등실 2엔, 3등실 1엔으로 보통 병원의 반값이다. 이는 경성부의 경영이기 때문이다.

평소 수용력은 80명, 유행기에는 150명부터 환자를 수용할 수 있지만, 그조차 다 차게 되어 극에 달하면 협소함을 느끼는 경우가 적지 않다.

그렇다면 증설하면 좋지 않은가라는 의문도 있지만, 단지 증설하더라도 유행한 시기에 따라서 수용한 최고한도는 변하기 때문에 어느 정도까지 증설해도 좋은가를 전망할 수 없다. 경성과 같은 전염병 특히 두창이나 성홍열과 같이 특종 전염병이 많은 지역의 피병원으로서는 너무나 규모가 작고 설비가 불완전하다. 경성부 당국자는 일고찰 해도 좋다고 생각한다.

개선하고 보완해야 하는 점은 병원 안이 정비되어 있지 않고, 또한 의사와 간호부의 부족 등으로 혼란을 띠는 경우가 상당히 있다고 한다. 원장의 이야기에서는 환자와 간호인의 오락설비 등도 완전을 기하고 싶고 치료법에도 연구를 쌓아가고 싶지만, 어쨌든 멀리 떨어져 있기도 하고 오해받기도 하여 아무튼 설비를 충분하게 이용할 수 없다는 점은 개탄할 따름이다.

또한, 나 혼자의 비견으로는 만약 교통상의 편의라도 제공된다면 순화원 외의 외래환자 진찰부를 설치하면 자타 모두에게 매우 유익할 것으로 생각한다. 또한, 근본 양으로서 경성 부민 모두가 지금 조금이라도 자각했으면 한다.

어쩌면 순화원을 별세계나 감옥처럼 생각하며, 또한 종종 경찰관의 이송 하에서만 환자를 수용하는 병원이라는 선입관을 가지고 있는 사람들이 대부분이다. 특히 입원료가 저렴하여 이를 핑계로 인색한 구두쇠나 받는다는 허영심에 잡혀서 순화원을 피하는 것은 그중에서도 매우 유감인 바이다.

또한, 조선인 입원이 적은 것은 세브란스, 동대문 부인병원 등 선교사의 회유책이 좋기 때문도 있다. 이점도 일고찰을 필요로 할 것이다〈65-68쪽〉.

## 무라타 노리키요(총독부 위생과장, 村田昇淸), 「건강보존에 대하여」, 『조선급만주』(제184호), 1923년 3월.

사람은 일상 회화의 처음에 '안녕하십니까?'라고 상대의 심기에 관해 묻는다. '별일 없습니다'라고 상대가 말하면 '무엇보다 좋네요'라고 상대의 건강을 축복한다. 인간 생활에서 건강의 필요를 지금 와서 설명할 것까지도 없다.

'지금까지는 남의 일이라고 생각했는데, 내가 죽는다는 것은 이거 곤란한데'

지승(智僧)조차 이 광구(狂句)가 있다. 일단 한 번 죽음을 상상하면 정령 감개무량하다. 그렇다면 건강보존의 중요한 점은 일상생활에서 예절이다. 그렇다고 해도 아침부터 밤까지 이것만 생각하고 있을 수는 없다.

성현의 글에도 볼 수 있는 많은 성언은 이루 말할 수 없이 이 이치를 설명하고 있지 않은가.

말하기를 '돈벌이에 쫓아다니면 가난은 없다.' 이것은 오늘에는 '돈벌이에 쫓아다니면 병이 없다.'라고 해석해야 한다.

조선의 병원에서 환자 발생률의 통계를 살펴봐도 병이 많은 사람은 대개 한가한 사람이 많은 듯하다. 소크라테스는 말하고 있다. '사람의 건강은 고행과욕(苦行寡慾)에 있다'라고.

그러나, 건강보존을 과학적으로 얻을 수 있다면 아침부터 밤까지 수판을 노려보고 있어야 한다. 즉, 소크라테스의 과용설에 따르면, 이 결론은 가능한 변칙에 빠지지 않고 규칙 바른 생활상태에 있는 것이다.

즉, 극단적이지 않고, 과도하지 않게 해야 한다. 이것은 광범위하면 어렵고, 간단히 하면 매우 쉽다. 사람의 성은 즉 건전하지만, 그것이 과도함에 따라서 욕망도 증가하여 건강을 해치는 것은 이것 자체가 적당함을 잃어버리는 데에 있다.

불규칙한 식사, 밤늦게까지 자지 않는 모든 도회 생활의 불건전함은 모두가 이렇게 과도한 향락에서 비롯된 것이다.

다음으로 생각건대, 한편에서 이처럼 물질적으로 영향이 크듯이, 정신상의 결함도 역시 병의 원인을 만든다. 진부하지만, '건전한 신체에 건전한 정신'이 머문다는 것이다.

아침에 철 아령을 하고 저녁에는 돌아보지도 않는다. 어제는 오카다(岡田)식으로 하고 오늘은 정좌(靜坐)는 커녕 이미 궁교술(窮交術)을 흉내 내고 있는 의지박약한 사람이 하루아침 하루 저녁에 건강체로 돌릴 수 없는 이유가 아닐까?

그리고 앞에서 건강은 예절에 있다고 하였는데 전염병이 유행할 때 특히 필요하다는 것을 통감한다. 예를 들면, 사람과 교제할 때 예의 바른 상태로 입을 손으로 가리거나, 상대가 이야기가 끝날 때까지 입을 다물거나, 아무것도 아닌듯한 곳에서 건강법은 있다는 것은 역시 병의 원인은, 입이며, 위장이다. 소위 불소화병에 걸리면 불건전한 분자로 이질, 콜레라, 티푸스균이 사정없이 입에서 들어가 위장 안에서 발육한다.

인체는 원래 많은 병균을 죽일 수 있는 만큼의 체질이지만, 불건전한 생활은 이를 파괴한다. 즉, 위를 혹사하는데 이 때문에 영양물도 자양이 되지 않고 오히려 병균을 배양하는 밭으로 된다. 위의 자연 영역을 넘어설 때는 모든 내과적 통증의 원인이 된다.

그리고 사람은 이 오관 작용을 정도와 본질 이상으로 사용은 하지 않는다. 입은 입, 위는 위의 능력 내에서 동작, 활동을 적당하게 하는 것이 제일 큰 요건이다. 페스트균과 같이 지하 먼지와 같이 섞어서 들어오면 사멸하기 때문에 코에서 숨이라도 쉬고 있으면 이것은 모두 배제되어 체내로 들어오지 않는다.

전염병 중, 공기 전염을 하는 것은 우선 폐병 정도이기 때문에, 이것이라면 아주 많은 것은 아니다.

이상을 종합하면 사람의 건강을 보존하여 전염병에 걸리지 않는 방법으로서는 먼저 인간의 섭리에 의한 예의 바른 생활을 하는 것, 오관의 작용을 잘못하지 말 것, 이러한 것에 있다고 믿는 것이다〈70쪽〉.


**와타나베 스스무(의학박사, 渡邊晋), 「조선에서 성병문제」, 『조선급만주』(제186호), 1923년 5월.**

성교로 인한 전염병을 종래에는 화류병이라고 하였으며 성병이라는 단어를 사용하지 않았기 때문에 들어보지 못한 감이 있다. 화류란 아름다운 단어이지만, 일종의 수수께끼처럼 본래의 뜻을 나타내는 것과는 매우 멀다. 근래는 주로 성병이라고 말하기 때문에 여기에서는 이 단어를 사용하겠다.

성병에는 3종류로 구별하는데, 그 가운데 가장 많고 해로운 것은 매독이다. 특히 이 화를 후손에게 물려준다는 점은 정말로 중대한 죄이다. 임독(淋毒)은 그다음이며, 가장 가벼운 성병은 연하감(軟下疳)이다. 세 병은 각기 병원균은 다르지만, 전염된 계기는 모두 완전히 같고 모두 직접간접으로 정당한 배우자 이외의 성교가 원인이 된다는 점이 공통점이다. 이 특징 이외 성병에는 또한 다른 전염병과 구별하는 절대적인 차이가 있다. 즉, 다른 종의 전염병은 그 전염을 면역시키기 위해서 어떤 의지력을 가지고 노력을 해도 마침내 병에 걸려서 어쩔 수 없는 예도 있지만, 이에 반해 성병은 의지력이 강하고 또한 본병에 관해서 다소 예비지식을 가진 자는 절대로 걸리지 않는 병이다. 즉, 스스로 구할 수 있는 병이다. 이러한 점이 내가 군이 본문제로 다루는 까닭이다.

위의 이치는 꽤 잘 알려진 사실임에도 불구하고 사회에 이 병이 끊어지지 않는 것은 실로 인간 세계에서의 비참한 일이다.

이 전염 방법에 대해서는 전문적으로 논하면 많은 종류를 구별할 수 있지만, 나는 동양에서 현상에 따라 많은 전염경로가 다음과 같이 있다. 즉 먼저 남자가 성욕구를 정당한 수단 즉 결혼으로 인해 해결을 기다릴 수 없어 소위 화류권으로 출입한다. 그 경우에 그 직업부인이 독이 있다면 전염이 된다. 여자의 경우는 유독한 신랑과 결혼하여 감염되어 화안일 ■하여 타락하는 것을 자주 조우하는 것이 사실이다. 배우자 사이에서는 남편이 먼저 전염되는 경우가 대다수이다. 서양에서는 이상과 정반대의 사실도 많이 있지만, 동양에서는 먼저 위와 같다. 조선에서도 고금을 막론하고 이 예에서 빠지지 않는다.

조선의 과거에서 괴질이 언제 일어나서 어떠한 상태로 만연해졌는가에 대해서는 나는 불행하게도 그에 대한 기록을 모른다. 더욱이 임독이나 경하감에 관해서는 이 병의 원인이 언제부터였는지는 세계적으로 불분명한 문제이기 때문에 군이 조선을 한정하지 않는다. 매독은 세계 역사에서 최신의 병중에 하나이다.

구세계 즉 동반구에는 옛날에는 이 병은 존재하지 않았으며, 콜럼버스의 아메리카 탐험함대가 아메리카를 발견한 선물로 신세계로부터 이를 유럽에 들여온 사실은 의학계에서 확증된 사실이다. 실제로 1493년의 일이다. 이 신병은 눈 깜짝할 사이에 유럽에 만연해지고 다음으로 바스코 다가마의 희망봉을 우회하여 동양교통을 열게 하여 인도, 중국, 일본으로 전파한 것은 기록이 증명한 바이다. 서기 16세기 첫머리다. 따라서 조선에도 그 무렵 유입되었다고 확인해야 할 것이다. 또는 일본 내지보다도 먼저 본병에 걸렸을 것으로 생각하는 편이 사실에 가까울지 모른다. 왜냐하면, 일본은 당시 외국과의 국제교통이 공적으로는 거의 단절되어 있었다는 점과 지리 관계상 가장 빈번해야 하는 육로의 교통이 불가능하다는 점을 비교하면, 조선은 반도를 기반으로 넓게 중국대륙과 연결되고, 또한 삼면이 바다로 연결되어서 현재에도 육·해 양 방면에서 쉽게 전염병의 침습을 받는다. 또한, 당시의 조선은 중국

대륙과 국제교통이 매우 빈번하였던 사실을 고려해 볼 필요가 있다.

조선에서 그 뒤 어떻게 경과하여 어떻게 만연되었는가에 대해서는 불분명하지만, 조선의 특수한 습관을 고려하여 만연한 상황을 추측하면 난이도가 있는 두 자료가 교대로 존재한다.

조선에서 생활은 비교적 간단하고 개인의 생계가 비교적 쉽기 때문에 조기 결혼할 가능성이 크다. 특히 아직 그 필요를 인식할 수 없을 정도의 미숙한 나이로 결혼하는 남자가 많았던 이유로, 이 조선 특수한 사정은 성병의 만연을 방지하는 데에 유효했다고 생각할 수 있다. 또한, 동양의 독특한 가족제도는 조선에서 잘 유지됨에 따라 부인의 정조가 비교적 완고하였다. 이도 만연방지에 잘 부합되었던 사정이다.

그러나 다른 방면으로 관찰하면, 연상의 부인이 어린 남편을 데리고 성적 불만도 있을 수 있다. 또한, 연하의 남자가 연장자인 부인과 결혼한 후, 나이가 먹음에 따라서 부부간에 남녀연령의 불균형과 불만족이 생긴다. 따라서 남자에게 성병 감염의 기회를 만든다. 또한, 축첩의 풍습도 번창하였다. 이러한 점은 성병 전염을 조장했다고 인정할 수 있다.

매춘부의 문제에 관해서는 조선도 예로부터 결코 세계 대세에서 예외는 아니었다. 예부터 이를 행하였다고 볼 수 있으며, 어떤 다른 국민과 구별할 수 있는 점은 없다고 생각한다. 세계 어떤 민족을 막론하고 매춘부의 존재는 있었던 것은 물론이다. 다만 조선 시대에 공창을 인정하는 제도가 있었는지를 문제로 삼는 사람도 있는 듯하지만, 법제상 제도의 문제는 여기에서는 깊게 들어가는 것을 피하겠지만, 이미 매춘부 존재는 사실로 존재하였다면, 만연론을 제도조건과 문제로 삼기에는 그다지 충분하지 않다.

조선의 현상에서 성병이 어느 정도로 만연하고 있는가. 모든 질병의 빈도를 절대적으로 정확하게 조사하는 데에는 일정한 지역을 제한 봉쇄하여 호별로 사람별로 나누어 검사하며 과학적 방법을 가지고 치료조사를 하는 것 이외에는 할 수 없다. 그러나 이처럼 번잡하게 하거나 또한 비용이 필요로 하는 조사는 전염병이 매우 위기이므로 특히 집행하게 하였다. 예를 들면 콜레라 환자 초기 발생 때에는 현재의 조선에서도 하고 있지만, 성병 조사와 같이 응용하고 있는 나라는 세계에 하나도 없다. 징병검사는 남자의 전부를 20세에서 검사를 하기 때문에 수에서도 누락 없이 진찰도 면밀하게 하므로 비교적 정확하게 성병 통계를 알 수 있다. 남자에 한해서 여자에게는 미치지 않는다. 현재 조선에서 성병의 빈도를 조사하는 데에 이용할 수 있는 재료는 관공병원의 환자통계와 접객부인의 검사보고 정도이기 때문에, 이런 만큼 성병 빈도를 알 수 있을 뿐이며, 도저히 조선 주민 전반의 상황과는 충분하지는 않다.

내가 1918(다이쇼7)년에 조사한 조선관위병원의 매독 환자통계에도 또한 최근 친구 야마다(山田) 박사와 헤이마(平馬) 씨가 모아놓은 조선접객 부인검사표, 재조선군대 성병율로 추측해 봐도, 조선의 성병은 결코 적다고 말할 수 없다. 또한 내가 총독부의원에서 진찰한 경험으로 봐도 조선에서는 성병환자가 세계와 나란히 존재한다고 말할 수 있다(미완)〈27-29쪽〉.


**시가 기요시(총독부의원장, 志賀潔), 「조선인의 위생사상과 조선의 위생문제」, 『조선급만주』(제 186호), 1923년 5월.**

위생에 관하여 현재 조선은 아직 첫 단계를 벗어나지 못하고 있다. 지금까지 조선에서는 위생이라고 하는 사상은 없었다. 동의학 즉 한의학의 영향을 받고 있기 때문이다. 한의학은 단순히 치료만을 주가 되어, 적극적인 병을 예방하는 일에는 전혀 생각하지 않는다.

따라서 위생이라는 글자의 뜻조차 아직 잘 이해하지 못한다. 일본에서도 위생이라는 글자가 생긴 것은 1882(메이지 15)년 경이다. 유럽을 순회하고 의학 방면의 시찰을 하고 돌아온 의사 나가요 센사이(長與專齊)라는 인물이 '하이진(ハイジン)'이라는 언어를 택하여 처음으로 위생이라 말하였다. 먼저 현재 위생관념이 유치한 조선에서는 위생의 정의부터 선전하는 것에 힘을 기울여야 한다. 단지 종두만큼은 일반에게 이해시킨 것 같아서 환영하지만, 다른 병에 대해서는 거의 위생적 관념이 전혀 없다.

이런 상태이기 때문에 티푸스, 이질, 디스토마, 말라리아, 연교열(捐校熱)과 같은 전염병에 대한 예방상의 시설, 예방상의 지식은 완전하고 충분하다는 성적을 주기에는 실로 곤란하다.

대도시의 2, 3개는 위생상의 시설이 각각 생기고 있으며, 이 도시 주민들 사이에서도 점점 위생 사상이 길러지고 있다. 하지만, 다른 지방, 특히 시골은 위생에 관련된 어떤 시설도 없고, 또한 위생 사상을 향상하기 위해서 또는 일반에게 위생 사상을 보급 지도할만한 신지식을 가지는 의사의 수도 적어서, 완전하게 도달하기에는 많은 세월이 필요하다.

조선에서 현재 신지식을 가진 의사는 1,100명으로 충분하지는 않다. 이를 1,700만 명의 인구로 비율로 보면, 1,700명에 겨우 1명이 된다. 게다가 이를 일본과 비교하면, 일본은 인구 1,000명에 1명의 비율이므로 일본의 17분의 1에 불과하다. 이러한 상태라면 사망자 중에는 의사의 손이 미치지 않고 죽는 사람이 많다. 의사의 부족을 보충하기 위해서 의생을 인정하고 있지만, 이는 한의학자이며, 지식의 정도가 비전문가와 거의 똑같으므로 아무 효과가 없다.

그렇다면 왜 수요가 많은 조선에서 의사가 적느냐고 한다면, 조선인은 전혀 생활 수준이 낮고, 경제상태가 여유롭지 않아서 의사도 독립하여 개업하여 유지할 수 없기 때문이다. 이는 시골로 갈수록 심하다.

이를 대만과 비교하면, 대만은 일반적으로 시골의 주민도 여유로우므로 의학교를 나온 사람이 개업해도 번창하지만, 조선은 앞과 같은 상황이므로 시골에서 개업하고 경영할 수 없다. 작년까지 조선총독부의 의학교를 졸업한 사람이 약 5백 명 정도이지만, 그 가운데 독립하여 개업한 사람은 적다.

또한, 의사의 부족을 보충하기 위해서 의생 외에도 공의(公醫)를 배치하지만, 이 인원수도 충분하지 않아서 한촌 벽지에는 거의 미치지 않는 상태이다.

국제적 관계가 복잡해짐에 따라 위생적 사상이나 시설은 진보해 가지 않을 수 없다. 지난 달 말 국제연맹위원인 영국인 닥터 화이트가 동양의 방역상태를 시찰하기 위해서 일본부터 조선을 통과해서 만주와 중국방면으로 갔다. 그리고 그는 개항검역에 관한 안을 국제연맹에 제출하여, 각 나라에서 실행하도록 하였다고 한다. 이는 실제로 필요한 것으로, 앞으로 국제적 관계가 빈번해질수록 더욱 필요하게 될 것이다.

국제적 연락이 빈번해 짐에 따라 전염병도 증가한다. 콜레라는 하나는, 몽고의 북쪽에서 중국 만주를 통과하여 조선에 온 경우, 하나는, 인도 남부방면에서 유입되어서 목화와 함께 일본으로 들어온 경우가 있다. 그러나 현재 조선은 공업이 성행하지 않기 때문에 이 방면이 아니라 북방 몽고에서 온 경우에 위협을 느낀다.

위에서 말한 바와 같이 외부에서는 오는 병을 막으려면 국제적으로 이를 막는 기관을 마련해야 한다. 그리고 내부에서는 위생적 사상을 고양하며 위생적 시설을 충분하게 하여 처음부터 위생을 안전하게 할 수 있다. 요컨대 조선에서의 위생 안전이란 위생 사상과 시설이 아직 첫 단계에 있어 이를 안전한 지점까지 도달하는 데에는 많은 세월과 곤란을 겪어야만 한다〈37-38쪽〉.


총독부의원 제1내과 과장 의학박사 이와이 마사시로(岩井誠四郎)씨 이야기, 「뇌빈혈과 뇌충혈」, 『조선급만주』(제178호), 1923년 9월.

뇌빈혈이라고 하는 것은 문자 그대로 뇌에 빈혈을 일으키는 것이다. 갑자기 뇌에 혈액이 없어지면 일어나는 것이다. 동물실험에서 보면 심장에서 뇌에 오는 동맥을 긴축하기 때문에 혈액이 돌지 않게 되면 뇌빈혈 증상이 일어난다. 그러므로 뇌빈혈은 뇌의 혈액감소에서 오는 모든 원인으로 일어나는 것이다.

신경질적인 사람 중에는 정신 감동의 결과 뇌혈관에 경련을 일으켜 혈관이 축소해서 빈혈을 일으킨다. 단순히 피를 보기만 해도 빈혈을 일으키는 사람도 있다. 심장병이나 뇌혈관의 병변 결과에 따라서 뇌빈혈을 일으키는 일도 있다. 또는 복수를 톨토카 또는 분만과 다량의 혈액이 한꺼번에 복강 안에서 이동하기 때문에 뇌의 혈액이 뇌빈혈을 일으키는 일도 있다.

갑자기 뇌빈혈을 일으키면 얼굴이 창백해지고 사지가 차가워지며 식은땀이 난다. 중청 이

명이 들리기도 한다. 또한, 시력도 감퇴하고 현기증이 나기도 하고 왠지 속이 매스꺼워지면서 구토가 나온다. 다음에는 무욕최민, 하품이라고 하는 징후가 나타난다. 그리고 동공이 커지면서 졸도해서 실신한다. 이렇게 되면 맥박은 작아지고 불규칙적이기는 하지만 때로는 거의 만져지지 않게 됨에 따라 호흡도 크게는 약해진다.

실신하면 동공은 커지고 또한 대출혈로 인한 뇌빈혈에서는 경련이 온다. 만성 뇌빈혈이 되면 그 원인은 주로 혈액병(예를 들면 강황병, 백혈병과 같은 것), 악액질, 십이지장출혈병, 빈발성 출혈만성소화기병, 당뇨병 등 그 외의 병, 결핵과 같은 것이지만 이것과 같은 만성 뇌빈혈에 걸린 환자는 대부분 멍하게 있다. 그 때문에 능력이 허약해져서 며칠이나 졸리다. 또한, 이명이 들리고 가끔 실신하는 경향이 있다.

뇌빈혈로 죽는 일은 극히 드문 일이다. 그러나 뇌빈혈이 일어났을 때는 누구라도 알아 두지 않으면 안 되는 것은 응급처치를 어떻게 하면 좋을까 하는 것이다. 그때는 우선 머리를 낮게 하고 신체를 따뜻하게 해서 피부를 마찰하는 것인데 환자가 마시는 것이 된다면 흥분제인 따뜻한 차, 커피, 일본주, 포도주 등을 마시게 하고 바로 의사를 불러 치료를 받아야 할 것이다.

그런데 빈혈성인 경우는 평소에 자양제를 섭취하고 철분제를 사용하여 늘 피를 적당하게 증가시키는 것도 좋다.

뇌충혈은 뇌빈혈과는 반대로 뇌의 혈관에서 일어나는 것이다. 즉 뇌에 혈액량이 많아지는 병이다. 예를 들면 복강 내에 커다란 종양 등이 있다든지 변비의 결과 장이 팽만하는 것 같은 느낌이 있고 복강 내에 충분한 혈액이 들어가지 못하기 때문에 뇌 쪽으로 혈액이 많아지는 경우, 혹은 통상 정기적으로 있을 듯한 출혈(예를 들면 월경과 같은 것)이 멈출 때는 역시나 뇌충혈이 일어나기 쉽다. 또는 혈관신경의 마비 때문에 충혈이 일어나는 일도 있다. 예를 들면 알코올 중독 같은 경우에는 심장으로 흐르는 혈관 즉 정맥에 고장이 있어서 장해를 일으킬 때도 역시나 뇌충혈을 일으킨다. 예를 들면 심장병인 사람, 폐에 특수한 질병이 있는 사람 등이다. 또는 며칠이나 무거운 짐을 등에 지고 다니는 일을 하는 사람들도 이 병에 걸리기 쉽다.

뇌충혈이 일어나면 관자놀이, 동맥에 박동을 느끼게 된다. 두통이 있을 수도 있고 현기증이 있을 수도 있으며 눈앞이 어지러우면서 헛구역질이 일어나거나 토하기도 한다. 그러나 관자놀이, 입, 입술, 귀 끝 등이 빨갛게 충혈이 된다.

맥은 긴장해서 크면서 느리며, 호흡도 깊고 크며, 이와 같은 발작은 보통 2, 3분에 지나가지만 때로는 경련을 일으켜 실신하는 때도 있다. 또, 정신에 이상을 일으키는 일도 있다.

뇌충혈도 일시적인 것이지만 만약 혈관에 병적 변화가 있으면 차츰 뇌충혈을 일으키는 경우가 있다. 그러므로 만약 뇌에 ■혈을 일으키는 원인이 될 때는 신속히 이것을 제거하지 않으면 안 된다. 다혈인 사람은 음식을 줄이고 곧바로 날 음식은 피하고 알코올이나 담배 등을 금하고 운동을 적당히 해야 한다.

그리고 뇌충혈 발작이 일어났을 때는 머리를 높이고 안정을 취하고 얼음찜질을 하며 또한 변을 볼 수 있게 하고 침실은 공기가 통하기 좋게 하고 모든 흥분성 음료는 제공하지 않으며 정신적인 안정을 취하는 것을 명심해야 한다. 그것만 명심해서 병자를 간호하고 의사에게 진찰을 받아 그 지도에 따르면 좋다〈79-80쪽〉.


**야노 고타(矢野恒太), 「지방시찰의 소감과 일화무역」, 『조선급만주』(제179호), 1923년 10월.**

약용으로 쓰이는 채소

채소 중에는 여러 가지 약으로서 적당한 것이 많이 있습니다. 우선 우엉은 시력을 증진해 이뇨에 효과가 있고 또한 뿌리 부분을 건조해 끓여서 내복하면 건위장제가 되고 이것을 진하게 달인 것은 피부병에 큰 효과가 있습니다.

▲대파는 열을 예방하는 음식으로써 일반적으로 알려져 있습니다만 그 외 설사를 멈춰 불면증을 고치고 소화를 도와주어 식욕을 증진할 뿐만 아니라, 신경을 안정시켜 뇌를 건전 하게 해서 기억력을 증진하고 게다가 혈액을 깨끗하게 하므로 그 생식은 폐병환자가 늘 먹 는 음식으로 적합하다.

▲락교는 신경과민을 진정시켜 불면증에 좋고 이뇨에 좋고 생으로 먹으면 식욕을 증진해 혈액을 깨끗하게 합니다.

▲연근은 산후의 음식으로써 구건복통 등을 고치는 효과가 있을 뿐만 아니라 그 잎을 물 에 담가다가 입속에 물고 있으면 구열에 좋고 잇몸 통증을 없애는 데 효과가 있습니다.

▲고추냉이의 뿌리 부분은 만성 류머티즘, 마비병, 수종 등에 효능이 있습니다. 고등어나 면류의 독을 풀어주는 효과가 있습니다.

▲호박은 불면증과 간장병에 큰 효능이 있고 또한 지방의 소화를 도와주는 작용을 합니다 〈23쪽〉.


**후지 사다키치(경성의전교수, 富士貞吉), 「의사인가 점쟁인가」, 『조선급만주』(제179호), 1923년 10월.**

9월 30일 하야카와(早川) 만주철도 사장이 봉천 소학교에서 만주철도 종업원에게 훈시 중 에 뇌출혈로 졸도하여 의식불명에 빠졌는데 마침 만철의과대학 개교식 참여를 위하여 미우라 긴노스케 박사를 비롯하여 대련에서 만철병원 여러 박사와 경성에서 온 총독부병원의 여러 박사가 모여 있었기 때문에 이들 여러 명의가 10분도 지나지 않은 가운데 모여서 진료했기 때문에 의사 부족은 없었다. 이렇게 명의와 여러 박사가 모여도 뇌출혈에 대해서는 손을 쓸 수도 없었다. 단지 안정시키고 얼음으로 두부를 차게 해서 경과를 지켜볼 수밖에 없었다. 여러 박사의 진단으로는 도저히 회복 불능이라고 할까 또는 이대로 영원히 일어나지 못하는 사람이 될지도 모른다는 말을 하고 여러 박사의 면상에는 절망적인 기색이 역력했다. 이런 와중에 옆에서 시중들고 있던 만철의 어느 중역이 대련 주재 중이던 역박사 고다마 논슈(兒玉呑舟)에게 전보를 쳐서 회복의 여하를 예단해 보았다더니 고다마로부터 곧바로 답변이 왔다. 그 답변에는 점을 쳐보니 괜찮다. 회복할 것이라는 점괘가 나왔다.

아마도 내일 정도는 의식이 조금씩 회복하고 이틀 정도 되면 완전히 의식이 명확하게 될 것이라고 하는 것이다. 다만, 점괘가 맞든지 안 맞든지 누구도 그것에 크게 중점을 두지 않았는데 과연 하룻밤이 지나자 조금씩 움직이기 시작했다. 눈을 조금 떴고 이틀째가 되자 의식이 확실해져서 한두 마디 정도로 말할 수 있게 되었다. 여러 박사도 신기한 듯 고다마의 점괘가 맞았다는 것에 놀랐다. 다만 4, 5일이 지나지 않으면 과연 회복했는지 안 했는지는 단언할 수 없지만, 이틀째 밤까지의 경과는 고다마의 점괘대로 되었다. 이래서는 점도 무시할 수 없는 것이다. 그야말로 과학과 신비의 싸움이지만 신비를 지나치게 믿으면 미신에 빠지게 되나 그렇다고 해서 과학을 전능하다고도 말할 수도 없는 것은 삼 일째 아침, 하야가와 씨를 병문안하고 봉천에서 돌아온 구보(久保) 경성관리국장의 실화이다(일기자)〈33쪽〉.


**오노 세이치로(법학사, 小野清一郎), 「의술의 사회적 작용」, 『조선급만주』(제184호), 1923년 3월.**

의술과 법률과는 여러 점에서 친밀한 관계를 맺고 있다.

첫째, 일과 관련된 면에서 어느 것도 지능적인 노동에 속해 있다.

둘째, 그 대상에 있어서 전자는 인간의 개체에 있는 생리조직을 대상으로 하지만 후자는 인간의 사회에 의욕조직을 대상으로 하므로 더욱이 개체의 생리조직과 사회의욕조직과는 우리들의 실증적 입장에서 관찰할 때는 그사이에는 떼어낼 수 없는 밀접한 관계가 있고 개체의 생리조직이 존재하기 때문에 의욕이 있고 사회의욕조직이 있으므로 개체는 완전히 생존을 얻을 수 있기 때문이다.

대체 우리는 서로 개체의 생활을 해나가는 동시에 또한 사회적 생활, 사회의 일원으로서 생활을 해나가고 있다. 개체의 생활과 사회적 생활이라고 하는 생활이라는 전적인 것이지만 각각의 일면에 지나지 않는다. 그러므로 법률인인 나도 의료인의 진찰치료를 받지 않으면 안 되는 것처럼 사회에 있어서 공인으로서의 의료인들은 또는 법률인도 사적공적인 관찰비판을 받지 않으면 안 된다고 생각한다. 의술은 개체의 생리조직을 취급하는 것이지만 그와 동시에 사회에 작용을 미치는 것이며, 영향을 미치지 않으면 안 되는 것이다. 그러한 점에서 고찰을 시도해 보는 것이 이 강연의 목적이다.

우리는 살려는 의욕을 가지고 있으며 그것은 실로 인생의 근본적 동력이기도 하다. 이것은 옛날이나 지금이나 변하거나 움직이지 않는 사실이다. 그렇지만 이런 뻔한 사실을 있는 그대로 인식하는 것은 오히려 곤란하고 근대과학사상에 따라 처음으로 밝혀진 고대에서는 단지 인도에 석가가 인생성립의 근본 원인을 제관해서 [무명] 즉 어두운 맹목적인 행동이라는 점에서 빛을 비추고 있을 뿐이다.

그건 그렇고 우리가 살려는 의욕은 부인할 수 없고 나도 인간도 모두 살고 싶어한다. 그러한 소중한 생명을 해치는 병을 치료하는 의술은 가장 빠르게 발달하지 않으면 안 되지만 사실은 그렇지 못했다. 서양에서는 크리스트교, 동양에서는 지방에 있어서 비교적 빠르게 의술이 일어났지만, 그 뒤에는 의술의 진보는 오히려 느리다.

미개의 사회에 있어서는 의술 대신에 마술이 행해졌다. 그들은 마술을 사용하여 병과 사망으로부터 구하려고 했다.

미개인은 죽음을 두려워했다. 또한, 그 죽음을 가지고 오는 병을 싫어했다. 미개인에게 있어서 죽음의 공포는 아마도 오늘날 인간 이상이라고 생각할 수 있다. 미개의 사회에 있어서는 혹은 자연력을 위해서 또는 맹수 때문에 또는 상호 쟁탈로 불시에 다쳐서 죽는 경우도 아주 많았다. 또한, 유행병에 따라서 일시에 마을이 전멸하고 혹은 전멸에 가까운 손실을 보았다. 어떤 일에 대해서 경외하고 감동하기 쉬운 미개인은 또한 병에 걸리거나 상처를 입어서 죽는 현상에 대해서 무한의 불안과 공포에 떨었다.

미개인은 이 현상을 경험비판의 힘에 따라서 생각하는 것이 불가능했다. 즉시 이것을 인간 사유에 남기는 신비적인 힘에 주목했다. 즉 병은 마의 소위이며, 혹은 신의 소위이었다. 그리고 이 신비적인 힘을 두려워하고 이것을 피해 또는 이 힘을 어찌해서 든 달래여 재난을 피해 가려고 했다. 거기에 마술이나 종교적 절차가 행해지는 심리적 원인이 있다. 이 심리는 어느 미개 사회에서든 공통된 현상이지만 지금 우리에게 가장 친밀한 일본민족의 고대 생활에 대해 그것을 관찰해 보자.

일본민족의 고대 생활에 대해서는 최근에 이르기까지 단지 신화적인 것으로 생각해 왔지만, 요즈음에는 일반 인류학적, 사회학적 연구의 진보에 따른 특히 최근에는『혼지위인전』『고사비』『일본서기』등의 문헌의 과학적 고증비판이 이루어져 있어서 다소 확실해지고 있다. 그것들의 문헌고증에 따르면 우리들의 선조도 또한 소박한 종교적 신앙과 거기에 상응하는 마술이나 종교적 의식을 가지고 있다는 것이 밝혀졌다.

그들이 첫 번째로 삼가는 풍속을 가지고 있다. 죽은 사람과 그 일가족 근처에 가지 않는 것, 상가를 세우고 산부에게 가까이 가지 않으며 산미를 세우고 병자에 대해서는 확실하지는 않지만 나는 아마도 똑같았을 것이라고 예상한다.

이것은 최근에 인류학자 보리네샤어를 빌려 타부라고 불리는 일종의 풍속이다. 통틀어서 타부라고 하는 것은 어떤 사람 또는 물건에 접촉을 피하고 이것은 그 사람 또는 물건에 어떤 신비적인 마적인 것이 부착되어 있으므로 만약에 그것에 접촉할 때는 재난을 부르기 때문에 그 접촉을 피하지 않으면 안 된다는 관념에 기반을 둔다. 이자나기의 존이 부인의 죽음에 대해서 근처에 가지 말라는 금지를 깼기 때문에 인간의 죽음이 시작되었다는 이야기, 또는 부인이 출산할 때에 보지 말라는 금지를 깼기 때문에 해륙의 교통이 끊어졌다는 이야기와 같은 것은 분명히 그것을 증명하는 것이다. 일종의 소극적인 마술로 봐야 할 것이다.

둘째로 그들은 개과천선 풍속을 가지고 있다. 또한, 액땜 풍속도 가지고 있다. 그것은 어느 것도 적극적인 마술이나 종교적 의식이라고 봐야 할 것이다.

예를 들면 어쩔 수 없이 죽은 자 근처에 갔을 때 근친자는 장송 후에 물에 들어가서 [개과천선]을 하고 죽음에 대한 타부는 그것에 따라서 해제되었다. 혹은 천을 벗고 여러 가지 죄를 벗어내는 것이다. 죄라고 해도 반드시 도덕적으로 나쁜 짓만을 말하는 것이 아니라 오히려 사회에서 죄악을 의미하는 것은 죄악을 씻기 위한 기도문에 백인, 호구미를 죄라고 하기 때문에 안다. 혹은 죽은 자가 있는 경우에 친족 이외의 사람이 그 집에 모여서 술을 마시면서 노래하고 춤을 춘다. 이 풍속은 하늘의 암도의 우주메의 생명의 춤에 신화화되어 있고 후세의 신약은 이 풍속을 멸시했다고 한다.

즉, 그들은 인간의 이상한 일들에는 신비한 힘을 무서워하고 그것에 대해서 주의 깊게 경계하고 또한 인간 사이를 엿볼 수 있는 여러 가지의 마에 대해서 그것을 뽑고 깨끗하게 하는 것을 힘썼다〈22-24쪽〉.

본사 기자, 「경성의 직업부인단체 견문기[1]」, 『조선급만주』(제186호), 1923년 5월.

총독부의원의 간호, 부인과 그 양성소
총독부의원의 간호사는 현재 백여 명, 거기에 조선인이 조금 있다.
양성소가 있고 거기서 양성하고 있다. 일 년 동안 양성소에서 나오는 사람이 50명 정도 있다.
여기 간호사는 전부 미혼자라고 해도 좋다. 미혼자가 아니라면 채용하지 않는다. 유부녀는 할 수 없는 일이기 때문이다.

기숙사가 있어서 타소에서 통근하는 것을 허락하지 않는다. 급여는 양성 중에는 20엔, 간호사가 되면 30엔부터 차례로 승급하게 되어있다.

총독부의원의 뒤편부터 전염병 연구소의 앞을 지나서 양성소에 가 보면 조선의 건물을 그대로 사용하고 있는 여러 동의 집이 그대로 있는데 정원에는 녹색 풀이 싹 트고 있다. 옛날 고전을 보는 것 같은 느낌이 든다. 기숙사가 네 동 있고 한 동은 간호사를 위한 곳이고 나머지는 양성 중의 학생이 기숙하고 있다.

누구를 막론하고 건물에서 건물로 날아다니는 것 같은 순백의 모자와 순백의 간호복을 입은 젊은 여성들이 잠시 봄 햇볕을 쬐며 놀고 있다.

오래되고 낡은 집 한 채에 오락실이 있고 방은 세 개로 나뉘어있다. 하나는 재봉, 생화, 또 다른 하나는 가야금과 오르간, 그리고 하나는 면회소로 되어있다.

거기에서는 자주 가야금 소리가 들려왔다. 학교라고는 생각할 수 없는 기분이 든다. 남자는 한 명도 보이지 않고 선생이 계시는 것 외에는 모두 여자이다. 집이 고풍스럽고 배경이 고전적이며 여성들만 있으므로 때론 수도원의 느낌도 있다.

양성 기간은 만 2년간, 학기를 4학기로 나눠서 1학기를 6개월로 하며, 2학기를 마치는 사람은 실지견습으로서 총독부의원에 가서 실습한다. 2년간의 간호교육을 받으면 월급이 30엔이고 간호사로 제구실을 하게 되는데 여기를 나오면 의무기간이 2년간 있다.

희망자의 자격은 나이 16세 이상 30세까지, 고등소학교 졸업 정도가 아니면 안 되는 것이다.

여기를 졸업한 사람은 대부분 총독부의원의 간호사로 채용되지만 10%~20%는 지방의 자혜의원으로 파견된다. 희망자가 있는 경우에는 남게 하나, 학생이 지방에서 온 사람들도 많으므로 대부분 그 10%~20%는 졸업과 동시에 지방으로 보내진다고 한다〈54-55쪽〉.


「만주 소식」, 『조선급만주』(제186호), 1923년 5월.

◎위생 대박람회를 만철(만주철도)이 이번 여름방학을 이용해서 소학생에게 육아에 대한 지식을 높이고자 준비 중이다. 이 박람회는 개최지를 대련, 봉천, 장서, 안동의 4곳으로 하고 어느 곳도 여름방학을 이용한다. 이번에 박람회에 출품하는 것은 지금으로서는 대략 5천 점 이상으로 하고 그 외 내지에서 2천 점 이상은 출품이 가능할 것이다. 족히 5, 6천 점은 가능할 것이다. 즉, 만주에서는 최초의 시도로 만철 당국은 개회에 대해서 아주 힘든 일이 될 것이다. 다음으로 회사에서는 연선의 각 중간역 거주자를 위해 위생기차 열람회도 개최할 계획으로 5월 중순 대련을 출발하여 순회한다고 한다.

◎대련의원의 신축은 자금 관계상 미루어져 있었는데 3월 하순부터 2년간의 예정으로 3백

만 엔의 공비를 투자하고 예의 후라(フーラー)회사에 의해 현 신명정(神明町)의 분원 옆에 4층과 5층, 6층 건물을 병용한 최신식의 대병원이 여러 시설을 충실히 수용함과 더불어 찬란한 위용을 나타내고 있다. 이 건축에 대해서는 오노(小野)만철건축과정과 오미(尾見)원장이 북경에 유명한 록페라의 대병원의 특징을 채택해서 병원의 내외 제반설비를 설치하게 되었다고 한다〈59쪽〉.

## 와타나베 히로시(의학박사, 渡邊普), 「조선의 성병문제(전호에 이어서)」, 『조선급만주』(제187호), 1923년 6월.

그런데 조선에서 성병 환자가 얼마나 치료되고 있는가, 시료 기관으로서는 30개에 가까운 관립의 자혜의원, 공사립의 자혜적 의원이 있다. 창기의 의무적 치료에는 유곽 부근의 치료원도 있으나 수치상으로 말하자면 전 조선에 대해서는 역시나 부족한 느낌이 있으므로 그 증설과 충실을 기해야 한다고 생각한다. 자비 환자는 소재하는 의료기관에서 치료를 받을 수 있지만, 현재의 조선에서는 정규 의사가 부족해서 그 분포가 아주 희박하다. 대부분의 전문 의료인은 아주 소수여서 치료할 인원이 부족한 처지이다.

나의 수년의 경험에 따르면 조선에서는 성병의 무서움이 환자에게 충분히 알려지지 않은 것 같다. 성병은 간단한 치료를 가해 그 급성기의 증상 즉 발진, 진통, 출혈 등이 지나면 자신의 매독이나 임질에도 즉시 완쾌하는 것으로 생각하여 치료를 중단하는 경우가 대부분이었다. 기억을 되새겨보면 약 10년 사이에 조선 환자에게 충분하고 철저하게 성병을 치료한 사람은 겨우 열 명도 안 된다. 조선의 지식과 부의 중심인 경성에서조차 위와 같아서 다른 지방은 미루어 추측할 수 있다. 특히 대다수를 차지하는 시료 환자계급에서는 치료에 시간을 쓰면 생활이 곤란하게 되는 사정이 있으므로 치료의 지속, 철저함은 더욱이 곤란하다. 게다가 조선부인은 국부의 치료를 꺼리기 때문에 충분한 치료를 받지 못하고 고질병이 되는 경우도 많다. 즉 대부분의 성병 환자는 현재 의사에 따라서 단지 일시의 고통을 치료하는 것뿐으로 결코 근본적인 치료는 받지 못하고 있다고 말할 수 있다.

대체로 성병은 지속해서 환자를 괴롭게 하지는 않는다. 가끔 나타나서 그 증상을 환자에게 자각하게 하는 것에 지나지 않는다. 특히 조금의 치료를 하면 그 고통은 한시적으로 완전히 소실되고 완전히 나은 것 같지만 이 시기가 소위 잠복기이며, 타인에 대해서는 전염력을 가지고 있고 환자 당사자에게도 다시 재발하게 된다. 유전매독 등 중증의 사람도 많고 태어나면서부터 국민 보건상 정말로 경계하지 않으면 안 된다.

나는 이 성병 치료의 지속, 철저함 즉 성병을 근본적으로 치료하는 것을 잘 이해하기 위해

초진환자에게는 성병 치료의 설명서를 인쇄해서 건네주고 있지만, 생각만큼 충분한 치료를 지속해 주지 않는 것은 유감 천만 한 것이다.

공창을 인정하는 현재의 제도는 본래부터 이상적인 것이 아니다. 만약 국민이 한 명도 남길 것 없이 정당한 배우자를 얻어 성에 만족할 때가 오면 물론 쓸모없고 해로운 제도가 있다. 그러나 이와 같은 천국이 과연 몇 년 후에 세계에 실현될 수 있을까?

현재, 표면상 공창을 허용하고 있지 않은 나라에는 오히려 사창이 아주 왕성하게 성병 매독을 유행시키고 있다. 외관은 좋지만 실로 부적절한 정치 방향이다. 그런데 과도시대의 오늘날에 있어서 공창은 어쩔 수 없다. 그리고 오히려 친절한 제도라고 하지만 여전히 개량의 여지는 많다고 인정하고 있다. 그 폐해의 첫째는 공창이 관이 명하는 신체검사를 받기 때문에 비교적 성병에 안전하다고 오해를 하는 사람이 있다는 것이다. 그것은 앞서 말했듯이 성병의 성질에서 본다면 안심해서는 안 된다. 그러나 공창이 사창에 비교해서 비교적 안전하다는 것도 사실이다. 앞으로 한층 더 공창의 검사를 엄밀히 해고 치료를 철저하게 해서 특히 사전, 사후에 있어서 세정, 소독 등의 설비를 강제실행해야 할 필요가 있다. 사창을 엄밀히 검거하고 그것의 근절을 기하는 것은 물론이고 기생, 음식점의 접객부 등에 대해서도 한 층 단속을 엄중하게 해야 한다. 또한, 성병학의 관점에서 말하자면 성을 파는 사람을 벌하는 것은 물론이고 성을 사는 사람도 엄하게 벌한다면 성병의 전멸에 크게 공헌할 것으로 생각한다.

또한, 유곽 등 공창의 부락을 지금 한층 상민의 거주지역에서 격리하고 눈에 띄지 않게 하는 것, 음식 가무의 환락을 겸업하는 것을 금지하고 단순하게 '성 간 해결 전문'의 장소로 한다면 현재와 같이 불야성 환락의 소리가 밖으로 새어나는 일 없이 사람을 유혹하는 것도 없을 것이다. 또한, 유흥의 비용도 감소하고 어쩔 수 없이 싼 사창에 접근하는 현재의 위험을 감소할 수 있다고 생각한다.

성병의 위험을 말하고 그것의 방지 방법을 가르치는 선전사업은 본래부터 필요했다. 이 사업은 유럽 대전 후 각국에서도 현저하게 진보해 왔다. 애당초 이번에 전쟁 중에 대유행을 불러온 두 가지의 병이 있다. 하나는 인플루엔자이고 다른 하나는 성병이다. 인플루엔자는 1918년 가을에 발생해서 세계적인 대유행을 했고 수십만의 인명을 앗아갔다. 대참사는 지금까지도 세상 사람들의 뇌리에 박혀있다. 그러나 1923년에 거의 종식되었다. 성병은 그에 반대로 세계대전을 시작으로 대유행을 해왔는데 그다지 사람의 눈에 잘 띄지 않는 성질 탓에 특별히 대공황도 일으키지 않고 현재에 이르기까지 의연하게 그 참해를 지속하고 있는 사태이다. 단지 성병은 전쟁의 직접적인 영향을 받은 나라들에 있어서 특히 현저하게 증가했다. 즉 유럽이 특히 그 참해를 받고 있고 유럽 이외에서는 그다지 주의를 주지 않았다.

단지 전쟁의 영향으로 성병이 증가하는 것은 어쨌든 이번의 대전쟁에 한해서만은 아니다.

옛날부터 전란의 마을이 전쟁상태를 나타내는 것은 세계 어디든 똑같았다.

터무니없는 것은 전쟁에서 이긴 자가 패자 측의 부녀를 강탈하는 일도 적지 않았다. 중세에서는 유럽에서는 부녀대를 야전 원정에 대동시킨 일도 있었다. 문명인으로서 오늘날 세계대전에서도 신명을 건 전승자의 기운은 거칠어진다. 전쟁에서 패하고 양식과 집을 잃은 부녀는 고기를 ■하며 생명을 유지했다. 프랑스의 점령지, 라인 점령지대에 다수의 혼혈아가 태어났다. 성병도 놀랄 정도로 만연하고 전열병사의 전투력의 상실을 초래하게 되었다. 이 때문에 점령지대의 전염병과 부녀의 신체검사는 점령군 위생부의 주요한 임무가 되었을 정도이다. 또한, 전쟁이 오래감에 따라서 전선으로부터 병사를 후송해서 12주의 휴가를 허락하는 새로운 제도도 성병을 내지에서 들어오는 것을 도왔다. 전시에 직업을 얻어서 독립해서 생활할 수 있게 된 부녀자가 방탕하게 생활한 것도 큰 영향을 주었다. 위의 이야기는 전쟁 중에 일이지만 더욱이 전후가 되어도 각국의 기강이 느슨해져서 청년 남녀가 방종하게 되었다. 종교심은 사라지고 생활이 곤란했기에 정당한 결혼은 점점 곤란해지고 그 결과 전쟁 중에 만연한 성병은 조금도 멸퇴하지 않고 오히려 창궐하는 양상에 이르렀다. 유럽의 각국도 이제서야 성병의 참해에 놀랐지만, 어느 정도 각국은 모두 전후는 점점 국가다사로 성병예방에는 상당한 힘을 쓰지만 아직 충분히 그 공과를 올리지 못하고 있는 것이 현상태이다. 그 중에서도 다소 여유가 있는 나라, 즉 영국은 가장 힘써서 착실히 그 공을 올리려고 하고 있으며 성병의 참해를 설명한 인쇄물을 간행하고 활동사진, 연극, 소설 등의 수단으로 선전하고, 또는 성교육의 방법을 개선해서 성병을 진료한 의사에게는 의무적으로 신고하도록 한다. 또 무료진료소를 증설하는 등의 일을 하고 있다. 일본 내지에는 오래전부터 사립 화류병 예방회라고 하는 것이 있고 검사방법의 개량, 의학교육 중에 성병 방면의 교수 등에게 관련해서 누누이 당국에서 대책을 마련하고 선전하였다. 근래 일본 성병의 상태에 점차 실질적인 효과를 보았다. 또한 성병 전염을 피할 수 있는 방법 등도 인쇄물을 분포하고 방협회라고 개칭하여 상당히 자본금도 모집해서 크게 활동하고 있다.

조선에는 세계대전을 기해서 성병이 격증했다는 사실을 인정할만한 충분한 근거는 없는 것 같다. 그러나 세계의 풍조에 역행할 수는 없다. 최근 현저하게 청년 남녀가 너무도 해방된 것 같다. 혹은 방종 하는 경향도 있다. 게다가 수천 년 동양의 미풍인 장유유서가 깨져서 연장자의 훈계는 현저하게 그 공력을 잃었다. 특히 요즈음 성교육의 연구라는 구실로 성욕문학이 유행하는 결과로서 조선에도 몇 해 되지 않아 성병이 증가할 것으로 예상하지 않을 수 없다.

우리는 지금부터 무언가 그것을 예방할 계획을 하지 않으면 중대한 위기가 올 것이라고 믿는다⟨25-26쪽⟩.

시바 요시야(경성의전 미생물연구실, 椎葉芳彌), 「면역과 면역체의 발생에 대해서」, 『조선급만주』 (제188호), 1923년 7월.

전염병이 왕성하게 유행하고 있을 때 어떤 사람은 그것에 걸리고 어떤 사람은 전혀 병에 걸리지 않는 일이 있다. 예를 들면 "콜레라"가 유행할 때에 "콜레라" 병독에 접촉하는 것으로 감염되는 사람과 그렇지 않은 사람이 있다. 이 사실은 일상에서 우리가 종종 목격하는 것으로 면역이라고 하는 것은 그 병독을 만져도 감염되지 않는다. 즉 감수성을 갖지 않는다. 바꿔 말하면 전염병독을 만져도 그것에 저항해서 발병을 피하는 것이라고 말할 수 있다.

"콜레라"에 대해서는 면역성을 가지고 있는 사람은 "콜레라"에 걸릴 위험은 없다. 그렇지만 면역성은 많게는 절대적인 것이라고는 말할 수 없다. 섭생을 등한시하거나 생리적 기조를 어지럽히거나 해서 신체의 저항력을 줄이는 경우는 반드시 발병한다. 그러므로 면역이 있는 사람이라도 결코 안심은 할 수 없다. 그래서 면역성은 절대적인 것이 아니라고 말할 수 있다.

이 면역성에는 두 가지의 종류가 있다. 하나는 태어나면서 어떤 전염병독에 대해서 면역성을 가지고 있는 것으로 그것을 우리는 선천성 면역이라고 부른다. 예를 들면 인류는 모두 평등하게 태어나면서 소역병에 걸리지 않는 일이나 닭이 파상풍에 걸리지 않는 것 등은 모두 천적의 덕분으로 그것이 즉 선천적 면역성을 가지고 있기 때문이다.

다른 하나는 생후에 획득한 면역성이고 그것을 후천성 면역이라고 칭하고 있다. 후천성 면역은 더욱이 두 가지로 구분되어 있다. 병후의 면역과 인공의 면역인 것이다.

어떤 전염병에 걸린 사람이 일정 기간은 다시 같은 질병에 걸리지 않는 것은 옛날부터 알려진 사실이고 예를 들면 마진이나 천연두, 티푸스 성홍열 등은 한 번 병에 걸리면 두 번 다시 걸리지 않는다. 이와 같은 병후에 면역성이 생긴다는 것은 즉 병후면역이다. 이 사실에 근거하여 발병하는 일은 없고 인공적으로 이와 같은 현상을 우리의 신체 내에 발현시켜 면역성을 갖게 하려고 많은 학자가 귀중한 노력을 들였다. 이 귀중한 계획은 많은 희생과 곤란을 제공하고 있어도 대단한 노력으로 드디어 그 목적에 도달하게 되었다. 그들의 천연두에 대한 종두법, "티푸스" "콜레라" 광견병 독에 대한 예방주사법 등과 같은즉슨 이러한 노력의 결정에 반하지 않고 그것을 받는 우리 인류의 행복은 실로 상상할 수도 없을 것이다.

이처럼 인공적으로 예방주사의 혜택을 받아 획득하는 면역성을 인공적 면역이라고 한다. 그렇다면 어떻게 해서 면역은 만들어지는가, 정말로 흥미 있는 문제이다. 나머지는 이것에 대해서 간단하게 설명을 해보자.

지금 어떤 병원균을 동물에게 주사하면 동물은 그것에 감염되어 발병한다. 그렇지만 아주 소량의 병원균을 주사한 경우에는 일시적으로 다소의 중독증상을 일으키는 것으로 동물은 발병하지 않는다. 반대로 회복한 후에는 그 병원균에 대해서 일종의 저항력을 가지게 된다. 게다가 다시 주사를 반복하면 동물은 상당히 다량의 병독에 대해서도 저항한다. 바꿔 말하면 동물을 폐사시킬 정도의 독의 양인 수십 배 또는 몇백 배를 주사해도 동물은 태연하게 아무런 발병도 일어나지 않는다. 이것은 병원균의 주사에 따라서 그 동물 체내에 일종의 특이한 방어물질을 발생하기 때문이다. 저항력이 생긴 동물의 혈액을 뽑아서 조사해 보니 그 혈액 중에는 병원균을 죽이는 물질과 병원균에 대해 여러 가지 곤란한 물질이 새롭게 발생하고 있다. 우리는 그것을 총칭해서 면역체라고 부르고 있다. 이 현상은 생균의 주사에 따라 일어나는 것만이 아니라 사균으로도 같은 결과를 얻을 수 있다. 따라서 예방주사에 쓰이는 콜레라, 티푸스, 이질 등의 예방액은 모두 열로 살균한 안전한 예방재료를 사용한다. 그리고 혈액은 적혈구, 백혈구, 그리고 혈소판이라고 부르는 유형 성분과 혈청수라고 부르는 액상 성분에서 성립된 것으로 체내에서 혈관을 흐르고 있는 동안은 유동성이지만 한번 혈관 밖으로 나오면 산소의 작용으로 그 유동성 혈액은 여기에서 응고해서 그 액상 성분을 분리하는 그것을 혈청이라고 하며 면역체는 이 혈청 안에 포함되어 있다. 이 면역체를 함유하는 혈청을 면역혈청이라고 하고 면역혈청을 다른 면역성 없는 건강한 동물에게 주사하면 그 동물도 또한 면역이 생긴다. 「디프테리아」의 경우에 「디프테리아」의 면역혈청을 주사하는 것은 곧 이러한 이유에서이다.

더욱이 신체 내에서 면역체는 어떻게 해서 발생하는가. 이것은 면역을 배우는 아주 중요한 제목이며 동시에 흥미 있는 부분이며 또한 상당히 어려운 문제이다. 독일의 석학 에르리츠는 그의 깊은 학식과 예리한 고찰로서 면역체 신생의 기전에 관해서 소위 측쇄설이 되는 하나의 새로운 학설을 제공한 것이다. 이 측쇄설에 따르면 동물이나 우리의 신체를 구성하는 무수의 세포는 많은 측쇄를 가지고 있다. 이 목표도 탄소에 4개의 손을 「벤츠올」 핵에 6개의 손을 갖추고 있고 거기에 화학근을 결합하는 것과 마찬가지이다. 지금 병원균을 주사하면 균은 세포측쇄를 결합한다. 병독이 상당히 적을 경우에는 그 측쇄의 일부분이 사멸되어도 병독이 다량이라면 마침내 그 세포가 사멸한다. 게다가 다량이 되면 그 세포 집단인 하나의 장기를 죽이고 결국 그 동물은 죽음에 이른다. 그렇지만 만약 병독의 양이 아주 적정량이면 오히려 적당한 자극이 되어 세포는 과잉의 측쇄를 신생한다. 그것이 과잉적으로 신생되면 측쇄는 아주 빠르게 세포에 고착하는 능력은 있지만 그렇기 때문에 세포보다 분리해서 체액 속으로 이행한다. 이 유리한 측쇄가 즉 면역체로서 혈액과 함께 신체 내를 순환하고 있다. 이와 같이 동물에게 만약 새로운 병독이 침입하는 것 같은 것이 있으면 이 측쇄 즉 면역체는 병독과 결합하여 세균인 그것을 멸살해 독소인 그것을 중화하여 무해하게 한다. 때문에 면역성이라는 것은 병독의 침투를 막고 발명을 막아주는 것이다. 면역체는 아주 특이한 것으로 「티푸스」균으로 면역한 것은 단지 「티푸스」균에만 작용하고 결코 이질균에는 작용하지 않기 때문에 「티푸스」균, 이질에는 이질균을 주사하면 예방 목적은 달성하지 못한다. 결국 면역체의 발생에는 세포의 움직임에 따른 것으로 병독에 대한 세포의 반응산물이 즉 면역체인 것이다. 이 원리를 응용해서 사균을 인체에 주사해서 면역체를 신생시켜 발병을 막는 기획이 즉 예방주사이다. 더욱이 세포의 움직임은 각각의 사람, 각각의 동물마다 다소의 차이가 있으므로 같은 병독을 같은 양을 주사하더라도 어떤 사람에게는 다량의 면역체를 만들기도 하고 어떤 사람에게는 전혀 그것이 안 생기는 경우도 있다. 그렇다면 예방주사에 관해 반드시 만인의 면역을 기대하는 것은 불가능하다. 또 면역체의 발생에는 일정한 기간의 잠복기를 필요로 한다. 이 잠복기 중에는 오히려 병독에 대해 저항력이 줄어든다. 때문에 면역체가 아직 발생하지 않은 새로운 생활하는 병원균이 침입한 경우이거나 병원균에 감염되고 아직 발병하지 않은 것에 예방주사를 시행한 경우에는 발병은 다소 촉진되는 것이다. 예방주사를 맞은 사람이 수일 지나지 않아서 발병하는 것도 있지만 대부분은 이 종류이다. 결코 예방주사에 의해 발병하는 것은 아니다.

앞서 말했듯이 예방주사액은 완전히 사멸한 균액이기 때문에 이것으로 감염되는 위험은 절대 없다. 일반인이 자칫하면 그 죄를 예방주사 탓이라고 하는 것은 이러한 정보를 잘 이해하고 있지 않았기 때문이다. 이렇듯 일정한 잠복기가 지나면 면역체는 발생하게 된다. 통상 주사 후 면역력이 발병에 이르는 기간은 대략 1주에서 2주 또는 3주간이 가장 면역력이 강성한 시기이다. 그 이후 점차 면역체는 감소하지만 많게는 반년 내지 일 년 동안은 유효하게 지속한다. 그중에서도 천연두에 대한 종두와 같은 것은 수년간도 유효하다고 한다. 이처럼 면역체의 발생은 각 개인의 체질, 즉 개인의 성질에 따라 다를 뿐 아니라 그 면역력은 시기에 따라서 큰 차이가 있다. 이에 더해서 병원균의 종류에 따라서 상당한 차이가 있으므로 모든 사람, 모든 병에 반드시 같은 효과를 얻을 수 있는 것은 아니다. 더구나 예방주사가 틀림없이 절대적으로 예방 효과가 있는 것이 아니라고 한다면 예방주사의 효과를 절대시하는 것과 같은 일은 가장 어리석은 일이 아닐 수 없다. 나는 일찍이 광견병 주사를 맞은 사람이 광견병을 발생한 예를 보고 즉시 예방주사의 효과를 부정하고 일대 진리라도 발견한 것처럼 이것을 상부의 장관에 신고를 한 사실을 목격한 것이 있다. 이것은 예방주사를 절대적인 것이라고 여기는 어리석은 믿음에서 오는 오해이다. 그 폐해는 크다. 아마추어로서는 처음부터 비난할 것도 없지만 그 길의 책임자로서는 이 정도의 것은 이해하고 있지 않으면 아주 큰 잘못이 일어나지 않는다고 단정할 수 없다. 말하는 덧붙여 말해 두지만, 광견병은 개에게 물린 사람 모두가 발병하는 것은 아니다. 발병하는 사람은 개에게 물린 사람을 백 명이라고 하면 그중에서 15명에서 30명 정도이다. 그렇지만 발병하면 치료법이 없어서 반드시 죽는다. 오히려 예방주사는 상당히 효과가 있다. 물린 후 주사를 맞는 것 빠르면 빠를수록 확실히 낫는다. 그래도 절대적이지 않고 정규 예방주사를 맞는 사람이라도 천 명 중 1명에서 2명 정도는 발병이라는 불행을 겪는 것은 통계에서 명시하고 있는 것으로 아주 유감이지만 또 어찌할 수 없다. 이것은 위의 설명에서 확인되었던 것처럼 면역체의 발생은 여러 가지의 조건에 의해 좌우되기 때문에 수리적으로 단정하는 것이 불가능한 것은 참으로 명백한 사실이다. 그 외는 지금 광견병의 예를 들어서 예방주사에 있는 면역의 효과를 설명했지만, 이 관계는 또한 「콜레라」, 「티푸스」, 이질 등의 예방주사에서도 같다(재문책기자)〈30-32쪽〉.

### 일기자, 「여름의 정신병원」, 『조선급만주』(제189호), 1923년 8월.

히스테리의 여자, 색정광, 흉폭성, 음악광, 염매광

총독부 의원의 깊은 곳 전염병 환자 수용소를 지나서 조금 가면 정신병 환자의 수용소가 있다.

한여름 대낮, 부근의 큰 나무는 붉은 햇볕을 쬐고 있다. 너무나도 정신병 환자의 병원으로서 적당한 위치이다. 때때로 바람이 소나무를 스치는 소리가 난다. 그 외는 잡음이 조금도 없다. 아주 주변은 조용하다.

병실은 2동으로 나누어져 자비 환자와 시료 환자로 구별되어 있다. 안내를 받아 각 실을 살펴보면 출입구는 모두 잠겨 있고 출입할 때마다 그 문을 잠그기도 열기도 한다. 왠지 병원다운 느낌이 없다. 우선 시료 환자 쪽의 문을 열면 일종의 이상한 냄새가 코를 찌른다. 입구의 좌측에 방이 있고 1호라고 하는 표가 걸려 있다. 그곳을 엿보면 머리카락도 산발한 일본인 남자가 혼자 앉아 있다. 방바닥에 시멘트로 깐 거실로 그곳의 일면에 침을 뱉고 있다. 물을 것도 없이 이 환자의 흉폭한 모습을 알겠다. 더러운 것은 말할 필요가 없다. 방 한구석에 구멍이 있고 대소변은 그곳에서 하는 것 같다. 밝은 창은 겨우 하나 정도 설치되어 있지만, 그것도 작고 높은 위치에 있으므로 방안에는 왠지 모르게 어두컴컴하고 정말로 음산하였다.

그다음 방도 이것과 유사한 것으로 안에 40세 가까이 보이는 여위고 마른 일본인 여자가 혼자 휑하니 앉아 있다.

"시료 환자 쪽에서는 이 두 사람이 조금 다루기 힘든 분입니다"라고 관계자가 말했다. "방안도 보시는 바와 같지만, 아직 경비가 충분하지 않기 때문에"라고 한다.

이 두 병실만은 왠지 동물원에 갇힌 호랑이와 사자 방과 같았다. 때때로 바닥을 물로 씻어 낸다.

이 두 병실을 지나가면 5, 6개의 방이 있다. 그곳은 대부분 한 방에 두 명에서 세 명의 환자가 함께 지내고 있고 다다미도 깔렸다. 그곳의 복도에 조선인 여자가 나와 있고 뭔가 옷 같은 것을 꿰매고 있었다. 평상시와 별다르지 않은 것 같다고 생각했다. 이 여자 바로 옆문을 열면 일본인 40세 정도의 여자가 서 있다. 관계자를 보자 정중히 인사를 했다. "이 여자는 나병입니다." "가끔 발작해서 광폭한 짓을 하지만 평상시는 아주 보통 사람과 별다를 것이 없습니다. 지금 그곳에서 옷을 꿰매고 있네요. 저것과 언제나 싸움을 합니다."

그럴 때는 상당히 힘이 세기 때문에 곤란하다고 했다. 그래도 너무 싸움을 하면 흉폭한 환자가 들어가는 방에 넣는다고 말하면 대부분은 사그라들어서 조용해진다고 한다.

20살 정도의 조선인 남자가 거기에 왔다. 백치입니다. 『이 사람은 백치입니다.』라고 하자 『백치와 달라요』라고 하고 『그렇다면 바보겠죠』라고 말하면 『바보와도 달라요. 정신병자이지요』라고 일본어로 말한다. 상당히 애교가 있다.

비용을 스스로 부담하지 않는 사람은 전부 해서 33명, 그중에서 행로병자가 24명 (그 중, 조선인 28명, 일본인 6명)으로 시료 환자가 9명(그중 조선인 7명, 일본인 2명)이다. 행로병자의 비용은 부청에서 병원에 지급한다고 한다. 자비 환자 병실 쪽으로 가려고 복도를 돌자 그곳에 젊은 일본인 여자 한 명이 있었다. 나이는 18, 19살 정도이고 방긋방긋 웃으면서 뒤에서 따라온다. 자비 환자실은 시료 환자 쪽보다도 훨씬 먼 병원 같다. 흉폭성을 띠지 않은 사람들 외는 대부분 밝은 창도 충분하고 산뜻한 방이다.

입구의 좌측 방 하나에는 여자가 3명, 침대 위에 누워있다. 한 명은 턱을 괴고 바라보고 있다. 복도를 우측으로 돌면 환자 방이 이어져 있다. 어느 방이나 모두 의자가 2, 3개 놓여 있다. 환자는 대부분 2, 3명 같은 방을 사용한다. 한 방에 혼자인 환자가 있다. 침대 위에 드러누워 자면서 눈을 감은 채, 무언가 혼잣말을 하고 있다.

관계자가 조용히 손을 흔들자 그들은 ■ ■ 할 듯이 눈을 뜨고 뻔히 둘러보았다. 기분 나쁜 눈이었다.

"이 사람이 당신을 병문안 왔어요"라고 말하자 "그렇습니까?"라고 말하면서 다시 원래 자세가 되어 뭔가 이해할 수 없는 것을 혼자 중얼중얼 말하기 시작했다.

"이런 것이 가장 위험합니다"라고 관계자는 방을 나와서 말했다.

"심해지면 최면상태와 조금도 다르지 않습니다. 베개를 베고 그것을 빼앗아도 머리는 베개를 벤 상태처럼 공중에 떠서 태연하게 있습니다. 그리고 또한 이렇게 끊임없이 무언가를 중얼중얼 말하는 사람은 대체로 미친 것입니다."

그렇게 끊임없이 중얼중얼 거리는 이유는 머릿속에서 무언가를 생각하고 누군가 상대를 만들고 그 사람에게 중얼중얼 이야기하는 것이라 한다. 그러므로 때때로 그 대상물과 마주보며 중얼중얼 말하고 있을 때 자신이 말이 막히거나 뜻대로 안 되면 갑자기 일어서서 난폭해진다고 한다. 그래서 물론 그럴 때는 누구든지 구별하지 않는다는 것이다.

그다음 방은 상당히 넓고 밝은 방이다. 침대가 3개가 놓여 있고 모두 누운 채로 신문을 보고 있다.

"이 방 사람은 대부분 좋아지고 있습니다만 이 사람이 아직 조금 이상합니다." 관계자는 가까이에 있는 사람을 가리키며 조용히 속삭였다. 그러자 갑자기 그 남자는 일어서서 뚫어지게 나를 보았다.

"당신을 병문안하러 왔습니다."

"아, 그렇습니까?"라고 그 남자가 말했다.

방을 나오자 그 남자는 성큼성큼 창가로 와서 "나는 죽으려고 생각합니다."라고 말한다. "지난밤 목을 매달아 보려고 생각하고 매달아 보았지만, 아직 조금은 아쉬움이 있어서 멈추었습니다."

"어째서 멈추었습니까?"

"염매소의 사람이 아직 정해지지 않았기 때문에 죽으려고 해도 죽을 수가 없습니다."

그 남자는 염매소를 세워서 물가를 싸게 하면 사회주의도 필요하지 않기 때문에 국가도 사회주의 등을 걱정할 필요는 없다고 지극히 그럴듯한 것이나 위생문제, 입원환자의 문제 등을 빠르게 그리고 조금도 그치지 않고 이야기하기 시작했다. 제한이 없으므로 적당하게 자르려고 했는데 뒤에 따라와서 끊임없이 이야기의 상대를 하려고 한다.

"죽으려고 말하는 사람에게 죽으려는 시도가 없는 것은 보통 사람과 똑같습니다."라고 관계자는 말한다.

그다음 방에는 쉼 없이 노래를 부르고 있는 젊은이가 드러누워 있다. 그리고 조발성으로 색정광인 남자가 혼자 자고 있었다. 뭔가 에스페란토어 연구강좌로 어떤 한 명의 젊은 여자를 그리워한 것이 시작이라고 한다.

그 외 다양한 미친 사람이 있었다. 어떤 사람은 나체인 채로 어스름한 방에 혼자 외로이 앉아 있다. 어떤 사람은 ■■시종 화난 듯 봤을 때도 화가 난 듯한 표정을 짓고 있었다.

자비 환자의 수는 전부 13명, 대부분 일본인이었다. 그들 환자 중에는 유명한 대학을 나온 사람이며 고등농림학교며 그 외 고등교육을 받은 사람이 3, 4명이 있다고 한다.

정신병자의 병의 원인은 대부분 미독성(黴毒性)의 3기부터 온 사람이 많다고 한다. 특히 3기라도 눈이며 뇌에 온 사람은 많게는 정신에 이상을 초래한다는 것이다.

그리고 좀처럼 완치하는 사람은 적다고 말한다. 여기 입원환자도 대부분은 징독성에서 온 사람이 많다고 말한다.

정신병과의 외래환자를 진찰하는 것을 옆에서 보고 있으면 정신과만이 보통과 조금 다르다. 다양한 이야기를 해서 감정 작용을 보기도 하고 의식 상태를 보기도 하는 것에 가끔 논의다운 것도 한다.

병원은 어디든 그다지 좋은 기분은 들지 않지만, 특히나 정신과 병원만은 왠지 모르게 안 좋은 기분이 든다. 그러나 정신병자만큼 또는 겉으로 보고 불행한 병은 없을 것이라고 생각한다〈76-78쪽〉.


동방생(東邦生), 「부산에서 개최된 기자대회와 수산공진회」, 『조선급만주』(제193호), 1923년 12월.

마시면 머리카락이 자라는 신약

현재 대머리의 문제에 주목한 규슈대학교 ■ ■박사의 모발생약 발명에 대해서 20일 오후 1시부터 개회, 피부과 교실 강당에서 일본피부학회 규슈지회 석상에서 보고 되었다. ■ ■박사는 「우리의 신 발모제에 대해서」라는 주제로 대머리병은 전염설과 영양신경설로 나눠져 있지만 종래 모발 생약으로 실험을 해 본 것은 전부 외부에서 승■을 가지고 세균을 죽이고 모발의 재생을 촉진시키기 위해 자극제를 주고 있는 것으로 우리는 이번 30년 고생한 결과 독일 베를린대학 교수 수아츠 박사의 내복 발모제에서 힌트를 얻어 규슈대학 약물학 교실 히다카 박사의 지도를 받아 모발을 주요 제재로 한 내복 신발모제를 발견하고 제조하여 이미 이것을 토끼, 산양 등에게 실험을 해서 어떤 부작용도 없이 완전히 발모한 점에서 더 나아가 인체에 투여하여 아직 실험 중이지만 신발모제의 명칭은 이것을 와가야마현의 학자 미나카타 구마구스(南方熊楠) 씨가 고안하여 모발의 신기한 이름을 따서 「현화(玄華)」라고 명명하기로 하고 반드시 가까운 시일 내에 제제법도 공표한다」는 내용이다.

대략 30분에 걸쳐서 강연하고 계속해서 이 박사의 조수 기타하라 박사는 「신발모제의 실험에 임상적 연구」라는 주제로 신발모제를 복용 후에도 위장 등에서 아무런 피해가 없고 완전히 발모했다는 실례 50수 종을 들어서 오후 4시에 폐회했다〈52쪽〉.


경성제일고등여학교장 쓰보우치 다카시(경성제일고등여학교장, 坪內孝), 「폐병은 눈으로도 전염된다.」, 『조선급만주』(제194호), 1924년 1월.

오사카 다케오(竹尾) 결핵연구소에서는 ■ ■ 사다 박사, 오노 학사 등의 손으로 눈알이 결핵균의 침입문인지 아닌지에 대해 강구를 거듭해 성적의 행정은 부분적으로 발표되었지만 이번에 마침내 폐병은 눈으로 전염한다고 확정적인 입증을 얻었기 때문에 내년 오사카에서 열릴 일본결핵학회 석상에서 이 모든 연구를 종합적으로 발표한다고 한다〈67쪽〉.

사토 고조(경성의전교수 의학박사, 佐藤剛藏),「현대 영양학사가 보는 음식 습관에 대해서」,『조
　　선급만주』(제196호), 1924년 3월.

　　무엇인가를 기고해 주었으면 한다는데 특별히 이야기할 만한 정도의 재료를 가지고 있지
는 않습니다. 다만 내가 평소 약간 주의하고 있는 영양 문제의 일부분을 기재해서 우선 그
책임을 다하고자 합니다.

　　최근 영양사의 조사에서는 인간의 생활에 인공을 가미해 정련한 식품을 섭취하는 것에
대해 다소 한 번 생각해 볼 여지가 있고 되도록 정련 안 된 천연 식품, 적어도 자연에 가까운
것을 먹는 것이 좋다는 결론이 나왔습니다. 예를 들면 순백미 같은 정련 식품을 사용하는
것보다 현미와 같은 천연품, 적어도 반정미를 먹는 것이 좋다는 것에 영양사가 설명하고 있
고 또한 우리 의사들 방면에서도 실제 생활상에서 있을 것 같은 필요를 인정하는 경우도
적지 않습니다.

　　올해도 어느 학교의 기숙사에서 도우모 각기가 나와서 곤란하지만 뭔가 좋은 방법은 없겠
느냐고 해서 가서 보니 취사 방면을 자세히 조사해 본 결과 취사부가 상당히 깨끗한 것을
좋아하는 남자로서 주식에는 백미와 보리를 사용하고 있었습니다만 그것을 따로따로 씻어
서 물로 될 수 있는 한 깨끗하게 씻어내듯 하고 있었습니다. 나는 그것도 좋지만 한 번에
그것을 갈아서 싹 씻어서 백미나 보리 등의 교잡을 취하는 정도에서 멈추는 것은 어떤 지라
고 권하고 또한 상당히 반조미를 하는 것으로 이야기를 맞추었습니다. 그 후 상태를 물었더
니 한 명도 새로운 각기 환자는 나오지 않았다고 당사자는 말하고 있습니다. 물론 식물 이외
에 위생상의 관계는 각기를 예방하는 데에는 고려할 만한 조건 같은 것은 말할 것도 없습니
다. 또한, 부음식물로서 신선한 채소, 그 외, 동물성 식품을 섭취하는 것도 상당히 필요합니
다. 그리고 조리 방법도 너무 많이 삶은 것도 좋지 않습니다. 옛날부터「삶아 썩는다」라고
말합니다. 삶았기 때문에 썩는다는 것으로도 한순간 들릴지도 모르겠습니다. 요컨대 '썩는
다'라는 것은 변질하는 의미라고 생각합니다. 이런 사실도 오늘날 영양학상으로는 명확하
게 설명할 수 있게 되었습니다. 또한, 동물성의 식품인 고기나 생선은 맛이 좋고 또 영양분
을 많이 포함하고 있다. 그리고 가격도 비싸므로 고기나 생선은 진미입니다. 일본에서도 아
주 좋습니다만 조선에서도 고기나 생선, 특히 생선만을 지방의 숙박업소에서 요리해서 반찬
으로 제공하는 경향이 있습니다만 옛날부터「산해진미」라고 하는 말은 우리에게 동물성 식
품인 육류 이외에 산이나 들에서 생긴 식물성을 골고루 취해서 먹는 것이 맛있는 음식이라
고 해석해도 좋다고 생각합니다. 이것도 오늘날의 영양 연구상에서는 합리적이라고 할 수
있습니다. 사실상, 채소는 반드시 섭취하지 않으면 안 되는 것으로 아주 신선한 식품이 좋
고, 회의 부인이라고 말할 정도입니다만 회의 옆에 가늘게 썰어 둔 생무나 생오이, ■ ■ 등

을 조금 올려두는 것도 무의미하지 않습니다. 서양식 후에 과일을 먹는다든지 하는 것도 우리 모두 필요한 것입니다. 히다시라고 말하고 채소류를 잠깐 끓는 물에 넣었다 꺼내 간장에 찍어서 먹는 것과 마시는 음식 중에 푸른 미츠바를 넣어서 식사로 제공하는 것 등 열거해 보면 아주 많은 것 같습니다만 그러한 야채와 과일은 천연 그대로 적어도 자연 그대로 먹는 것을 권하고 있는 것 같습니다만 잠시 모순이라고 생각하는 것은 위생학을 가르치는 곳에서는 날것은 되도록 피하는 것이 좋고 삶은 것을 먹는 것이 안전하고 말하고 있습니다. 하지만 이런 사실도 개별적으로 보다 전체적으로 고려할 필요는 있다고 생각합니다. 특히 입에서 전염되는 병이 유행하는 시기에 있어서는 이 점은 등한시할 수 없다는 것을 덧붙여 두겠습니다. 우리나라 고유의 풍속에 정월 7일 7종의 나물을 먹고  또한 죽으로서 식용하는 관습이 있습니다만 이것은 남쪽 지방의 풍습이고 그것이 우리나라에 수입된 것이라고 합니다. 이것은 「제사방병(除邪防病)」의 미신에서 나온 것으로 간주됩니다. 그러나 오늘날 의학에서 보면 학리에 일치하고 있는 점이 있습니다. 또한 입추 전인 여름인 도요의 소의 날에 장어구이를 먹는 것 등도 오래전부터 전해져 오는 습관입니다만 이것도 의미 있는 것이라고 생각하지 않으면 안 됩니다.

나의 친한 어느 형무소의 보건 기사가 십 년 전 감옥 안의 음식에 대해서 미신 이야기를 했습니다. 그렇지만 오늘날 진보한 영양학상 근거에서 생각해보면 오히려 우스운 이야기에 가깝습니다만 당시의 지견에서 말하자면 아무런 이상한 것은 아닙니다. 당시는 음식의 영양분으로서 중요시되는 것은 단백질과 지방과 탄수화물 3개입니다. 감옥에서는 채소 따위를 측정하여 먹고 있어서는 어쩔 도리가 없다고 사무실에 소리친다고 말하고 있습니다. 채소 등은 영양상 하나도 가치가 없다고까지 절규했다고 합니다만 오늘날 생각해보면 아주 우스꽝스러운 외침이었습니다. 물론 단백질이라든지 지방, 탄수화물과 같은 것은 우리에게 '칼로리' 즉 열량을 공급하는 소중한 것으로 특히 성장발육이라고 하는 점에는 「칼로리」의 공급이라는 의미 이외에 충분한 단백을 주지 않으면 안 되는 것은 지금이나 옛날이나 변함이 없습니다, 다만 야채를 영양품 외에 두는 당시의 생각은 완전히 잘못된 생각이었습니다.

그런데 식품의 영양분으로서는 1. 단백질, 2. 지방, 3. 함수탄소 4. 무기염류, 5. 물, 6. 「리보이드」와 제7에 특히 기재하는 것은 「비타민」입니다. 여름에 장어구이를 옛날부터 권한 것은 여름철에는 더위가 심해서 신체의 물질대사가 항진하기 때문에 비타민 A라고 하는 것이 부족할 수 있으므로 그것을 보충하기 위해서입니다. 정월에 7종의 채소를 먹는 습관은 1, 2월경은 채소가 부족함에 따라서 비타민 A라든지 비타민 B, 비타민 C가 부족하면 신체에 좋지 않다고 하므로 자연히 필요로부터 배운 것은 아닙니다. 그 외 말한 사실은 채소는 우리에게 비타민이라고 하는 중요한 성분을 주는 필요 식품이라는 것을 이야기하고 있습니다. 특히 비타민 C는 파괴되기 쉽고 너무 열을 가하면 분해될 위험이 있으므로 비타민 물질이라든지 마시는 음식 중에 푸른 것을 먹는 조리가 자연히 필요에서 온 것이라고 믿습니다. 각기는 비타민 B의 결핍에서 오는 것이라고 전해지고 있어서 거의 오늘날 실험적 근거에서는 의심의 여지가 없는 것이라고 결정되었습니다. 야맹증이라든지는 비타민 A의 결핍에서 오는 것도 명백한 사실이 되었습니다. 또한, 비타민 C의 부족은 혈병이라는 병이 되는 것도 틀림없습니다. 비타민은 우리의 체내에서는 전혀 합성되지 않기 때문에 반드시 음식을 통해서 그것을 섭취하는 것이 필요합니다. 그러나 그다지 많이 필요하지 않습니다. 이상 말했던 사실에서 나는 적어도 영양상에 대해서는 옛날부터 습관 이외를 단지 미신으로써 간과하는 일 없이 신중하게 조사 연구하는 편이 좋다고 믿고 있습니다〈25-26쪽〉.

## 「우리 종두 공로자 나카가와 고로우지(中川五郎次 )씨에게 드림」, 『조선급만주』(제196호), 1924년 3월.

천연두가 유행하고 있는 오늘날 종두의 공로자인 나카가와 고로우지 씨에게 정 5위를 드리는 것은 뜻깊은 일이다. 그는 지금으로부터 100년 전, 에도로후 섬 번(蕃) 간부을 하고 있었는데 1807년 봄, 러시아 군함 자나가 입항할 때 러시아 해군으로서 동함에 부임한 ■ ■ ■ 가 되고 시베리아에 주재 중이며 종두를 배워 하코다테에 돌아간 후 1835년과 1842년에 천연두가 유행했을 때, 오노 마을에서 소에게 종균을 배양해서 다수의 사람을 구했다. 그는 우리나라에서 종두를 시행한 최초의 사람이라고 전해지고 있다. 지금 하코다테시 와카마츠 마을에 제면소를 경영하고 있는 나카가와 에이키지 (48)씨는 그 후예이다(오타루로부터)〈88쪽〉.

## 「규슈제국대학에서 조선인 의학박사」, 『조선급만주』(제201호), 1924년 8월.

규슈제국대학에서는 26일 4명의 신 의학박사에 대해 학위수여식이 행해졌다. 그 가운데 조선인 윤치형 씨가 명예로운 멤버로 들어가 있다. 윤 씨는 올해 29살 조선의학전문학교을 졸업하고 나서 규슈대학 제2외과 고토(後藤) 박사 밑에서 외과학을 연구하여 그 후 독일에 유학해서 더욱이 올해부터는 규슈대학에서 연구를 계속하고 있으며, 연구의 논문은 폐에 관한 것과 유방암에 관한 것으로 29세에 박사가 된 것은 조선인으로서는 물론 일본인으로서도 최근에는 전혀 그런 예를 찾아볼 수 없는 일로 그는 가까운 시일 내에 조선제대 의학부 교수로서 취임한다고 한다〈84쪽〉.

고미나토 기요시(경성의학전문학교 의화학 교실, 小湊潔), 「『마늘』의 성분과 그 생리적 작용에 대한 연구개요」, 『조선급만주』(제203호), 1924년 10월.

## 1. 서언

「마늘」은 학명 Allium Soordopogon이라고 하는 백합과의 식물로 속되게 Garlic 또는 Onion이라고도 말합니다만 일본에서는 일반적으로 가나로 「닌니쿠(마늘)」라고 씁니다. 「마늘」의 한자명은 나는 아직 자세히 모릅니다만 일본에서 말하는 「마늘」이라는 한자명의 대산(大蒜)과는 품종이 다를 것으로 생각합니다. 그리고 속되게 서양에서 Garlic이라고 하는 것이 「마늘」이고 Onion이라는 것은 그것 또한 품종이 다른 것 같습니다.

「마늘」을 처음으로 식용하기 시작한 시기는 정확하지는 않습니다만 여러 가지 기재를 총합해 보면 기원전 4500년 게오부스시대부터 인 것 같습니다. 뭐든지 헤로독스는 Ghizeho 의 대피라미드에 건축공이 소비하는「고호레야」「마늘」「부추」의 은(銀) 가격은 「160타렌트」를 넘는다는 뜻으로 기재되었다고 기록되어 있습니다. 다음으로 「마늘」의 사용은 이집트에 주재하는 헤브리인에게 알려져 그리스인은 왕성하게 그것을 사용했다고 합니다. 또한 디오후수도는 그 당시부터 마늘의 재배에 무척 주의했던 것 같습니다. 이러한 문헌은 아리스토텔레스부터 단테에 이르기까지 다수 보이고 약용 방면의 가치는 히포크라테스, 디오스고리데스, 가렌, 푸리니우스 와 아라비아 의사 등에 의해 인정받았습니다. 근대에 이르러서는 살균과 자극작용이 있다는 것이 인정되어 민간에서는 전염병 등에도 마늘을 사용하는 것 같습니다만 특히 폐병과 위장약으로서도 효과가 현저하다고 유포되고 있습니다. 결국, 그런 귀중한 성분을 포함하고 있다면 크게 연구하지 않으면 안 된다고 생각했습니다. 아무튼, 중국과 조선에서는 상당히 많은 마늘 식물을 재배하고 있으며 또한 아주 많은 양을 식용으로 제공하고 있으므로 조선에 이런 특수한 음식을 연구하는 것은 아주 취미가 많아서가 아니라 무언가 작은 도움이 되지 않을까 하는 생각에서 연구에 착수하였습니다. 아직 기간이 짧아 충분하다고는 할 수 없습니다만 연구한 개요를 이야기하고 「마늘」을 민간에서 사용하는 분들에게 참고라도 되면 좋다고 생각합니다.

늦은 감이 있지만 「마늘」은 비교적 오래전부터 알려진 특수한 식물에도 포함되어 있지 않아 그 방면의 연구는 되어있지 않았습니다. 만철중앙실험소에서는 구로자와 이학사가 그것에 관해 아주 유익한 연구를 동양의학잡지에 발표하였기 때문에 대체적으로 연구결과를 사용하고 있는 곳은 그 잡지로 보시고 여러 다른 분야에서 이야기하자고 봅니다.

## 2. 「마늘」 구근의 일반성분

「마늘」의 성분 중에서 뭐니 뭐니 해도 가장 많은 것은 수분입니다만 그 수분도 갓 따온 구근의 경우와 캐낸 후부터 며칠 정도 지난 것과는 상당히 수분의 함량이 다릅니다. 또한, 유기물도 신선한 것과 구근을 추려내고 나서 상당히 지난 것은 다릅니다. 특히 발아할 때에 이르면 예의 유취물질이 점점 감소한다고 합니다. 즉 구근의 내부에서는 발아하기 위해서 필요한 저장양분이 매일 소실되어 혹은 양분으로서 흡수하기 쉬운 형태로 변화해 갑니다. 내가 사용한 재료는 밭에서 캐내고 나서 며칠째인지는 확실하지는 않습니다. 따라서 구근이 밭에서 캐내어졌을 때와는 다소 다르다는 것은 틀림없지만 대체로 아래와 같은 비율로 각 성분이 분포되어 있습니다.

1. 수분　　　　41.90%
2. 고형물　　　58.10%
3. 무기물　　　 4.42%
4. 유기물　　　53.68%
5. 전질소　　　 4.43%
6. 조단백　　　27.69%
7. 순단백질소　 1.05%
8. 순단백질　　 3.29%
9. 비단백질소　 3.29%
10. 함수탄소　　35.80%
　　벤토 잔　　 2.19%　내 벤토스로　 2.45%
11. 지　방　　　 0.57%
12. 섬유소　　　 3.99%

이상과 같은 비율입니다. 따라서 내가 사용한 재료에서는 수분과 유기물은 대략 반 정도의 비율입니다.

앞에서도 말했듯이 인 유기화합물은 영양상 필요한 것이고 자주 유포하면 뇌에 병이 생긴다고 하니 다양한 죄악이 구성되는 경우가 입습니다만 그것은 뇌에는 유기성 인화합물이 많아지므로 영양분이 됩니다만 반드시 뇌가 아니라 그러한 화합물은 지방 중에 포함된「호수판도」(phosphatid)라고 하는 일군에 속해 있습니다. 그러나「마늘」에는 지방이 적기 때문에 그 유기인은 지방 중에 포함된 것이 아니라 세포핵의 단백과 화합해서「누구레인」(nuclean)의 인화합물이라고 생각합니다. 인은 동물의 체내에서 골격의 주요한 성분 인산석회로 되어있을 뿐 아니라 세포의 핵을 구성하고 있는 단백질 중 성분을 이루고 있으므로「마늘」의 영양을 운운하는 것은 혹은 그 인 단백화물이 아닐까라고 생각합니다만 그 방면에는 아직 착수하지 않았습니다.

3. 「마늘」 속의 함수탄소의 종류

함수탄소는 동물체에서 「에너지」원으로 사용하는 것이며 체내에서 산화되어 탄산가스와 물로 분해되는 것입니다. 더욱이 체온을 높여 주는 기계적인 일을 합니다.

지금 「마늘」 속의 함수탄소를 연구에 대해 여러 가지 상태에서 용해하는 성분의 비율을 검사해 본 결과 다음과 같은 결과를 얻었습니다.


공시료백와(百瓦)에 대한 비율(건조한 재료)


 1. 무수 「알코올」에 가용성분  1.02%
무수 「알코올」에 침출된 물질 내 포도당  0.14%
그 가운데 위와 같음. 그 외의 함수탄소  33.06%


 2. 냉수에 가용성분  23.80%
  냉수에 침출된 양에 대한 포도당  0.58%
그 가운데 동  그 외의 함수탄소  33.19%


 3. 끓는 물에 가용성분 (2시간 끓임)  20.56%
끓는 물에 용해된 것 중 포도당  0.51%
그 가운데 동 그 외 탄수화물  12.10%


 4. 가압솥(2기압에 110도) 중에 가용성분  25.53%


 5. 잔여물  37.27%


이 연구결과로 보면 각종 용매에 녹는 양은 약 6할로 녹지 않는 양은 3할 7푼 정도입니다. 그 가운데 잔여물을 제거하면 가압하에 끓일 때에 가장 좋고 「마늘」은 용해하고 냉수에 침출하는 물질도 상당히 많은 것 같습니다. 자세하게 연구해 보니 이 가용성 물질은 주로 탄수화물입니다만 당류와 전분류는 아주 적은 것 같습니다. 점성 물질은 상당히 있는 것 같지만 가장 많은 것은 당원질(혹은 이것을 배당체라고 말합니다) (Glucoside)이 주요한 것입니다. 배당체라는 것은 단당체와 화합해서 하나의 화합물로 미약한 산으로 분해합니다. 그리고 단당류와 다른 성분과 분리됩니다. 푸른 매실 속에 있는 독은 「아미구다린」라고 하는 배당체로서 그것이 옅은 산으로 분해되면 청산과 포도당으로 나눠진다. 그 청산이 푸른 매실의 독소로 그로 인해 중독되기도 합니다만 마침 「마늘」에도 그것과 같은 화학상의 군에 침해당하는 배당체가 많이 포함되어 있다는 것을 알게 되었습니다〈53-57쪽〉.


하마구치 요시미츠(濱口良光), 「조선의 미신에 대해서」, 『조선급만주』(제204호), 1924년 11월.

나는 미신에 대해서는 상당히 깊은 관심이 있다. 그것은 미신을 통해서 그 민족 생활의 일부분을 아주 깊게 알 수 있기 때문이다.

원래 어느 민족할 것 없이 조금도 미신이 없는 곳은 없다. 반드시 있다. 그러나 그 미신은 각 민족 공통의 것도 있지만 대부분은 민족 특유이다. 그것은 미신의 기원이 원시종교와 같이 -두려움-놀라움-슬픔- 그리고 인간적인 나약함에서 생겨나 그것들을 해탈하고 편안함과 강함, 행복을 얻으려고 하는 요구에서 비롯하기 때문이다. 따라서 그 민족이 가지고 있는 감정, 의지, 지성의 강약, 명암 등에 따라 그 미신의 색채도 달라지는 것이다. 그러므로 이것을 역으로 보고 미신에 의해 그 민족의 정신생활을 아는 것은 정신생활을 기초로 일어나는 물적 생활을 알 수 있다.

그러나 또한 미신은 순수하게 그 민족에게서 발생한 것과 다른 곳에서 수입된 것도 있다. 하지만 수입된 것도 그 민족의 정신생활에 딱 맞아야 만이 받아들여지고 남게 되는 것이기 때문에 역시나 그것에 의해 민족 생활을 생각할 때에 아무런 지장도 없다고 생각한다. 미신은 상당히 합리적인 것도 있고 또 전혀 불합리한 것도 있다. 그런데 상당히 합리적인 것이 되면 그것을 미신이라고 해도 좋을지 그렇지 않을지 의심스러운 것도 있다. 그렇지만 나는 어떤 하나의 진리를 표준으로써 확실하게 증명되지 않는 한, 역시나 미신으로서 다루어져도 좋다고 생각하고 미신이라고 하는 범주 안에 넣어 두었다.

미신 중에는 교훈에서 시작된 것도 있다.-불효자는 호랑이에게 먹힌다고 하는 것처럼-또한 기지적인 것도 있다.-이가 빠지는 꿈을 꾸면 지인 중에서 누군가 죽는다고 한다. 그것은 이에는 약하다. 즉 연령의 의미가 있고 그 연령이 떨어지는 것이기 때문에 누군가 죽게 된다는 것처럼-또한 인과관계의 우연의 일치에서 온 것도 있다.-까치가 아침에 집 위에서 울면 손님이 온다 등과 같은. 그것은 까치가 아침에 운 날에 손님이 온 일도 있겠지만 그런 것은 우연의 일치이며 필연적인 인과관계는 없다. 또한, 상상에서 온 것도 있다. -정월 망야에 연을 날릴 때 「액운」이라든지 「작년의 불운은 이 연과 함께 사라져」라고 적고 날린다. 그것은 실이 끊어짐과 동시에 하늘 신이 계신 곳까지 날아간 것으로 그 소원은 이루어진 것으로 생각하기 때문이다. 또한, 그 외 다신교적인 생각에서 온 것도 있고 완전히 무의미하게 한 사람이 엉터리로 이야기 한 말을 믿고 있는 것에서 시작된 것도 있을 것이다. 더욱이 그것이외 대부분의 경우에서 보면 미신은 만들어지고 있음이 분명하다고 생각한다. 하지만 나는 그것에 대해서 아직 충분히 연구를 마치지 않았다. 실은 이 조선의 미신에 대해서도 아직 재료를 정말 약간 수집한 것일 뿐, 그것에 관한 어떠한 연구도 이루지 못한 것이다. 연구를 이루지 못한 것을 발표하는 것은 좋지 않은 것이기는 하지만 실은 내가 이 연구를 마칠 때까지 조선에 있을지 없을지도 잘 모르겠다. 또, 나와 같이 조선연구에 흥미를 자기고 있는 분도 적지 않다고 생각하기 때문에 빈약하지만, 이하 열거하는 미신이 그 사람들의 연구에 조금이나마 도움이 되었으면 하는 바람에서 발표하는 바다〈57-58쪽〉.

**라엔 이마무라 도모(螺炎 今村鞆),「어느 명의 이야기」,『조선급만주』(제204호), 1924년 11월.**

이것은 실제의 사실 담이라고 전술하고 쓰기 시작할 때 그 본인은 기파(고대 인도의 명의), 편작(중국, 전국시대의 전설적인 명의), 화타(중국, 후한의 의사)도 맨발이라고 한다. 아마도 세계 제일의 명의이지만 그다지 세상에 이름을 알려지지 않았기 때문에 여기에 행림(고대중국의 신선동봉이 많은 사람의 병을 고치고 치료비 대신 은행의 나무를 심게 한 곳에서 수년 후 숲이 되었다고 하는 이야기의 의사 명칭)계의 기록으로서 남겨 두고 후일 조선의 학사를 쓰는 사람에게 참고가 되었으면 한다. 그런데 아쉽게도 기억에서 그 본명을 잃어버리고 말았다. 할 수 없이 대수(大藪)선생이라고 명명해 두자.

지금부터 34, 35년 전, 즉 청일전쟁에 관한 것이다. 그 시대의 조선은 현대에서 보면 거의 격세지감을 느끼고 문화생활은 꿈에도 생각지 못할 무릉도원의 선경에서 느긋하게 편안하면서 소박한 생활을 영위하고 느긋이 지내고 있었다. 따라서 일본인의 왕래와 주재는 아주 드물었다.

그때에는 '일선융화(내선일치)'라고 제창하는 사람은 한 사람도 없었음에도 이상하게도 융화가 잘 되어서 일본인이 조선의 시골에 오면 대단히 존경받는다. 돈을 받지 않고 어느 집에서라도 무료로 숙박시켜 주었다. 그러면 조선인은 반드시 약을 달라고 하는 요구는 예외 없이 받게 된다. 그 때문에 세상 물정에 익숙해진 일본인은 시골 여행 시, 꼭 약을 하나둘은 휴대하기까지 한 체 청심단 두, 세 알씩 나눠주면 무엇보다 이득이라고 한다. 그 정도로 일본약의 신용이 높고 반면에 조선의사와 약에는 신용이 없었다.

이 정세를 보면 이익에 민감한 사람들은 일본약 행상과 함께 나가서 크게 벌었지만, 그때는 일본어가 통하지 않기 때문에 조선어의 숙달을 필요조건으로 하는 것은 말할 나위도 없었다. 이러한 사람들은 후에 점점 늘어나서 의사 업무 행위를 하였으며 작은 종양은 절개하고 주사하는 등의 일도 행했는데 아무런 단속 규제도 없고 자유 세상이므로 그것이 당연한 것으로 간과되었다.

대수선생도 그 가운데 한 사람이다. 때도 겨울의 시작. 농민은 풍작의 추수를 마치고 가슴에 엽전을 품은 온기를 고려해 선생은 한 사람의 조수를 데리고 약 판매 겸 면허 의사의 순회 진료를 위해 나왔다.

충청남도의 어느 마을에 도착해서 주막에서 막걸리 한 잔을 따르고 여정의 피로를 풀고 있을 때이다. 그곳에 중증의 환자 한 명을 업고 들어왔다. 듣자니 그 부근의 부자 노인으로 2, 3년 전부터 다리에 병이 걸려서 백방으로 수소문을 해봤지만, 병세는 점점 깊어갈 뿐 온종일 통증이 심해서 자식들은 그대로 두는 것은 효도가 아니라고 생각해서 고심 끝에 일본 대수선생이 오신다는 소식을 듣고 진료를 받으러 온 것이다.

대수선생은 자세한 사정을 듣고 나서 아주 엄숙하게 환자를 한 번 보더니 아마추어 눈에도 중증 종양인데 도저히 자신의 손으로는 가망이 없다고 거절했지만 좀처럼 받아들이지 않았다. "돈은 얼마든지 줄 테니 제발"이라며 부탁한다. 선생의 머릿속은 걱정과 호기심, 명예심이 뒤섞여서 소용돌이쳤다. 그러나 좋다 하고 한 번 보려고 결심이 섰지만, 기계가 없어서 2, 3일 기다리라고 말하고 바로 경성에 돌아와 철물점에서 대금 25전을 주고 톱 하나를 알아보고 왔다.

확신이 없어서 한참을 망설였지만 일이 여기까지 진행되면 뒤로도 앞으로도 빠질 수 없는 처지가 되었다. 우선 조수와 자식들에게 명령해서 환자의 신체를 단단하게 고정해 톱을 꺼내 힘을 다해 무릎 관절의 상부를 겨냥해서 쓱싹쓱싹 선■■이라도 만들듯이 자르기 시작하여 10분 후, 한쪽 다리 무릎에서 아래를 성공적으로 잘라내었다. 가와나기점에 "돌팔이 의사가 기어들어 간 집은 살기가 가득하다."라고 하는 것이 있는데 살기가 아니고 피는 용진처럼 튀고 귀기인에 쫓기는 것은 있었지만 선생은 집중해서 준비한 석탄소에 떨어진 것을 적셔서 단단하게 묶고 드디어 큰 수술은 끝났다. 도둑이 인가에 들어온 것 같은 아주 담대한 일이지만 목적을 달성하고 예상 밖의 수확을 지고 사라질 때에는 잠재하는 공포심이 갑자기 충돌해 온다. 이것과 동일한 심리로 대수선생의 마음이 풀어짐과 동시에 서지도 앉지도 못할 정도에 공포심에 착란했다고 하는 것은 조선인은 원인의 여하를 떠나서 죽음의 결과를 초래할 때는 그 자식은 효도보다는 원인자를 죽이지 않으면 안 된다고 하는 풍속 습관을 잘 알고 있는 바이다. 그런데 선생은 급한 일이라며 구실 삼아 서둘러서 거기를 빠져나오고 정신없이 달려 마침내 5, 6리나 왔다고 생각했을 즈음 겨우 안도의 한숨을 내쉬었다.

그 후 마음에 걸렸지만 잊혀질 것도 없이 2, 3년 후 행상으로 그들의 촌락 근처에 도착했다. 그 노인이 그때 사망했다면 위험해서 그 근처에는 있을 수 없어서 아무도 모르게 밀정을 풀어서 상황을 살폈다. 그 결과보고는 큰 수술 후 건강을 회복하고 지금도 생존하고 있다고 한다. "야! 해냈구나"라고 하며 그 시골로 가는 차에 올라탔다.

대수대선생의 재방문을 전해 들은 일가 친족, 그리고 그 노인은 함께 찾아와서, 감사의 기쁨을 얼굴에 띄고 기사회생의 대은인이라며 닭요리와 달걀 묶음, 찌개를 조심스럽게 내밀었다.

세상일이 생각대로 되는 것은 아니다. 그러나 엉터리가 맞지 않았을 때는 많다.

오늘날은 이처럼 풋내기 의사가 조선을 연습장으로 생각한다고 하는 것은 절대로 없을 것이다〈71-73쪽〉.


### 사토 고조(경성의학전문 의학박사, 佐藤剛三), 「영양학사가 보는 겨울 음식에 대해서」, 『조선급만주』(제205호), 1924년 12월.

겨울 음식에 대해서 즉시 무언가 쓰라는 희망에 따라 하나둘 생각난 것을 오늘날 영양학상 근거에 의해 말해보고 싶다. 조금 두서없이 쓰는 것에 대해서는 용서해 주기를 바란다. 요컨대 겨울은 따뜻한 것이면서도 기름기 많은 것이 좋다는 것은 물론 그것에 적당량의 술이라도 들어있다면 일단 겨울의 추위에 견딜 수 있는 식사로서 무난할 것이다. 단, 술은 건들지 않을 생각이다. 단백질, 지방, 탄수화물 중에서 가장 많은 열을 포함하는 것은 지방이다. 같은 1g 중에 단백질과 탄수화물은 각각 4.1칼로리, 지방은 대략 1g에 9.3칼로리의 열량을 가지고 있기 때문에 지방은 단백질, 탄수화물에 비해서 2배 이상의 열을 가지고 있는 것이고 칼로리 섭취로는 용해가 작고 지질인 열량이 많기 때문에 우선 이점에서는 이상적이다. 기름진 음식을 먹으면 자연히 신체가 따뜻해지는 것은 이 칼로리에서 설명할 수 있는 것이다. 더욱 체내에서는 탄수화물에서 지방이 생성한다. 또, 지방에서 탄수화물이 만들어진다. 필요에 따라서 교묘하게 상호 조절하고 새로 만들어지는 것은 물론이며 이것은 문제 외의 것으로 두자. 재빠르게 고량의 온열을 체내에 유입하고 싶다 또는 유입하지 않으면 안 되는 때, 예를 들면 추운 계절이 되면 자연히 기름진 음식을 원하게 되고 반면 여름은 담백하고 느끼하지 않은 음식을 섭취하는 것은 자연의 신비에서 필요 상 일어나는 것으로 생각한다. 최근 비타민 설에 따르면 지방을 섭취하는 것은 비타민 A를 얻기 위함이라고 주장하고 있는 것 같다. 비타민 A는 지방 속에 용해된 특히 간지방 속에 많다. 치바대학의 다카하시 시게루 학사는 간지방에서 약간의 순수한 비타민 A를 추출하고 있는 것 같다. 비타민 A는 또한 달걀의 노른자에도 많다고 하지만 특성상 물에는 용해되지 않는 에테르와 알코올의 중간 또는 지방 속에 용해되어 존재하는 우리의 식으로 말하자면 비타민 A는 지방의 신진대사와 떼려야 뗄 수 없는 관계이다. 평범하게 말하자면 비타민 A가 없으면 생체 내의 지방의 이용이랄까 아니면 산화 또는 분해 또는 연소라고도 할까, 어쨌든 지방 스스로가 가지고 있는 칼로리를 생체 내에서 충분히 발산하지 못하게 되면 소아의 발육, 생장에는 비타민 A가 필요하다. 또한, 소아의 신진대사는 왕성한 건강한 어린이는 언제나 신체가 따뜻하고 지방을 적당하게 취하면 체내에 비타민 A가 저절로 유입되어 그 부족을 알리는 것은 없어지기 때문에 적당량의 동물성 지방은 필요하다. 더욱이 지방을 너무 많이 먹으면 소화되지 않는 것은 물론이고 식물성 지방이라도 비타민 A는 전혀 없는 것은 아니지만 요리에 사용하는 지방 기름류는 그것을 만들 때 비타민 A를 파괴하는 경우가 많으므로 비타민 A의 존재는 별로 기대하기 힘들다. 여하튼 추운 계절에 기름진 음식을 취한다는 의의는 단순히 열량을 위해서가 아니라 동시에 비타민 A를 원하기 때문이라고 알아주었으면 한다.

추운 계절의 음식으로 부족해지기 쉬운 것은 비타민 C다. 비타민 C는 신선한 채소에 포함되어 있으며 아주 파괴되기 쉬운 것이다. 특히 산미가 많은 것 속에서는 파괴되지 않고 있다. 우리나라에서는 밀감이 겨울철에서 정월에 채소가 적게 나오는 시기에 활발하게 사용되는데 그것은 그 가운데 비타민 C가 저절로 생체에 보급할 필요가 있기 때문이라고 생각한다. 채소의 공급이 적기 때문에 겨울철에 자주 아프게 되는 병은 괴혈병 또는 멜넬, 바로씨의 병이라고 한다. 러일전쟁 때에 여순에서 러시아 병사에게 많았다. 당시 괴혈병은 일종의 전염병일 거라고 하기 때문에 자주 혈액 검사를 해서 무슨 병원균인지 찾아보았다. 오늘날 영양상 지견으로 보면 아무것도 아니다. 그것은 전적으로 비타민C의 부족에서 오는 것이다. 괴혈병이라고 알았다면 바로 신선한 양배추라든지 푸성귀 잎 등을 주면 종이를 벗기듯 바로 치료되어 버린다. 더욱이 너무 심하게 되어서는 효능도 없을 것이다. 우리 쪽에서 지금 나물에 관해서 연구하고 있는 콩나물, 팥 나물은 채소 결핍의 절기에 이 비타민 C가 보급되지 않아서라고 생각하고 했는데 동물시험에서는 콩나물은 확실히 비타민 C를 포함하고 있고 괴혈병을 예방하는 데에 좋다고 생각하고 신선한 채소가 적은 겨울철에는 필요한 것일 것이다. 원래 비타민 C는 삶기에 따라 파괴되기 쉬운 것이지만 콩나물은 조리해서 풀냄새가 사라질 정도로 삶은 것은 그 함량은 없어지지 않는다는 것을 실험상으로 증명했다. 여하튼 겨울철에는 상당하게 채소를 섭취하는 것 또 과일 등을 먹는 것과 같이 비타민 C의 섭취는 소홀히 할 수 없다.

덧붙여서 말씀해 두고 싶은 것은 근래 비타민 설이 유력하다고 해서 칼로리 설이 잠잠해진 것처럼 보이지만 역시나 충분한 칼로리와 상당량의 단백질은 사람이 생활하는 데 있어서 필요하고 또한 우리나라에서 비타민의 조제는 실로 많다. 각기병의 예방약으로서 비타민 조제는 아마도 30종 이상일 것이다. 그러한 조제를 섭취하는 것도 때에 따라서는 필요하겠지만 오히려 가까이에 있는 천연자연의 각종 비타민을 함유한 식품을 적당하게 선택해서 섭취하는 쪽이 좋지 않을까〈51-53쪽〉.

와타비키 도모미츠(의학박사, 綿引朝光), 「조선 화류병(성병)에 대해서」, 『조선급만주』(제205호), 1924년 12월.

　　빨간빛이 눈부신 곳에 그림자 스스로 진한 문화, 점점 빛나는 암흑의 일면에 유유히 두텁고 문명병이라고 불려 사회병이라고 칭해짐에 따라 망국병이라고 한탄한다. 화류병은 최근 더욱 많아지려고 한다. 서구의 문화가 이르는 곳, 이 고민은 적지 않다. 말하자면 나폴레옹군이 전승 파리로 돌아오자 프랑스에 화류병이 더욱 심해졌다. 일본에서 최근 성학의 주의는 일면, 또는 적지 않은 징조를 반영되고 있다. 그중에서도 청년 병사가 가는 곳에 많고 이점을 주의하지 않으면 안 된다. 조선의 땅, 이 병독이 어떠한 현황에 있는지 항상 이것에 잘 유의해서 그 건강 유지 염려를 해야 한다. 애당초 화류병이라고 하는 것은 말할 것도 없고 매독, 임질, 연성하감 등 가장 많게 남녀 차, 나이와 관계없이 많게는 전부 접촉 때문에 서로 감염된다. 그 계기가 주로 화류계라는 것은 주지하는 바이다. 실로 조선에 있어서 화류병의 수는 일본보다 훨씬 많고 예를 들면 일본에 있어서 평균 일반 질병 중 화류병 5.2%에 비해 조선은 6.8%라는 수로 심히 적지 않다고는 못한다. 게다가 조선에 있는 일본인은 7.0%, 조선인은 6.2%로 화류병 환자가 있다. 그러나 남녀 화류병의 비교는 일본인 남자 14명에 비해 여자 8명, 조선인 남자 14명에 대한 여자 7명 비율이 되어 그것을 일본 내의 남자 14명에 대해 여자 6명의 발병 수에 비교해서 조선 환자 수는 훨씬 많다고 본다. 더욱이 일반적으로 화류병 중 가장 많은 것은 매독이고 다음으로 임질, 다음으로 하감이다. 그런데 조선에 주재하는 일본인은 임질이 가장 많고 매독 그 뒤를 잇는다. 이것을 일본에서 매독과 임질이 거의 비슷한 수치인 것에 비교하면 조선에 사는 일본인에게 임질이 가장 많이 보인다. 원래 조선에서 화류병의 감염하는 계기는 화류계에 많고 특히나 창기, 예기, 작부, 성매매자 등을 통하는 것이 아주 많다. 따라서 당사자는 그러한 건강진단에 더욱 주의를 기울이고 있다. 바꿔 말하자면 화류병의 증감은 그 단속의 여하에 따르며 직접적인 영향을 주는 것으로서 그것이 건강진단표에 따라서 그 병독의 정도를 명확하게 하는 것이 가장 필요하고 당장 최근 조선 각 도에 있는 사무국 조사 상황은 아래와 같다.

　　1923년 상반기

　　창기, 예기, 작부　건강진단 개요 현황표(생략)

　　즉 그것으로 보면 일본의 예기 451명 중 1, 7661건의 검사에서 매독이라 할 수 있는 것이 34개이고 또한 조선 예기 300명 중 1,288건 검사를 한 결과 매독 44개라는 것을 알 수 있다. 또한, 창기는 발병 수도 아래 표에서 자연스럽게 알 수 있으므로 화류병 예방상 당국의 고심은 상당하고 항상 건강진단에 태만하지 않고 있다고 한다. 다만 본래 화류병의 해독은 차라리 개인이 각성해서 정말로 예방과 박멸을 기획함으로써 개인위생 사상의 향상에 힘쓰지 않으면 안 된다. 예기도 창부도 작부도 함께 자위적으로 그 소양을 게을리하지 않도록 주의해야 한다는 것은 말할 필요가 없다. 얼마나 화류병이 국가, 사회에 미치는 손해가 큰지 이제 와서 말할 필요도 없고 사람도 사회도 서로 함께 교훈으로 삼아야 한다〈55-60쪽〉.


「위생에 관한 여러 문제」, 『조선급만주』(제206호), 1925년 1월.

고이즈카(肥塚) 정부원

작년 무렵부터 약간 좋은 성적을 내게 되었는데 이번 기회에 더욱 노력해서 (1) 하수 설비의 완비, (2) 오물 배제의 보급책을 재정이 허락하는 한에서 완성했다고 한다. 아무런 요구, 의견도 반대 안도 없으므로 오가키(大垣)의장은 만장일치로 가결을 선언하였다〈167-168쪽〉.


「떠도는 풍문」, 『조선급만주』(제208호), 1925년 3월.

▲조선인 의학박사 윤 선생님

윤치형(尹治衡) 씨라고 하는 사람이 조선인 박사 중에 진짜 유일한 사람이었지만 이번에 또 경성의학전문 조교수 박창훈 군이 전문의가 되었기에 이것으로 조선인 의학박사가 2명이 되었다. 더욱이 박 군은 29세라는 나이이기에 대단하다. 이것이야말로 일본인 무차별론에 가치 있는 일이라 할 수 있다. 그러나 전문의는 근래에 누구나 쉽게 된다는 평판이 많기 때문에 그다지 대단한 명예라고 할 수도 없고 이제부터 이학박사, 법학박사, 문학박사라고 하는 박사를 조선에서 아주 많이 배출해서 민족 우월관에 빠져 있는 일본인의 코를 납작하게 해주는 것이다. ▲히가시우에나카(東上中)의 와타나베 외눈박이 회장은 그 외눈도 조금 이상해졌기에 치료를 하고 있는데 많이 좋아졌다고 한다. 상공회의소 서기장인 오무라 군도 양쪽 눈을 크게 뜨고 있으나 한쪽은 안 좋다. 상공회의소는 회장과 서기장을 모아서 한 사람 분의 눈을 갖추어도 뭔가 불완전하다〈127쪽〉.


가토 겐(경성부 위생과장 의학박사, 加藤賢), 「여름철의 소화기 전염병 예방방법」, 『조선급만주』(제212호), 1925년 7월.

전염병은 소화기의 병에 한해서만은 아닙니다. 하지만 매년 여름부터 가을 10월경까지는 전염병의 대부분 거의 티푸스, 이질, 파라티푸스, 콜레라 등 소화기의 전염병입니다.

그 때문에 그러한 전염병에 대해서는 지금까지 다양한 예방방법을 강구해 온 것은 물론입니다. 그러나 문제 중 하나는 각 계급에 넓게 일반적으로 응용될 수 있는 방법이 없다는 것입니다.

어떤 사람은 그 병독균을 죽이는 것에 대해 완전한 방법이라고 해도 시간과 장소에 따라 다르고, 혹은 생활계급 정도에 따라서 실제로는 조금도 행해지지 않는 것이며, 이것을 널리 일반인의 예방방법이라고 하기에 충분한 것은 거의 없습니다.

지금 이 예방방법이라고 하는 것은 누구라도 가능하고 또, 언제라도 어떠한 장소에서라도 쉽게 더구나 충분하면서 확실하게 예방이 가능한 방법에 대해서 말해보고자 합니다.

우선 병에 걸리는 그 원인에 대해 보면 사람이 병독에 걸리기까지 직접적인 원인은 실은 다양한 어려운 조건이 맞아야 쉽게 이것에 걸린다고 말할 수 있는 것처럼 아주 묘합니다. 오늘날 진보한 의학에서 그러한 전염병에 걸리는 조건이라고 말할 수 있는 것을 열거해 보겠습니다.

하나, 생활력이 아주 강한 미균(세균)이 상당히 많은 사람 신체에 들어가지 못하면 결코 전염병은 걸리지 않는다. 예를 들자면 아주 작은 1마리의 티푸스균이 사람 신체에 들어가서는 그건 아무런 영향도 일으키지 못합니다.

하나, 그리고 그러한 미균은 반드시 입으로 들어갑니다. 소화기 병의 전염은 입으로만 들어가서 전염된다고 합니다.

하나, 더욱이 이상의 조건을 가지고 있어도 사람의 신체가 강건하면 병독에 걸리지 않기 때문에 이것에는 일시적이든가 혹은 만성적으로 위장이 안 좋을 때가 아니라면 전염되지 않습니다.

따라서 이 세 가지의 조건을 기초로 예방방법을 생각해보면 우선 소화기 전암병균은 입으로만 들어가기 때문에 입에 들어가는 것을 예방하면 좋으므로 그렇게 하려고

(1) 먹지 않고 있는 것이다.

(2) 음식에 붙어있는 균을 삶아서 죽인다.

(3) 또는 약품의 힘으로 죽인다.

이렇게 하는 것 외에 예방할 절대적인 방법은 없습니다. 그러나 그건 물론 실생활에서는 쉽사리 적용되지 않을 것이 분명합니다. 즉 먹지 않으면 절대적으로 안전하지만 신체의 영양이 섭취되지 않기 때문에 결국 죽고 만다. 음식을 삶아서 먹는 것도 간단한 것이지만 그 음식 종류에 따라서는 삶으면 맛도 영양도 없는 것이 있기도 하고 또 사람의 취미나 기호 등으로 이것도 실제로는 실행하기 어렵습니다. 또 어떤 사람은 구연산으로 식기를 씻도록 권하였지만, 이것도 또한 몹시 어려운 것으로 실생활에 응용할 수 없습니다.

그러므로 입으로 들어가는 것에 대해서 병을 예방한다는 것은 무리한 일이라고 생각합니다.

다음으로 소화기의 전염병은 많게는 사람 신체의 소화기에 일시적이든 만성적이든 결함이 없으면 전염되지 않기 때문에 이 점에서 전염병을 예방하려고 한다면 아주 쉬운 것이지만 이것도 또한 오랜 시간 동안 반드시 피해 갈 수 없는 것으로 비록 위장이 강건하다고 해도 절대로 발병하지 않는다고는 말할 수 없습니다.

여기에 이르면 예방하는 길은 단 하나 남아 있을 뿐입니다. 즉, 상당한 수의 세균이 입으로 들어가지 않으면 전염되지 않고 아주 적은 한 마리나 두 마리의 병독균이 사람의 체내에 들어간다고 해서 전염되는 것은 아니므로 이런 조건에 유의해서 합리적인 예방 방법을 강구해야 한다. 가장 간단하고 유효한 효과를 얻을 수 있을 것이라고 하는 것이 있습니다.

즉, 씻어라. 거기에 독성이 강하고 병원균이 있어도 그 수가 적지 않아도 전염되지 않는다면 가장 완전한 예방방법은 어떻게 해서든 입으로 들어가는 병균의 수를 줄일 수 있을지를 먼저 생각해야 합니다.

이 문제는 아주 간단하고 또한 쉬운 것입니다. 그것은 모두가 할 수 있고 또한 어떠한 시간과 장소에서도 어려운 일이 아니므로 그리고 가장 유효한 예방방법입니다.

즉 양질의 물(병균이 많지 않은 물로서 수돗물과 같음), 모든 음식을 깨끗이 씻고 나서 조리하는 것이다. 채소며 어류며 그 외 과일 등 일체 모든 것을 꼼꼼히 물로 씻어서 그리고 나서 조리하고, 날것으로 먹지 않으면 안 되는 것은 물로 깨끗이 씻고 나서 먹는다면 거의 확실하게 발병의 화를 면할 수 있습니다.

물론 채소와 같은 것은 줄기 근처를 아주 철저하게 주의해서 씻는 것이 중요하며 이것은 상당히 간단한 것이기 때문에 각 가정에서는 비교적 소홀히 하는 경향이 많습니다.

그러나 이상의 전염 조건에서 추리적으로 생각해보면 이 이상 좋은 다른 유효한 예방은 없는 것 같습니다. 앞서 말했듯이 어떤 일시적으로 또는 부분적으로 행해지는 예방방법으로서는 이 밖에도 방법은 있습니다만 일반적으로 어느 가정에서라도 실행하기 쉬운 예방방법으로서는 이것이 가장 간단하면서 유효하다고 볼 수 있습니다.

소독이라고 하는 것도 세균을 없앤다고 하는데 절대 죽이지 않고도 좋은 것은 모든 것을 깨끗이 물로 씻고 많은 세균을 씻어내는 것이 그것이 곧 훌륭한 소독 방법이라고 말할 수 있습니다. 이처럼 해서 조리한 다음에는 남은 주의는 그저 음식에 파리가 앉지 못하도록 하여 먹으면 소화기 전염병에 걸리는 걱정은 정말 없습니다. 씻는 것은 아주 간단합니다만 이것을 철저하게 주의해서 행하는 것은 모든 소화기 전염병 예방을 하는데 잊어서는 안 되는 것입니다〈29-30쪽〉.

조선총독부 세균연구실 주임 아마기시 도시스케(天岸敏介) 씨 이야기, 「티푸스 예방주사의 효력
은 어떠한가」, 『조선급만주』(제214호), 1925년 9월.

요즈음 티푸스의 예방주사가 왕성하게 행해지고 있는데 동시에 예방주사의 효력의 유무
에 대해서 의혹을 제기하는 사람이 있고, 현재 경성의 모 신문에 모 의사의 이야기로서 예방
주사의 무효를 운운하여 그것의 반발론도 나왔다고 하는데 결국 티푸스 예방주사에 대해서
다소의 의문을 제기하는 것이 전혀 없지는 않다고 하는 상태이다. 티푸스 예방주사의 효력
은 종두와 같이 확실한 것은 아닌 것 같지만 또한 일부 사람들이 말하듯이 안심이라든지
뭔가라고 하는 그런 기대할 만한 것이 없는 것도 아니다. 확실히 유효하다는 것은 많은 경험
때문에 의료계가 인정하는 점이다. 지금 총독부 세균연구실 주임 아마기시 기사의 이야기를
아래에 소개한다. (기자)

최근 왕성하게 행해지고 있는 티푸스의 예방접종(주사)는 그 효력도 현저한 것이고 다음
의 통계가 명확하게 나타내는 것처럼 현재로서는 그 확실성을 믿어야 한다. 그 통계는 가장
정확하다고 하는 일본군대에서 시행한 결과의 통계이다. (중략)

메이지 33년에는 티푸스 사망자는 전 병사자의 1/6을 나타내고 있는데 이상의 통계에 따
르면 41년 해군에서 일부에 예방접종을 시행한 이래 급격하게 감소하고 더욱이 43년 육군이
전 사단에 그것을 시행하자 즉시 그 효과가 나타나 44년에는 티푸스 환자 비율 8.58%, 사망
자율 1.45% 다음 해 다이쇼 3년에는 환자 비율 5.80%, 사망자율 0.62%로 되었다. 그것은 메
이지 33년의 통계에 비교하면 환자 비율에서 약 1/10, 사망자 비율에서 1/20 밖에 해당하지
않는 것이다. 이러한 결과는 군대에서 모든 시설, 위생의 진보에 따른 것이겠지만 또한 예방
접종 효력의 위대함을 대변하는 이야기이다.

이 결과에서 보면 티푸스의 예방접종은 반드시 일반적으로 이것을 해야 한다고 생각한다.
동시에 콜레라, 페스트와 같은 그 발생과 유행의 계통이 확실한 것은 그 한 방면의 예방과
방지책을 강구함에 따라 이것의 유행을 막고 침입을 차단할 수 있다. 그러나 티푸스의 발생
이 돌발적이면서 유행계통이 정렬되어 있지 않기 때문에 이렇다 할 만한 예방법을 강구하는
것이 어렵기 때문에 더욱 이 예방접종을 일반적으로 하는 것은 필요하다고 생각한다.

티푸스의 예방주사에 대해서 주사액의 만들어진 토지가 다르면 효과가 없다. 즉 조선의
티푸스에 대해서는 조선에서 만들어진 주사액을 사용하지 않으면 효과가 없다고 하는 것처
럼 일반에게 선전되었는데 이 생각은 잘못된 것으로서 아마도 다음과 같은 사정이 잘못 전
해진 결과라고 생각한다.

티푸스균의 종류는 시모죠 구마이치(下條久馬一) 씨의 연구에 따르면 8종이라고 하는데
실은 명확하지 않다. (이질과 같은 것은 본형(시가 박사 발견)과 다른 형태의 두 가지로 분명

하게 확정되어 있다) 따라서 유행하는 티푸스의 종류가 다르면 그 효력도 없다는 것이다. 하지만, 여기 (경성총독부 세균검사실제)에서 사용하는 백신(Vaccin) - 예방주사액은 경성, 평양, 전 조선에 걸쳐 채집한 티푸스균과 일본, 상하이와 각 지역의 것을 혼합해서 만든 것이기 때문에 어느 종류의 티푸스균에 대해서도 예방 작용을 한다. 모든 백신은 이처럼 해서 만든 것이기 때문에 어느 지역으로 이동했다고 해서 효력이 없을 것이라고 하는 염려는 없다.

더구나 티푸스의 예방접종을 한 후 음성기 (주사의 효력이 나오기까지의 기간)가 있으므로 오히려 그 기간은 전염되기 쉽다고 전해져서 불안을 주고 있는데 과연 이론상 음성기는 있다. 그 기간 세포가 일시적으로 약해지는 것은 동물시험의 결과에 의해서도 판명되고 있다. 즉 인간도 정지의 상태에서 무언가를 뛰어넘으려고 한다면 한번 몸을 뒤로 당겨서 날아가려는 자세를 취하는 것과 같이 음성기는 있는 것이 당연하다. 하지만 예방접종 후 음성기에 대해서는 전혀 염려가 없다고 해도 괜찮은 것이기 때문에 그러한 것에 대해서는 절대 혼동하지 않는 것이 중요하다.

티푸스의 예방접종 시행은 그것을 소량으로 나누어서 수차례에 하는 것이 가장 좋다. 소량의 사용은 앞서 말한 음성기의 반동과 같은 것도 적을 것이며 안전하다. 또한, 티푸스가 유행하는 경우에 예방주사를 전반에 걸쳐 행하지 않고 일부에만 하는 것은 일부 보균자가 나오는 것으로 (주사 맞은 사람은 균을 보유하고 있으므로) 전염할 기회를 많게 한다. 혹은 주사에 따른 티푸스의 변형이 나와 진단을 곤란하게도 한다. 조기 발견을 하지 못하는 결과가 된다고 하는데 그러한 것은 실제로 비교적 적은 것이고 굳이 걱정할 필요는 없다고 생각한다.

티푸스 예방접종의 유효기간은 보통 7, 8개월 정도이고 일 년 안에는 티푸스균이 활동할 수 없는 계절 등도 있으므로 1년에 1회 접종을 한다면 좋을 것이라고 하는데 그 가운데는 4, 5개월 정도로 면역이 사라지는 증상도 발견되는 때도 있다. 그러나 한 번 접종한 사람은 세포가 훈련되어 저항력이 강해지므로 자연 감염되는 정도도 적어지게 되는 것이다〈54-56쪽〉.


후타쓰기 겐지(의학박사, 二木謙次), 「하루 2식 주의와 물이 건강에 적합하다, 피부는 수세미로 마찰하자」, 『조선급만주』(제215호), 1925년 10월.

후타쓰기 의학박사는 물과 2식 주의로 유명하다. 8월 말 만주에 가는 도중 경성에 들러서 경성일보사의 내청각에서 일장의 강연을 했다. 지금 그 개요를 아래에 기술하기로 한다. (일 기자)

나는 물과 2식 주의를 여러분에게 권하고 싶다. 나는 그것을 오랫동안 실행해서 건강에 적합하다는 것을 실제 경험했기 때문이다. 물은 계곡이나 좋은 우물의 물이라면 가장 좋지만, 도시에 사는 사람은 그런 것은 실행하기 어렵고 수돗물로 괜찮다. 수돗물에도 대장균이 있다거나 불순물이 혼재하고 있다고 해서 반대하는 사람도 있는데 대장균은 인간의 대장을 집으로 살고 있으므로 아주 적은 양이 밖에서 들어왔다고 해서 인간을 해치는 것은 아니다. (기자 왈, 수도의 대장균은 유해하다는 설이 많으므로 후타쓰기 박사의 설은 무조건 받아들일 수 없다.) 배가 고팠을 때도 몸이 피곤했을 때도 물을 한 잔 마시면 힘이 생긴다. 물이 인체에 좋다는 최상의 증거가 아닐까? 일본인도 옛날에는 2식을 먹은 것 같다. 2식을 하는 분이 건강하고 이것도 나의 다년에 걸친 경험이며 모든 일본인이 2식 주의가 되면 현재의 식료품은 1/3이 남게 되기 때문에 지금보다 1/3의 인구가 늘어나도 괜찮다는 것이고 인구가 거기까지 늘어나게 되면 외래 수입이 필요 없게 되며 그만큼 국가의 재력이 남게 된다. 건강에도 좋고 검약도 된다고 한다면 2식 주의를 꼭 실행해 보고 싶다. 그리고 서양학자의 설이나 서양인이 실행하기 때문이라고 해서 근래 일본인은 무턱대고 육식을 하지 않으면 영양이 섭취되지 않는다고 말하지만, 이것은 잘못된 것이다. 서양인은 대체로 일본보다 위도가 낮은 곳에 살아서 일본보다 춥다. 그러므로 육식을 많이 섭취한다. 그것은 한대지방의 주민이 육식을 많이 섭취하는 것과 같다. 에스키모와 같은 사람들은 바다표범의 고기를 먹고 그 기름을 마시고 있다. 열대지방의 주민이 많은 과일을 먹고 사는 것과 같은 이치이다. 일본은 유럽 각국에 비해 따뜻한 지대이다. 그러므로 오래전부터 동물고기는 그다지 먹지 않고 어류와 채소를 먹었다. 그것이 서양 문물의 수입과 함께 서양인을 따라 하면서 동물고기를 많이 먹게 되었다. 그러나 일본인은 전혀 동물고기를 먹지 않아도 영양에 부족함이 없는 음식이 있다. 즉 쌀 3함 5작, 두부 한 모, 된장 8돈으로 영양분이 70g이 되고 이 정도의 영양이 있으면 영양 부족은 없다는 것이다. 대체로 인간의 신체는 단백질로 구성되어 있으므로 단백질을 많이 흡수할 필요가 없다. 오히려 체내의 단백질을 활동시키도록 하면 좋다. 채소, 해초류는 인체의 성분에 있어서 가장 필요하다. 서양의 학자는 유리병에 고기와 쌀, 무, 다시마류를 넣어 거기에 위액을 떨어트려 소화력을 시험해서 고기는 소화력이 좋고 쌀과 무, 다시마는 나쁘다는 듯이 말하지만, 인간의 위장은 유리병과는 다르고 위장 중에는 위액만 있는 것이 아니다. 여러 가지 액이 있고 그러한 것이 채소와 해초류의 소화력을 도와준다. 인간의 대장균과 같은 것도 채소와 해초류의 소화를 돕는다. 곤약과 같은 것도 위액으로는 좀처럼 소화되지 않지만, 대장균이 그것을 분해해 준다. 따라서 일본인은 뭐든 서양인의 음식을 그대로 따라 할 필요는 없다. 일본인에게는 일본의 기후와 일본인의 체질에 맞는 음식이 있는 것이다. 특히 그것은 육류보다는 싸게 먹을 수 있으므로 이 정도로 좋은 것은 없다. 일본인은 서양인을 흉내 내서 생활난을 호소하고 있는데 정말로 어리석음의 극치이다. 물과 쌀, 두부, 된장, 채소, 해초, 어류를 먹는 것만으로 전혀 생활난을 호소할 필요는 없어진다.

그에 따라서 물가의 조절도 가능하며, 그리고 인간은 피부를 건강하게 하는 것이 중요하다. 거기에는 냉수마찰 정도로는 안 되고 수세미로 빡빡 밀어야 한다. 그렇게 하면 어떤 냉기를 만나더라도 감기 등에 걸리는 일은 없다. 피부를 건강하게 하면 신경통이나 류머티즘 등도 줄어들게 된다. 그리고 겨울에도 일본과 같이 따뜻한 곳에서는 외투 따위는 필요 없게 되며 옛날 일본 사람은 외투 따위를 입은 사람은 없다. 여러분은 문명병에 걸리지 않도록 명심해야 한다. 운운〈24-25쪽〉.

「경성의 올해 가을 위생 상태」, 『조선급만주』(제215호), 1925년 10월.

전년도와 금년도의 경성부는 전염병 환자를 비교하면 전년도보다 금년도는 상당히 환자의 수가 많다. 일본인과 조선인의 환자와 사망자 수, 병명을 비교하면 비교적 환자 수는 조선인이 많지만, 사망자 수는 일본인이 많다. 다이쇼 13년도에는 경성부 내의 일본인은 이질 165명, 장티푸스 252명, 바라티푸스 55명, 발진티푸스 45명, 성홍열 120명, 디프테리아 10명, 두창 3명, 뇌척수막염 2명, 콜레라 0명.

경성부 내의 조선인에는 이질 5명, 장티푸스 102명, 바라티푸스 0명, 발진티푸스 122명, 성홍열 8명, 디프테리아 15명, 두창 4명, 뇌척수막염 0명, 콜레라 2명.

금년도 9월 10일 현재에는 일본인에게서는 이질 109명, 장티푸스 315명, 바라티푸스 34명, 발신티푸스 5명, 선홍열 107명, 디프테리아 29명, 두창 3명, 뇌척수막염 0명, 콜레라 0명.

조선인에게서는 이질 23명, 장티푸스 213명, 바라티푸스 6명, 발진티푸스 58명, 성홍열 2명, 디프테리아 15명, 두창 1명, 뇌척수막염 1명, 콜레라 0명, 이상과 같은 비교를 볼 수 있다.

덧붙이자면 경성부 내의 일본인은 약 8만이고 조선인은 약 21만이다. 그것으로 계산해보니 일본인은 조선의 전염병에 걸리기 쉬운 소질을 가지고 있다. 조선인은 풍토에 익숙해졌다는 관계이다. 하나는 조선인 쪽은 이 전염병에 걸려도 자택에서 치료하여 발표하지 않는 경우가 많은 것도 수가 적은 이유일 것이다. 대체로 일본인 쪽이 전염병에 걸리기 쉬운 것 같다〈25쪽〉.

와타비키 도모미쓰(조선총독부의원 의학박사, 綿引朝光), 「콜레라를 어떻게 발견하는가?」, 『조선급만주』(제215호), 1925년 10월.

'콜레라'가 왔다, '콜레라'가 왔어, 근래에 자주 사람의 마음을 얼어붙게 합니다. 이렇게 큰 소동을 일으키는 콜레라 병은 오늘날 어떻게 전문가, 위생 당국에 의해서 발견되는 것일까요? 그것은 적어도 전문적으로 들어가지만, 오늘날 문화생활을 하는 사람들에게는 기억해 두어야 할 하나입니다. 그렇다면 간단하게 그 출현법을 말하고자 합니다.

콜레라 환자는 장내와 분변 중에 반드시 병원이 되는 콜레라균을 혼재하고 있으므로 그 콜레라균을 검출해서 처음으로 확실한 진단에 착수할 수 있습니다. 그 방법은 우선 재료의 채취입니다. 그것은 반드시 신선한 것이 아니면 안 됩니다. 의심되는 사람의 장 내용물이 만약 사체이면 개복해서 소장의 일부 내용물을 검사 재료로 합니다. 그 재료를 병이나 그릇에 떠서 연월일, 성명, 장소 등을 써넣고 검사소에 보냅니다. 다음으로 더욱 검사에 종사합니다. 때로는 3개의 방법 즉 현미경 검사법으로 콜레라균의 특이한 배열상태 그것은 꼭 빨간 색소 후쿠씬액에 반응해 착색되어 콘마상의 균이 마치 물고기떼가 정연하게 나열되어 있는 것 같습니다. 그것은 가장 주의를 야기하는 특이의 콜레라균 형체입니다. 다음으로 인공 배양을 합니다. 즉 베푼톤 물이라고 하는 액체 속에 넣으면 5, 6시간 후에는 완전히 증식합니다. 그것은 보통의 세균이 20시간이나 24시간에 비로소 발육하는 것에 비해서 상당히 빠릅니다. 또한, 별도로 한천, 교질(콜로이드) 등에 배양해서 그 특이한 발육 상태를 검사합니다. 또, 특선배양기라고 하는 특별하게 콜레라균만을 발육 증식시키는 배양기도 있습니다. 다음으로 면역반응이라고 해서 응집 반응 즉, 콜레라균은 단지 콜레라 면역혈청만을 만나서 응집하는 특성을 응용해서 만약 출현한 균이 콜레라 혈청과 만나서 응집하면 콜레라균이라고 말할 수 있습니다. 더욱이 파이페루 씨 현상이라고 하는 시험이 있습니다. 그것은 콜레라균과 콜레라 혈청을 모르못의 복강 내에 넣고 1시간 30분 후에는 콜레라균은 녹아 죽습니다. 그 살균현상은 그냥 콜레라 혈청은 콜레라균만 작용하기 때문에 아주 특이합니다. 우선 대체로 아래와 같은 순서로 시험을 했습니다만 실제로 환자가 발생했을 때에는 주의에 주의를 해서 다음과 같은 방침으로 행동합니다. 최초 환자 발생 진단법, 유행 시에 진단법, 이미 생성된 감염의 진단법, 콜레라 보균자 검색법, 수중 콜레라균의 검출법입니다. 그것을 순서에 따라서 말하고자 합니다. 이상은 전문 사항을 상당히 간략하게 설명했습니다만 혹은 이해하기 힘든 부분이 있다고 생각합니다. 좀처럼 쉬운 것은 아닙니다. 도대체가 갑자기 이런 원고를 주문하는 것이 이상하고 당황스럽습니다〈37-38쪽〉.


**우마노 부윤(馬野府尹), 「경성부의 위생설비상태」, 『조선급만주』(제215호), 1925년 10월.**

현재 경성부에서 행해야 하는 가장 중요한 일은 위생설비라고 생각한다. 경성부로서 실행하려는 사업과 시설은 아주 많다. 또 부민으로서의 희망도 많지만, 이것을 실행하는데 필요한 비용은 부민으로서 아주 부담이라는 것을 알고 있다. 즉 경성은 인구 30만이라고 알려져 있는데 가난한 조선인이 그 3분의 2 이상을 차지하고 있으므로 개인의 능력으로 말하자면 일본의 도시와 비교하면 10만 명 정도의 인구를 가진 도시와 비교할 바가 아니다. 더욱이 도시의 문명적 시설에서는 도쿄, 오사카와 같은 대도시를 제외하고 아마도 경성 정도로 완비되어 진보하고 있는 곳은 적을 것으로 생각한다. 그러나 현재의 경성으로서 문명적 시설 중 가장 뒤떨어진 것은 아마도 위생적 시설이다. 지금까지 상당히 노력해왔지만, 위생 등과 같은 극히 화려하지 않은 일은 이사자로서 노력하더라도 그 노력 혹은 성적이 명확히 나타나지 않는다.

나는 부의 위생시설을 가장 먼저 완비하려고 한다. 경성의 현재 상황은 일 년 내내 전염병이 끊이지 않으며, 이렇게 해서는 이 시에 사는 사람에게 조금도 안심을 줄 수 없다. 모처럼 이 지역에 와서 안주하더라도 수년 내에 전염병에 걸려 사망자가 나와서는 부민의 생활은 위협받을 뿐이다. 도시의 문제는 가장 먼저 위생이라는 것을 생각해야 한다. 다음으로는 편리성, 그다음이 미관인데 오늘날에는 경성부가 미관에까지 신경을 쓸 여유가 없다. 나는 우선 위생에 노력하고 싶다. 현재 부의 위생시설로서 실행에 들어가려고 하는 것은 하수시설의 건설 개조이다. 이미 125만 원의 예산도 만들어졌다. 쓰레기 처리에 관한 시설은 현재는 아주 불완전한 것이지만 쓰레기처리사업조사회라는 것이 있어서(과거 부윤시대에 창설된 경성의 공직자, 유력자들이 조직한 부의 자문기관이다) 최근 마지막 자문회를 열고 그 회의 결의에 따라 입안을 결정하고 그에 따라 경성부의 쓰레기에 관한 모든 계획이 완성되기에 이르렀다. 경성부의 채무는 국채에 의한 것으로 미 채환 금이 260만 원이지만 아직 다소의 국채능력이 있으므로 이와 같은 위생설비사업은 물론 더 나아가 다른 시설을 활용할 수 있다⟨42쪽⟩.

**미즈시마 하루오(水島治夫), 「성홍열에 관한 신지식」, 『조선급만주』(제216호), 1925년 11월.**

1. 선홍열 병의 원인

현미경이 발명되어 세균학이 진보함에 따라 각종의 전염병에는 각각의 특종의 병원체가 있고 그 감염으로 다양한 질병을 일으키는 것이 명확해졌다. 그러나 오늘날 확실히 전염병과 관계없다고 생각하는 병이면서 다수의 학자가 대부분 희생을 치르고 심혈을 기울여서 연구했음에도 불구하고 아직도 그 병원체를 발견하지 못한 것이 적지 않다. 예를 들면 습진, 발진티푸스, 천연두, 풍진, 광견병 등이 주된 것이다. 성홍열도 또한 그러한 종류로 다른 전염병, 예를 들면 장티푸스, 이질, 디프테리아 등과 같이 확실한 병원체로는 인정되지 않았다. 특히 천연두 와 광견병과 같이 예방주사가 훌륭하게 성공했음에도 불구하고 아직 병원체가 확실히 인정되지 않은 것은 오히려 이상한 일이다. 오늘날에 그러한 병원에 대해서는 완전히 오리무중이라고 말해도 틀리지 않는다. 앞으로는 그 연구법을 새롭게 해서 한층 노력하고 분발하지 않으면 안 되는 큰 문제이다.

앞에서 기술했듯이 천연두와 광견병은 그 병원체가 확실하지 않더라도 예방접종에 의해 훌륭히 질병을 미리 막을 수 있고 인류에게 복지를 가져다주었다는 것은 실로 헤아릴 수 없는 일이다. 우리는 그 발명자 제너와 파스퇴르 등을 생각할 때마다 정중하게 감사해야 한다.

마진, 발진티푸스 등은 나야말로 진짜 병원을 발견했다고 보고한 것은 많지만, 어느 것도 일반의 승인을 얻지 못하였다. 따라서 그 예방, 치료 등에 관해서도 유감스러운 점이 많다.

선홍열도 앞서 기술했듯이 병원체는 미지의 전염병이지만 그 병원에 대해서 완전히 오리무중에 있다고는 말할 수 없다. 다수의 학자에 의해서 한 걸음 한 걸음 광명의 세계로 전진하고 있으므로 멀지 않아 일반의 승인을 얻는 가을이 올 것 같다.

그것은 과연 무엇일까? 성홍열이 있을 때는 피부에 빨갛게 발진이 일어남과 동시에 거의 바로 인두가 부어 충혈되고 아프다. 이 인두의 세균학적 검사를 하면 거의 어느 환자든 일종의 특이한 세균이 발견된다. 이것을 용혈성 연쇄상구균이라고 한다. 이 균은 각각의 아주 작은 구형의 균으로 아주 많게 연결되어 흡사 쇠사슬처럼 혹은 염주처럼 되어있다. 이 때문에 연쇄상구균이라고 하고 이 균은 또 동물의 적혈구를 용해하는 특성이 있다. 그러므로 학문상 용혈성 연쇄상구균이라고 불린다.

이 균은 성홍열 환자의 인두에서 거의 바로 증명되는데 또한 혈액 속과 사후 다양한 장기에서도 여러 번 발견되어 이미 40여 년 전부터 병원물이라고 주장하고 있다. 그러나 그것에 반대되는 설도 적지 않다. 이 균은 성홍열 환자뿐만 아니라 건강한 사람의 인두에서도 자주 발견되었고 다른 화농이나 산 ■열 등에서도 발견되었다. 이 균을 성홍열 병원이라고 주장하는 사람들은 만약 성홍열 환자 이외에서 같은 균이 증명되어도 그것은 종류가 다른 것이다, 외견상 같아 보이지만 성홍열을 일으키는 것은 일종의 특별한 병원성을 가지고 있다, 그 특이성은 다양한 면역반응으로 증명된다고 한다. 그러나 반대자는 진정한 병원체는 별다른 곳에 있어서 그것은 오늘날에도 아직 불분명하지만, 그것이 제1차로 감염되어 성홍열을 일으키고 연쇄상구균은 단지 제2차적으로 감염되는 것에 지나지 않는다. 그 증거에는 구균에서 나오는 면역성은 아주 약함에도 불구하고 성홍열은 강한 면역성을 주는 것으로 한 번 걸리면 두 번 다시 감염하는 경우는 거의 없다고 한다. 이 양쪽의 설은 오랫동안 논쟁을 계속해 왔기 때문에 앞서 말한 설, 즉 이 구균이 병원체라고 주장하는 설 쪽이 점점 유력해지고 있는 것 같다. 여기서 성홍열 환자로부터 분리된 이 구균으로 실험적으로 성홍열을 일으킬 수 있다면 문제 해결에 한 걸음 가까워지는 것이다. 그러나 아쉽게도 이 균으로 다양한 동물에 성홍열을 일으키는 것을 다수의 학자가 시도해 보았지만 전부 실패로 끝났다. 즉 동물실험에서는 성홍열을 일으키는 것은 아무리 하여도 성공하지 못하였다. 바꿔 말하자면 성홍열은 인간에게 한정된 병으로 그러므로 이 병의 문제를 해결하기 위해서는 인간을 실험재료로 사용해 보지 않으면 안 되는 처지가 되었다. 이 난문제에 손을 대고 정확하게 성공한 것은 미국의 딕씨이다. 그는 실험재료가 되는 지원자를 모집한 결과 과연 미국인 다수의 지원자가 있었다. 그 가운데 확실히 성홍열에 걸린 적이 없는 사람을 골라서 실험에 함께 했다. 그 방법은 성홍열 환자에서 분리한 앞서 기술한 용혈성 연쇄상구균의 순수배양을 만들고 지원자의 인두에 발랐다. 그 실험자와 피실험자의 대담함에는 놀라지 않을 수 없지 않은가, 어디서든 누구든 가능한 계획은 아니다. 정말로 목숨을 걸고 행하는 대실험이라고 말하지 아니할 수 없다. 그 결과는 어떻게 되었는지 말하자면 피실험자 전부는 아니지만 그 가운데 일부 사람에게서 정확히 성홍열이 분명하게 일어났다는 것이다. 그 사람들은 정형적인 성홍열의 과정을 거쳐서 완쾌하였다. 그 중에는 아주 가볍게 지나간 사람도 있다.

이 실험이 전혀 결함이 없이 비난받을 만한 점도 없이 행해졌는지 아닌지 내가 보증할 바가 아니다. 또 이것을 별도로 시도해 보는 것도 아주 힘든 일이다. 그러나 본 실험이 의학자에게 상당한 큰 충동을 부여해서 성홍열의 병원 문제의 해결에 중대한 광명을 부여한 것은 사실이다. 이에 따라서 용혈성 연쇄상구균이 성홍열에 대해 중대한 의의가 있다는 것이 증명되었다. 더욱이 본 실험이 행해진 것은 재작년(1923년)의 일이다.

이처럼 세상 모든 의원 연맹은 본 구균을 성홍열 병원이라고 인정하도록 하고 있다. 훗날 이 문제가 훌륭히 해결되어 본 연쇄상구균이 틀림없이 병원체라고 확정해도 그 병원체 발견의 영예는 단 한 사람에게만 주어져야 하는 것은 아니다. 다수 연구자의 공동산물이라고 해야 한다. 이 점이 다른 전염병의 병원체가 단 한 사람에 의해서 발견되어 그 영예를 오랫동안 받는 것과 다른 점이다.

그것과는 전혀 별개로 이탈리아에서는 다른 병원체가 활발하게 연구되고 있다. 그것은 일종의 쌍구균으로 아주 작은 구균이 2개씩 나열된 균이다. 처음에는 혈액과 척추 속에서 발견된 것이지만 그 후 피부, 오줌, 인후 등에서도 같은 물질이 발견되고 있다. 그쪽이 진짜인가 아닌가, 아니면 앞서 말한 연쇄상구균과 같은 물질로서 단 배열이 다른 것인지 아닌지, 그러한 점에 대해서는 또한 앞으로 많이 연구하지 않으면 안 된다. 미국에서는 연쇄상구균이 활발히 연구되어 상당히 재미있는 성적이 나오고 있으므로 주로 적어 보려고 생각한다 (후략)〈40-42쪽〉.

곤도 우메사부로(닥터 메지티네, 近藤梅三郎), 「가정위생 백일해와 볼거리의 요법」, 『조선급만주』
　　(제216호), 1925년 11월.

　　알다시피 조선과 만주지방의 겨울은 한기가 일본의 한기와는 아주 다르고 상당히 공기가
건조합니다. 따라서 찬바람이 강한 해당 지방은 아동을 기다리는 가정에서는 집에 적당한
난방설비가 있어도 옥외는 아무래도 이 한기를 막을 수는 없습니다. 질병 면에서는 겨울철
과 여름철을 비교해 보면 아무래도 아동의 질병 수는 겨울철이 많은 것 같습니다. 이것은
일본과는 반대 현상을 나타내고 있습니다. 또한, 발병률은 조선보다도 일본인이 많고 어른
보다도 아이가 많은 비율을 차지하고 있습니다. 이번 겨울철을 맞이하여 어린아이가 가장
걸리기 쉬운 병은 유행성 이하선염과 백일해이기 때문에 그것에 대해서 알기 쉽게 주의사항
을 말씀드리겠습니다.

　　유행성 이하선염은 흔히 볼거리라고도 불리며 이 병은 아주 오래전부터 있었던 병입니다.
매년 찬 기운이 찾아오면 자주 어린아이들이 걸리기 쉬운 병입니다만 아직 이 병에 대해서
는 확실한 것이 발견된 것은 없습니다. 그러나 한 가지 접촉 전염병이라는 것만은 증명되었
습니다. 보통은 3세부터 14, 15세까지의 아이들입니다만 특히 남자아이가 많이 걸리는 것
같습니다. 그러나 여자아이도 걸립니다. 그런데 이 병은 한 번은 걸리면 두 번 다시 걸리지
않습니다.

　　이 병은 상당히 빠르게 전염되기 때문에 특히 보호자가 주의에 주의를 해야 합니다. 이
병이 심하게 유행할 때는 일가족과 모든 학교에 전염되어 어찌할 수 없는 때도 있습니다.
또한, 종종 이 병은 다른 합병증을 일으키는 경우가 있어서 아주 다루기 힘든 병입니다. 일
반 가정에서는 이 병에 대해서 소홀해지기 쉬운 것은 처음에 그렇게까지 아프지 않고 격렬
한 것도 아니고 아주 조금 열이 나고 귀 아래가 부어오는 정도이기 때문에 환자도 초기에는
그렇게까지 불편함을 못 느끼기 때문에 어쨌든 주의도 하지 않고 또 응급처치도 하지 않아
서 결국 큰일이 이르고 말기 때문에 보호자는 다음에 말하는 병상에 대해서 특히나 주의를
시키지 않으면 안 됩니다.

　　그런데 용태에 대해서 말하자면 초기에는 전신에 권태감이 오고, 37.5도에서 38.2, 3도까
지 열이 오르고 메스꺼워집니다. 더욱이 구토가 나오고 처음보다 2, 3일 후에 이르면 귀가
아프게 되고 특히 음식을 먹거나 대화 등을 할 때는 격한 진통을 느끼는 동시에 또한 조금
귀 아래와 앞이 부어오릅니다. 처음에는 한쪽만 부어오르지만, 점점 팽창함에 따라서 양쪽
이하선이 부어오르기 때문에 특유의 추녀의 얼굴이 됩니다. 이 팽창이 극도에 달하면 더는
입을 벌리는 것도 머리를 돌리는 것도 불가능하고 이때 열은 39도 이상이 되고 결국은 곪게
됩니다.

전에도 말씀드렸던 합병증은 어떤 병인지 말하자면 이것에는 상당히 많은 합병증이 있습니다만 그 가운데 가장 많은 것은 남아의 고환염이고 여아는 유방염과 난소염 등입니다. 보통 남아는 고환염이 가장 많습니다. 게다가 고환염이 치유됐다고 생각하고 방심하면 이번에는 그 반대로 고환이 위축되고, 무거워지면 수태불능증이라고 하는 병이 생겨 마침내 자손을 낳지 못하게 되어 불구자가 되는 경우가 적지 않습니다. 그 외 합병증을 들자면 위장염, 복막염, 안면근육 마비, 다발신경염, 미로염 등 여러 증상이 있습니다만 특히 이 미로염은 가장 무서운 병증으로 이것이 병발할 때는 갑자기 말문이 막히는 경우가 종종 있으므로 더욱 주의를 요해야 합니다. 게다가 근육염과 중이염, 결막염, 안면신경마비, 급성정신병 등을 들자면 끝이 없을 정도의 여러 합병증이 있습니다. 가정에서 이 병을 예방하고 주의해서, 이 병에 걸린 아동에게 학교를 쉬게 하고 되도록 따뜻한 실내에서 격리해서 조용하게 하는 것입니다. 이 병은 거기에서 거기로 전염되는 것이기 때문에 한 사람의 부주의와 건강에 안 좋은 생활이 결국에는 상당히 많은 수의 타인에게 폐를 끼치게 됩니다. 위생 사상이 발달해 있는 오늘날이기 때문에 각 가정에서도 충분히 주의하고 계신다고 생각하지만, 환자에게 가까이하지 않는 것은 물론이며 건강체인 어린이도 양치와 입안을 씻는 것이 필요합니다. 예를 들면「과망간산칼륨」천 배 용액이나 또는 백 배의 중조가식염수, 혹은 50배의 붕산수, 또는 희박한 과산화수소수로 구강 내의 세척을 하루에 여러 차례 행하면 안심이며 동시에 가장 손쉬운 방법으로 괜찮다고 생각합니다. 가정에서 간편하게 할 수 있는 방법으로는 처음으로 이 병에 걸린 날로부터 2, 3일 동안은 아주 정숙하게 방바닥에 눕고 식사는 자양이 풍부한 유동성 음식을 주고 팽창이 있는 극소 부위에는 돼지기름이나「바세린」을 바르고 따뜻하게 덮는 것이 가장 좋다고 생각합니다. 또한, 너무 팽창이 심하고 진통이 심할 때는 거머리를 붙여 보는 것도 한 방법입니다. 그렇지만 이제까지 말씀드린 방법으로는 결코 안심할 수 없으므로 역시나 병에 걸리게 될 경우는 이 병이 초래하는 결과로서 곪아 화농병이 생겨 무서울 정도의 합병증 등을 일으키는 것을 생각한다면 근처의 의사에게 상담하는 것이 안전한 방법이라고 생각합니다.

백일해는 다른 말로 역해라고도 합니다. 이 백일해도 앞에서 본 볼거리와 같이 맹렬한 전염력을 가지고 있습니다. 이것은 호흡기 점막에 생기는 병의 일종이며 일종 특이한 기침을 하므로 환아는 당장이라도 호흡이 멈출 것 같이 오랫동안 호흡을 계속해서 기침하므로 보는 것만으로 괴로울 정도입니다. 기침하고 나중에는 끈적한 가래가 비강과 구강에서 나오고 불을 부는 듯한 느낌이 들기 때문에 환자의 고통은 차마 볼 수 없습니다. 이 병원체에 대해서는 내외의 학자들이 앞다투어 연구하였는데 마침내 프랑스의 학자인 보르데와 쟝구 두 학자가 진짜 역해균을 발견했습니다(계속)〈47-48쪽〉.

구보 기요지(조선총독부의원 신경정신과장 의학박사, 久保喜代二), 「정신병과 유전의 이유」, 『조
　　선급만주』(제217호), 1925년 12월.

　　병적 요소와 건강 요소와의 양자가 합쳐져 일정한 법칙에 지배되는 매독과 주정도 기인한다.
「정신병과 유전」이라는 제목을 붙인 것은 이 두 개의 관계에 대해서 학술적으로 설명하고
자 함이 아니라 세간에 많은 사람이 정신병이라고 하면 즉시 유전하는 것으로 생각하고 또
한 조상 중에 정신병이 있었다면 자손이 반드시 정신병에 걸린다고 생각하는 것을 종종 볼
수 있으므로 그 오해를 풀려고 하는 주의입니다. 역시나 정신병에는 유전하는 것이 있겠지
만 소위 미치광이 전부가 유전성인 것은 아닙니다. 문명이 발달함에 따라 정신병자의 수가
늘어나는 듯한 것은 사실이며 이런 사실에 몹시 불안을 느끼지 아니할 수 없겠지요? 그러나
매년 무서운 세력으로 증가하고 있는 정신병자의 모두가 이 유전이라고 하는 무서운 완력에
의해 지배되고 있다고 생각한다면 그것은 큰 문제입니다. 유전이라 하는 생물 현상은 일정
의 법칙에 지배되어 가는 것으로 제한 없이 폭위를 휘두르는 점이 그들의 전염병과는 전혀
다른 사실입니다. 간단하게 말하자면 유전에는 적어도 두 가지 이상의 요소 있습니다. 하나
는 병을 일으키는 사람이고 다른 것은 어디까지나 건강한 생리적 작용을 촉진하는 사람입니
다. 보통 유전은 나쁜 병의 종만이 자손에게 전해진다고 생각하고 있습니다만 그것은 한쪽
면만 보고 있는 것으로 정확하지 않습니다. 병적 요소와 건강한 요소가 양자 모두 똑같이
유전력이라고 할 만한 것을 가지고 있습니다. 그것이 멘델의 법칙이라고 하는 수학적인 관
계에 지배되어 양자가 우리들 각각 독립하여 유전되기도 하고 또는 양자가 하나가 된 것이
자손에게 전해집니다. 예를 들면 아주 건강한 남자와 정신병인 여자 사이에서 4명의 아이가
태어났다고 한다면 그 가운데 1명은 아버지의 소질을 전부 받고, 1명은 어머니의 병적 소질
을 전부 받지만, 다른 2명은 부모님의 소질을 각각 반씩 받습니다. 즉 아주 건강하지 않지만,
병이 확연히 나타나지 않는 형제가 2명이 나오는 것입니다. 이것은 아주 간단한 예이지만
실제로는 실로 아주 복잡한 관계 때문에 지배되는 현상입니다. 그러나 병이 있는 어머니에
서 태어난 아이 가운데에서도 아버지가 완전히 건강한 소질을 가지고 있으면 어머니의 나쁜
소질을 조금도 받지 않은 아이가 태어나는 것을 보고도 유전이라고 하는 것에 이상한 작용
을 명료하게 알 수 있게 된다고 생각합니다. 이 작용이 있기 때문에 현대 인간이 전부 미치
광이가 되지 않는 것입니다. 유럽 어느 학자의 조사에서는 우리는 18세기경에 이미 약 6만
5천 명의 조상을 가지고 있는 것으로 여겨집니다만 그렇게 많은 사람이 피가 섞여 있는 우
리들은 유전에 의해 병적 소질만이 제한 없이 전파하는 것이라고 한다면 아주 오랜 전에
한 사람도 남김없이 정신병자가 되어 있지 않으면 안 되는 이치입니다. 이것을 통계상으로
관찰하면 더욱 명료합니다. 유전에 따른 정신병자의 전체수와 그 당시의 전 인구와의 비율

이 어느 세대에서도 거의 일정하다는 결과가 나왔습니다. 인구가 1천 명이라고 할 때 2명이 병자가 나왔다고 하면 인구가 1만 명이라고 하면 20명의 정신병자가 나온다는 뜻입니다. 즉 건강한 사람의 수와 병자의 수와의 비례가 언제라도 일정합니다. 특히 병자가 현저하게 증가해서 건강한 사람이 적어진다고 하는 현상은 볼 수 없습니다. 정신병 중에는 병적 소질 유전에 원인이 있다고 하는 사람이 있습니다만 그 정신병은 이상에서 서술했듯이 미묘한 관계로서 전염병과 같이 제한 없이 퍼져나가는 일은 없다는 것을 우선 알아두었으면 합니다.

그렇다면 과연 정신병자의 수는 일정하게 계속 증가를 하는 게 아니지 않습니까? 유전에 따른 정신병자의 수는 어떤 의미에서 일정하다고 여기고 있는데 그것 이외의 정신병은 어떠한 법칙에도 지배되지 않고 제한 없이 증가하는 경향을 나타내고 있습니다. 일례를 들자면 매독에 의해 발생하는 정신병이 그러한 것입니다. 크라프트 에빙이라고 하는 학자가 "문화란 매독화 한다"라고 자기 생각을 확실히 말했는데 정말로 적절한 경구라고 생각합니다. 문화가 가는 곳은 반드시 매독이 따라간다는 것은 말할 것도 없는 사실입니다. 지금은 문명의 바람은 전 세계를 풍비하고 있습니다만 그와 동시에 매독이 발견되지 않은 곳은 거의 없을 정도입니다. 그것만으로는 대단한 것도 아닙니다만 매독 때문에 발생하는 정신병이 무섭게 증가하고 있는 사실 또한 저명한 것입니다. 그리고 알코올 중독과 관련한 정신병도 유럽에서는 아주 많아졌습니다. 이상하게도 일본에서는 이 알코올 중독성 정신병은 아주 적습니다. 그러나 나의 생각으로는 일본인도 서양인이 상용하는 것과 같이 주류를 빈번히 마시게 되면 점점 이 종류의 정신병도 늘어나지 않을까 생각합니다.

정신병자의 수는 점점 증가하고 있다는 것은 사실입니다만 유전에 의한 정신병자는 인위와는 거의 무관계로 일정의 비율을 가지고 증가합니다. 그에 반해서 매독이나 알코올에 의한 정신병은 문명이 발달함에 따라서 인위적으로 제한도 없이 퍼져나가는 것 같습니다. 오늘날의 의학으로는 아직 유전의 힘에 반항하는 것은 나오지 않는다고는 하나 매독이나 알코올과 같이 적당한 방법으로 막을 수 있는 독극물에 의한 정신병을 예방하지 못할 까닭이 없는 것입니다. 그 사실에 관해서는 별개의 사회문제로서 지식인들의 연구에 호소하고 싶습니다(끝)〈29-30쪽〉.

세토 기요시(의학사, 瀬戶潔), 「거친 피부와 지종의 요법, 피부와 체질과의 관계, 상처를 위협하는 화농균의 번식」, 『조선급만주』(제217호), 1925년 12월.

점차 추워짐에 따라 한기가 원인으로 걸리기 쉬운 병은 많습니다. 이런 많은 병을 크게 두 가지로 나누어 보면 하나는 내장의 병이고, 다른 하나는 외견 즉 피부의 병으로 나누어집니다. 감기를 시작으로 폐렴 그 외 내장의 병도 그 수가 많습니다만 그러나 피부의 병도 좀처럼 무시하지 못할 정도로 많습니다. 그 가운데 피부의 거침과 지종에 관한 주의점을 열거해 봅시다.

▽ 지종은 왜 겨울철에 많은가? 라고 하면 겨울은 화농균이 인간의 신체를 범하기에 적당할 뿐만 아니라 특히나 손가락이나 발가락 같은 신체의 말단은 아주 찹니다. 그리고 어느 정도 이상으로 차가워지면 신체의 혈관을 지배하고 있는 신경은 마비되어 혈관이 극도로 확장되어 버립니다. 대부분은 그런 것은 열외입니다. 추울 때 수족이 차지는 것은 그 혈관이 좁아져서 혈액순환이 충분하지 않기 때문입니다. 그러면 그 부분의 피부가 상처 입었을 때 그 치유는 길어짐과 동시에 침입한 균을 죽이는 힘이 부족하므로 화농균이 점점 번식해서 결국에 수족의 지종이 여름보다 더 심한 것입니다. 대부분의 일반 사람의 생각으로 여름은 상처가 썩기 쉬울 것이라든가 겨울은 세균의 발육이 나쁘므로 썩지 않을 것이라는 등의 말을 합니다만 신체는 겨울이기 때문에 체온이 내려가고 여름이기 때문에 오른다고 말하지 않기 때문에 화농균은 언제든지 그 외의 조건만 맞으면 발육하는 것입니다. 경성의 가정부의 후유코모리(겨울동안 외출하지 않고 집안에만 머무는 것: 번역자)라고 하는 것은 잘 볼 수 있습니다만 지종도 걸리기 쉬운 체질의 가정부는 후유코모리라도 하지 않으면 견딜 수 없습니다.

대체로 경성 주위는 만주처럼 춥지 않다고 하는데도 일본과 같은 생활을 하기에 많이 춥습니다. 그러나 무리를 하면 안 될 것도 없다고 말은 합니다. 부인들은 가정부에게 일본풍으로 부엌에서 물을 쓰는 일을 합니다만 추울 때는 물이 얼지 않게 되어있는 부엌 설비를 갖춘 경성의 주택은 거의 열 손가락에 꼽을 수 있을 정도밖에 없습니다. 9분 9리까지 부엌의 설비는 일본의 것과 같이 되어있기 때문에 이처럼 찬 곳에서 물을 쓰는 일을 하거나 식사 많은 부엌 일을 해야 하므로「피부의 틈」「피부의 갈라짐」이 생기지 않는 사람은 거의 없을 정도입니다. 그러나 이에 따라서 가벼운「피부의 틈」정도로 끝나지 않고 지종이 되는 일이 상당히 많습니다. 대략의 가정에서는 손가락이 부어올라도 부엌일을 하는 사람은 잠을 제대로 자지 못하는 사람도 많으므로 이것을 참으면서 무리하게 일을 하는 것은 뼈까지 썩게 되고 또는 임파선이 붓기도 하고 그 결과, 흔하지는 않지만 농독이 전신에 돌고 마침내 죽습니다. 거기서 재미있는 현상은 병에 걸려서 병원에 다녀도 좀처럼 낫지 않고 그러면 부인으로부터 무자비하게도 일을 못 한다면 고향으로 돌아가 요양이라도 하는 것이 어떨지라는 말을 듣게 된다. 이 지종에 걸리면 월급은 못 받고 병원에 다니지 않으면 안 되며 결국, 한 겨울에 가정부로 일하는 것보다는 여자끼리 4, 5명으로 온돌 한 칸이라도 빌려서 12월부터 3월경까지에 한해서 공동생활이라도 해서 편하게 지내는 편이 득이 될 것이라는 생각에서 가정부의 후유코모리가 행해지게 되었다.

▽무서운 것은 지종이며 상당히 고통을 주는 것입니다. 특히 손톱에 침투되었을 때만큼 심하게 아픈 것은 아닙니다. 속담에도 손톱에 불을 붙여서 돈을 모으다(양초 대신 손톱에 불을 붙인다는 뜻으로 인색하게 돈을 모으다: 번역자)라고 할 정도이기 때문에 누구라도 손가락 끝은 더욱이 감각이 예민하다는 것은 충분히 알고 있어도 어느 정도 아픈지 말한다면 실제로 아픔을 경험한 사람이 아니라면 아마도 모를 것이다. 나는 이 지종에 걸린 적이 있었습니다. 그리고 그 두려움은 충분하게 알고 있어서 빨리 수술을 하였기 때문에 손가락 끝이 아픈 기간은 비교적 짧았지만, 그 고통은 아직도 잊을 수 없을 정도입니다. 그것이 단지 아픈 정도라면 참기라도 하지만 때로는 손가락을 잘라내지 않으면 안 되기도 하고 혹은 팔에서 어깨까지도 점점 썩어들어가서 결국에는 2, 3개월은커녕 6개월이나 일 년이라는 오랜 시간 그 때문에 괴로워하지 않으면 안 되기 때문에 이 병에 걸렸다고 생각한다면 서둘러서 치료를 받지 않으면 위험합니다. 특히 초심자가 치료했을 때 결과는 손을 쓸 수 없을 정도가 되어버리는 경우가 왕왕 있습니다. 초심자가 ■ ■ ■ 자주 덧나게 한다는 말을 사용합니다만 그 말 그대로이기 때문에 특히 여기서 주의해 두지 않으면 안 되는 것이 있습니다. 그리고 이 지종이라고 하는 병은 자기 스스로는 무리를 하지 않았다고 생각하더라도 운이 나쁘면 전신에 독이 돌아서 돌이킬 수 없는 아주 큰 일이 되어버립니다. 그러므로 겨울철은 특히 주의를 소홀히 하지 않도록 합니다〈57-58쪽〉.

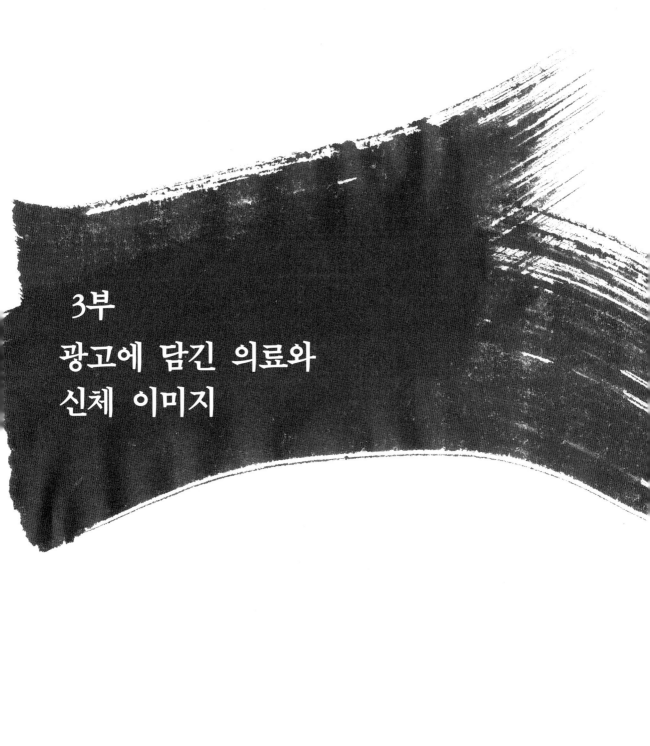

3부
광고에 담긴 의료와
신체 이미지

# 1. 고통받는 신체

<그림 1> 치통, 『매일신보』, 1920년 4월 5일

<그림 2> 어린이 치통,
『경성일보』, 1921년 6월 12일

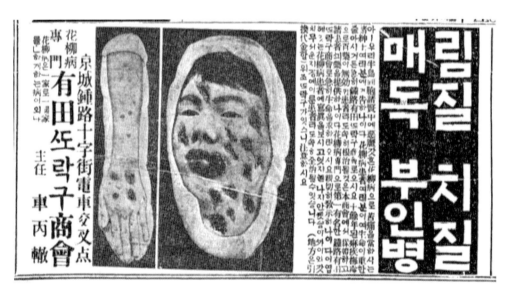

<그림 3> 성병 환자, 『동아일보』, 1922년 5월 26일

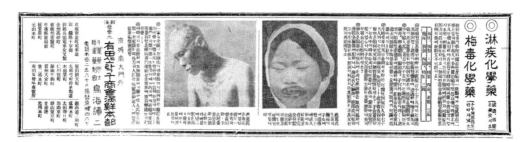

<그림 4> 왼쪽은 매독 3기로 뼈까지 균이 침입한 사진
오른쪽 사진은 부친의 매독이 유전된 성인의 모습.
『동아일보』, 1922년 12월 4일

<그림 5> 치질, 『경성일보』, 1922년 2월 12일

<그림 6> 기침, 『동아일보』, 1922년 10월 12일

<그림 7> 감기와 열, 『경성일보』, 1923년 11월 3일

<그림 8> 신경쇠약, 『동아일보』, 1924년 5월 16일

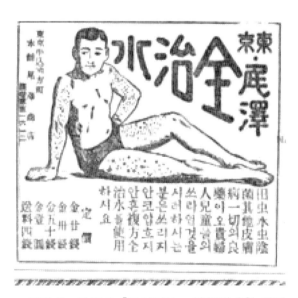

<그림 9> 피부병, 『동아일보』, 1924년 9월 12일

<그림 10> 감기·열·신열,
『동아일보』, 1924년 10월 5일

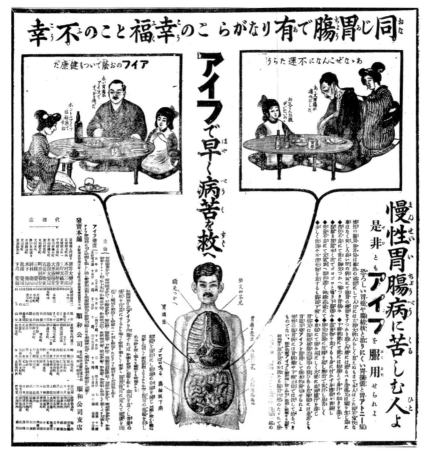

<그림 11> 만성 위장병 환자의 고통,
『경성일보』, 1924년 11월 15일

<그림 12> 치질, 『동아일보』, 1925년 2월 28일

<그림 13> '뒤를 보지 못하는' 변비, 『동아일보』, 1925년 8월 8일

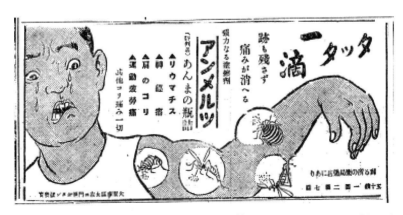

<그림 14> 벌레에 물림, 『경성일보』, 1925년 9월 9일

<그림 15> 류머티즘과 신경통의 고통,
『경성일보』, 1925년 11월 25일

<그림 16> 감기와 신열,
『동아일보』, 1925년 1월 15일

# 2. 화학 실험과 고무·전기 의료기

## 1) 화학 실험

<그림 17> "엄밀한 시험의 결과",
『매일신보』, 1921년 9월 19일

<그림 18> 『동아일보』, 1922년 9월 8일

<그림 19> 치질약. "시험관을 통해야 사실이 증명된다.", 『매일신보』, 1924년 6월 27일

<그림 20> 제약사 실험실, 『경성일보』, 1925년 3월 8일

## 2) 고무·전기 의료기

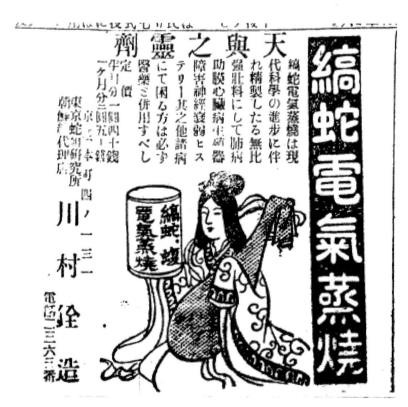

<그림 21> 『경성일보』, 1921년 6월 17일

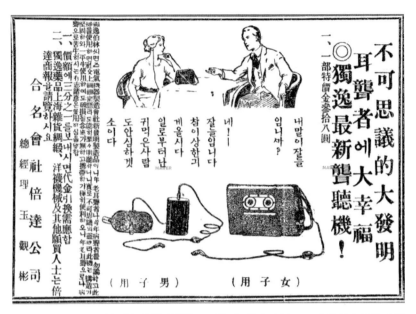

<그림 22> '농청기(聾廳機)': 보청기, 『동아일보』, 1922년 7월 8일

<그림 23> 『동아일보』, 1922년 7월 30일

<그림 24> '체질개선과 건강보전의 등명태(燈明台)', 『경성일보』, 1922년 1월 13일

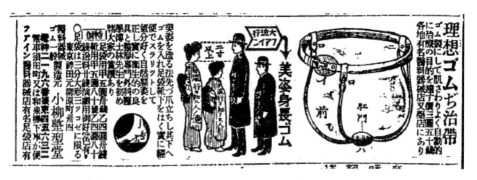

<그림 25> 키 높이기 고무와 치질 치료대, 『경성일보』, 1922년 2월 15일

<그림 26> 코를 높이는 '융비기'(隆鼻器),
『경성일보』, 1922년 5월 21일

<그림 27> 코를 높이는 '융비기'(隆鼻器),
『동아일보』, 1924년 2월 15일

<그림 28>
"뇌와 위장에 약을 쓰지 않고 치료한다.",
『경성일보』, 1922년 5월 27일.

<그림 29> '전기투열치료기',
『경성일보』, 1922년 5월 27일

<그림 30> '전기투열치료기',
『경성일보』, 1922년 6월 15일

<그림 31> 의수족과 탈장치료기.
『경성일보』, 1922년 6월 13일

<그림 32> 『조선시보』, 1922년 11월 8일

<그림 33> 『동아일보』, 1922년 11월 26일

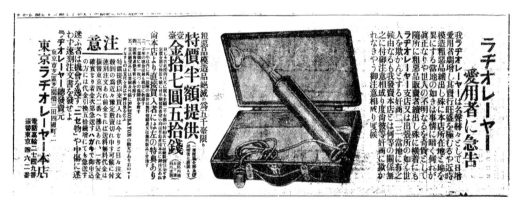

<그림 34> 『경성일보』, 1923년 2월 28일

<그림 35> 기저귀와 '월경대'(생리대),
『동아일보』, 1923년 5월 27일

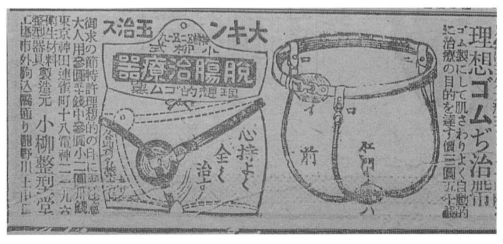

<그림 36> 광고 부분. 고무 치질 치료대와 탈장치료기,
『경성일보』, 1924년 2월 14일

<그림 37> '전파치료기'
『조선신문』, 1925년 2월 21일

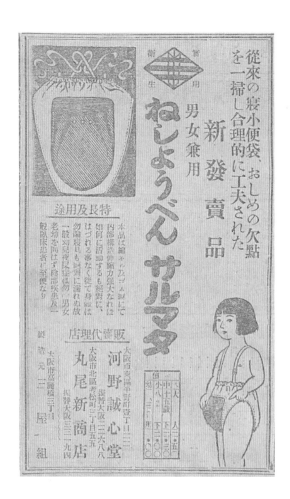

<그림 38> 어린이용 오줌 팬츠,
『조선신문』, 1925년 12월 4일

# 3. 방충·살충제

<그림 39> 빈대약,
『동아일보』, 1920년 6월 27일

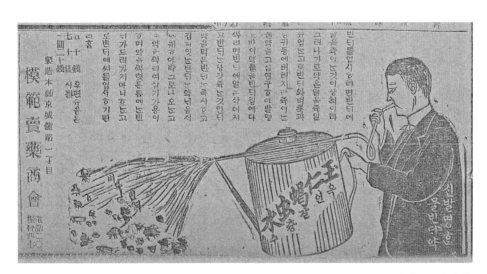

<그림 40> 빈대약,
『매일신보』, 1920년 7월 8일

<그림 41> 파리약, 『경성일보』, 1920년 8월 12일

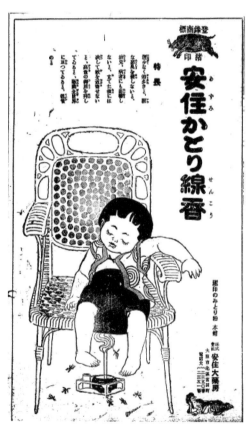

<그림 42> 『경성일보』, 1920년 8월 31일

<그림 43> 『동아일보』, 1921년 5월 7일

<그림 44> 『매일신보』, 1922년 6월 11일

<그림 45> 『동아일보』, 1922년 6월 18일

<그림 46> 『경성일보』, 1922년 7월 6일

<그림 47>
『경성일보』, 1922년 7월 12일

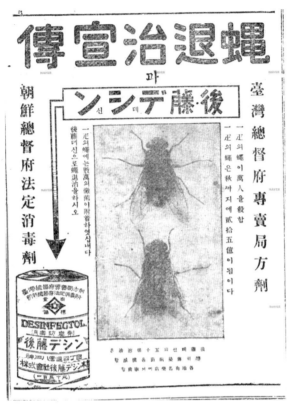

<그림 48> 『동아일보』, 1922년 7월 31일

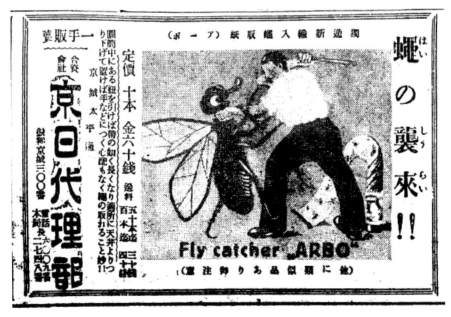

<그림 49> 『경성일보』, 1923년 4월 11일

<그림 50> 『조선일보』, 1924년 5월 25일

<그림 51> "악역(악성 유행병) 전파자인
파리를 잡고 구더기를 죽이시오. 소독
방취 살충의 3대 효과를 절대 보증함.
가정상비 소독약.",
『조선일보』, 1924년 8월 12일

<그림 52> 『동아일보』, 1925년 7월 8일

<그림 53>
『부산일보』, 1925년 7월 3일

<그림 54> 모기장,
『조선일보』, 1923년 7월 12일

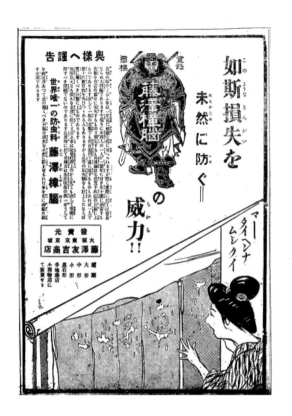

<그림 55> 좀과 곰팡이 약,
『경성일보』, 1920년 7월 20일

<그림 56> 좀과 곰팡이 약,
『경성일보』, 1920년 9월 15일

## 4. 화류병(성병) 약 광고

<그림 57> 임질약,
『조선일보』, 1920년 6월 30일

<그림 58> "화류병을 구축하라,"
『동아일보』, 1922년 11월 22일

<그림 59> 『동아일보』, 1923년 1월 24일

<그림 60>
『동아일보』, 1923년 3월 14일

<그림 61> 임질균,
『조선일보』, 1924년 1월 18일

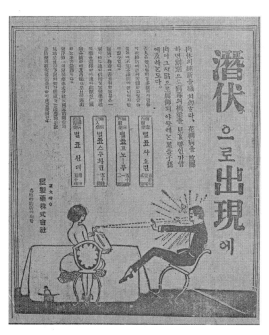

<그림 62> 화류병은 "잠복했다가 나타난다."
『매일신보』, 1924년 1월 22일

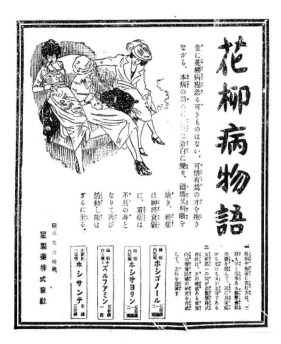

<그림 63> 화류병 이야기, "세상에서
화류병처럼 무서운 것은 없다."
『경성일보』, 1924년 3월 16일

<그림 64> 『경성일보』, 1924년 5월 13일

<그림 65> 임질약, 『경성일보』, 1924년 5월 15일

<그림 66> "화류병 예방약."
『경성일보』, 1924년 5월 31일

<그림 67>
『매일신보』, 1924년 7월 25일

<그림 68>
『부산일보』, 1925년 9월 8일

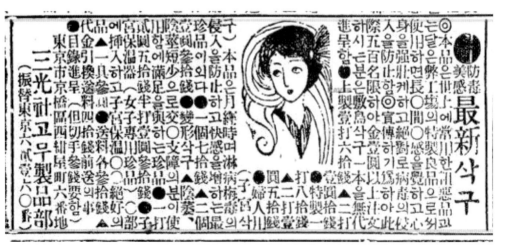

<그림 69> 성병을 예방하는 '삭구'(콘돔), 『동아일보』, 1925년 9월 18일

# 5. 뇌건강

<그림 70> 『매일신보』, 1920년 2월 1일

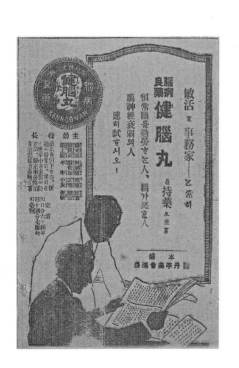

<그림 71> 『매일신보』, 1920년 10월 24일

<그림 72>
『매일신보』, 1920년 11월 26일

<그림 73>
"책상에는 책과 건뇌환",
『매일신보』, 1922년 2월 13일

<그림 74>
『동아일보』, 1922년 10월 7일

<그림 75> 『동아일보』, 1923년 3월 19일

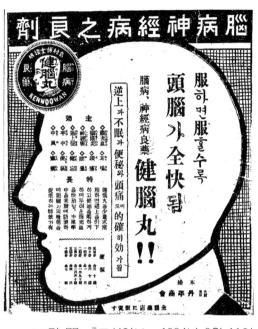

<그림 77> 『조선일보』, 1924년 8월 11일

<그림 76>
『동아일보』, 1924년 5월 4일

<그림 78>
『동아일보』, 1925년 7월 9일

# 6. 자양강장제와 신체 이미지

<그림 79> '보혈강장제',
『동아일보』, 1920년 8월 2일

<그림 80> 달걀과 우유보다 진보, 『매일신보』, 1920년 9월 7일

<그림 81> "힘 만능",
『동아일보』, 1922년 5월 26일

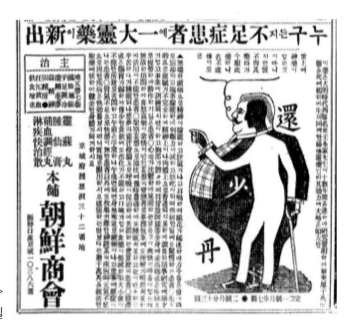

<그림 82>
『동아일보』, 1922년 10월 2일

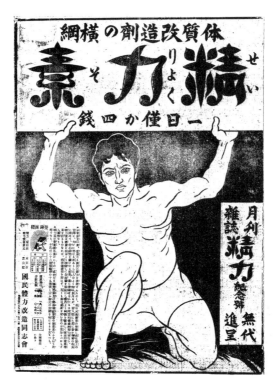

<그림 83> 『경성일보』, 1922년 11월 2일

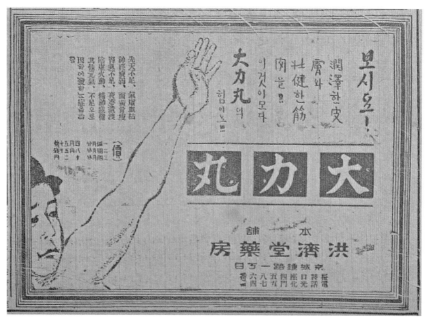

<그림 84> 『매일신보』, 1923년 10월 7일

<그림 85> 병후 허약과 신경쇠약 등에 좋은 '보약',
『동아일보』, 1924년 3월 9일

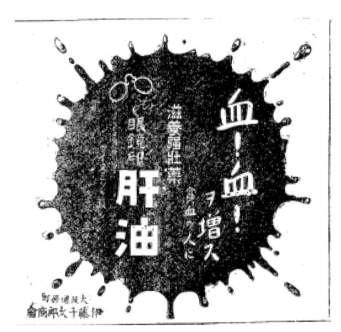

<그림 86> "피를 늘린다."
『경성일보』, 1924년 4월 15일

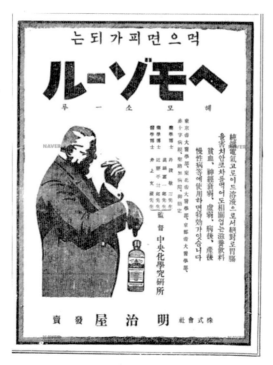

<그림 87> "먹으면 피가 된다."
『동아일보』, 1924년 6월 27일

<그림 88> "생식기 활력의 원천",
『매일신보』, 1924년 7월 10일

<그림 89> 『신여성』 7호, 1924년 7월호

<그림 90> "허약에서 강건으로", 『경성일보』, 1924년 9월 13일

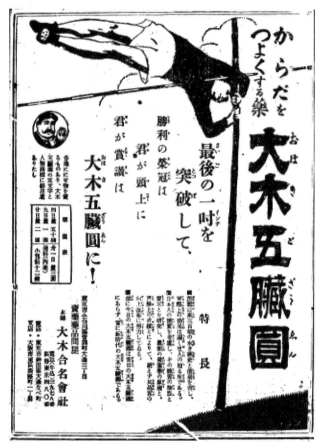

<그림 91> "몸을 강하게 하는 약",
『경성일보』, 1924년 11월 5일

<그림 92> "허약, 쇠약, 병중과 병후에",
『경성일보』, 1924년 11월 23일

<그림 93> "명예와 돈보다도", 『경성일보』, 1925년 2월 17일

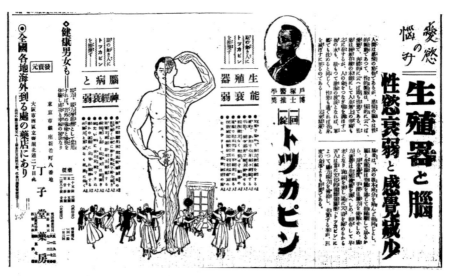

<그림 94> 생식기와 뇌는 서로 연결되어 있다, 『경성일보』, 1925년 3월 29일

<그림 95>
『동아일보』, 1925년 5월 14일

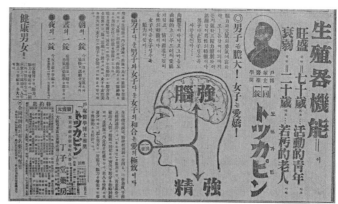

<그림 96> 『매일신보』, 1925년 6월 25일

## 7. 전염병과 의약품

&lt;그림 97&gt; "악성 감기 전도에 만연, 주의 긴요."
『경성일보』, 1920년 1월 9일

<그림 98> "호열자(콜레라) 예방",
『매일신보』, 1920년 8월 19일

<그림 99> 호역(호열자, 콜레라). "사람은
호역을 두려워하고 인단은 호역을 두려워
한다." 광고 문안에 오류가 있다.
『매일신보』, 1921년 7월 27일

<그림 100> "사람은 호역을 두려워하고
호역은 인단을 두려워 한다." 광고 문안을
정정했다. 『경성일보』, 1921년 7월 28일

<그림 101> '학질 특효약',
『동아일보』, 1921년 8월 15일

<그림 102> '악역'(악성 유행병)이
유행하는 지금, 불안 소멸,
『경성일보』, 1921년 8월 25일

<그림 103> 탱크가 '악역군'을 진압하고
있다. '악역'을 도깨비로 묘사했다.
『경성일보』, 1921년 9월 6일

<그림 104> 악역(악성 유행병)에 조심. 『동아일보』, 1922년 9월 19일

<그림 105> "수재(水災) 뒤에 '악역' 예방이 가장
중요." 수재로 더러워진 집을 그렸다.
『조선일보』, 1923년 8월 20일

<그림 106> '악역 예방', 『동아일보』, 1924년 7월 10일

<그림 107> '악역 퇴치', 『동아일보』, 1924년 9월 17일

<그림 108> 껌도 "입안을 청결하게 해서 전염병 예방에 도움이 된다"고 선전했다. 『조선일보』, 1925년 6월 12일

<그림 109> "호열자에 강한 인단", 『동아일보』, 1925년 10월 8일

<그림 110> "호열자는 인단에게 쫓겨난다." 『동아일보』, 1925년 10월 9일

# 8. 해부학과 의약품

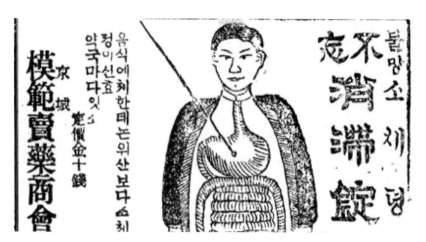

<그림 111> 『동아일보』, 1920년 4월 16일

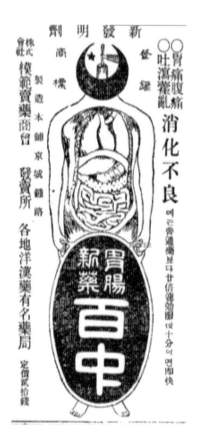

<그림 112>
『동아일보』, 1922년 8월 1일

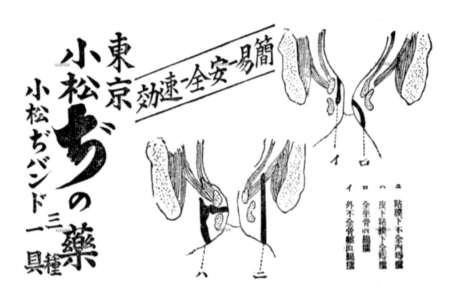

<그림 113> 치질약 광고 가운데 부분, 『동아일보』, 1924년 7월 4일

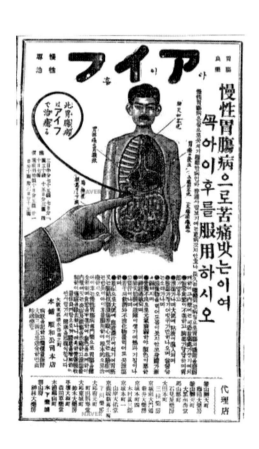

<그림 114>
『동아일보』, 1924년 10월 11일

<그림 115> 부인병 약, 『경성일보』, 1924년 10월 21일

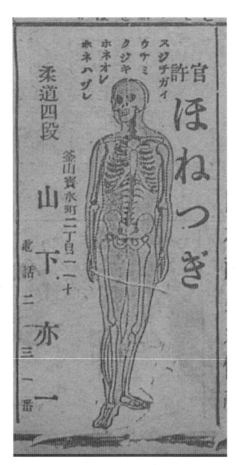

<그림 116> 유도 4단인 일본 사람이
접골을 한다는 광고.
『부산일보』, 1925년 3월 21일

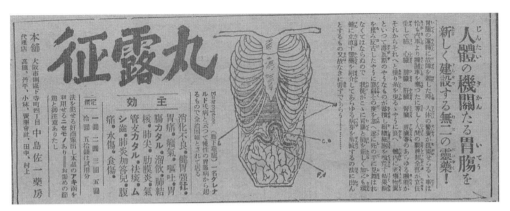

<그림 117> 『부산일보』, 1925년 5월 10일

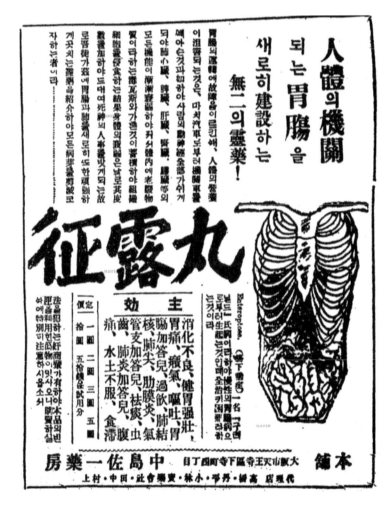

<그림 118> 『조선일보』, 1925년 7월 14일

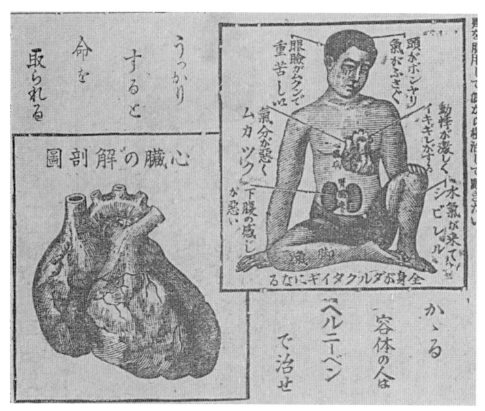

<그림 119> 심장병 약 광고 가운데 부분, 『조선신문』, 1925년 12월 26일

# 9. 위생과 신체

## 1) 비누

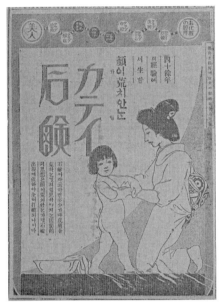

<그림 120>
『매일신보』, 1922년 3월 8일

<그림 121>
『동아일보』, 1922년 10월 19일

<그림 122> 『매일신보』, 1923년 7월 18일

<그림 123> 『조선일보』, 1924년 9월 30일

2) 치약

<그림 124> '입속의 세균'을 그렸다, 『매일신보』, 1920년 6월 9일

<그림 125> 물치약, 『매일신보』, 1921년 3월 12일

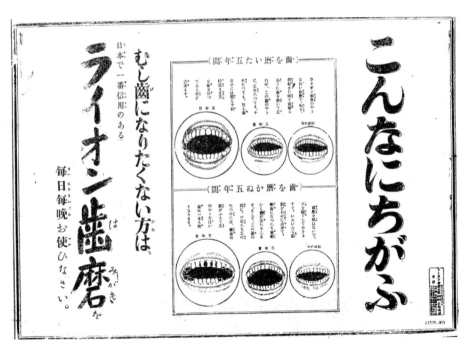

<그림 126> 충치를 없게 하는 방법, 『경성일보』, 1921년 9월 25일

<그림 127> "세계 어린이는 이처럼 이
닦는 법을 배운다."
『매일신보』, 1921년 12월 12일

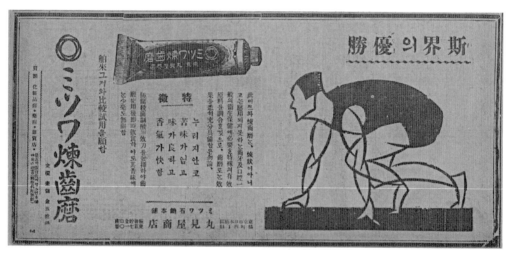

<그림 128> "치약계의 우승", 『매일신보』, 1923년 6월 22일

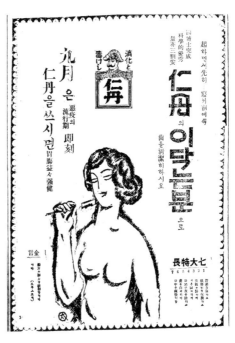

<그림 129> 『매일신보』, 1923년 7월 7일

<그림 130>
『조선일보』, 1923년 9월 17일

<그림 131> "이의 위생은 어릴 때부터"
『경성일보』, 1924년 3월 6일

<그림 132> 『매일신보』, 1924년 6월 8일

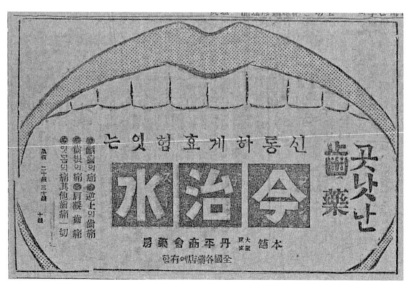

<그림 133> 이 무렵 '치약'이란 치통 등에 쓰는 약이었다.
『매일신보』, 1924년 7월 16일

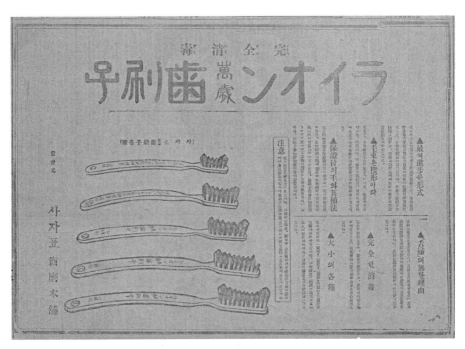

<그림 134> 칫솔 광고, 『매일신보』, 1924년 9월 4일

<그림 135> 『매일신보』, 1924년 12월 23일

## 3) 치과

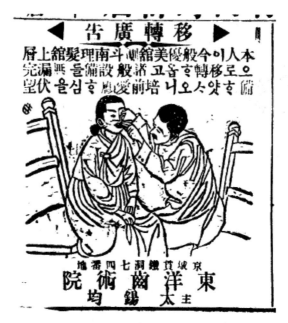

<그림 136> 『조선일보』, 1920년 5월 20일

<그림 137>
『동아일보』, 1923년 10월 9일

## 4) 기타 위생

<그림 138> 소독 젓가락.
『경성일보』, 1922년 5월 26일

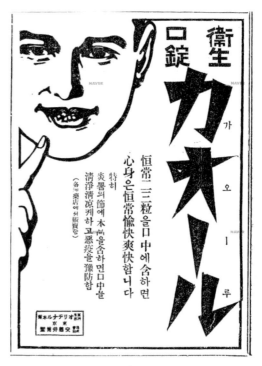

<그림 139> '입속 위생'
『동아일보』, 1923년 8월 12일

<그림 140> 가정 소독약.
『조선일보』, 1924년 7월 12일

# 10. 부인병 의약품

<그림 141> '석가 탄신일'을 이용한 광고, 『동아일보』, 1921년 5월 15일

<그림 142> "여름철에 야위는
것을 막는다."
『경성일보』, 1921년 6월 7일

<그림 143> 단오를 이용한 광고, 『동아일보』, 1921년 6월 10일

<그림 144> "각국의 부인이 매일 마신다." 『경성일보』, 1921년 9월 14일

<그림 145> 부인병을 "중장탕으로 막아내면 틀림없다." 『경성일보』, 1921년 11월 26일

<그림 146> '자녀 생산', 『동아일보』, 1921년 11월 3일

<그림 147> 『동아일보』, 1922년 1월 8일

<그림 148> '건강과 미용을 위해', 『경성일보』, 1922년 1월 20일

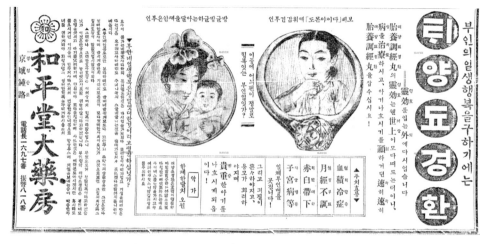

<그림 149> '부인의 일상 행복'과 아이 낳기, 『동아일보』, 1922년 1월 23일

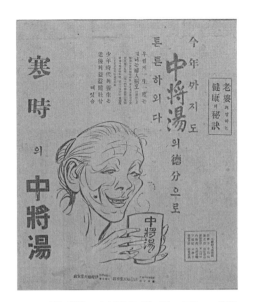

<그림 150> 부인병 약 광고로는 매우
드물게 노인을 모델로 했다.
『매일신보』, 1922년 2월 15일

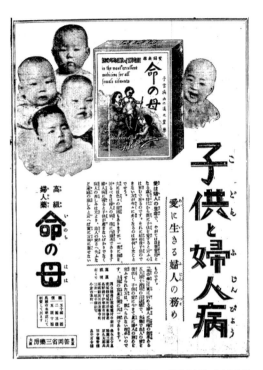

<그림 151> 어린이와 부인병
『경성일보』, 1922년 4월 10일

<그림 152> 『동아일보』, 1922년 6월 23일

<그림 153> "황금보다 낫다."
『동아일보』, 1922년 11월 14일

<그림 154> '건강의 미', 『동아일보』, 1923년 2월 4일

<그림 155> 『동아일보』, 1923년 7월 2일

<그림 156> 『동아일보』, 1923년 8월 12일

<그림 157> 『동아일보』, 1923년 9월 10일

<그림 158> '중장탕의 작용'
『동아일보』, 1924년 3월 29일

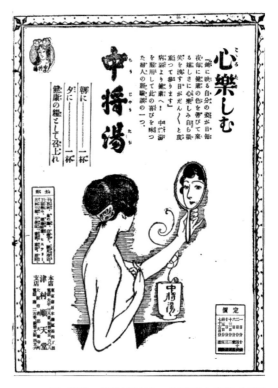

<그림 159> 『경성일보』, 1925년 3월 14일

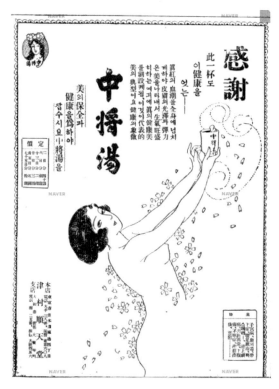

<그림 160> 『동아일보』, 1925년 4월 26일

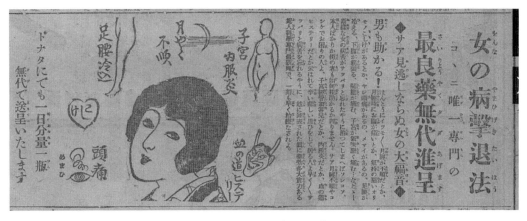

<그림 161> '부인병'의 여러 증상을 그림으로 보여준다.
『부산일보』, 1925년 11월 17일

# 11. 피부병과 종기

<그림 162> "남녀의 아름답고 추함은 피부의 차이에 있다." 『경성일보』, 1922년 1월 26일

<그림 163> '흑인과 백인'
『동아일보』, 1922년 10월 27일

<그림 164> 『동아일보』, 1922년 10월 31일

<그림 165> 『동아일보』, 1922년 12월 24일

<그림 166> 『동아일보』, 1923년 9월 2일

<그림 167> 『동아일보』, 1924년 6월 20일

<그림 168> 피부의 재생,
『경성일보』, 1924년 7월 30일

<그림 169> 여드름과 주근깨,
『동아일보』, 1924년 12월 30일

<그림 170> '봄이 되면 두려운 피부병',
『동아일보』, 1925년 2월 28일

<그림 171> "처녀의 매력은 육체의 미로다",
『조선일보』, 1925년 3월 15일

<그림 172> "처녀의 피와 육체의 변화",
『동아일보』, 1925년 5월 28일

<그림 173> 여드름 주근깨 치료,
『조선일보』, 1925년 6월 30일

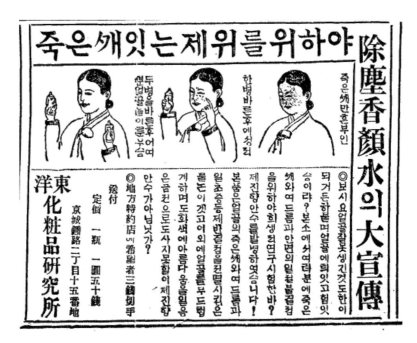

<그림 174> 주근깨,
『조선일보』, 1925년 8월 18일

<그림 175> 『조선일보』, 1925년 11월 21일

<그림 176> '조고약', 『동아일보』, 1922년 7월 10일

<그림 177>
등창 등의 종기에 '적선고',
『동아일보』, 1922년 9월 5일

<그림 178> 종기에 '종선고',
『조선일보』, 1924년 5월 9일

# 12. 눈병 · 귓병 · 콧병

<그림 179> 『경성일보』, 1920년 6월 3일

<그림 180> 『경성일보』, 1920년 8월 1일

<그림 181> 『경성일보』, 1922년 3월 2일

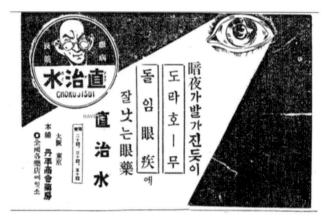

<그림 182> 『동아일보』, 1922년 10월 18일

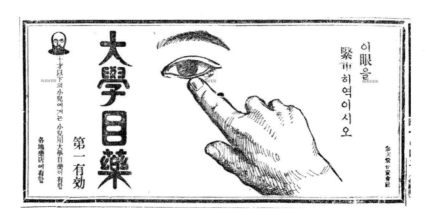

<그림 183> 『동아일보』, 1924년 1월 29일

<그림 184>
『동아일보』, 1924년 7월 21일

<그림 185> 결막염, 충혈된 눈에,
『조선일보』, 1924년 8월 13일

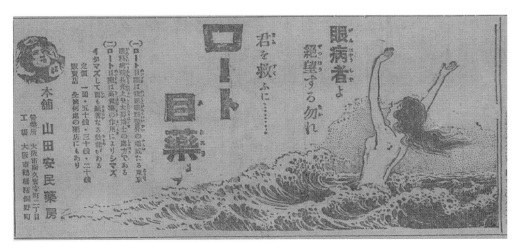

<그림 186> 『부산일보』, 1925년 9월 11일

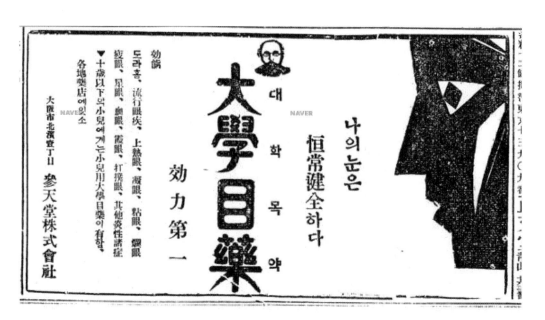

<그림 187> 『동아일보』, 1925년 11월 27일

<그림 188> 귓병과 콧병약,
『경성일보』, 1925년 1월 29일

# 13. 소화기 질병과 의약품

<그림 189> 소화불량, 식욕부진 등 "이와 같은 경우에는?",
『경성일보』, 1920년 1월 7일

［母］匾姬야그女은왜다느냐

［女］어머니이女에香臭가大端히요

［母］그러면그보다더香氣로운것을사 구

［女］그것이무엇이야요그런것을사주서요

［母］淸心保命丹이란다 가셔사꿋케이러나거라

［女］그淸心保命丹은어대서제조하난것이야요

［母］南大門안太平通濟生堂에서제조하고각

치약국에서다판매하느니라

賞花散步에淸心保命丹

遠足運動에淸心保命丹

精神疲勞에淸心保命丹

京城太平通二丁目
濟生堂藥房
電話一七二八番

<그림 190> 내과 질병 가운데 소화불량이 가장 많았다. 소화제 수요도 그만큼 컸다. 청심보명단의 소화제의 일종이었다. 청심보명단은 큰 제약업체로 발돋움하고 있던 제생당(濟生堂)의 대표 약품이었다. 광고 문안을 보면 이 약은 "꽃보다 더 향기가 있다"라고 했다. 빨간색의 청심보명단은 맛이 달고 향긋했다. 용뇌와 박하 등을 원료로 한 소화제였기 때문이다(홍현오, 『한국약업사』, 약업신문사, 1972, 12쪽).
『동아일보』, 1920년 4월 14일

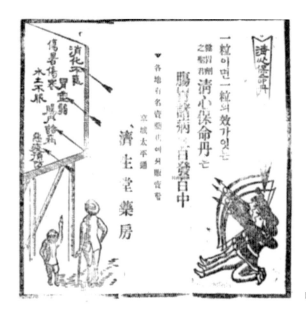

<그림 191>
위장병에 '백발백중',
『동아일보』, 1920년 4월 23일

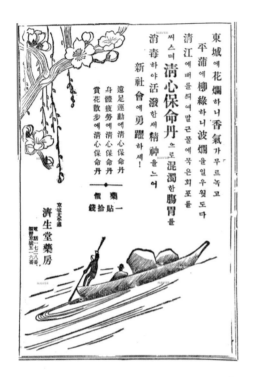

<그림 192> "혼탁한 위장을 소독",
『동아일보』, 1920년 4월 25일

<그림 193> '전기활명액, 시골 영감과 서울
청년의 문답, 『조선일보』, 1921년 4월 24일

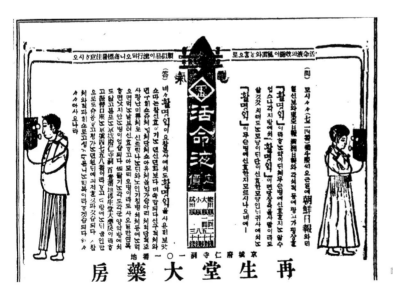

<그림 194> '전기활명액',
전신전화보다 약효가 빠르다.
『조선일보』, 1920년 6월 18일

<그림 195> "여행의 보험",
『경성일보』, 1921년 4월 27일

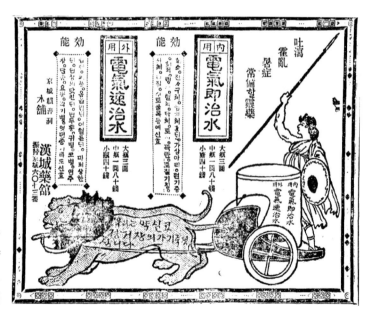

<그림 196>
'전기즉치수' '전기속치수', 약
이름에 '전기'를 넣었다.
『조선일보』, 1921년 8월 14일

<그림 197> 『경성일보』, 1921년 11월 22일

<그림 198> 『조선일보』,
1923년 5월 11일

<그림 199> 『동아일보』, 1923년 6월 1일

<그림 200> "원기 있는 건강은 위장의 건전한 혜택",
『동아일보』, 1923년 8월 26일

<그림 201> 『조선일보』, 1924년 7월 7일

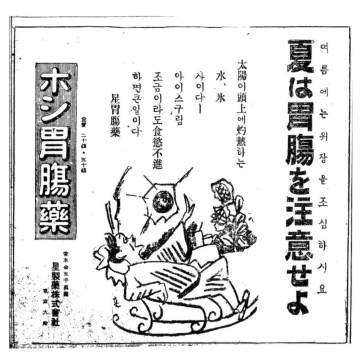

<그림 202> "여름에는 위장을 조심하시오."
『조선일보』, 1924년 7월 12일

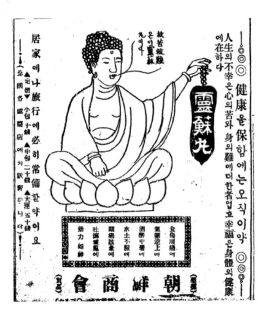

<그림 203> 불상을 약 광고에 활용했다.
『조선일보』, 1924년 7월 13일

<그림 204> "위장에 청소 역할", 『조선일보』, 1924년 7월 16일

<그림 205> "약품계의 패왕, 타의 추종을 불허한다."
『경성일보』, 1924년 7월 22일

<그림 206> "위장에 휴업 없다."
『매일신보』, 1924년 7월 26일

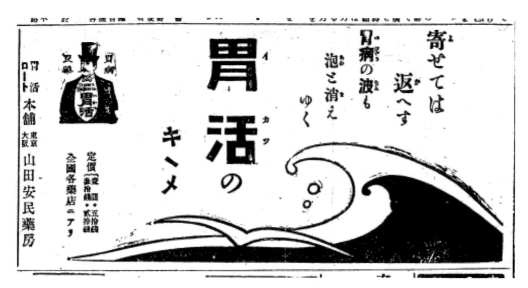

<그림 207> 위장에 활력을 준다는 '위활', 『경성일보』, 1924년 8월 10일

<그림 208> 위생가의 위장약, 『동아일보』, 1924년 9월 8일

<그림 209> 소화 위장약,
『동아일보』, 1925년 1월 14일

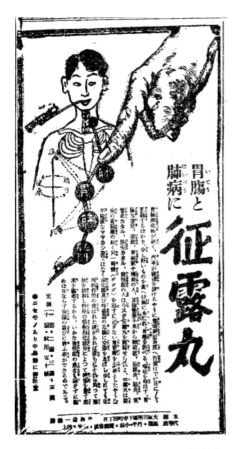

<그림 210>
『경성일보』, 1925년 4월 6일

<그림 211> 『부산일보』,
1925년 6월 30일

<그림 212> 『경성일보』, 1925년 7월 8일

# 14. 호흡기 질병과 의약품

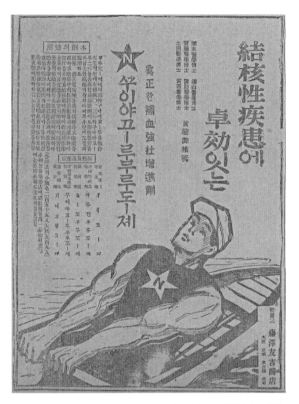

&lt;그림 213&gt; 결핵성 질환.
『매일신보』, 1922년 8월 5일

&lt;그림 214&gt; "대번에 도망가는 감기의 신." 『동아일보』, 1923년 11월 16일

<그림 215> 두통과 현기증, 『매일신보』, 1924년 2월 4일

<그림 216> "폐병환자는 발열과 피로를 피하라." 『경성일보』, 1924년 2월 15일

<그림 217> 유행성 감기. 『경성일보』, 1924년 2월 24일

<그림 218> 늑막과 폐병.
『조선일보』, 1924년 4월 10일

<그림 219> 『조선일보』, 1924년 7월 15일

<그림 220> 『동아일보』, 1924년 10월 11일

<그림 221> 감기와 열, 『경성일보』, 1924년 10월 13일

<그림 222> "감기는 만병의 뿌리",
『경성일보』, 1924년 12월 14일

<그림 223> "좋은 약으로 입에 달다" 천전이(아사다아메)를 '천전 엿'이라고
표기한 광고도 있다. 『동아일보』, 1925년 10월 14일

<그림 224> "감기와 신열이 대번에 도망간다." 『동아일보』, 1925년 11월 7일

<그림 225> "40도의 열에도 한 번 복용으로 효과", 『매일신보』, 1925년 11월 16일

<그림 226> 감기 열병,
『동아일보』, 1925년 12월 12일

# 15. 여러 의약품과 광고 기법

## 1) 인삼과 녹용

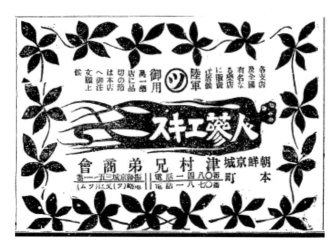

<그림 227> 인삼 '엑기스', 『경성일보』, 1920년 1월 15일

<그림 228> "인삼을 복용하는 사람은 신체가 강하다. 먹으면
먹을수록 젊어진다." 인삼 제품에 일본인 모델이 등장한다.
『경성일보』, 1920년 5월 2일

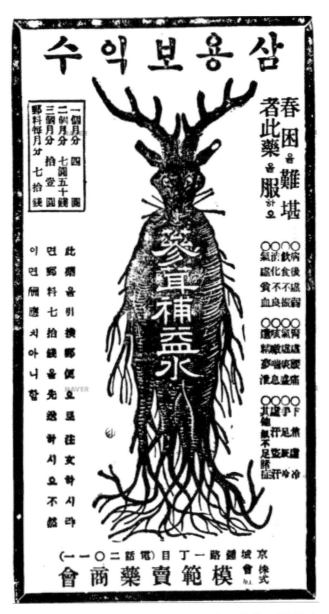

<그림 229> 인삼과 녹용을 결합했다.
『조선일보』, 1921년 4월 21일

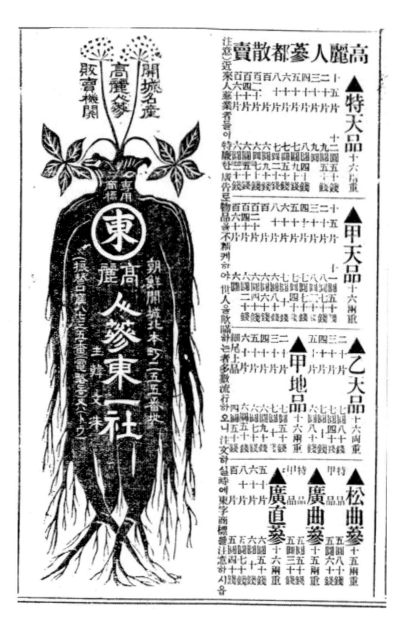

<그림 230> 『동아일보』, 1921년 6월 12일

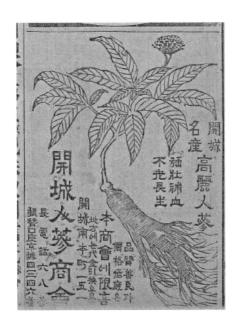

<그림 231> 『매일신보』,
1921년 11월 10일

## 2) 치질약

<그림 232> 『매일신보』, 1923년 6월 28일

<그림 233> 『경성일보』, 1924년 3월 18일

<그림 234> 왼쪽 위에 '치질 밴드'를 그렸다. 『동아일보』, 1924년 9월 12일

<그림 235>
"아예 끊어 내는
것처럼 고친다."
『동아일보』,
1924년 11월 30일

## 3) 어린이 전문약

<그림 236>
『경성일보』, 1921년 10월 15일

<그림 237> "우리는 제2의 국민이다." 『조선일보』,
1922년 12월 23일

<그림 238>
『조선일보』, 1924년 1월 23일

<그림 239> 『경성일보』, 1924년 2월 23일

## 4) 가축약

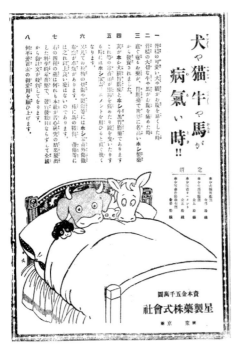

<그림 240> 개나 고양이, 소나 말이 병에
걸렸을 때. 『경성일보』, 1924년 2월 10일

<그림 241> "소나 말은 비싸고 약은
값이 싸다."
『조선일보』, 1924년 4월 17일

## 5) 인단의 광고 기법

### (1) 인단과 담배[91]

<그림 242>
『매일신보』, 1921년 11월 8일

<그림 243> 담배를 피우며
인단을 먹고 있다. 『매일신보』,
1922년 2월 11일

<그림 244> 『조선일보』, 1924년 4월 15일

---

91) 해방 뒤에 '인단'의 모방품으로 등장한 '은단(銀丹)'은 입 냄새 제거와 금연보조제로 선전했다. 그러나
   일제 강점기 '인단'은 담배 맛을 좋게 하는 약으로 광고했다.

<그림 245> 『매일신보』, 1924년 10월 21일

## (2) 인단의 과장 광고[92]

<그림 246> '인단으로 무장'하면
위장을 활발하게 하고 두통 제거
등 여러 효과가 있다.
『경성일보』, 1921년 10월 10일

---

92) '인단'과 비슷한 제품이었던 가오루(カオル)는 주로 '구강 살균제'라고 선전했다. 그러나 '인단'은 마치
만병통치약처럼 광고했다. 또 언제 어디서나 누구나 먹어야만 하는 일상 상비약으로 인식시키려 했다.

<그림 247> "제1 마녀: 장티프스,
제2마녀: 이질, 제3마녀:
호열자(콜레라)"와 인단을 가진 사람은
영원히 이별한다는 내용. 『조선일보』,
1923년 9월 11일

<그림 248> "인단을 가지면 병이
도망간다" 『조선일보』, 1924년 6월 30일

<그림 249> "인단 '살균광선'은
위장을 튼튼하게 하고 유행성
전염병을 전멸시킨다." 『경성일보』,
1924년 7월 16일

<그림 250> "인단을 먹으면 병이 없다."
『조선일보』, 1924년 8월 12일

<그림 251> "의사가 없을 때 '인단'만큼 효력 있는 약은 없다"
『조선일보』, 1924년 8월 15일

<그림 252>
"급한 병에 인단이 오면 곧 낫습니다."
『동아일보』, 1925년 6월 24일

(3) '상비약' 인단

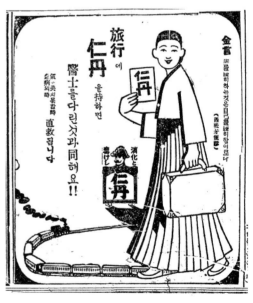

<그림 253> 인단을 가지면 '행복스러운
신체'가 된다. 『매일신보』, 1924년 6월 29일

<그림 254> "여행할 때 인단은 의사와 같다."
『조선일보』, 1924년 4월 9일

## 6) 그 밖의 광고 기법

<그림 255> '기사회생의 4대 성약'과 옥외 광고판.
『동아일보』, 1920년 7월 20일

<그림 256> 위생경찰을 모델로 삼았다.
『경성일보』, 1921년 6월 22일

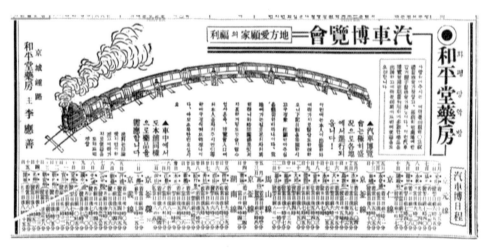

<그림 257> 지방 구매자를 위한 '기차 박람회', 『동아일보』, 1922년 5월 6일

<그림 258> '관동 대진재'를 모티프로 삼았다. 『경성일보』, 1923년 11월 9일

<그림 259> '통속 가정의학' 서적 광고. 실험실 그림과 함께 '불량의생 퇴치'를 내걸고 있다. 이 책은 생식기, 화류병, 부인병을 주요하게 다루고 있음을 보여준다. 『조선일보』, 1925년 8월 12일